泰山学者工程专项经费资助
山东大学儒学高等研究院重大项目资助

黄玉顺 ◎ 著

从"生活儒学"
到"中国正义论"

中国社会科学出版社

图书在版编目（CIP）数据

从"生活儒学"到"中国正义论"／黄玉顺著．—北京：中国社会科学出版社，2017.11
ISBN 978-7-5203-0837-3

Ⅰ.①从… Ⅱ.①黄… Ⅲ.①儒家—哲学思想—研究 Ⅳ.①B222.05

中国版本图书馆CIP数据核字（2017）第205589号

出 版 人	赵剑英
责任编辑	孙 萍
责任校对	胡新芳
责任印制	王 超

出 版	中国社会科学出版社
社 址	北京鼓楼西大街甲158号
邮 编	100720
网 址	http://www.csspw.cn
发 行 部	010-84083685
门 市 部	010-84029450
经 销	新华书店及其他书店
印 刷	北京明恒达印务有限公司
装 订	廊坊市广阳区广增装订厂
版 次	2017年11月第1版
印 次	2017年11月第1次印刷
开 本	710×1000 1/16
印 张	25
插 页	2
字 数	385千字
定 价	99.00元

凡购买中国社会科学出版社图书，如有质量问题请与本社营销中心联系调换
电话：010-84083683
版权所有 侵权必究

自　　序

本书是我最近几年的一些文章与相关文字的结集，其主题是"生活儒学"与"中国正义论"。全书分为三编：

第一编是关于"生活儒学"的文章。"生活儒学"是我建构的一个思想系统，作为儒学的一种当代理论形态，其宗旨是突破中国哲学两千年来的"形上—形下"的观念架构，重新发现"生活—存在"的思想视域，在这种大本大源上重建儒家的形上学、形下学，让儒学能够有效地切入现代性的生活方式。自2004年正式提出"生活儒学"以来，我关于"生活儒学"的著述有：《面向生活本身的儒学——黄玉顺"生活儒学"自选集》（文集）[1]，《爱与思——生活儒学的观念》（专著）[2]（此书的英文版 Love and Thought: Life Confucianism as a New Philosophy 即将在美国出版）[3]，《儒家思想与当代生活——"生活儒学"论集》（文集）[4]，《儒学与生活——"生活儒学"论稿》（文集）[5]，《生活儒学讲录》（文集）[6]。此外还有一本《生活儒学——黄玉顺说儒》（编著）[7]。

收入第一编的文章，除了对"生活儒学"进行系统整体的再陈述以

---

[1] 黄玉顺：《面向生活本身的儒学——黄玉顺"生活儒学"自选集》，四川大学出版社2006年版。
[2] 黄玉顺：《爱与思——生活儒学的观念》，四川大学出版社2006年版。
[3] 黄玉顺：Love and Thought: Life Confucianism as a New Philosophy（2013年度国家社科基金"中华学术外译项目"），李学宁等译，美国 Bridge 21 Publications 即将出版。
[4] 黄玉顺：《儒家思想与当代生活——"生活儒学"论集》，光明日报出版社2009年版。
[5] 黄玉顺：《儒学与生活——"生活儒学"论稿》，四川大学出版社2009年版。
[6] 黄玉顺：《生活儒学讲录》，安徽人民出版社2012年版。
[7] 黄玉顺：《生活儒学——黄玉顺说儒》，孔学堂书局2014年版。

外，主要是"生活儒学"在一些特定问题上的拓展与深化。最重要的四个方面是：（1）生活儒学的关键词语之诠释与翻译问题；（2）儒家的情感观念问题；（3）儒家的"社会"观念问题；（4）生活儒学的形而上学与本体论建构，即"变易本体论"。

第二编是关于"中国正义论"的文章。"中国正义论"其实是"生活儒学"系统中的形下学层级的展开，即作为一种制度伦理学的儒家正义论的建构。本书命名为"从'生活儒学'到'中国正义论'"，就是为了体现"生活儒学"与"中国正义论"之间的这种整体与部分的关系。到目前为止，已出版了两种关于"中国正义论"的著述：《中国正义论的重建——儒家制度伦理学的当代阐释》（文集）①（此书的英文版 Voice From the East: The Chinese Theory of Justice 已在英国出版）②，《中国正义论的形成——周孔孟荀的制度伦理学传统》（专著）③。

收入第二编的文章，涉及"中国正义论"在一些特定问题上的拓展与深化。最重要的问题有：（1）通过对罗尔斯（John Rawls）《正义论》的批判，指出"一般正义论"作为"基础伦理学"对于其他伦理学及政治哲学的奠基地位；（2）通过与安乐哲（Roger Ames）"角色伦理学"（Confucian Role Ethics）的比较，揭示儒家正义原则对于作为制度规范的"位"（名分）及与之相应的"角色"的根本意义，从而展示一种比"行为正义"（消极正义）更根本的"制度正义"（积极正义）；（3）从正义论的视角揭示孔子的道德哲学的思想纲领；（4）将"中国正义论"的原理演绎到现代社会，从而提出"儒家自由主义""国民政治儒学"；（5）将"中国正义论"的原理推扩到世界范围，从而提出"世界儒学"。

第三编是包括一篇介绍和四篇访谈，其内容主要也是关于"生活儒学"及"中国正义论"的。

当初"生活儒学"一经提出，便引起关注；此后，其影响更持续扩大。2016年8月20—21日，六家单位联合主办的"黄玉顺生活儒学全国学术研讨会"在山东济南举行。这六家单位是：山东社会科学院文化研究

---

① 黄玉顺：《中国正义论的重建——儒家制度伦理学的当代阐释》，安徽人民出版社2013年版。
② 黄玉顺：Voice From the East: The Chinese Theory of Justice（2014年度国家社科基金"中华学术外译项目"），侯萍萍等译，英国 Paths International Ltd. 2016年版。
③ 黄玉顺：《中国正义论的形成——周孔孟荀的制度伦理学传统》，东方出版社2015年版。

所、中国孔子基金会《孔子研究》编辑部、山东大学儒学高等研究院、山东大学哲学与社会发展学院、西南石油大学马克思主义学院、宜宾学院四川思想家研究中心。该会议的议题为：（1）生活儒学的总体思想系统；（2）生活儒学的本源存在论：生活、情感与存在；（3）生活儒学的形上学建构："变易本体论"；（4）生活儒学的形下学建构——伦理学："中国正义论"；（5）生活儒学的形下学建构——政治哲学："国民政治儒学"；（6）生活儒学的思想视域与方法论：与现象学的比较；（7）生活儒学的若干观念：时间、语言、诠释、历史、社会、宗教等；（8）生活儒学的儒学史观："儒学三期"新论；（9）其他相关话题。会议收到参会论文32篇。知名学者王庆节、任剑涛、程志华、王学典、傅有德、傅永军、赵法生、涂可国、罗传芳、林存光、杨海文、胡波、徐国利、谢爱华、沈顺福、任文利等50多位专家学者出席了会议并发表了对"生活儒学"的评论。

感谢同人们、朋友们的鼓舞、鞭策！

黄玉顺
2017年6月

目　　录

第一编　生活儒学

生活儒学关键词语之诠释与翻译 …………………………（3）
生活儒学与中国正义论
　　——从我研究儒学说起 ………………………………（18）
儒学之"本"与"源"
　　——评安靖如"进步儒学"的思想方法 ………………（32）
情感与存在及正义问题
　　——生活儒学及中国正义论的情感观念 ……………（47）
儒家的情感观念 ……………………………………………（59）
生活儒学概说
　　——《黄玉顺说儒》导读 ………………………………（77）
生活儒学：儒学"创造性转化和创新性发展"的一种尝试 ………（84）
儒学的"社会"观念
　　——荀子"群学"的解读 ………………………………（86）
生活儒学：只有爱能拯救我们 …………………………（105）

第二编　中国正义论

"中国正义论——中国古典制度伦理学"系列研究项目情况介绍 …（183）
儒家的"爱有差等""一体之仁"和社会正义原则 ………（190）

作为基础伦理学的正义论
　　——罗尔斯正义论批判 ································ （193）
关于荀子"正名"的两大问题 ·························· （208）
荀子"有治人，无治法"思想分析 ····················· （212）
我们时代的问题与儒家的正义论 ······················ （215）
"角色"意识：《易传》之"定位"观念与正义问题
　　——角色伦理学与生活儒学比较 ················ （224）
养气：良知与正义感的培养 ···························· （238）
制度文明是社会稳定的保障
　　——孔子的"诸夏无君"论 ······················· （251）
世界儒学
　　——世界文化新秩序建构中的儒学自我变革 ·· （261）
形而上学的黎明
　　——生活儒学视域下的"变易本体论"建构 ··· （273）
儒家的自由观念及其人性论基础
　　——与西方自由主义的比较 ······················ （287）
自由主义儒家何以可能 ································· （302）
孔子怎样解构道德
　　——儒家道德哲学纲要 ···························· （318）
国民政治儒学
　　——儒家政治哲学的现代转型 ··················· （336）

第三编　访谈

黄玉顺近期研究介绍 ················《中国社会科学报》（355）
走近生活儒学
　　——黄玉顺先生访谈录 ··········《孔子文化》/巩宝平（357）
儒学与生活
　　——黄玉顺教授访谈录 ··················《励学》/杨　虎（366）
从"生活儒学"到"中国正义论"
　　——黄玉顺先生访谈录 ········《新诸子论坛》/宋大琦（376）
倡导一种君子人格 ································大众网/于岸青（392）

第一编

生活儒学

生活儒学关键词语之诠释与翻译[*]

"生活儒学"[①]自2004年正式提出以来，经常遇到怎样将生活儒学的若干关键词语翻译成英文的问题，这不仅涉及发表有关文章时所需要的英文摘要的问题，而且越来越多地涉及在某些英文刊物上发表、全文转载时怎样将整篇文章翻译成英文的问题。进一步说，这其实不仅是翻译（translation）问题，而首先是诠释（hermeneutics）问题，即怎样理解（perceive）和解释（interpret）生活儒学的关键概念。为此，很有必要专文处理一下这些问题。

1. **生活儒学**：Life Confucianism

近年来，汉语学术界不止一人提出了"生活儒学"的说法[②]，但基本上都是说的要将现成既有的儒学加以"生活化"——运用到实际生活当中去，意谓"（关乎）生活的儒学"，而非"生活儒学"。例如，龚鹏程教授的著作《生活的儒学》[③]，书名应当译为：Confucianism of Life。

而"生活儒学"有别于"生活的儒学"，并不是说要将现成既有的

---

[*] 原载《现代哲学》2012年第1期。

[①] 参见黄玉顺《关于"生活儒学"的一场讨论》（2004年5月）、《生活儒学导论》（2005年1月），均收入《面向生活本身的儒学——黄玉顺"生活儒学"自选集》，四川大学出版社2006年版。关于生活儒学，另参见黄玉顺《爱与思——生活儒学的观念》，四川大学出版社2006年版；《儒学与生活——"生活儒学"论稿》，四川大学出版社2009年版；《儒家思想与当代生活——"生活儒学"论集》，光明日报出版社2009年版。

[②] 例如林安梧教授、龚鹏程教授、李承贵教授等。

[③] 龚鹏程：《生活的儒学》，浙江大学出版社2009年版。

儒学"生活化"地运用到实际生活当中去（这一点恰恰是许多不熟悉生活儒学的人对生活儒学的一种望文生义的误解），而是说在重建儒学即建构儒学的一种当代思想理论形态时，在观念系统中将"生活"视为大本大源的"存在"——生活即是存在，生活之外别无存在；而这里所说的存在并不是存在者的存在，更不是存在者；一切存在者皆由存在所生成，即是由生活所生成。因此，此"生活"并非彼"生活"，"生活儒学"应当译为：Life Confucianism。

这是鉴于：英语的名词短语，既可以是"形容词+名词"的形式，也可以是"名词+名词"的形式。后者的例子如"价值判断"：value judgment。前一名词或形容词是对后一名词的性质的规定，而非对象的规定。因此，Life Confucianism 意谓这种儒学的基本宗旨乃是生活。

2. **生活**：sheng-huo / shenghuo / life

之所以将"生活儒学"译为 Life Confucianism，还有一个重要原因，就是英文"life"并没有相应的形容词形态，我们只能采用名词形态。与此相关的几个形容词，并不是生活儒学所谓"生活"的意思：（1）live：[定语] 活的，有生命的；正在使用着的；尚在争论中的；精力充沛的，充满活力的；实况播送的；等等。（2）alive：[表语] 活着的，在世的；有生气的，有活力的；等等。（3）living：活着的；现存的；在使用着的，在活动中的；适宜居住的；等等。这些均非"存在"意义的"生活"。这个 living 有时也可译为汉语"生活的"，但其含义是指"赖以维持生活的"，例如"生活条件"（living conditions）。此外，living 作为动名词，主要有两个意思：一是"生计"，二是"活着"。总之，live、alive、living 皆非生活儒学所谓"生活"之义。别无选择，生活儒学的"生活"只能译为 life。

当然，译为"life"也有可能产生误解，因为英语"life"也可译为汉语"生命"，若干哲学派别都将"生命"作为自己的基本范畴，例如中国的现代新儒学，西方的意志主义和生命哲学。但是我们实在别无选择，只能在思想的阐述中加以说明：生活儒学所说的"生活"意谓存在，而不是任何存在者或存在者的存在，这与现代新儒学、意志主义和生命哲学截然不同，后者都将生命视为某种形而上的存在者。

进一步说，"生活"其实原是汉语固有的一个词语，早在战国时期便已出现，有时可以译为"shenghuo（生活）(life)"。如孟子说："民非水火不生活；昏暮叩人之门户，求水火，无弗与者，至足矣。"①宋代孙奭《孟子注疏》解释："人民非得其水、火，则不能生活；然而昏暮之时，有敲人之门户而求之水、火，无不与之者，以其水、火至多矣。"孙奭《孟子注疏·公孙丑上》还说："'《太甲》曰"天作孽，犹可违；自作孽，不可活"，此之谓也'者……如己自作其灾孽，不可得而生活也。"这是宋代汉语"生活"的一个实例。

当然，这些"生活"并不全然吻合生活儒学所谓"生活"之义，但也有一定的对应性：现代汉语"生活"有时指人的生活，即一种形而下存在者的存在，这里包含着孟子、孙奭所说的意思——生存、存活；有时指本体意义上的生活，即一种形而上存在者或其存在（如梁漱溟所说的"生活"②）；有时则指存在，即生活儒学之所谓"生活"。

汉语"生活"乃由"生"与"活"构成，具有丰富的含义，有时可以译为"sheng-huo（生—活）(growing-living)"。解释如下：

3. 生：sheng / grow / give birth to

汉语"生"，许慎《说文解字》说："生：进也。象艸木生出土上。"其实，这个字由两个部分构成：上"屮"下"土"。《说文解字》："屮：艸木初生也。象丨出形，有枝茎也。"宋代徐铉注释："象艸木萌芽，通彻地上也。"这就是说，"生"字的本义就是草木在大地上萌芽、生长。这恰好大致与英语grow的本义对应，可以译为"sheng（生）(grow)"。

无独有偶，英语"grow"与汉语"生"一样，都不仅仅指草木的生长，也指一般的生长、生成和形成，包括人的生长、成长。例如，"The younger generation is growing up"（青年一代正在成长）。汉语"生"也不仅指草木之生，也指人之生。这并不是什么"比喻"，而是：

（1）grow：人之生与草木之生的同源性和共在性。人与草木原来在

---

① 《孟子·尽心上》。
② 参见黄玉顺《当代儒学"生活论转向"的先声——梁漱溟的"生活"观念》，《河北大学学报》2008年第4期。

本真情境中乃是共同生长、共同存在于大地上的：这样的一种生活领悟（life comprehension），佛家谓之"无分别智"（nir‑vikalpa‑jn~a^na），意味着在"生"或者"grow"的本源意义上，作为有分别的存在者的人和草木，尚未存在，即尚未生成、尚未被给出。于是"生"也就有了下一意义。

（2）give birth to：生成、给出。这在哲学和思想上具有特别重要的意义，在英语中就是一个非常重要的哲学观念"give"（给予）。哲学存在论的核心问题其实就是"给予"问题，即存在者是怎样被给出的？其结果是找到一个"原初所与者"（the primordial given）或者"自身所与者"（the self-given），即本体或上帝。但本体或上帝也是存在者，它们又是怎样被给出的？这就追溯到先于存在者的纯然存在。

而对汉语"生"的翻译，则可以表达为"give birth to"。英语"birth"同样也不仅仅指人的出生、诞生，也指事物的开始、起源。例如："Lifestyle gives birth to culture"（文化源于生活方式）。"The needs of the epoch will give a second birth to Confucianism"（时代的需要将使儒学复兴）。所以，"give birth to"也可以指事物的生成。例如《老子》讲的"天下万物生于有，有生于无"①，可以译为："All things under heaven are given birth to by the Being, the Being is given birth to by the Nothingness."《老子》的意思就是：形而下存在者（万物）是由形而上存在者（有）给出的，而形而上存在者是由存在（无）给出的。

4. 活：huo / hydro‑acoustics / living

汉语"活"的本义，许慎《说文解字》说："活：水流声。从水，昏声。"昏，上氏、下口，古读"郭"，这里表示"活"字的读音。这就是说，"活"本义其实是一个模仿水流声音的象声词。例如《诗经·卫风·硕人》："河水洋洋，北流活活。"这大致与英语 hydro‑acoustics（水—声）对应。

"活"进一步用作形容词，形容活泼。例如清初著名画家石涛说："墨非蒙养不灵，笔非生活不神"；"墨海中立定精神，笔锋下决出生

---

① 《老子》第四十章。

活,尺幅上换去毛骨,混沌里放出光明";"山川之形势在画,画之蒙养在墨,墨之生活在操,操之作用在持"。①此"生活"即"生动活泼"之意。汉语形容词"活"与英语形容词"living"的某些用法是大致对应的。这种意义的"生—活"可以译为"sheng - huo (growing - living)"。例如儒家常讲的"源头活水",可以译为"living water from the source"。

通常的"生活"之"活",则本来是一个动词,如上引孟子所说"民非水火不生活"之"活",这大致与英文"live"对应。组成名词"生活",则大致与英语"life"对应。

但是,从汉语"生"与"活"的词源来看,"生活"的含义远比"life"更为深邃,尤其具有本源存在的意义:如果"生"意味着人与草木同生共在的"无分别智",那么"活"意味着倾听存在的"水声"。这种"水声",中国文化称之为"天命"或者"命"(口、令);能够倾听并言说之,那就是"圣"(耳、口)。

5. 生存: existence

"生活"涵盖了"生存"的含义,但远不止"生存"之义。在哲学或思想的话语中,"生活"并不是"生存"。生活儒学所说的"生活"意谓"存在"——先行于任何存在者的存在。而"存在"与"生存"并不是一回事。海德格尔对此已有严格区分:"生存"仅仅是指此在(Dasein)的存在,亦即"把生存专用于此在,用来规定此在的存在"②——"也就是说,人的存在"③,而不是一般存在者的存在,更不是先行于任何存在者的存在。因此,"生活"不能译为"existence"。这也正是生活儒学与作为一种"生存主义"(existentialism)的海德格尔哲学的根本区别所在。

笔者已经多次指出,海德格尔在这个基本问题上其实是自相矛盾的:一方面,存在是先行于任何存在者的,"存在与存在的结构超出一

---

① 石涛:《石涛画语录》。
② 海德格尔:《存在与时间》,陈嘉映、王庆节译,生活·读书·新知三联书店1999年版,第49页。
③ 同上书,第30页。

切存在者之外，超出存在者的一切存在者状态上的可能规定性之外"①，那么，存在当然也是先行于此在的，因为"此在是一种存在者"②；但另一方面，探索存在却必须通过此在这种特殊存在者，即唯有"通过对某种存在者即此在特加阐释这样一条途径突入存在概念"，"我们在此在中将能赢获领会存在和可能解释存在的视野"③。如果这仅仅是在区分"存在概念的普遍性"和我们"探索""领会""解释"存在概念的"特殊性"④，那还谈不上自相矛盾；但当他说"存在总是某种存在者的存在"⑤，那就是十足的自相矛盾了，因为此时存在已不再是先行于任何存在者的了。

为区别于海德格尔的"存在"（存在者的存在）和"生存"（人的存在），生活儒学特别选用"生活"来表示存在，这样的"存在"已涵盖并且超出了海德格尔的"存在"与"生存"。

6. 存在：Being / being

生活儒学说到"存在"，人们总以为这是一个外来词。其实不然，"存在"本是汉语固有的一个词语，古已有之，至迟在隋唐时期便已经出现。兹举数例如下：

《礼记·仲尼燕居》："礼犹有九焉，大飨有四焉。……如此，而后君子知仁焉。"唐代孔颖达疏："仁犹存也。君子见上大飨四焉，知礼乐所存在也。"

清代毕沅编《续资治通鉴·宋徽宗政和元年》："辛巳，诏：'陈瓘自撰《尊尧集》，语言无绪，并系诋诬，合行毁弃；仍勒停，送台州羁管，令本州当职官常切觉察，不得放出州城，月具存在，申尚书省。'"该诏书应为宋代原文。

清代顾治禄《满庭芳·芍药》词："廿载音尘如梦，风流散，半没

---

① 海德格尔：《存在与时间》，陈嘉映、王庆节译，生活·读书·新知三联书店1999年版，第44页。
② 同上书，第14页。
③ 同上书，第46页。
④ 同上。
⑤ 同上书，第11页。

荒烟，空存在，青袍未换，霜鬓杜樊川。"

当然，以上各例"存在"都是说的某种存在者的存在状态，而不是说的纯粹存在。

（1）纯粹存在：Being

无论中西，传统观念总是用一个形而上存在者来说明众多形而下存在者，用"一"来说明"多"：哲学用本体来说明现象，宗教用上帝来说明世界。这就形成了"形而上存在者→形而下存在者"的思维模式。但形而上者和形而下者都是存在者，故生活儒学进一步追问：存在者何以可能？于是追溯到纯粹存在，这就有了"存在→形而上存在者→形而下存在者"的建构，这是人类全部观念的三个基本层级。

这里必须严格区分纯粹存在和存在者的存在。上文谈到，海德格尔在存在问题上是自相矛盾的。他说"存在总是某种存在者的存在"，这固然不无道理，但只适用于轴心期以后的情况。《老子》所说的"无"，就是"无物"的存在，即"无存在者的纯粹存在"。因此，从纯粹存在看，不能像巴门尼德那样讲："存在者存在，不存在者不存在。"（Estin einai, ouk estin me einai.）① "无"并非"不存在"，恰恰相反，无才是本源性的存在，因为一切存在者皆源于无："天下万物生于有，有生于无。"②

然而，这样的"存在"在英文中找不到对应词（这也正是海德格尔所说的"遗忘存在"的一个例子），因为"to be"不能作为一个名词使用在陈述中。因此，我们只能用其动名词形态"being"。然而"being"这个形态往往是指的存在者，而不是存在。"being"可指：①存在，生存；②生命；③存在物，生物，人；④本质、特质；⑤上帝（the Being），例如 the Supreme Being。

但是，我们别无选择，只能用"being"来翻译汉语的"存在"。但为了有所区别，我们使用大写的"Being"，而去掉前面的定冠词"the"（否则就是指称的上帝了）。

---

① 参见《西方哲学原著选读》上卷，商务印书馆1981年版，第31页。此处译文略有改动。

② 《老子》第四十章。

（2）存在者之存在：being

如果纯粹"存在"使用大写的"Being"，那么存在者之"存在"使用小写的"being"就应该是没有问题的了。例如人们常说的：A man's social being determines his thinking。（人的社会存在决定其思想）

7. 存在者：a being / beings

无论是形而上存在者，还是形而下存在者，都是存在者。我们有时需要兼称这两种存在者，即称谓一般的存在者。但是，既然我们已经把形而上"存在者"译为大写的 Being，而把形而下"存在者"译为小写的 being，那么，涵盖这两者的一般"存在者"又该如何翻译？这确实是一个问题。或许可以采取这样的译法，就是：a being（单数）或者 beings（复数）。这里的"a being"与上文谈到的存在者之存在"being"（无定冠词）是有所区别的。

8. 在：zai / Being

作为生活的指谓，"存在"具有深邃的意蕴。汉语"存在"由"存"与"在"构成，这是两个非常古老的词语。

汉字"在"是否出现在甲骨文中，存疑。徐中舒主编《甲骨文字典》认为："卜辞用'才'为'在'"；而甲骨文"才"字形，"示地平面以下，丨贯穿其中，示屮木初生从地平面以下冒出"；"卜辞皆用为'在'，而不用其本义"。[①]卜辞用"才"为"在"，这是对许慎《说文解字》的一种修正。许慎说："在：存也。从土，才声。"他认为"在"里的"才"仅仅是读音，这是不对的，按甲骨文的用法，"在"字的含义恰恰就体现在"才"上。《甲骨文字典》对"才"字的字形分析，与《说文解字》完全一致："才：屮木之初也。从丨上贯一，将生枝叶。一，地也。"这就是说，"在"字最初就是"才"字，其字形已包含了"地"也就是"土"的意思。

显然，"存在"乃是"才"字固有的一种含义。简单来说，"在"或"才"的含义是：草木之初生（本义）；存在（引申义）。这个字与

[①] 徐中舒主编：《甲骨文字典》，四川辞书出版社 1989 年版。

上文谈到的"生"字的字形对应:"一,地也"对应于"土";"从丨上贯,将生枝叶"对应于"屮"。因此,这两个字的本义非常接近:草木生长在大地上。同时,与"生"一样,"在"不仅是说的草木的存在,而且是说的人的存在。人和草木同生共在,即是"无分别智"的纯粹存在。因此,这种意义的"在"仍可以译为"Being"。

9. **存**:cun / co-exist / mutually care for

汉字"存"可能不见于甲骨文,但仍是一个非常古老的词语。汉语"存"有两层基本含义。

(1) 生存、同生共在、存在:survive / co-exist / being

汉语"存"的本义之一是同生共在,犹如上文谈到的"生""在"均有同生共在之义。《说文解字》认为:"存:恤问也。从子,才声。"上文讨论"在"时已经指出,"才"其实也是有意义的,那么,"存"字由"才"和"子"构成。上文也已谈到,"才"的意思是草木初生。而"子"则是人之初生。由此可见,"存"比"生""在"更加鲜明地体现了人和草木同生共在、万物一体的"无分别智"。所以,尽管就"存"的日常用法来看,它与英语"survive"对应;但就其本义看,它更与英语"exist"尤其是"co-exist"对应。而"存"与"exist"一样,具有"存在"的含义。这就是说,存在就是万物一体的同生共在。

(2) 关爱、仁爱:mutually care for / love / benevolence

汉语"存"的本义之二是关爱。《说文解字》将"存"解释为"恤问"。"恤问"又叫"存问",这个词语直到民国年间还是常用的。《说文解字》解释:"恤:忧也。"例如《诗经·大雅·桑柔》:"告而忧恤。"显然,"恤"是出于同情(commiserate or sympathize),同情出于关爱(care for)、源于仁爱(benevolence or humaneness)。因此,"恤问"的反面是"不闻不问",即麻木不仁。联系到"存"字的上一层含义同生共在,那么,"存"的本义即互相关爱,可以译为 mutually care for。如此看来,诗人王勃的名句"海内存知己,天涯若比邻",其所谓"存"就不仅仅是在说朋友存活着、存在着,而且是在说友人与诗人互相关爱着、牵挂着,而"天涯若比邻"正是同生共在的生活感悟。

这样一来,作为存在的"存"就几乎直接与"仁"是一回事了。

上文曾引孔颖达疏"仁犹存也"亦有这层意思。而这正是生活儒学的一个基本观念：爱即在，在即爱。① 《中庸》所说的"诚"能"成己""成物"，"不诚无物"，其实也是这个意思。唯其如此这般地理解存在与仁爱——以仁爱为大本大源也就是以存在为大本大源，生活儒学才是真正的儒学。

由此说来，孟子所说的人生"三乐"之一"父母俱存"②，就不仅仅是说父母健在，而且是说父母与子女在爱的情感中共同生活。孟子对"仁"或"爱"与"存"之间的密切关系深有体会，这是人们过去还没有意识到的："人之所以异于禽兽者，几希，庶民去之，君子存之。舜明于庶物，察于人伦；由仁义行，非行仁义也。"③ "君子所以异于人者，以其存心也。君子以仁存心，以礼存心。仁者爱人，有礼者敬人。"④ "虽存乎人者，岂无仁义之心哉？……孔子曰：'操则存，舍则亡。出入无时，莫知其乡。'惟心之谓与！"⑤ "存其心，养其性，所以事天也。"⑥ "养心莫善于寡欲。其为人也寡欲，虽有不存焉者，寡矣；其为人也多欲，虽有存焉者，寡矣。"⑦ 这些论述中的"存"与"仁"，恐怕都须重新解释。

10. 爱：love

在儒家话语中，"爱"与"仁"有时无区别，有时则是加以区别的，这是中国训诂学中所谓"浑言之"与"析言之"的区分。"浑言"是说两者不加区别，那么，"仁"就是"爱"，例如："樊迟问仁，子曰：'爱人。'"⑧ "析言"是指两者相对而言、有所区别，那么，将"仁"与"爱"相对而言的一个典型例子，就是孟子所说的："君子之

---

① 参见黄玉顺《爱，所以在：儒学与笛卡儿哲学的比较》，载《儒家思想与当代生活——"生活儒学"论集》，光明日报出版社2009年版。
② 《孟子·尽心上》。
③ 《孟子·离娄下》。
④ 同上。
⑤ 《孟子·告子上》。
⑥ 《孟子·尽心上》。
⑦ 《孟子·尽心下》。
⑧ 《论语·颜渊》。

于物也，爱之而弗仁；于民也，仁之而弗亲。亲亲而仁民，仁民而爱物。"①这种与"仁"相区分的"爱"，可以译为 love。须注意者，"爱物"并不是说的"爱惜东西"，而确实是在说 love。

11. 仁（仁爱）：humaneness

在生活儒学看来，"爱"与"仁"的分别乃是在观念层级上的区分。"爱"一定是说的情感。而"仁"则不然，有时是说的形而下的道德情感行为或者伦理规范，而可译为 benevolence；有时甚至是说的形而上的本体、而可译为 humanness（不是 humaneness）（儒家心学以人之仁性为本体）；而有时则是说的本源情感，而可译为 love。儒家所说的"仁"之所以不可定义，缘由就在这里。

这样的同时涵盖上述三层含义的"仁"，在英语里是找不到对应词的；比较而言，"humaneness"较为接近。英语"humaneness"通常译为汉语"人道"，大致对应了孟子所说的"仁民""爱物"两层意思，如"Humane Society"既指动物保护协会（爱物），也可指拯救溺水者协会（仁民）。不仅如此，"humaneness"的词根是"human"，意谓：人的、有人性的、通人情的、人类的，等等。这较接近儒家之所谓"仁"，如孟子所讲的："仁也者，人也；合而言之，道也。"②

12. 是：shi / to be / this / this being / the beings / trueness

迄今为止，研究上古汉语判断词"是"的，常常是研究西方哲学的学者，他们往往以为中国缺乏西方那种以"to be"为核心的"存在"观念，这其实是出于对中国文化传统、古代汉语的隔膜。英语的"to be"，汉语在不同场合中分别以"是""有""在"翻译之，三者在中国文化中具有不同观念层级的意义，笔者已做过专门讨论，就其在上古汉语中的情况，大致来说："在"谓存在；"有"谓形而上存在者；而"是"谓依据形而上存在者来判定形而下存在者，作动词时可以译为"to be"。③

---

① 《孟子·尽心上》。
② 《孟子·尽心下》。
③ 参见黄玉顺《爱与思——生活儒学的观念》，第一讲第三节："是、有、在：儒家'存在'观"。

但还不仅如此。当其对形而下存在者的存在进行判断时，汉语"存在"的两层意义（存在与仁爱）可以同时蕴涵于其中，这就是汉语的"是"。据汉语专家肖娅曼教授对上古汉语系词"是"的研究成果，第一，"是"做出判断的根据，是一个形而上的存在者，且是某种神圣的东西，如天帝、上帝等；第二，"是"所判断的对象，是形而下的存在者（可以译为"this being"或者"the beings"）；第三，这种判断不仅是存在判断，而且是价值判断，亦即不仅涉及事实上的"有无"（there is or isn't），而且包含道德上的"是非"（right or wrong）。①按照儒家的看法，是非道德判断的根本依据在于是否仁爱。

因此，汉语"是"作为判断词用法的出现，是在中国轴心时期的中期、晚期，即在春秋、战国时代。②这一点很值得注意：跟西方古希腊一样，中国轴心时期正是形而上学的建构时期；而"是"出现在此时，绝非偶然。

这个"是"，有时可以译为"this"。海德格尔的"此在"（Dasein）就有这样一种含义（Da）。③不过，西方哲学中的"thisness"（"此"性、"这一个"）只含有存在者的"是否"（is or isn't）意义，没有价值论的"是非"（right or wrong）意义。英语中同时含有"是否"和"是非"意义的是"true or false"，在这个意义上，"是"可以译为"trueness"。

13. 有：you / the Being（not the God）

在中国上古的观念中，如果说"是"指向形而下存在者，那么"有"就指向形而上存在者。老子所说的"万物生于有""有名万物之母"④，就是这种含义用法的典型。

许慎《说文解字》对"有"的解释，极其意味深长："有：不宜有也。《春秋传》曰：'日月有食之。'"这就是说，"有"即不应当有，

---

① 参见肖娅曼《汉语系词"是"的来源与成因研究》，巴蜀书社 2006 年版。
② 肖娅曼：《汉语系词"是"的来源与成因研究》，巴蜀书社 2006 年版。中国的轴心时期，我称之为"原创时代"，将其分为三个阶段，即西周、春秋、战国。
③ 海德格尔：《存在与时间》，陈嘉映、王庆节译，生活·读书·新知三联书店 1999 年版，第 154 页。
④ 《老子》第四十章、第一章。

犹如日食、月食之不正常。段玉裁《说文解字注》解释："有，谓本是不当有而有之称，引申为凡有之称。"意谓"有"的本义乃是"不当有而有"。这就意味着：形而上存在者是不当有的。为什么不当有？这在今天看来应该是很清楚的：有是对无的背离，形而上存在者是对存在的背离，这种背离失却了本真。将形而上者视为"莫须有"的东西，这在今天看来实在是一个很了不起的观念。

这种意义的"有"可译为：the Being。但须注明：这并不是一定指谓上帝。

由此，我们便确定了汉语表示"存在"观念的"是""有""在"在英语中的对应译法：

在（存在）：Being

有（形而上者）：the Being（not the God）

是（形而下者）：this being / the beings

与"有"相对的是"无"，可以译为：the Nothingness。上文已经谈过，在中国上古的本真观念中，在即无，无即在。

14. 思：think / thinking / thought

不论是在原创儒学，还是在生活儒学中，"思"都是一个非常重要的观念。例如孟子论"思"：

（1）形下之思：思的主体和对象都是形而下存在者。例如，"欲贵者，人之同心也。人人有贵于己者，弗思耳矣！"①这里"思"的主体是"人""人人"，即一种形而下的存在者，故其所思的对象也是形而下的存在者。又如，"周公思兼三王，以施四事"②。周公、三王当然都是形而下者；圣人并不是神。

（2）形上之思：思的对象是形而上存在者。例如，"仁义礼智，非由外铄我也，我固有之也，弗思耳矣"③。这里的"仁义礼智"是说的"德性"（四德），在儒家心学中是指作为本体的人性，即是形而上者。此处之"思"，即是哲学本体论意义上的"反思"（reflexion）。孟子所

---

① 《孟子·告子上》。
② 《孟子·离娄下》。
③ 《孟子·告子上》。

说的"万物皆备于我矣,反身而诚,乐莫大焉"①,就是这种形上的反思,因为这里的"诚"所指的是"万物皆备于我",即是作为形而上者的德性本体。孟子所说的"诚者天之道也,思诚者人之道也"②,其"思"也是形上之思。但儒家所谓"诚"并不一定是指的形而上者,有时也指作为存在显现的本源情感——本真的仁爱,上文谈到的《中庸》所说"诚"能"成己""成物"、"不诚无物"就是这种意义。

（3）本源之思：存在之思——思无。例如,"耳目之官不思,而蔽于物；物交物,则引之而已矣。心之官则思；思则得之,不思则不得也。此天之所与我者。先立乎其大者,则其小者不能夺也。"③这里的关键在于"思则得之",此"之"指代"天之所与我者""大者",即指德性本体；但在孟子心目中,这个本体其实是被"立"起来的,而立的途径即"思"；因此,"思"显然是先行于作为形而上者的本体的,故此"思"绝非存在者之思,而是存在之思、本源之思。

不过,这些不同观念层级的"思",都可以这样翻译：动词译为"think",动名词译为"thinking",名词译为"thought"。生活儒学的代表作《爱与思》,即可译为"Love And Thought"。

15. 本源：the Root-Source / the Source

生活儒学的宗旨,是要追溯万事万物的本源,然后由此出发,重新给出形而上者、形而下者,据此重建儒学——建构儒学的一种当代思想理论形态,以解决当代生活中的问题。而"原教旨"的儒学则不然,它不能回归生活、重建儒学,就是"无本之木,无源之水"。因此,"本源"是生活儒学的一个极为基本的观念。

尽管"本源"原是一种比喻的说法,却来自中国文化的深厚传统,例如《大学》的"物有本末",《老子》的"上善若水"④。中国哲人几乎都推崇水。水的特征是随物赋形,自己并无固定之形,故非"形"而上者、"形"而下者之喻,在这种意义上,水即是无。

---

① 《孟子·尽心上》。
② 《孟子·离娄上》。
③ 《孟子·告子上》。
④ 《老子》第八章。

不过,"本源"这个词语却有两种用法:

(1) 如果"本"与"源"分开说、相对而言,则其意义大为不同:"本"是说的本体、形而上者,属于中国传统哲学的"本末"范畴,按"本"的本义,可译为"the Root";"源"是说的存在、即无,可译为"the Source"。这种意义的"本源",便可译为"the Root-Source"。

(2) 但是,生活儒学通常所说的"本源",却是另外一种用法,指"本之源",也就是"源",故当译为"the Source"。在汉语中,"源"是今字,而"原"是其古字。[1]如孟子说:"君子深造之以道,欲其自得之也。自得之则居之安,居之安则资之深,资之深则取之左右逢其原。"[2]这种"本源",是说的作为存在的生活、生活情感——仁爱情感。

须注意的是,孟子所说的"有本""无本",其所谓"本"其实是在说"源":

> 徐子曰:"仲尼亟称于水曰:'水哉!水哉!'何取于水也?"孟子曰:"源泉混混,不舍昼夜,盈科而后进,放乎四海。有本者如是,是之取尔。苟为无本,七、八月之间雨集,沟浍皆盈,其涸也可立而待也。"[3]

显而易见,这里的"本"是在说"源泉"。

所以,生活儒学所说的"生活本源"并不是说的"生活的本源",而是说生活即本源,故当译为"life as the Source"。

---

[1] 参见《说文解字》。
[2] 《孟子·离娄下》。
[3] 同上。

生活儒学与中国正义论
——从我研究儒学说起*

这些年来，我致力于"生活儒学"的研究，迄今出版了四部著作，第五部著作也即将出版。我在第一部书的后记中曾说过："所谓总结过去，是说：我怎样从一个中国古典文学、文献的研究者，转为一个中国哲学的研究者，最终成为一个儒者；又怎样从一个儒家、儒学的思考者，转为一个生活的思考者，最终形成自己的'生活儒学'思想。""所谓面向未来，是说：我不仅将继续坚持自己的'生活儒学'的思考，还将继续做一个生活的儒者，过一种儒者的生活。""这就是说，这些事情其实绝不仅仅是思想的事情，而就是生活本身的事情。"①

一 我为什么研究儒学

事情至少要追溯到20世纪80年代。孔子说过："学而不思则罔，思而不学则殆。"②我有一个说法：20世纪80年代是"思而不学"，90年代是"学而不思"。80年代的"思而不学"当然也可以说有所学，但那是食洋不化，自以为颇有"思想"，其实不过是邯郸学步、拾人牙慧而已；而其无所学，是数典忘祖：数西学之典，忘国学之祖。那是"五四"的"两个全盘"（全盘反传统、全盘西化）的一种惯性运动。

---

* 原载《深圳大学学报》2014年第1期。
① 黄玉顺：《面向生活本身的儒学——黄玉顺"生活儒学"自选集》，四川大学出版社2006年版，第375页。
② 《论语·为政》。

90年代的"学而不思"与之相反，其所谓"国学热"，李泽厚说那是"思想家淡出，学问家凸显"。我本人亦如此：80年代是一个激进的自由主义者，发表的生平第一篇文字就是政论性的《民主的法治和专制的法治》①；90年代变成了一个学究，一头扎进古典文学、古代文献、文字训诂之中，出版的生平第一部专著就是文献学意义上的《易经古歌考释》②。

进入21世纪，中国学界的情况开始有所改观：治思想者开始老老实实地学习国故，做学问者开始认认真真地探究思想。当然，20世纪末的二十年，算是一种必要的铺垫准备。最近十年儒学界的情况是：逐渐展开了一场"儒学复兴运动"，出现了一批代表人物，开始形成学派，在儒学传统学术的基础上发挥儒家的当代形态的新思想、新理论，在当代儒家思想理论的视域下重新诠释儒学的学术传统、历史。人们称之为"大陆新儒家"，以此与20世纪的"现代新儒家"相区别。我本人亦如此："生活儒学"思想的探索，就是最近十年的事情；但此前二十年的铺垫准备也是不可忽略的。转变发生在我去中国社会科学院师从蒙培元先生治儒学（1997—2000）。

以上的转变只是一种外在的勾画。事实上，这种转变之中，有一种持续不变、一以贯之的内在精神。我曾谈过，"五四"时期的自由派、东方文化派、唯物史观派，尽管歧见纷呈，但至少具有一个共同点，那就是某种意义的"民族主义"：他们都在探索回答"中国向何处去"的问题。③这就叫"一致而百虑"。改革开放时期亦然，即使20世纪90年代的学问家也没有忘记"中国之命运"问题，只是由于某种政治环境方面的原因，大家才埋头于"国故"了。

我本人亦如此：尽管被称为"学者"，但从来就不追求成为一个"学问家"。说到"学者"，那要看是什么意义上的"学者"。孔子说过："古之学者为己，今之学者为人。"④所谓"为人"，就是"为别人

---

① 黄玉顺：《民主的法治和专制的法治》，《四川法制报》1988年4月18日。
② 黄玉顺：《易经古歌考释》，巴蜀书社1995年版。
③ 参见黄玉顺《五四的自由理念》，载《中国之自由精神》，四川人民出版社2000年版，第一章。
④ 《论语·宪问》。

而研究别人",是在两层意义上说的:一是为别人而研究,是做给别人看的,比如为获得体制上的种种好处而做给种种"评委"看的;二是研究别人,即研究那种无关乎当下生活的东西,比如关于哲学史、思想史的那种对象化、知识化的"客观"研究。我经常想起一个典故:"'风乍起,吹皱一池春水',干卿何事?"今之学者,很多就是这种"为人"的"学者"。孔子所说的"为己"则不然:研究自己的问题——关乎当下生活的问题。这种学问,叫作"为己之学"。这就是我研究"生活儒学"的初衷。

二 我怎样研究儒学

研究"为己之学"并不意味着不去研究别人、不去研究哲学史或者思想史。问题在于:怎样研究?这就涉及所谓"方法论"问题,其实是观念问题、思想视域问题,即以怎样的观念、怎样的视域去研究?那种对象化、知识化的"客观"研究,其观念前提是:我是研究的主体,儒学是我研究的客观对象。这显然是建基于"主—客"观念架构的,而这种观念正是一种典型的传统形而上学思维方式。这种思维方式面临着一种不可克服的困境,那就是我经常谈到的"认识论困境":我如何可能确证对象的客观实在性?即便承认其客观实在性,我的主观意识如何可能穿透某种区间而通达于客观对象?

这种穿透、通达问题,胡塞尔称之为"切中"(treffen)问题。[1]事实上,不仅传统哲学形而上学不能确证、切中"形而上者"的客观实在性,而且任何科学同样也不能确证、切中"形而下者"的客观实在性。所以,作为一流的大科学家的马赫才说:我所研究的绝非什么客观的天体;我所研究的不过是感觉的某种复合体。[2]但他这种彻底的经验主义哲学也会面临许多困境。其实,科学与宗教信仰有一个根本一致之处,就是全部基于一个既无法"证明"也无法"证实"的根本的预设

---

[1] 参见胡塞尔《现象学的观念》,倪梁康译,上海译文出版社1986年版。
[2] 参见马赫《感觉的分析》,洪谦等译,商务印书馆1975年版。

（presupposition）：存在预设。①这种预设，蒯因称之为"本体论承诺"。②这其实是一种信念或者信仰：belief。问题在于：如果人类全部可能的观念、知识无不基于关于存在者之存在的预设信念，那么这种信念本身又是何以可能的？胡塞尔提出了这个深刻的问题，但未能真正解决这个问题，他退缩到所谓"纯粹意识"之中。甚至海德格尔也仍未能真正解决这个问题，生存现象学整个建基于"此在"（dasein）这个特殊"存在者"（Seiendes）、而不是"存在"（Sein），于是"存在"反倒成了某种"存在者"所给出的东西，结果这种"存在者"（das Seiende）俨然成了一种"形而上者"。③问题在于：此在本身何以可能？"被抛"的概念无法澄清这个问题，反倒同样会陷入上述困境之中。

在我看来，正是孔孟解决了这样的问题。这就是我选择儒学的原因，也是我研究儒学的"方法论"。不过，我所说的解决了问题的"孔孟"并不是程朱陆王所说的"孔孟"，也不是现代新儒家所说的"孔孟"。他们所说的孔孟，俨然是纯粹的形而上学家。这样的"孔孟"同样面临上述不可克服的困境。我所理解的孔孟，他们的思想视域不是形而上学的，既不是经验论的，也不是先验论的，甚至也不是所谓"生存论"的；他们的思想当然具有这些成分，具有形而上学层级、形而下学层级的建构，然而这些建构成分都是由某种更为本源的视域所给出的。这种本源视域正是生活儒学所要首先加以揭示的。

这里所涉及的就是所谓"诠释学"问题。伽达默尔甚至海德格尔的诠释学思想都是不透彻的。孟子有一种极为透彻的诠释学观念，我曾专文加以讨论："知人论世"——"论世"才能"知人"，然后才能"读其书""诵其诗"。④简单来说，如果说任何知识论和价值论问题无不基

---

① 参见布斯曼（Hadumod Bussmann）《语言与语言学词典》（Dictionary of Language and Linguistics, English edition, Routledge, 1996）词条"预设"（presupposition）。乔治·于尔（George Yule）：《语用学》（Pragmatics. Oxford Introduction to Language Study, Oxford University Press, 1996）第四章"预设与蕴涵"（Chapter 4. Presupposition and Entailment）。

② 蒯因：《从逻辑的观点看》，江天骥等译，上海译文出版社1987年版，第一章"论何物存在"，第8页。

③ 参见黄玉顺《形而上学的奠基问题：儒学视域中的海德格尔及其所解释的康德哲学》，《四川大学学报》2004年第2期；人大复印资料《外国哲学》2004年第5期全文转载。

④ 黄玉顺：《注生我经：论文本的理解与解释的生活渊源——孟子"论世知人"思想阐释》，《中国社科院研究生院学报》2008年第3期。

于"主—客"架构，那么，我们应当追问的乃是：这个"主—客"架构本身何以可能？主体的观念是何以可能的？客观对象的观念是何以可能的？例如"我读经典"这样的事情，我们首先要问："我"作为主体是怎样被给出的？"经典"作为对象是怎样被给出的？这样一来，本源的视域就不是"我注六经"，也不是"六经注我"，而是"注生我经"："经典"和"我"皆在"注"中生成。而所谓"注"不是一个东西，也不是一个"物"、存在者，而是一种"事"、存在，即是一种生活方式。这种生活方式，当然是归属于生活的事情。生活的实情乃是这样的：历史、传统、经典，等等，皆收摄于当下的生活之中。不过，这样的表述仍然是不透彻的，仍然面临上述困境。应该这样表述：所有一切皆由当下生活给出。

于是，我们进入"生活"的观念：假如我们承认所有一切东西皆由当下生活给出，那么，如果所有一切东西都是"物"，生活显然就是"事"；如果所有一切东西都是"有"，生活显然就是"无"。所谓"无"不是佛学所谓"空"，而是说：生活不是存在者，而是存在。生活即是存在；存在即是生活。

这个观念是"生活儒学"的最本源，但也最难理解的观念。尤其当我说到"存在"的时候，许多学者的反应就是：这是用现象学概念来讲中国哲学，即是以西律中、汉话胡说。可是，"存在"怎么就是西方的东西呢？例如，《礼记·仲尼燕居》"礼犹有九焉，大飨有四焉。……如此，而后君子知仁焉"。唐代孔颖达疏："仁犹存也。君子见上大飨四焉，知礼乐所存在也。"清代毕沅编《续资治通鉴·宋徽宗政和元年》："辛巳，诏：'陈瓘自撰《尊尧集》，语言无绪，并系诋诬，合行毁弃；仍勒停，送台州羁管，令本州当职官常切觉察，不得放出州城，月具存在，申尚书省。'"该诏书应为宋代原文。清代顾治禄《满庭芳·芍药》词："廿载音尘如梦，风流散，半没荒烟，空存在，青袍未换，霜鬓杜樊川。"

于是，我们又进入所谓"中西"问题。我也曾专文讨论过这个问题。①对于西学,中国学界存在着两种截然对立的立场:一种是崇洋媚外;另一种则是坚决排外,反对用任何"西方的"话语概念来言说"中国的"东西(尽管这根本不可能,他们自己也做不到)。殊不知,这两种貌似对立的立场却具有一种共同的观念背景、思想方法,就是以为存在着纯粹"西方的"或者纯粹"中国的"话语。但这其实是不可能的:对于我们来说,纯粹"西方的"或者纯粹"中国的"都是子虚乌有的或莫须有的。例如,当我们用中国固有的词语"存在"去翻译西方的"Sein"或者"being"之后,现代汉语的"存在"这个词语,它是纯粹西方的、抑或是纯粹中国呢?都不是。现代汉语的"存在"是由现代中国人的现代性的生活方式生成的一个观念,这个观念不仅涵摄着或者说给出了所谓"西方哲学",而且涵摄着或者说给出了"中国哲学"(所以我在一系列文章中详尽考证了中国传统的"存""在"观念的本源意义)。我们不可忘记:我们不仅生活着"中国人的"当下生活,而且同时生活着"西方人的"当下生活——我们"共同生活"着,这就是"全球化"的思想意义。因此,对峙的"中—西"观念,作为两个现成的存在者,其实同样是由我们的当下生活所给出的。

于是,"怎样研究儒学"这个问题的答案就很清楚了。假如所谓"研究儒学"不仅仅是诵读经典而已,而是必须对于儒学有所言说,那么,这种言说既不可能是纯粹西方的话语,也不可能是纯粹中国的话语。现代汉语不是"纯粹中国的",正如现代英语不是"纯粹英国的"。况且,哪怕仅仅是诵读经典,该经典也绝不是客观的、自足的东西,而是"我们的经典",而此"我们"是由当下的生活方式生成的。

当然,有人会对此有疑惑。有人问我:你这样研究出来的东西,那还是儒学吗?这样的问题,其实早就有人问过,而且还不断有人在质问宋明理学:宋明理学还是儒学吗?有人认为它是禅学,有人认为它是道学(此指道家学说)。同样,禅宗佛学也经常遭遇到类似的质疑。这样的疑问本身已带出了质疑者的一种观念:儒学就是某种曾经存在的现成的东西。这同样是典型的、将会面临困境的形而上学思维方式。其实,

---

① 参见黄玉顺《我们的语言与我们的生存——驳所谓"现代中国人'失语'"说》,《南京师范大学文学院学报》2004年第4期。

儒学本身同样是由当下生活给出的，所以儒学才会"日日新，又日新"，才不仅有王权时代的儒学形态（例如周公）、转型时代或曰原创时代的儒学形态（如孔孟荀）、皇权时代的儒学形态（例如汉学、宋学），还有民权时代的儒学形态（如现代新儒学、当代儒学）。在我看来，只要满足这个条件的就是儒学：用仁爱来解释一切现象、解决一切问题。

在这样的观念下，才有可能真正理解儒学、理解"生活儒学"。

三　生活儒学

生活儒学是从这样的问题意识切入的：儒学与中国之命运，乃至与当今人类之命运。[①]我们可以严格地思考这个问题：儒学之命运与中国之命运，乃至与当今人类之命运之间是否有关联？20世纪"现代新儒家"的出现、21世纪"儒学复兴运动"的出现，已给出了肯定的回答。所以，问题只是：这是怎样一种关联？我专文讨论过这些问题。[②]我提出，儒学复兴有几条不同的路线：传统主义（被称为"原教旨主义"）；现代主义（如现代新儒家）；当代主义或曰当下主义。传统主义或"原教旨主义"在学理上陷入种种理论困境，在现实中也行不通，且极具危险性；现代主义在学理上也仍然是传统形而上学，在现实中也存在着人们所批评的"内圣开不出新外王"的困惑。所以，在我看来，不仅在学理上站得住，而且在现实中行得通的，唯有当代主义、当下主义的儒学。

这个问题在思想话语中这样表述：我们需要解释我们的生活中的种种现象，解决我们的生活中的种种问题，这些存在着种种问题的种种现象就是所谓"形而下者"，或者叫作"万物"，这是"多"；传统哲学的方法就是寻找它们背后隐藏着的一个"形而上者"，或者叫作"帝"

[①] 参见黄玉顺《儒学与中国之命运——纪念五四运动90周年》，《学术界》2009年第3期。
[②] 参见黄玉顺《儒学复兴的两条路线及其超越——儒家当代主义的若干思考》，《西南民族大学学报》2009年第1期。

"天""道""理"等,这是"一"。①这就形成一种思维模式:形而上者→形而下者。不论在中国还是在西方,传统哲学包括宗教哲学都是这种思维模式,这就是人类在"轴心时期"建构起来的基本观念模式。但是我们发现:这个"形而上者"在哲学家那里莫衷一是,而且未必解决问题。20世纪以来的思想重新发现了人类"前轴心期"以及"轴心时期"思想大师(比如中国孔孟老庄)的本源观念:如果"万物"是物,"道之为物"亦物②,那么,物是何以可能的?或换一种问法:作为唯一绝对存在者的"形而上者",与作为众多相对存在者的"形而下者"一样,都是存在者;那么,存在者的观念是何以发生的?这个发问其实已经蕴涵了答案:存在。凡是存在者,皆存在。然而存在既然不是存在者,不是物、有,那么,存在就是无。

所以我经常引用《老子》的一句话:"天下万物生于有,有生于无。"③这是一个基本的观念结构:无→有→万物。《老子》还有一种表达:始→母→子或众甫。须注意者,这里所说的不是所谓"客观的"宇宙生成过程,而是观念的显现层级。比如说,在《老子》中,无、有、万物皆道的不同显现而已。其实,这个基本结构乃是儒、道共通的基本观念:天道(即无即有)→ 德性(人性物理)。儒、道的区别根本在于:道家认为"天地不仁"④,而儒家则认为无或存在即是仁爱情感。(更透彻地讲,今人所谓"儒家""道家"之别,其实只是汉儒的一种观念建构而已)儒学所说的"仁爱"是有不同用法的:有时是说的形而下的伦理原则,有时是说的形而上的宇宙本体,有时是说的本源情感,即无、存在、生活。这三个层级犹如"道"一样,是说的"仁爱"在观念中的不同显现而已。

有一点也需要强调:"生活"并不同于上文谈到的"我们的生活"。我们的生活只是生活的某种显现样式——某种生活方式。假如没有"生活"的观念,"我们的生活"与"他们的生活"就隔绝了,传统的儒学对于今天的我们也就毫无意义了,犹如《肇论》所说的"昔不至今",

---

① "天""道"另有其更本源的观念及其解释。
② 《老子》第二十一章。
③ 《老子》第四十章。
④ 《老子》第五章。

我们也不可能通达传统。这多少类似于康德之推论"物自身",但却有根本区别:"物自身"其实是一种"形而上者",是一种存在者;而生活却是存在。

于是,生活儒学总结了人类全部可能的观念的基本结构:

观念的生成序列:存在→形而下存在者→形而上存在者
观念的奠基模式:存在→形而上存在者→形而下存在者

生活儒学就是重新展开这个基本结构。唯其如此,儒学才能有效地切入当下的生活。为此,生活儒学首先消解孔孟以后的传统儒学的形而上学,然后回归孔孟儒学的本源观念,最后在这种本源上重建儒学。这是一个庞大的"体系",包含着本源层级、形上层级、形下层级的重建,涉及许多繁难的课题。这里且谈其中涉及的一个重要问题:

生活儒学是否需要重新构造一个"形而上者"呢?这是一个颇为复杂的问题。形而上者问题其实是主体性问题,在这个问题上,我同意黑格尔的说法:"实体即是主体。"[①] 然而按照传统形而上学哲学的观念,人只有相对主体性,而绝对实体、本体才有绝对主体性。但在今天看来,绝对主体性其实只是相对主体性的一种抽象而已。当今时代的相对主体性,就是公民人格;民权时代的儒学形态要研究的一个重要课题,就是公民人格问题。于是,我们可以这样思考:假如对此公民人格加以一种哲学的抽象,它就可以被设想为一个"形而上者"。不过,我目前正在展开研究的"中国正义论"的理论结构中,还没有形而上者的位置。有人已发现这一点,并质问我:在生活儒学中,没有形而上学给予奠基的正义论伦理学是否恰当?

四 中国正义论

中国正义论属于形而下学层级的伦理学范畴。一般来说,形而下学

[①] 黑格尔:《精神现象学》,贺麟、王玖兴译,商务印书馆1979年版,第15页。

包括两个基本领域：关于自然界的知识论，是为科学奠基的，《易传》所谓"天文"；关于社会界的伦理学（广义），是为道德、规范、制度奠基的，《易传》所谓"人文"。生活儒学亦然。我目前正在做一个教育部的课题、一个国家社科基金的课题，都是关于"中国正义论"的问题，其实就属于广义伦理学的范畴，意在探索儒学有效切入当下生活的一种路径。

所谓"中国正义论"，乃是说的关于正义问题的中国理论（Chinese theory of justice），尤其是儒家理论。从不同角度着眼，儒学可以被称为"仁学""礼学"，也可以被称为"义学"。"义学"或"正义论"的课题，就是关于人类社会的规范建构及其制度安排（简称"制度规范"）问题。这不是对象化、知识化的儒学史研究，而是当下化的儒学义理结构之整体重建。

这里首先面对一个质疑：儒家的"义"和西语的"justice"（正义）之间能这么对应吗？我从三个方面回应这个质疑：（1）如果制度规范赖以成立的根据就是正义原则，那么，凡属人类社会，必有制度规范，故亦必有正义观念，中国当然不能例外。（2）这种正义观念，中国哲学称之为"义""正义"。如荀子说："正义而为谓之行。"①"《传》曰：'从道不从君。'故正义之臣设，则朝廷不颇。"②（3）汉语"义"或"正义"与西语"justice"之间是这样一种关系：既有可对应性，亦有非等同性。我曾专文阐明这样一个观点：可对应性、非等同性，这是任何两套观念之间、两种民族语言之间的普遍关系，可对应性保证双方可以有效交流，非等同性保证双方值得加以比较。③唯其如此，我们才能用汉语固有的"义"或"正义"去翻译西语的"justice"，使得双方成为可以互相理解、交流、比较的东西。④

制度规范，儒学统称为"礼"。礼源于祭祀仅仅是表面现象。当时的社会生活方式，"国之大事，在祀与戎"⑤，"祀，国之大事也，而逆

---

① 《荀子·正名》。
② 《荀子·臣道》。
③ 参见黄玉顺《爱与思——生活儒学的观念》，四川大学出版社2006年版，第一讲第一节。
④ 参见黄玉顺《中国正义论纲要》，《四川大学学报》2009年第5期；人大复印资料《伦理学》2010年第1期。
⑤ 《左传·成公十三年》。

之，可谓礼乎？"①因此，当时整个天下国家的制度规范即集中表现在祭祀的礼仪之中。后来的一部《周礼》也就是一整套的制度规范设计，亦谓之"礼"。故广义的"礼"泛指所有一切制度规范。礼有三个层次：礼制（制度规范之本身）、礼仪（制度规范之表现形式）、礼义（礼之义，即制度规范赖以成立的正义原则）。

  这里值得一提的是：儒者中的原教旨主义者与反对儒学的人其实有一个共同的误区，就是误以为礼是儒学的根本。这也是今日"儿童读经运动"中的一个严重误区：似乎应该用那种前现代的生活方式的制度规范来作为现代人的生活规范。他们对孔子对于礼的态度，只注意到"克己复礼"②的一面，遮蔽了"礼有损益"③的一面。其实，孔子认为，任何制度规范都是历史地变动的，这种变动的根据就是正义原则，故孔子说："义以为质，礼以行之。"④这就形成了"义→礼"奠基关系的思想建构。所以，今天复兴儒学，根本的不是恪守儒家在历史上曾建构过的具体的制度规范，而是这些制度规范赖以成立的正义原则。

  在中国正义论，礼或制度规范赖以成立的正义原则就是两条：正当性原则（包含公正性准则、公平性准则）；适宜性原则（包含时宜性准则、地宜性准则）。这些问题，我已在一系列论文中做了详尽的分析论证，兹不赘述。我这里想说的是：罗尔斯《正义论》提出两条正义原则，⑤但在我看来，他根本没有提出任何正义原则，因为：他所说的正义原则是一种"原初契约"⑥，既是"契约"，就已经是制度规范，而非作为制度规范的根据的正义原则了。

  正义原则其实不是实质的（material），而是形式的（formal），其实就是被意识到并且被理性地表达出来的、某种生活方式下的共同正义感。这种正义感，孟子论"养气"时称为"集义所生"的"浩然之

---

① 《左传·文公二年》。
② 《论语·颜渊》。
③ 《论语·为政》。
④ 《论语·卫灵公》。
⑤ 参见罗尔斯《正义论》，中国社会科学出版社1988年版，第60—61、249、61、83—84页。
⑥ 同上书，第12页。

气"①，属于"不虑而知"的"良知"②范畴。孟子话语中的"知"有两种含义：有时是说的良知，这是一种直觉，类似所谓"本质直观"；有时是说的理智。为了便于区别，我们称前者为"知"、后者为"智"。正义原则的形成基于良知之"知"，制度规范的设计需要理智之"智"，于是就有"知→义→智→礼"的观念结构。

中国正义论还包含一个非常重要的理论环节，就是"利"，即利益问题。人们往往误会儒家的"义利"思想，误解孟子提出的"义利之辨"③，以为儒家重义轻利乃至唯义无利，我已撰文对此做出澄清。④其实，在儒学中，礼义问题的提出，正是由于利益冲突问题。对此，荀子有极详尽的阐明："礼起于何也？曰：人生而有欲，欲而不得则不能无求，求而无度量分界则不能不争，争则乱，乱则穷；先王恶其乱也，故制礼义以分之，以养人之欲，给人之求，使欲必不穷乎物，物必不屈于欲，两者相持而长：是礼之所起也。"⑤这就是说，社会群体之所以要建立制度规范，是因为必须通过建立利益分配制度来解决利益冲突问题，从而保障群体生存。在这个问题上，中国正义论与西方正义论是相当一致的。这就有了"利→知→义→智→礼"的问题结构。

中国正义论与西方正义论之间最根本的一个区别，是对仁爱情感的处置。西方正义论通常将仁爱情感排除在外；而中国正义论则正好相反，用仁爱来解释一切，这也正是儒学的一个最根本的标志性特征。因此，中国正义论必须用仁爱解释全部正义问题。一个最容易引起争议的问题，就是"利"与"仁"的关系。前面说到，人们对孟子所提出的"义利之辨"，即仁义与利益的关系长期误解。在这个问题上，荀子是最透彻的，坚持用仁爱来说明一切。在他看来，利益冲突也是仁爱导致的，这就是他的一个长期被人们所忽略的深刻思想："爱利"——爱而利之。王先谦集解《儒效》"爱利则形"时，引杨倞注："爱（人）利人之心见（现）于外也"；又引郝懿行之说："爱人利人皆有法。"可见

---

① 《孟子·公孙丑上》。
② 《孟子·告子下》。
③ 《孟子·梁惠王上》。
④ 参见黄玉顺《孟子正义论新解》，《人文杂志》2009年第5期。
⑤ 《荀子·礼论》。

"爱利"就是"爱人利人"之意。人群之所以有利益冲突，是因为有利欲；而利欲乃出于爱：爱己则欲利己，爱人则欲利人。荀子论述了仁爱的等次：自爱→爱人→使人爱己。①这种差等之爱必然导致利益冲突。于是就有了"仁→利→知→义→智→礼"的问题结构。

可以料想，荀子关于仁爱导致利益冲突的深刻思想会引起儒者们的异议甚至震撼。但这其实是出于对儒家仁爱观念的理解偏差。不仅正是仁爱导致了利益冲突，而且正是仁爱最终保证了利益冲突问题的解决，这就是思想的彻底性。这是因为，完整的仁爱观念包括两个方面：差等之爱的情感倾向，这是生活的实情；一体之仁的情感倾向，这同样是生活情感的真实维度。"仁民爱物"原非什么道德说教，而是一种自然情感倾向，孟子谓之"恻隐之心，人皆有之"②。中国正义论的正义原则当中的正当性原则，其所反映的正是人类在群体生活中表现出来的那种超越差等之爱、通向一体之仁的自然情感诉求，这也是正义感的渊源所在。

最后，由仁爱而正义，以至建立制度规范，其最终目的，是社会群体生存的和谐。这就是儒家所追求的最高社会境界，谓之"乐"，亦即"和"。所以，儒家文化叫作"礼乐"文化。因此，中国正义论的总体问题结构是："仁→利→知→义→智→礼→乐"，或者说是："仁爱→利欲→良知→正义→理智→规范→和谐"。

五　结语

儒学作为"为己之学"，犹如《周易·观卦》所说，"观其生""观我生"。"观我生"就是"观我生进退"，此"进退"可以指人生境界的层级。生活儒学在诉诸个体精神生活时，就是境界问题，我对此有专题讨论。③儒者的最高境界是"仁且智"的圣人："昔者子贡问于孔子

---

① 《荀子·子道》。
② 见《孟子》之《告子上》与《公孙丑上》。
③ 参见黄玉顺《爱与思——生活儒学的观念》，四川大学出版社2006年版，第四讲"境界的观念"。

曰:'夫子圣矣乎?'孔子曰:'圣则吾不能,我学不厌而教不倦也。'子贡曰:'学不厌,智也;教不倦,仁也。仁且智,夫子既圣矣。'"①这让我想起孟子的话:"吾未能有行焉,乃所愿,则学孔子也。"②

---

① 《孟子·公孙丑上》。
② 同上。

儒学之"本"与"源"

——评安靖如"进步儒学"的思想方法[*]

近读美国哲学家安靖如（Stephen Angle）[①]新著《走向进步儒学的当代儒家政治哲学》[②]，感觉有一些重大问题值得提出来专题讨论。该书颇具创意地发展出来的"进步儒学"（Progressive Confucianism），基于作者自己所持的"有本的全球哲学"（rooted global philosophy）观念，以及据此对"进步儒学的语境"即最近数十年来中国儒学现状的评述。这里最根本的一个问题是：何谓"有本的"儒学？儒学之"本"与"源"何在？

一

安靖如在该书第一章"导论"部分第3节"当代儒家"中单列了一类"综合儒家"，将我本人和安乐哲（Roger Ames）、南乐山（Robert Neville）、陈素芬（Sor‑hoon Tan）、贝淡宁（Daniel Bell）和墨子刻（Thomas Metzger）列入其中，进行了评析：

> 我用"综合儒家"（Synthetic Confucians）这个名称来标示这类

---

[*] 原载《烟台大学学报》2014年第1期。
[①] 安靖如（Stephen Angle）：美国哲学家，现任卫斯理公会大学（Wesleyan University）教授、哲学系主任。
[②] 安靖如：《走向进步儒学的当代儒家政治哲学》英文版，政治出版社2012年版。(Stephen Angle, *Contemporary Confucian Political Philosophy Toward Progressive Confucianism*, Polity Press, 2012)

儒家哲学家，他们主要是从非儒家的哲学传统中汲取资源。这些人可以认同多重传统，从多维视野中发现价值和意义，并且寻求将它们整合到儒学的某种单一的综合形式之中。这种综合方法越出了我在前面谈过的"有本的全球哲学"方法，因为它的植根处显然超出了单一传统。这群哲学家中显著的一组，包括夏威夷大学的安乐哲、波士顿大学的南乐山（他同时是一名基督教徒）和新加坡国立大学的陈素芬，他们强调他们在美国实用主义与儒学之间所发现的共鸣，并寻求在与杜威和皮尔士的协奏中发展儒学。山东大学的黄玉顺则提供了另外一种不同的综合，他从海德格尔汲取灵感，以便发展出他所说的"生活儒学"（Life Confucianism）。而贝淡宁最近则开发出了"左派儒学"的观念，以此来推进儒学与社会主义，以使其互相学习。然而作为历史学家和政治理论家的墨子刻……则已然寻求将儒学和密尔（Mill）的自由主义带入一种建设性的和综合性的对话。正如从这张极其复杂的列表中所能看到的，儒家政治哲学的这些综合方法正在多种哲学文化和传统中形成，并正在多种语言中出现。①

作者这番述评的主要观点如下（这些观点相互之间似乎并不协调）：

1. "综合儒家"认同多重传统

作者认为："这些人可以认同多重传统（identify with multiple traditions），从多维视野中发现价值和意义，并且寻求将它们整合到儒学的某种单一的综合形式之中。"在作者看来，上述"综合儒家"中的各家，在认同西方的"非儒家哲学传统"（non-Confucian philosophical traditions）——安乐哲和南乐山及陈素芬认同美国实用主义传统（南乐山还认同基督教传统）、黄玉顺认同德国现象学传统、贝淡宁认同社会主义传统、墨子刻认同自由主义传统——的同时，认同中国的儒家传统。作者认为，他们的认同都超出了某种"单一的"传统（more than one

---

① 安靖如：《走向进步儒学的当代儒家政治哲学》英文版，政治出版社2012年版，第16页。

tradition），因而他们的哲学都不是"有本的"（rooted）哲学。

2. 但事实上"综合儒家"并非真正认同多重传统

然而作者接下来又有一段评论，实际上与上述"认同多重传统"的判断自相矛盾：

> 粗略说来，在这种综合的哲学探讨中，我们或许能够分辨出两种不同的动因来。
>
> 在某些情况下，一个哲学家是被这样促动的：他之接受儒学的某种综合版本，仅仅是在这个限度内，即他已经对另一种学说怀有一种先行的独立自主的信奉，而儒学正在为这种学说所综合。一个明显的例子就是贝尔的左派儒学：唯有在他已经被社会主义价值观抓住了的时候，一个儒者才会受到这样一种儒学版本的吸引，即这个版本已经以容纳和提升社会主义洞见的方式而发展了。
>
> 另外一种不同的动因类型则出现在这种时候：这种综合意在解决一个问题，而对于这个理论家来说，这个问题可以从儒学的观点来理解。墨子刻的工作或许就是这种方法的最佳例证，因为他坚持认为：不论是儒家的，还是密尔的哲学，都面临着互补的问题——他称之为"跷跷板效应"（Seesaw Effect），问题的解决只能靠某种创造性的综合。①

作者从动因上将"综合儒家"分为两种。后面一种动因是"跷跷板效应"，亦即认为不同传统各擅优长，同时各有短板。这其实与"认同多重传统"问题的关系不大，倒是一个值得另加讨论的问题，亦即"面对问题本身"（详见下文）。而前面一种动因则与"传统认同"问题有密切关系：作者说，这种哲学家"已经对另一种学说怀有一种先行的独立自主的信奉，而儒学正在为这种学说所综合"。这就是说，他们先行信奉并且唯一真正信奉的乃是某种西方传统，并以此来综合改造儒学，例如安乐哲认同的其实是美国实用主义传统，并以此来综合儒学，

---

① 安靖如：《走向进步儒学的当代儒家政治哲学》英文版，政治出版社2012年版，第16—17页。

而南乐山认同的其实是西方基督教传统，并以此来综合儒学。但是，这样一来，他们实际上就不是认同多重传统，而是认同单一传统。

我同意作者的这种判断，但对我本人情况的判断除外。按照作者的判断，我是先行认同西方现象学的传统，并据此来综合改造儒学。这其实是对我的一种误解。之所以有如此误解，大概是由于作者只注意到了我在清华大学的一次演讲稿《从"西方哲学"到"生活儒学"》那种叙述方式。① 有一点是让我感到颇为诧异的：作者列举的这些代表人物都是西方人，唯有我是一个中国人。那么，我作为一个中国人，果真如作者所说，是首先认同了西方现象学的传统吗？事实并非如此，我关于海德格尔现象学的第一篇文章发表于2004年，②而在此之前我早已认同儒家传统了。③那么，按照作者的思路，我的方法应该是相反的：先行信奉儒家传统，并据此来综合改造现象学。事实上，在某种意义上，我正是这样做的：细心的读者不难发现，我的著述中到处都有对海德格尔现象学的批判。

我所谓"在某种意义上"的意思是：这取决于如何理解所谓"传统"。这是下文将要讨论的一个重要问题。

3. 无论如何，这些综合方法都不符合"有本的全球哲学"的方法

作者认为："这种综合方法越出了我在前面谈过的'有本的全球哲学'方法，因为它的植根处显然超出了单一传统。"这个说法与上一点的说法自相矛盾，因为同样按照作者的判断，例如，安乐哲的哲学就是植根于美国实用主义这个单一传统的，儒学只不过是被这个传统所综合改造而已。就我自己来说，按照作者的思考方式，我的生活儒学则应当是植根于儒学这个单一传统的，现象学也不过是被这个传统所综合改造而已。

---

① 参见黄玉顺《从"西方哲学"到"生活儒学"》，《北京青年政治学院学报》2005年第1期。
② 参见黄玉顺《形而上学的奠基问题：儒学视域中的海德格尔及其所解释的康德哲学》，《四川大学学报》2004年第2期；人大复印资料《外国哲学》2004年第5期全文转载。
③ 我从1997年开始师从蒙培元先生攻读"儒家哲学"方向的博士学位，而且此前1995年即出版了《易经古歌考释》这样的著作，此后2000年主编出版过《追寻中国精神丛书》这样的著作。我在20世纪已发表过若干儒学和中国文化传统的文章，而那时我还没有开始系统研究现象学。

作者对"综合"方法的批评,其根据是他所倡导的"有本的全球哲学"(rooted global philosophy)的方法。这就涉及最基本的方法论问题了。

二

关于"有本的全球哲学",作者提出:

> 在前面的工作中,我已运用了一种我称之为"有本的全球哲学"的方法,这种方法在这里的语境中也是非常恰当的。"有本的全球哲学"意味着:在一个特定的活着的哲学传统之中工作,从而根深蒂固;但如此之工作却又是在一种对来自其他哲学传统的激发和洞见保持开放的方式之中进行的,从而具有全球的性质。像牟宗三这样的新儒家们就是有本的全球哲学家,他们寻求在某些建设性的方式中来发展他们的传统,这种方式就是借鉴来自全球不同部分的激发观念。①

作者对牟宗三颇为推崇。但令我纳闷的是:牟宗三和我一样,不仅并非西方人,而是中国人,而且显然首先认同的也并非某种西方哲学传统(例如康德哲学或海德格尔哲学),而是中国儒学,那么,作者为什么会认为牟宗三的哲学是"有本的",而我的哲学似乎是"无本的"呢?这还真是一个值得辨明的问题,因为这涉及儒学之"本"这样的重大根本问题。

按照作者的界定,"有本的"哲学是"在一个特定的活着的哲学传统之中工作",例如"有本的儒家哲学"是在活着的儒家哲学传统之中工作。然而即便如此,我仍然看不出我和牟宗三的区别在哪里。我所看到的倒是我和牟宗三的共通性,正如作者所说:

---

① 安靖如:《走向进步儒学的当代儒家政治哲学》英文版,政治出版社2012年版,第9页。

有一点是重要的：强调"有本的全球哲学"，其前提并不是要将我们的终极汇聚点（ultimate convergence）安置在某种单一的哲学真理上面。这种情况或许可能发生，但是，传统中的人类关切和历史群体的复数性质并没有向我们提供这样的确证。在政治哲学领域中，本书主张儒学与自由主义传统之间一定程度的汇聚（convergence），但也主张维持儒学与现存自由主义价值观和制度之间的区分。①

我对作者这段话是颇为赞同的。不过，作者这段话基于他的一种区分，即"汇聚"与"植根"的区分。在作者看来，"汇聚"当然不是单一的哲学传统，但"植根"之处却必须是单一的哲学传统。于是我才恍然大悟：我和作者及牟宗三的根本区别所在，就是这个单一哲学传统之"根"亦即"本"的问题。

1. 儒学之"本"与"源"

作者之所谓"root"也就是说中国哲学之所谓"本"，即是树根。所谓"有本"，出自《孟子·离娄下》篇：

> 徐子曰："仲尼亟称于水曰：'水哉！水哉！'何取于水也？"孟子曰："源泉混混，不舍昼夜，盈科而后进，放乎四海。有本者如是，是之取尔。苟为无本，七、八月之间雨集，沟浍皆盈，其涸也可立而待也。故声闻过情，君子耻之。"②

但我在这里必须特别指出的是：孟子所说的"有本"与后世儒家所说的"有本"其实是截然不同的。孟子讲的显然并不是"本"的问题，而是"源"的问题。严格来说，孟子在这里用"本"这个字是并不确切的，确切的应该是"源"字（古"原"字）。只要我们不停留于字面，而能够透过字面去领会孟子的思想，就不难看出：孟子其实是严格

---

① 安靖如：《走向进步儒学的当代儒家政治哲学》英文版，政治出版社2012年版，第9页。
② 《孟子》，《十三经注疏·孟子注疏》，中华书局1981年版。

区分"源"的观念和"本"的观念的。在中国哲学中,"本"是一个形而上学的观念,是用一个绝对的"形而上者"(本)去说明众多相对的"形而下者"(末、万物)何以可能;而"源"则不是关于"存在者"(形而上者、形而下者)的观念,而是关于"存在"的观念。①

这里所涉及的中国哲学中"本"与"源"的区分,我在拙文《生活儒学导论》中曾加以阐明。在批评海德格尔提到的传统形而上学的"根据"(Grund)观念时,我论述了"本源"(the source of root)的观念:

> 而本源则不然,本源不是一个物,不是一个存在者。本源之为本源,在于它先行于任何形而上学构造。……如果说,终极根据支持着其它根据,并且最终支持着所有的存在者、所有的物,那么,本源则支持着终极根据本身,从而也就支持着所有的存在者、物。例如在孟子的思想中,如果说,作为"性"(主体性、实体性)的"仁"是根据,甚至是终极根据,那么,作为生活感悟的"爱"(前主体性、前实体性)的"仁"才是那本源。这种本源,就是作为生活情感的"恻隐之心""不忍之心",就是本源的爱。作为儒家形而上学的本源的爱,支持着作为终极根据的性。如果说,根据是说的形而上学这棵树的根系,那么本源就是说的维持着这个根系的水土。……因此,"形而上学何以可能"的问题,在生活儒学中就表述为:形而上学的本源问题。生活儒学认为:本源就是生活本身。②

可惜的是,孟子的这种思想已经长久以来被后儒遮蔽、遗忘了。我们知道,后世儒学形成了"本—末"的思维架构,例如典型的"性—情"架构,亦即"形而上者—形而下者"的思维模式。在这个模式中,

---

① "存在"与"存在者"的区分,在西方现代哲学中最初是由海德格尔所揭示的,但实际上无论西方还是中国都曾有过这种区分,而后来被遗忘了。英文中缺乏这种区分,我们只能勉为其难地用"Being"(不是 the Being)或"being"表示"存在",用"a being"或"beings"表示"存在者"。参见黄玉顺《生活儒学关键词语之诠释与翻译》,《现代哲学》2012 年第 1 期。

② 黄玉顺:《生活儒学导论》,载《面向生活本身的儒学》,四川大学出版社 2006 年版,第 32—34 页。

形而上者作为"本",是一个唯一绝对的存在者,它支撑着作为"末"的形而下者,亦即众多相对的存在者。例如在宋明理学中,这个形而上者就是作为"天理"的"心性",它被用以解释"万物"何以可能。但我们知道,不论形而上者,还是形而下者,都是存在者(beings),而不是存在(being)。这就是"存在的遗忘"或"生活的遗忘",已偏离了孟子、孔子的那种不仅"有本",而且"有源"的思想观念。

但是,牟宗三的思想方法、作者"进步儒学"的思想方法也都是这种传统的"本—末""形上—形下"的形而上学方法,他们将"传统"理解为这样的"本"——"性体"或者"德性"(virtue)。

2. 面对问题本身,或者面对生活本身

作者曾注意到我的另一篇文章,①但可能并不理解我的观念或者思想方法。生活儒学提出了"观念的三个层级":存在或曰生活(源)→形上存在者(本)→形下存在者(末)。存在即是生活、生活情感(本真的仁爱)。

所以,对于儒学来说,我首先关注的并不是关于形而上者(本)、形而下者(末)的"传统",而是生活及其作为生活之原初显现的本真的仁爱情感(源)。仅仅在这个意义上,我同意作者的这种说法:"这些人可以认同多重传统,从多维视野中发现价值和意义,并且寻求将它们整合到儒学的某种单一的综合形式之中";"如此之工作却又是在一种对来自其他哲学传统的激发和洞见保持开放的方式之中进行,从而具有全球的性质"。作者谈到墨子刻的工作是按照一种"跷跷板效应"的理解,通过某种创造性的综合来解决问题。这种"面对问题本身"的态度,在我看来还是可取的。作者自己也说:

> 关于这些综合方法,我们所能做出的唯一的另外一种概括就是:它们显然以下述事实为前提,即在那些各别的传统之间存在着

---

① 参见黄玉顺《论"观物"与"观无"——儒学与现象学的一种融通》,《四川大学学报》2006 年第 4 期;*Frontiers of Philosophy in China* 2008 年第 3 卷第 2 期全文译载。

充分的公共性，从而使综合具有可能性。①

但这已经不是认同某种既成的单一传统，例如宋明理学那样的儒家形而上学传统，而是面对问题本身、在生活本源上重建儒学。

3. 何谓"传统"

以上分析试图阐明：什么叫"植根于传统"？这是一个重大问题。而这个问题的解决，取决于对于所谓"传统"的理解。关于"传统"的传统观念乃是：传统是某种现有的、既成的东西，是某种产生于当下生活之前而存在于当下生活之外的东西，我们可以继承它或者不继承它。我不得不指出：这是一种已经过时的哲学观念。生活儒学的一个基本观念就是：生活之外别无存在。当下生活之外的东西，乃是不可思议的。因此，传统就在当下的生活之中。这个道理说起来是非常简单的，例如我们谈到孔子，显而易见，这个孔子只能是当下的我们所理解和解释的孔子，而当下的我们却是由当下的生活所生成的，所以，孔子并不在我们之外、之前，而就在我们之中。

按照这种观念，我们首先需要注意的也就不是认同某种单一传统或者多重传统的问题了，而是我们当下的生活、生活中所存在的问题，我们对于这些问题的感悟、理解、诠释等等。所以，与其说应当"植根于传统"，不如说应当"植根于生活"。

这样一来，势必面临一个问题：一种汲取了"全球"资源、在当下的生活本源上重建起来的"儒学"的综合形式，果真还是儒学吗？抑或只是作者所说的某种"非儒的"（non-Confucian）东西？其实这取决于对"儒学"的理解，犹如取决于对"传统"的理解。假如能够摆脱原教旨的思想方法，那么，儒学作为一种传统，其实同样并不在当下生活之外、之前，而是就在当下生活之中。这才是作者所说的"活着的哲学传统"（living philosophical tradition）——活着的儒学。而我们之所以还可以给它贴上"儒学"的标签，乃在于它恰恰符合我们所理解的

---

① 安靖如：《走向进步儒学的当代儒家政治哲学》英文版，政治出版社2012年版，第16—17页。

"儒学"的基本特征。那么,儒学具有哪些基本的特征?下文将通过对"进步儒学"的评论来加以阐明。

三

在我看来,凡是执定孔孟以后的儒家传统的"本"或"末",而遮蔽和遗忘了"源"的儒学,都是某种"儒家原教旨主义"。

1. "礼"与"儒家原教旨主义"

关于"原教旨主义",作者曾转引过我的一个观点:

> 然而,大约近一二十年来,一些增长着的声音听起来一直在持续成为最大主题,导致一些学者在当前中国儒学复兴的发生中提到一种强烈的"原教旨主义"紧张。①

我的原文是这样说的:

> 儒学复兴的另一条思想路线,就是人们所说的"儒家原教旨主义"。到了上个世纪90年代,特别是新世纪以来,当前儒学复兴运动有一种倾向是很危险的,很多人都有这个感受,那就是儒家原教旨主义。……由于原教旨主义者是反西方的,拒斥西方的东西,所以他们往往顺理成章地反科学、反民主。……原教旨主义是危险的和悖谬的。……原教旨主义者认为,历史上儒家曾经建构过的所有社会规范、制度安排,我们都应该持守,搬到今天来。……原教旨主义者都自称是孔子的弟子,其实他们完全辜负了孔子他老人家,完全不懂孔子的思想,因为孔子教导我们:礼有损益(《论语·为政》)。什么是"礼"呢?就是社会规范;其中有的可以刚

---

① 安靖如:《走向进步儒学的当代儒家政治哲学》英文版,政治出版社2012年版,第94—95页。

性化，成为制度安排。任何一个时候、任何一个地方的群体生存的有序化，都要靠一套制度规范来实现，这就叫"礼"；但它总是历史地变动着的，这就是"损益"。这是孔子的一个非常著名的原则。①

儒家原教旨主义思潮的最突出表现之一，就是固执儒家在历史上曾经建构过的某种"礼"（社会规范及其制度），认为这就是儒家传统，并主张以此来要求当下的生活，其结果是某种反科学、反民主的倾向的抬头，这是值得警惕的。我很高兴的是，作者并没有这样的倾向，而是主张儒学的"进步"与"全球性"。但是，作者究竟怎样在思想方法上保证做到这一点，这还是一个有待商榷的问题。

2. "礼"与"伦理—法律"和"德性—政治"

作者曾留意过我的一篇文章《中国正义论纲要》②，但似乎并不同意我在该文中关于"礼"的观点。在该文以及一系列相关论文中，我试图对儒学给出一种新的解释，其中首要处理的就是"礼"的问题，也就是社会规范及其制度的问题。

儒学首要关注的问题，就是群体生存秩序问题，也就是"礼"的问题。我注意到，作者关注的问题也不是一般哲学、整个儒家哲学的问题，而是政治哲学、政治儒学层面的问题，其实也就是"礼"的问题；但在我看来，"进步儒学"对"礼"的理解及其思想方法是存在着问题的。作者认为：

>"ritual"（典礼）、"propriety"（礼仪）和"civility"（礼貌）均可以译为儒家的一个关键观念，汉语为"礼"。除其他问题外，对礼之重要性的强调，乃是当代儒学复兴者和制度儒学家之工作的中心所在。另一方面，牟宗三和当代许多康德主义新儒家已经因其对

---

① 黄玉顺：《儒学复兴的两条路线及其超越——儒家当代主义的若干思考》，《西南民族大学学报》2009年第1期。

② 黄玉顺：《中国正义论纲要》，《四川大学学报》2009年第5期；人大复印资料《伦理学》2010年第1期全文转载。

礼不够严肃认真而持续遭到来自制度儒家的批评。在这个例子中，我至少是部分地同意对牟宗三的批评。进步儒学需要为礼找到比牟宗三所能提供的更大的空间来扮演建设性角色。同时，我们也决不能对礼的角色夸大其词，仿佛典礼或礼貌在我们的整个哲学中都应该发挥作用。它需要与那种由伦理和法扮演的、独特而同样具有决定性的角色保持平衡。三者共同构成进步儒学所依赖的三脚架。①

作者的进步儒学就建立在这样的三脚架上：伦理—礼—法律（ethics-ritual-law）。

那么，什么是礼？作者认为：

> 此所谓"礼"并非指的形式性的仪节，而是涵盖了所有各种各样的社会规范（social morms），它们决定着我们怎样相互交际；当今世界，从家庭饮食、陌生人间的问候到委员会会议等形形色色的场合，我们随处皆可见礼。②

我完全同意作者的这个观点：所谓"礼"泛指所有一切社会规范。这也是我在许多文章里一再强调的。然而我不理解的是，作者认为：礼"既不是伦理也不是法"（neither ethics nor law）③。换句话说，在作者看来，伦理和法并不是社会规范。但是，我注意到，作者似乎又有一种与此矛盾的观念：他把社会规范（social morms）分为三种类型，即伦理规范（ethical norms）、政治规范（political norms）和礼的规范（ritual norms）。作者认为：

> 伦理规范高度特殊，源于一个人的平衡而有德行的、与一种特殊情境有关的所有价值观念。政治规范包含法律、民权与人权，它们被编成公开法典来作为裁定依据，由国家权力支持其落实。礼的规范比伦理规范的可法典化程度更高；正如在第六章里所强调的，

---

① 安靖如：《走向进步儒学的当代儒家政治哲学》英文版，政治出版社2012年版，第91页。
② 同上书，第92页。
③ 同上书，第91页。

礼的关键方面之一乃是它们为我们的相互交往提供一种便易的"缩写形式"。然而礼的根据和实施不是国家,而是社会;并且礼通常应用于许多私人语境,而政治规范在这里只作为最后手段介入。①

这涉及作者对于伦理、礼和法的性质及其关系的看法,更涉及作者所谓"有本的"哲学方法论问题。作者所理解的伦理、礼和法的关系,所对应的是这样一个模式:德性—礼—政治(virtue‐ritual‐politics)②。这里,政治或法是形而下的问题,进步儒学的"进步"主要体现在这里;德性或伦理是形而上的问题,这就是作者所理解的单一儒家哲学传统之"本";而礼则是两者之间的枢纽,作者由此充分凸显出礼的重大意义。这里的对应关系如下:

形上之本——　形下之末
德性　——　礼　——　政治
伦理　——　礼　——　法

这正是本文第二节所揭示的那种"本—末"或"形上—形下"的形而上学思维方式。这种方法确实是独树一帜的,而且确实是不无道理的:对于进步儒学来说,德性或伦理的维度保证了它在儒家形而上学的单一哲学传统那里是"有本的";而政治或法的维度保证了它可以充分汲取"全球的"多重哲学传统的灵感;这样一来,由两者的合力所形成的礼也就保证了"儒学的进步"。

尽管如此,我还是对这样的思想方法不太放心。根本的问题不仅在于上文谈过的那个"本"与"源"的问题:被视为"本"的德性或伦理究竟何谓?而且在于"礼"与"伦理"和"德性"之间究竟是一种什么样的关系。

3."礼"与"伦理"和"德性"

实际上,在儒学传统中,"伦理""德性"和"德行"不是一回事。首先,伦理作为社会规范,尽管我们或许可以追溯其形上的根据,但无

---

① 安靖如:《走向进步儒学的当代儒家政治哲学》英文版,政治出版社2012年版,第136—137页。
② 同上书,第136页。

论如何，它们本身都是形下的东西。其次，英语经常用同一个词"virtue"来翻译"德性"和"德行"，其实是不对的。"德性"（virtue or virtuous nature）通常属于儒学当中的一个派别的一种观念，他们以为作为伦理之终极根据的道德（morality）乃是某种先天的或先验的人性。而"德行"（virtuousness）却可以有两种不同的解释：一种解释，德行是先天的或先验的德性在行为实践中的表现，因而德性和德行是形上和形下的关系；另一种解释，德行并没有什么先天的或先验的根据，而是人们在生活中获得的人性品质。后者源自汉语的语义：德者，得也；而"得，行有所得也"①。明清之际的王夫之就持这种"性日生日成"②的人性论。

我本人所持的正是这样一种观念：德性或德行是渊源于生活、生活情感、生活领悟的，而不是什么先天的或先验的东西。礼并不是什么先天的或先验的东西的形下化落实，而是某种特定生活方式对于群体生存秩序的特定要求，这也就是社会规范及其制度，包括了政治和法的规范。所以，孔子认为礼是可以"损益"的③。对礼进行损益的根据就是"义"的价值尺度，也就是正义原则：一是正当性原则，要求社会规范的建构超越差等之爱、追求一体之仁；二是适宜性原则，要求社会规范的建构适应当下生活方式的需要。这就是孟子的"仁→义→礼"的思想结构，也就是我在《中国正义论纲要》中论述的中国正义论的核心内容。

这里没有形而上学的位置，从而没有先天的或先验的"德性"的位置。"仁"不过是作为本真生活情感的仁爱情感而已；"义"不过是作为价值尺度的正义原则而已；"礼"不过是作为社会规范的伦理而已。尽管我们或许可以将"仁义"形而上学化，视之为某种先天的或先验的"德性"，从而视之为儒学之"本"，但切不可忘记的是，这其实是轴心时代以来的形而上学观念的产物，这种思想方法可谓"有本无源"（the root without source）。

最后我想指出：作者所推崇的牟宗三关于良知"自我坎陷"（self-

---

① 许慎：《说文解字》，中华书局1963年版。
② 王夫之：《尚书引义》卷三，中华书局1976年版。
③ 《论语·为政》，《十三经注疏·论语注疏》，中华书局1981年版。

restriction）的方法，也属于这种"有本无源"的思想方法。按照牟宗三"道德的形上学"（Moral Metaphysics）思路，为了开出现代的民主与科学这样的形下的"政统"和"学统"，作为形而上者的道德主体自觉地进行自我坎陷，让出一步，暂时成为与知性主体相对的形而下者。这也是典型的"形上—形下""本—末"的思维方式。我曾撰文对此进行评论，兹不赘述。①

---

① 参见黄玉顺《"伦理学的本体论"如何可能？——牟宗三"道德的形上学"批判》，《西南民族大学学报》2003 年第 7 期。

情感与存在及正义问题*
——生活儒学及中国正义论的情感观念

西方哲学在理智主义或理性主义传统之外,还有一个情感主义的传统。最近通过美国著名伦理学家斯洛特(Michael Slote)的情感主义德性伦理学这个中介,笔者对西方情感主义传统有了更多的了解。情感主义在西方哲学传统中并不占据主导地位;相形之下,情感在中国哲学传统中的地位更为凸显,当然,这里面也有许多曲折。本文打算简要叙述儒学史上的情感观念,以及这种观念在生活儒学及中国正义论中的意义,作为一种来自东方的对斯洛特教授的情感主义德性伦理学的呼应。

一 儒学历史上的情感观念

这里主要围绕"情"这个概念的用法,简要地叙述儒学历史上的情感观念。

(一)原创时代儒学的情感观念

在汉语中,"情"字出现很早;而且几乎从一开始,"情"就兼有两种含义:情感、事情。一方面,"情"字就其构造"从心"来说,是指人的情感,如《礼记·礼运》说:"何谓人情?喜怒哀惧爱恶欲七者,弗学而能"①;另一方面,"情"也指事情,如《周易·系辞传下》

---

* 原载《社会科学》2014年第5期。
① 《礼记》,《十三经注疏·礼记正义》,中华书局1980年影印本。

说："情伪相感而利害生。"①孔颖达疏："情，谓实情。"

儒家继承了这种"情"观念。例如孟子说："牛山之木尝美矣，以其郊于大国也，斧斤伐之，可以为美乎？……人见其濯濯也，以为未尝有材焉，此岂山之性也哉？虽存乎人者，岂无仁义之心哉？其所以放其良心者，亦犹斧斤之于木也；旦旦而伐之，可以为美乎？……人见其禽兽也，而以为未尝有才焉者，是岂人之情也哉？"②这里以"山之性"譬喻"人之情"，明显是"性""情"同用，不仅"情"即是"性"，而且兼指情感和实情。

汉语"情"兼指情感和事情，这与西语截然不同。这种语用现象，意味深长。庄子有"事之情"与"人之情"之分③，主张"有人之形，无人之情"④。"人之情"是指主体之情，即情感，"事之情"是指本源之情，即事情，庄子意在解构主体性而回归本源存在；但庄子并不是"无情"，而其实是回归本源情感，也就是说，前主体性的本源情感就是实情。

这就是说，存在着两种不同意义的情感：一种是人的主体性的情感，被后来的儒家理解为"性"之所发；另一种则是本源情感，同时也是"实情""事情本身"，这是早期儒家的观念，近年出土简帛的"道始于情"等观念已证明了这一点。⑤在孟子那里，还保存着这种观念：

> 公都子曰："告子曰：'性无善无不善也。'或曰：'性可以为善，可以为不善。'……或曰：'有性善，有性不善。'……今曰'性善'，然则彼皆非与？"孟子曰："乃若其情，则可以为善矣，乃所谓'善'也；若夫为不善，非才之罪也。……仁义礼智，非由外铄我也，我固有之也，弗思耳矣！"⑥

---

① 《周易》，《十三经注疏·周易正义》，中华书局1980年影印本。
② 《孟子·告子上》，《十三经注疏·孟子注疏》，中华书局1980年影印本。
③ 《庄子·人间世》，王先谦《庄子集解》，《诸子集成》本，中华书局1957年版。
④ 《庄子·德充符》。
⑤ 参见荆门市博物馆编《郭店楚墓竹简》，文物出版社1998年版。
⑥ 《孟子·告子上》。

这里的"乃若其情",就是既指人之性,又指人之情,并且也指实情。所以,笔者曾指出,儒家的"情"观念实际上是:情→性→情。①其中"情→性"结构是早期儒家的观念,所以先秦时期常见"情性"的说法,而罕见"性情"说法;"性→情"结构则是秦汉以后的儒家观念。

(二) 儒家形而上学的情感观念

经过中国社会第一次大转型,进入帝国时代以后,儒家的情感观念发生了一次转折,即从"情→性"观念转向"性→情"观念。儒家这种后起的情感观念具有两个基本的特征:其一,"情"不再指"事之情",而是专指"人之情";其二,"情"与"性"相联系,即"情"只是"性"之所发。不仅如此,这种"性→情"结构具有了形而上学的意义,即与"本→末""体→用"的观念联系起来,成为从形而上者到形而下者的落实:性是本、体,情是末、用。在《礼记·中庸》里,还看得出这种转向的痕迹:

> 喜怒哀乐之未发,谓之中;发而皆中节,谓之和。中也者,天下之大本也;和也者,天下之达道也。致中和,天地位焉,万物育焉。

本来,"喜怒哀乐"显然是情感;但当其被理解为"未发"之"中"的时候,它显然是在说"性"。此"性"发而为"情",可善可恶,唯在是否"中节"。所谓"中节"是说的"合礼",亦即合乎社会规范。这也就是毛亨《诗大序》所说的"发乎情,止乎礼义"②。此"性"或"中"是"大本",即形而上的"本体";此"中节"或"合礼"之"情"是"达道",即形而下的"大用"。天地位于此,万物育于此,这就是其形而上学的意义。

后来的儒家哲学,从汉代儒学到宋明理学,都对这种形而上学意义

---

① 黄玉顺:《爱与思——生活儒学的观念》,四川大学出版社2006年版,第64页。
② 毛亨:《诗序》,载《十三经注疏·毛诗正义》,中华书局1980年影印本。

的"性→情"观念大加发挥，这是众所周知的，这里无须赘述。

在帝国时代的儒学中，上述"性→情"观念成为主流意识，但是，"情→性"的观念在儒学中从未绝迹。这里尤须提到作为宋代儒学一派的蜀学。苏轼指出："儒者之患，患在于论性。"①例如他诠释《系辞上传》"一阴一阳之谓道，继之者善也，成之者性也"说："善者道之继，而指以为善则不可。今不识其人而识其子，因之以见其人则可，以为其人则不可。故曰'继之者善也'。学道而自其继者始，则道不全。昔者孟子以善为性，以为至矣，读《易》而后知其非也。孟子之于性，盖见其继者而已，夫善性之效也。孟子不及见性而见夫性之效，因以所见者为性。性之于善，犹火之能熟物也。吾未尝见火，而指天下之熟物以为火，可乎？夫熟物则火之效也。"②这就是说，善性并不是"道"本身。那么，什么是"道"？他说："夫六经之道，自本而观之，则皆出于人情。"③"夫六经之道，唯其近于人情，是以久传而不废。"④

（三）原初情感观念的复兴

从"性→情"观念到"情→性"观念的转向与复归，最显著地发轫于中国社会第二次大转型之中，特别是在明清之际的儒学之中。要解构"性→情"观念，首先须解构先验的"性"观念。王夫之便是如此，他否定先验的人性，而肯定《尚书·太甲上》中的"习与性成"，主张"性日生而日成"⑤。在这个基础上，戴震进一步张扬"情"，矛头直指宋明理学之"理"。他说："理也者，情之不爽失也，未有情不得而理得者也"；"在己与人皆谓之情，无过情无不及情之谓理"。⑥为此，梁启超称戴震哲学为"情感主义"⑦、"情感哲学"⑧。

---

① 苏轼：《韩愈论》，载《苏轼文集》卷三，孔凡礼点校，中华书局1986年版，第113页。
② 苏轼：《东坡易传》卷七，影印文渊阁四库全书本。
③ 苏轼：《中庸论》，载《苏轼文集》卷二，中华书局1986年版，第60页。
④ 苏轼：《诗论》，载《苏轼文集》卷二，中华书局1986年版，第55页。
⑤ 王夫之：《尚书引义·太甲上》，《尚书引义》，中华书局1962年版。
⑥ 戴震：《孟子字义疏证》，"理"，中华书局1961年版。
⑦ 《梁启超论清学史二种》，朱维铮校注，复旦大学出版社1985年版，第34—35页。
⑧ 梁启超：《戴东原生日二百年纪念会缘起》，载《戴东原二百年生日纪念论文集》，晨报社出版部1924年版。

进入 20 世纪，中国曾经出现一种"反智""重情"思潮。其中值得提到的，有朱谦之的"唯情论"①和袁家骅的"唯情哲学"②，不过，都与儒学没有多大关系。倒是梁启超的情感说，一方面固然受到柏格森意志主义的影响，另一方面也确有儒学的思想资源。他认为"情感是人类一切动作的原动力"，因而主张"把情感教育放在第一位"③。他说："只要从生活中看出自己的生命，自然会与宇宙融合为一。《易传》说的'穷理尽性以至于命'，《中庸》说的'能尽其性，则能尽人之性，可以与天地参'，就是这个道理。""怎么才能看出自己的生命呢？这要引宋儒的话，说是'体验'得来。"④但这仍然不能算是儒学本身的情感转向。儒学的情感转向发生于一部分"现代新儒家"。

梁漱溟是一个典型。他的情感理论虽然也受到柏格森的影响，但更具儒学底蕴。在其早期的《东西文化及其哲学》中，他说"西洋人是用理智的，中国人要用直觉的——情感的"⑤；而在其中期的《中国文化要义》中，他的观念仍然是"中/西—情感/理智"的二分，"周孔教化自亦不出于理知，而以情感为其根本"、"孔子学派以敦勉孝悌和一切仁厚胗挚之情为其最大特色"⑥，只不过他此时的情感观念是用他个人的独特概念"理性"来表达的。⑦在他看来，中国社会是伦理本位的，而"伦理关系，即是情谊关系……伦理之'理'盖即于此情与义上见之"⑧。

儒家的情感观念再一次被充分凸显出来，这与当代著名哲学家蒙培元的工作密切相关。他这方面的代表作《情感与理性》（2002 年）以及一系列文章，都在强调情感对于儒学、中国哲学的根本意义，认为儒

---

① 朱谦之：《无元哲学》《一个唯情论者的宇宙观及人生观》，载《朱谦之文集》，福建教育出版社 2002 年版。
② 袁家骅：《唯情哲学》，泰东图书局 1924 年版。
③ 梁启超：《中国韵文所表现的情感》，载《饮冰室合集》第 4 册，中华书局 1989 年影印本。
④ 梁启超：《评胡适之中国哲学史大纲》，载《饮冰室合集》第 5 册，中华书局 1989 年影印本。
⑤ 《梁漱溟全集》第一卷，山东人民出版社 2005 年第 2 版，第 479 页。
⑥ 梁漱溟：《中国文化要义》，学林出版社 1987 年版，第 119 页。
⑦ 王末一：《情感与理智的冲突与融合——梁漱溟哲学思想初探》，硕士学位论文，吉林大学，第 24 页。
⑧ 《梁漱溟全集》第三卷，山东人民出版社 2005 年第 2 版，第 82 页。

家哲学就是"情感哲学"①。他有一个著名的命题:"人是情感的存在。"②在他看来,"人的存在亦即心灵存在的最基本的方式是什么呢?不是别的,就是生命情感。"③他的思想因此被称为"情感儒学"。④就儒学从"性→情"到"情→性"的转向来说,蒙培元的工作显然是具有划时代的意义的。

蒙培元之所以如此重视情感,我个人的理解,主要是由于两个方面的因素:一个是他的秉性,注重情义;另一个则是他的师承。他的导师就是冯友兰。人们通常有一种印象,似乎冯友兰的"新理学"是不大讲情感的。其实不然。2008年,蒙培元先生七十寿辰的时候,笔者曾主编过一个集子《情与理:"情感儒学"与"新理学"研究》,并在该书的序中指出:"在现当代儒学、或者所谓'现代新儒家'中,如果说,熊牟一系或可称之为'心性派'(熊多言心、牟多言性),那么,冯蒙一系则可称之为'情理派'(冯重理而亦论情、蒙重情而亦论理)"⑤;序言还援引了陈来的一种观点,认为在冯友兰看来,中国哲学在很大程度上就是"应付情感的方法"⑥。蒙培元更是这样理解冯友兰的思想的:"情感与理性各有其地位与作用,并不构成矛盾。就其终极理念而言,情感具有更加重要的意义,这就是最终实现对万物有深厚同情、与万物痛痒相关的'万物一体'亦即'自同于大全'的境界。"⑦

当时有一件事推动了学界对于儒学与情感之关系问题的思考:2008年,为祝贺蒙培元先生七十寿辰,中华孔子学会、中国社科院中国哲学研究室、四川思想家研究中心在北京大学哲学系联合举行了一次研讨

---

① 蒙培元:《情感与理性》,中国社会科学出版社2002年版,第310页。
② 蒙培元:《人是情感的存在——儒家哲学再阐释》,《社会科学战线》2003年第2期。
③ 蒙培元:《我的中国哲学研究之路》,载刘笑敢主编《中国哲学与文化》第2辑,广西师范大学出版社2007年版。
④ 崔发展:《儒家形而上学的颠覆——评蒙培元的"情感儒学"》,载易小明主编《中国传统哲学与现代化》,中国文史出版社2007年版。
⑤ 黄玉顺、彭华、任文利主编:《情与理:"情感儒学"与"新理学"研究——蒙培元先生70寿辰学术研讨集》,中央文献出版社2008年版,序言,第5页。
⑥ 陈来:《有情与无情——冯友兰论情感》,载陈来《现代中国哲学的追寻》,人民出版社2001年版。
⑦ 蒙培元:《理性与情感——重读〈贞元六书〉、〈南渡集〉》,《读书》2007年第11期。

会，题为"儒学中的情感与理性"，许多著名学者与会发言，肯定了冯友兰—蒙培元一系儒学的情感特质。例如，陈战国说："熊牟一系的儒者和冯蒙一系儒者之间区别的关键所在就是'情感'，这个我是认可的，觉得说得很深刻、很恰当。"①而陈来则认为蒙培元的思想应该概括为"生命—情感儒学"。②这次会议之后，学界谈论儒家情感观念问题的文章就明显地多了起来。

笔者本人这十年来的"生活儒学"及"中国正义论"思想，就是这种"情感转向"的表现，近继蒙培元的"情感儒学"，远绍中国哲学尤其是原典儒学的情感传统。与此同时，特别值得一提的则是李泽厚最近提出的"情感本体论"。李泽厚自20世纪以来的一系列思想推进都具有浓烈的情感色彩，乃至新近明确提出了"情本论"，主张"'情本体'是以'情'为人生的最终实在、根本"；"不是'性'（'理'），而是情；不是'性（理）本体'，而是情本体；不是道德的形而上学，而是审美形而上学，才是今日改弦更张的方向"。③不过，关于李泽厚的"情本论"可以讨论三点：（1）它出自美学思考。有趣的是，著名美学家陈望衡的新著《20世纪中国美学本体论问题》，第二章"情感本体论"下面所列的是吕澂、范寿康、朱光潜三家；而李泽厚则被列入第八章"实践本体论"。④这是颇有道理的，因为李泽厚的思想根基其实是20世纪80年代马克思主义哲学领域的"实践本体论"。所以：（2）这种"情本论"归属于"人类学历史本体论"，具有强烈的马克思主义历史唯物论色彩，即将一切建立"在人类实践基础上"⑤。（3）尽管李泽厚强调"所谓'本体'不是Kant所说与现象界相区别的noumenon，而只是'本根''根本''最后实在'的意思"⑥，但这种"情本论"仍然属于传统形而上学思想视域，所以他批评海德格尔，说："岂能一味斥责传统只专注于存在者而遗忘了存在？岂能一味否定价值、排斥伦理和

---

① 黄玉顺、任文利、杨永明主编：《儒学中的情感与理性——蒙培元先生70寿辰学术研讨会》，现代教育出版社2008年版，第49页。

② 同上书，第43—44页。

③ 李泽厚：《人类学历史本体论》，天津社会科学院出版社2010年版，第200、21页。

④ 参见陈望衡《20世纪中国美学本体论问题》，武汉大学出版社2007年版。

⑤ 李泽厚：《人类学历史本体论》，天津社会科学院出版社2010年版，第199页。

⑥ 同上书，第200页。

形而上学？回归古典，重提本体，此其时矣。"①这与"生活儒学"的思想视域截然不同。

二 生活儒学的情感观念

生活儒学不以任何意义的形而上学"本体"为出发点；恰恰相反，生活儒学追问形而上学"本体"本身何以可能，从而追溯到"前形而上学""前本体论""前存在者"的存在——生活。这样一来，生活儒学也就打破了两千年来哲学的基本思维模式——"形而上者—形而下者"或者"形而上学—形而下学"的两级架构，揭示了观念的三个层级：

观念的生成关系：①生活感悟→②相对存在者→③绝对存在者
观念的奠基关系：①生活本源→③形而上学→②形而下学②

这里的"绝对存在者"也就是传统哲学所谓"本体"，而"形而上学"就是对这个本体的思考。"奠基"（foundation-laying）是一个西方哲学概念，它是对观念的实际"生成"序列的一种颠倒，就是用一个唯一绝对的形而上者来说明众多相对的形而下者何以可能，或者说是用形而上学来为形而下学（伦理学、知识论）奠定基础。但不论形而上者，还是形而下者，都是存在者，而非作为本源的存在。

真正的本源乃是作为存在的生活。然而，存在之谓生活，并非海德格尔意义上的那种与"生存"（Existenz）相对的"存在"（Sein），亦即不是"此在"（Dasein）的存在。生活即是存在、即是生存。不仅如此，"生活"既非形而下的"我的生活""你的生活"之类的范畴，也非形而上的梁漱溟式的"生活"范畴。③生活不是存在者，而是给出一

---

① 李泽厚：《人类学历史本体论》，天津社会科学院出版社2010年版，第139页。
② 黄玉顺：《爱与思——生活儒学的观念》，四川大学出版社2006年版，第150页。
③ 参见黄玉顺《当代儒学"生活论转向"的先声——梁漱溟的"生活"观念》，《河北大学学报》2008年第4期。

切存在者的存在。

所谓"生活感悟",是说的"生活情感—生活领悟"。生活感悟绝不是一种认识,恰恰相反,一切认识都渊源于生活感悟。①换句话说,生活与生活感悟的关系并非所谓"存在(其实指存在者)与意识"的"客体—主体"关系,因为客体和主体都是由生活所生成的存在者,而生活感悟是先在于存在者的事情,是与生活浑然共在的事情。

这里首要的就是生活情感。上文曾经谈到,在儒学历史上有两种"情"观念,即情→性→情。前一种"情"指本源情感、事情本身,后一种"情"指主体性的人的情感。所谓"生活情感"并不是说的主体性的人的情感,亦即不是"人之情",而是"事之情"②。但"事之情"正是"情"字的原初意义:既是事情的实情,也是人的最本真的情感。因此,就"情"的本源意义而论,也可以说:情感即是生活,生活即是情感,亦即存在本身,是一回事。所以,笔者在比较儒学与笛卡儿哲学的时候提出一个命题:"爱,所以在。"③在这个意义上,"生活儒学"也可叫作"生活情感儒学"(Life-Emotion Confucianism)④。

在情感中,儒家最重视的是"仁爱"或"爱"的情感,这是众所周知的,毋庸赘言。须注意的是,儒家之所谓"仁",在不同语境中具有不同的用法,不可混淆:有时是指形而上存在者的存在(作为本体的"仁"或"诚")⑤,有时是指形而下存在者的存在(作为"性"之所"发"的道德情感)⑥;但首要的是原初的生活情感(本真的"爱"或

---

① 黄玉顺:《面向生活本身的儒学——"生活儒学"问答》,见《面向生活本身的儒学——黄玉顺"生活儒学"自选集》,四川大学出版社2006年版。
② 《庄子·德充符》,《庄子》,王先谦《庄子集解》本,商务印书馆1934年版。
③ 黄玉顺:《爱,所以在:儒学与笛卡儿哲学的比较》,载《儒家思想与当代生活——"生活儒学"论集》,光明日报出版社2009年版。
④ 上文提到,陈来认为,蒙培元的思想应当概括为"生命—情感儒学"。我当时曾回应:"'生命'这个概念,不足以将蒙先生的思想特色与现代新儒家的其他学者的思想特色区别开来,因为不少现代新儒家学者都讲'生命''生命存在'。"(黄玉顺等主编:《儒学中的情感与理性——蒙培元先生70寿辰学术研讨会》,后记,第138页。)现代新儒家的"生命存在"其实是一个形而上学的本体范畴,这与西方"生命哲学"(philosophy of life)相通。这个"生命"与生活儒学的"生活"在英文中虽是同一个词life,但大异其趣。
⑤ 程颢《识仁篇》说:"仁者浑然与物同体,义、礼、智、信皆仁也。"见《二程遗书》,卷二上,上海古籍出版社2000年版。
⑥ 《礼记·中庸》讲情感应当"发而皆中节",即指道德情感。

"诚"），亦指"事情"的实情，所以，这种"仁""爱"不同于基督教所讲的上帝之爱。①这种仁爱情感在情绪层面上就是孟子所讲的"恻隐之心"（compassion）、"不忍之心"②，而在感情层面上就是孔子所讲的"爱"③。儒家视这种本真的仁爱为"大本大源"，即以之来阐明一切。

以上就是生活儒学所理解的情感。生活儒学正是以这种情感观念来阐明一切的，例如重建"中国正义论"。

三　中国正义论的情感观念

中国正义论（Chinese Theory of Justice）是生活儒学在伦理学层级上的具体展开，侧重于制度伦理学问题，即探索社会规范建构及其制度安排的一般原理。④限于篇幅，这里只讨论中国正义论最核心的理论结构：仁→义→礼。

我们这里所关注的问题乃是：情感在中国正义论中占有怎样的地位？这需要进行"礼→义→仁"的倒溯，由此揭示仁爱情感的根本意义。

正义论的基本论题是：如何进行社会规范建构及其制度安排？社会共同体的社会规范及其制度，中国古代话语谓之"礼"。所谓"礼"并不仅仅指"礼仪"，而是包含了三层含义：礼义→礼制→礼仪。所谓社会规范及其制度，就是礼制；礼仪是其外在的表现形式；而礼义则是其背后的价值根据，或者叫作"正义原则"。这种正义原则，中国话语就叫作"义"。由此可知：中国正义论最基本的理论结构就是"义→礼"，

---

① 参见黄玉顺关于"儒学与情感现象学比较研究"的系列论文：《论"仁"与"爱"》，《东岳论丛》2007年第6期；《论"恻隐"与"同情"》，《中国社科院研究生院学报》2007年第3期；《论"一体之仁"与"爱的共同体"》，《社会科学研究》2007年第6期。
② 《孟子·公孙丑上》。
③ 《论语·阳货》："予（宰予）也有三年之爱于其父母乎？"
④ 参见黄玉顺《中国正义论纲要》，《四川大学学报》2009年第5期；人大复印资料《伦理学》2010年第1期全文转载。

亦即"正义原则→制度规范",孔子的表述就是"义以为质,礼以行之"①。由此可见,正义论的中心问题是正义原则问题,也就是"义"的问题。根据正义原则来建构制度规范,此乃是中西共同的理论结构。

中西正义论之间的根本区别,在于对"义"即正义原则的理解不同。②儒家的正义论有一个基本结构"仁→义",即仁爱情感为正义原则奠基;而西方正义论没有这个结构,他们通常将作为理性的正义原则与作为情感的仁爱对立起来。这涉及汉语"义"的两个基本语义:正当、适宜。"义"之谓"正",如孟子说:"义,人之正路也。"③"义"之谓"宜",如《中庸》说:"义者,宜也。"由此我们可以引出中国正义论的两条基本原则:一条是作为动机论原则的正当性原则,另一条是作为效果论原则的适宜性原则。与我们这里的情感话题密切相关的是正当性原则。

正当性原则可表述为:就立法者的动机而论,社会规范建构及其制度安排,应当超越差等之爱,追求一体之仁。这就涉及如何全面正确地理解儒家"仁爱"观念的问题。有一种很常见的误解,以为儒家只讲"爱有差等"④,爱的强度表现为递减序列"亲亲→仁民→爱物"⑤。那么,一个立法者若将这种立场贯彻到社会规范建构及其制度安排之中,其制度规范怎么可能公正?许多反对儒家者正是从这个角度进行攻击的。⑥殊不知,儒家的"仁爱"观念还有另外一方面"一体之仁",或成语说的"一视同仁"。儒家一方面尊重"爱有差等"的生活情感的实情,然而另一方面却并不认为这是建构制度规范的正义原则,恰恰相反,儒家主张"推扩""推己及人",例如"己欲立而立人,己欲达而达人"⑦,"老吾老以及人之老,幼吾幼以及人之幼"⑧等等,这才是儒

---

① 《论语·卫灵公》。
② 参见黄玉顺《作为基础伦理学的正义论——罗尔斯正义论批判》,《社会科学战线》2013年第8期。
③ 《孟子·离娄上》。
④ 《孟子·滕文公上》。
⑤ 《孟子·尽心上》。
⑥ 参见郭齐勇主编《儒家伦理争鸣集》,湖北教育出版社2004年版。
⑦ 《论语·雍也》。
⑧ 《孟子·梁惠王上》。

家的正当性原则的精神。

儒家"仁爱"观念中的"爱有差等"与"一体之仁"这两个方面，对于正义论甚至整个儒家思想系统来说具有非常深刻的意义。这里我想谈谈荀子所带给我的强烈震撼：导致利益冲突的缘由，竟然是爱的情感。①这个结论是从荀子的下述思想中推导出来的：仁爱是由"自爱"开始的②（其实"推己及人"的逻辑起点亦然）；"爱利"（爱则利之）③，这就是说，爱一个人，就想为他或她谋取利益；这样一来，爱己必欲利己，爱亲必欲利亲，爱人必欲利人，"差等之爱"势必引发利益冲突。唯其如此，用以调节利益冲突的礼义才是必要的。这就是荀子的基本思路。我们不难看出，荀子这种思路与西方启蒙思想家的思路何其相似乃尔！然而儒家思想并没有停留于此，而是更进一步推展：爱不仅是导致利益冲突的原因，更是解决利益冲突问题的根本保证，这就是仁爱中的"一体之仁"，也就是正义原则中的正当性原则。

于是，儒家做到了任何一元论哲学所要求的一以贯之：用仁爱情感来阐明一切。

---

① 参见黄玉顺《荀子的社会正义理论》，《社会科学研究》2012年第3期；《中国社会科学文摘》2012年第8期全文转载。

② 《荀子·子道》，王先谦《荀子集解》，《新编诸子集成》本，中华书局1988年版。《子道》记载："子路入，子曰：'由，知者若何？仁者若何？'子路对曰：'知者使人知己，仁者使人爱己。'子曰：'可谓士矣！'子贡入，子曰：'赐，知者若何？仁者若何？'子贡对曰：'知者知人，仁者爱人。'子曰：'可谓士君子矣！'颜渊入，子曰：'回，知者若何？仁者若何？'颜渊对曰：'知者自知，仁者自爱。'子曰：'可谓明君子矣！'"

③ 见《荀子》之《儒效》与《强国》。

儒家的情感观念[*]

说到儒家的情感观念，人们习惯于认为是"性→情"架构，即形而下的"情"只是形而上的"性"之所发，亦即"性本情末""性体情用"乃至"性善情恶"等。这种"常识"其实是误解，因为"性情"观念远不是儒家情感观念的全部，更不是儒家情感观念中最本源的观念。从一开始，汉语"情"就兼有两层基本含义：情感（人情）；情实（事情）。在中国观念史、儒学史上，当"情"浑然不分地兼指人情与事情，并且"情"与"性"并无截然分别的时候，此"情"为本源之情，这是原典儒学的观念，也是当代儒学正在复兴的观念；当"情"严格地分别各指情感与事情，并且情感被置于"性→情"架构之中的时候，此"情"为形下之情，这是帝国时代儒家形而上学的观念。为此，本文围绕"情"这个词语的用法，简要叙述中国历史上的儒家情感观念。

一 原创时代儒学：情感观念的本源意义

儒家的情感观念一开始并不是"性→情"的观念架构。在原创时代的儒学中，"情"与"性"并没有严格的本质区分；"情"既指情感，也指事情、实情、情实，乃是一个本源性的观念，即是一个前主体性、

---

[*] 原载《江西社会科学》2014年第5期。

前哲学、前形而上学的观念。①

（一）汉语"情"字的原初含义

汉语"情"字出现不是很早。甲骨文里没有"情"字。《周易》古经部分亦无"情"字。《尚书》中仅有一个"情"字，见于《周书·康诰》"民情大可见"②。《诗经》也只有一个"情"字，见于《陈风·宛丘》"洵有情兮，而无望兮"③。"情"字的大量出现，是在春秋战国时期的文献中，即是在中国思想的"原创时代"，亦即雅斯贝斯所谓"轴心时期"，这是与诸子百家思想、包括儒家哲学的兴起同步的。

汉语"情"字一开始就同时兼有两种用法：情感（人情）；情实（事情）。而且，这两层含义经常是浑然不分的，乃是本源意义上的"情"观念。

1. 情感之"情"

从字面上讲，汉字"情"确实指人的情感、情欲。"情"字的构造，"青"为声符，"心"为意符，即是说"情"是一种"心"的现象。许慎《说文解字》讲："情：人之阴气有欲者。从心，青声。"④剔除汉儒附加上去的"阴阳"观念（情属阴、性属阳），"情"即指人的情欲；更确切地讲，就是指人的情感，而许慎所谓"有欲"是说情感必然带有欲望。在古代话语中，"情"与"欲"是密切相关的，甚至往往不加严格区分。例如朱熹论"性"与"情"，就直接将"情"说成"欲"："人生而静，天之性也；感于物而动，性之欲也。"⑤上引《诗经》"洵有情兮"，其"情"即指情欲，郑玄笺："此君信有淫荒之情，其威仪无可观望而则效"；孔颖达疏引毛亨传："此人信有淫荒之情兮，其威仪无可观望兮。"

这种情感或情欲，古人称之为"人情"，如《礼记·礼运》说：

---

① 本文"本源"指比任何"存在者"（形而上者、形而下者）更先在的"存在"。
② 《尚书》，《十三经注疏·尚书正义》，中华书局 1980 年影印本。
③ 《诗经》，《十三经注疏·毛诗正义》，中华书局 1980 年影印本。
④ 许慎：《说文解字》（大徐本），徐铉等校定，中华书局 1963 年版。
⑤ 朱熹：《诗集传·序》，载《诗集传》，上海古籍出版社 1980 年版。

"何谓人情？喜怒哀惧爱恶欲七者，弗学而能。"①这就是"七情"说。关于人情，还有其他说法，例如《中庸》：

> 喜怒哀乐之未发，谓之中；发而皆中节，谓之和。中也者，天下之大本也；和也者，天下之达道也。致中和，天地位焉，万物育焉。

这里值得注意的是：在前形而上学的观念中，"情"与"性"并没有严格区分。这里的"喜怒哀乐"显然是说情感；然而众所周知，《中庸》已经是在建构"性→情"的哲学形而上学观念架构，"未发"之"中"是在说"性"，即《中庸》开篇所说的"天命之谓性"，但其实是说的喜怒哀乐之"情"，"情"即是"性"。此"性"作为"大本"，能使"天地位焉，万物育焉"，即具有"形而上者"本体的地位。这表明《中庸》的观念是由前形而上学的观念向形而上学观念的一种过渡形态。

2. 事情之"情"

汉语"情"也指实情，即事情的真实情况。如《周易·系辞下传》说："情伪相感而利害生。"②孔颖达疏："情，谓实情。"这种用法在古代是极为常见的，兹不赘述。下文谈到孟子言论中的"情"，也经常是这样的用法。这种用法至今依然相当普遍，如"事情""情况"等。

那么，情感之"情"与事情之"情"之间到底是什么关系？

3. 本源之"情"

"情"的两层含义"人情"与"事情"本来并不严格区分，这意味着作为哲学之前提的人之主体性的观念还没有凸显出来（如海德格尔说"哲学的事情就是主体性的事情"③），我称之为"本源之情"。上引《尚书·周书·康诰》"民情大可见，小人难保"，其"情"即

---

① 《礼记》，《十三经注疏·礼记正义》，中华书局1980年影印本。
② 《周易》，《十三经注疏·周易正义》，中华书局1980年影印本。
③ 海德格尔：《面向思的事情》，陈小文、孙周兴译，商务印书馆1999年第2版，第76页。

兼指人情（人民的情绪）与事情（人民的真实情况），孔安国传："人情大可见，以小人难安"；孔颖达疏："以民情大率可见，所以可见者，以小人难保也。"这里的"人情""民情"并不仅指情感，而是兼指实情（真实情况）。这种用法至今存在，例如"人情世故""考察民情"等等。

伴随着诸子百家哲学的兴起，人的主体性挺立起来，于是，"情"的两种含义越来越严格地区分开来，"人情"指主体的情感，以区别于"事情"。庄子意识到这种"道术为天下裂"的分离，①并致力于解构主体性，于是有"事之情"与"人之情"之分②，主张"有人之形，无人之情"③。"人之情"指主体之情，即情感；"事之情"指本源之情，即事情。

（二）孔子的情感观念

在《论语》中，没有关于孔子直接论及单纯情感意义的"情"的记载。但这并不意味着孔子没有关于情感的论述，恰恰相反，孔子曾广泛地谈论过"仁""爱""安""怨""忧""惧"等情感问题。其中，最核心的是仁爱情感："樊迟问仁。子曰：'爱人。'"④这里的"仁"，在"爱"的意义上，显然是说的情感。孔子、儒家所说的"仁"，有时指形而下的道德规范，有时甚至指形而上的心性本体，而有时则指一种原初本真的情感。孔子所讲的"爱人"之"爱"即是这种情感。

这种"爱"的情感与"安"或"不安"的情感或情绪有密切关系：

> 宰我问："三年之丧，期已久矣。君子三年不为礼，礼必坏；三年不为乐，乐必崩。旧谷既没，新谷既升，钻燧改火，期可已矣。"子曰："食夫稻，衣夫锦，于女安乎？"曰："安。""女安则为之！夫君子之居丧，食旨不甘，闻乐不乐，居处不安，故不为

---

① 《庄子·天下》，《庄子》，王先谦《庄子集解》，《诸子集成》本，中华书局1957年版。
② 《庄子·人间世》。
③ 《庄子·德充符》。
④ 《论语·颜渊》，《论语》，《十三经注疏·论语注疏》，中华书局1980年影印本。

也。今女安，则为之!"宰我出。子曰："予之不仁也! 子生三年，然后免于父母之怀。夫三年之丧，天下之通丧也。予也有三年之爱于其父母乎？"①

这里，孔子是以对父母之"爱"的情感、居丧期间"安"与"不安"的情绪来论证守丧之"礼"的"合情合理"。这正如郭店楚简《语丛》所说："礼生于情"②；"礼因人之情而为之"③。

更值得注意的是，《论语》记载孔子仅有的一次直接用到"情"字，具有重大意义：

> 上好礼，则民莫敢不敬；上好义，则民莫敢不服；上好信，则民莫敢不用情。④

孔安国传："情，情实也。言民化于上，各以实应。"邢昺疏："情犹情实也。言民于上，各以实应也。"朱熹的解释似乎略有不同，实则一致："情，诚实也。敬服用情，盖各以其类而应也。"⑤其实，孔子这里所说的"情"固然指"情实"（事情的实情），但也包含了"情感"的意义：民之"用情"与孟子所说的"尽心"是一致的，都有情感的意义。所以，孔颖达在谈到孔子这段话时指出：

> 《论语》云："上好礼，则民莫敢不敬。上好义，则民莫敢不服。上好信，则民莫敢不用情。"王者自敬其德，则民岂敢不敬之？人皆敬之，谁敢距违者？圣人行而天下皆悦，动而天下皆应，用此道也。⑥

这里的"敬"，尤其是"天下皆悦"就是情感。其实，古代汉语

---

① 《论语·阳货》。
② 《郭店楚墓竹简·语丛二》，荆门市博物馆编《郭店楚墓竹简》，文物出版社1998年版。
③ 《郭店楚墓竹简·语丛一》。
④ 《论语·子路》。
⑤ 朱熹：《论语集注·子路》，载《四书集注》，中华书局1983年版。
⑥ 《尚书正义·禹贡》。

"用情"这个短语往往都有情感的含义。例如《诗经·桧风·素冠》"庶见素冠兮,棘人栾栾兮,劳心慱慱兮";孔颖达疏:"已幸望得见服既练之素冠兮,用情急于哀戚之人,其形貌栾栾然瘦瘠者兮;今无此人可见,使我勤劳其心,慱慱然而忧之兮。"又如《礼记·檀弓下》孔疏:"案《谥法》:'爱民好与曰惠,外内用情曰贞,道德博闻曰文。'既有道德,则能惠能贞。"这里的"用情"之"情"指"爱""好""惠"的情感。总之,孔子所说的"情"是兼指情感与事情的,即在孔子看来,仁爱的情感是最真切的情实。

(三) 思孟学派的情感观念

孔子以"情"涵盖情感(人情)与情实(事情),这种观念为思孟学派所秉承。

郭店楚简中的儒家文献《性自命出》,通常认为属于思孟学派,其中这样几个命题尤为重要:"道始于情,情生于性","性自命出","命自天降"。这里给出了这样一个观念序列:天→命→性→情→道。表面看来,这与《中庸》"天命之谓性,率性之谓道"没有区别,甚至与后儒的"性→情"之论也没有本质区别,但实际上问题并非这么简单,因为《性自命出》又讲:"喜怒哀悲之气,性也";"好恶,性也"。"喜怒哀悲""好恶"显然是"情",却称之为"性",这似乎是自相矛盾的。这里只有两种可能:要么《性自命出》的观念本身是自相矛盾的,要么是我们的理解有误。笔者倾向于后一种可能:人们是以后世的观念误读了《性自命出》。

实际上,在人性问题上、情感范畴内,先秦诸子对"性"与"情"并没有严格的概念区分(下文对孟子的分析将进一步证明这一点)。但"道始于情,情生于性"显然严格区分了"情"与"性",这就表明,这里的"情"未必是指人性论意义上的情感。联系上文关于"情"兼人情与事情的分析,我们似可得出结论:《性自命出》的"情生于性",其"情"并不是说的人之情,而是说的事之情。

但这样理解似乎也有问题,因为这就意味着"情生于性"是说:事情出自人性。其实,先秦诸子所谓"性"也未必是说的后儒"性—情"对立的人性。当时"性"更常见的用法是与"生"同义的;在出土的先秦简帛中,这两个字往往没有区分。此"生"未必是说的人生,倒可能是讲的《易传》所谓"天地之大德曰生"①"生生之谓易"②的存在论观念。③《易传》还说:"乾道变化,各正性命。"④这里的"乾道"指天道;"性""命"不仅是说人的本质,而且是说万物的本质:人得天命而有人性,物得天命而有物性。这也是"性自命出"这个命题的含义:事情之实情出自天命。因此,《性自命出》所讲的"性""情"不仅仅是人性论范畴,而是存在论范畴。

这里还涉及对《性自命出》中"道"的理解。其所谓"道"指人道,《性自命出》说:"惟人道为可道也。"⑤因此,"道始于情"是说:人道不仅始于人情,而且始于事情的实情。于是,"天→命→性→情→道"不外乎是讲:人道出于天道。所谓人道,主要是指的义、礼等伦理政治问题。联系上文所引《语丛》"礼作于情"之说,以及"情生于性,礼生于情"⑥,"仁生于人,义生于道"⑦之论,我们可以还原出这样一个观念序列:性→情→人→道→仁→义→礼。显然,这里的"性""情"是在"人""道"之前的事情,是存在论范畴,而非人性论范畴。

孟子继承了这种思想观念。在他看来,仁爱的情感是最真实的事情。他说:

> 牛山之木尝美矣,以其郊于大国也,斧斤伐之,可以为美乎?……人见其濯濯也,以为未尝有材焉,此岂山之性也哉!虽存乎人者,岂无仁义之心哉?其所以放其良心者,亦犹斧斤之于木也,旦旦而伐之,可以为美乎?……人见其禽兽也,而以为未尝

---

① 《周易·系辞下传》。
② 《周易·系辞上传》。
③ 本文所说的"存在论",不是说的"ontology",而是说的"theory of Being"。
④ 《周易·乾彖传》。
⑤ 汤一介:《"道始于情"的哲学诠释——五论创建中国解释学问题》,《学术月刊》2001年第7期。
⑥ 《郭店楚墓竹简·语丛二》。
⑦ 《郭店楚墓竹简·语丛一》。

有才焉者，是岂人之情也哉！①

孟子以"山之性"譬喻"人之情"，明显是"性""情"同用：不仅"情"即是"性"，而且兼指情感（人情）和情实（事情）。

这就是说，儒家有两种不同含义的情感观念：一种是作为主体的人的情感，被后世的儒家理解为"性"之"已发"；另一种却是前主体性的本源情感，同时被理解为"实情""情实""事情"，这是原典儒学的观念。孟子即持后面这种观念：

> 公都子曰："告子曰：'性无善无不善也。'或曰：'性可以为善，可以为不善。'……或曰：'有性善，有性不善。'……今曰'性善'，然则彼皆非与？"孟子曰："乃若其情，则可以为善矣，乃所谓'善'也；若夫为不善，非才之罪也。……仁义礼智，非由外铄我也，我固有之也，弗思耳矣！"②

这里同样是在讲"性"的问题，却也是说"乃若其情"，此"情"显然既指人之性，又指人之情，并且也指事情的实情。

所以笔者曾说过，如果将整个儒学史上的情感观念综合起来，那就是"情→性→情"的观念架构。③其中"情→性"架构是原典儒家的观念，故先秦时期常见的是"情性"的说法，罕见"性情"之说；而"性→情"则是秦汉以后帝国时代的儒学的情感观念，而人们误以为这是儒家情感观念的正宗。

二　帝国时代儒学：情感观念的形而下化

中国社会第一次大转型之后，进入帝国时代，儒家的情感观念也发

---

① 《孟子·告子上》，《孟子》，《十三经注疏·孟子注疏》，中华书局1980年影印本。
② 同上。
③ 参见黄玉顺《爱与思——生活儒学的观念》，四川大学出版社2006年版，第64页。

生了转折，即从"情→性"观念转变为"性→情"观念。后者有两大特征：一是"情"不再指"事之情"，而专指"人之情"①；二是"情"与"性"相联系，即形而下的"情"只是形而上的"性"之"已发"状态。这种观念又与"本→末""体→用"的观念联系起来：性是形而上的本、体，情是形而下的末、用。

上文谈到，从《中庸》还看得出这种转变的痕迹："喜怒哀乐"本来是说的情感；但当其被理解为"未发"之"中"时，它说的就是"性"了。"性"发为"情"，可善可恶，在于是否"中节"。所谓"中节"即是"合礼"——合乎社会规范。此即毛亨《诗大序》"发乎情，止乎礼义"之意。此"性"乃是"大本"，即是形而上的"本体"，天地位于此，万物育于此；而"中节"或"合礼"之"情"则是"达道"，即是形而下的"大用"。

进入帝国时代，性情关系问题成为儒学的一个主要话题。性情理论是为帝国的伦理政治服务的，意在说明以伦理规范为价值尺度的善恶现象及其来源，由此找到劝善惩恶的路径。例如董仲舒说："天两，有阴、阳之施；身亦两，有贪、仁之性。"其中的贪性也就是情，故而他主张"辍其情以应天"。②这同样是某种"性→情"架构。

整个帝国时代的儒学，其情感观念的主流基本上都是"性→情"观念的某种发挥，而最初的鲜明表达见于韩愈的《原性》，尤其是李翱的《复性书》，最成熟的理论形态则是宋明理学，致使后世误解了儒家的情感观念，以为就是"性→情"观念而已。

韩愈认为："性也者，与生俱生者也；情也者，接于物而生者也。"性、情各有三品："上焉者，善焉而已矣；中焉者，可导而上下也；下焉者，恶焉而已矣。"③李翱《复性书》讲：

> 人之所以为圣人者，性也；人之所以惑其性者，情也。喜怒哀惧爱恶欲七者，皆情之所为也。情既昏，性斯匿矣。……性者，天之命也，圣人得之而不惑者也；情者，性之动也，百姓溺之而不能

---

① "情"字仍可以指事情，但与"性情"问题无关。
② 均见董仲舒《春秋繁露·深察名号》，中华书局1975年版。
③ 均见韩愈《原性》，《韩昌黎文集校注》，马其昶校注，上海古籍出版社1986年版。

知其本者也。……情之动静弗息，则不能复其性。①

圣人知人之性皆善，可以循之不息而至于圣也。②

情者，性之邪也。③

曰："为不善者非性耶？"曰："非也，乃情所为也。情有善有不善，而性无不善焉。"④

情者，妄也，邪也。⑤

李翱对"情"的定性不无矛盾：时而认为性善、情有善有不善；而主要倾向则认为性善、情恶。但无论如何，这都是典型的"性→情"架构。

这种"性→情"观念在宋明理学中得到充分发挥，程朱理学最为典型。程朱理学将"性""情"关系理解为：
（1）"未发—已发"的关系：

恻隐、羞恶、是非、辞逊是情之发，仁义礼智是性之体。性中只有仁义礼智；发之为恻隐、辞逊、是非，乃性之情也。⑥

（2）"形上—形下"的关系：

性即理也。所谓理，性是也。⑦

---

① 李翱：《复性书上》，载《李翱集》，甘肃人民出版社1992年版。
② 李翱：《复性书上》。
③ 李翱：《复性书中》。
④ 同上。
⑤ 同上。
⑥ 朱熹：《朱子语类》卷五，黎靖德编，中华书局1986年版。
⑦ 程颢、程颐：《二程遗书》卷二十二下，上海古籍出版社2000年版。

> 只是这理，在天则曰命，在人则曰性。①

> 性即理也。在心唤做性，在事唤做理。②

这里"性"作为"理"即是"天理"，所以叫作"理性"③，而"天理"显然是"形而上者"。因此，"性→情"关系就是"形而上者→形而下者"的关系。

但是，程朱理学已意识到先验理性的一个根本困惑：既然性为善，情又是性之所发，那么，情怎么可能恶呢？换句话说，情之恶必有其性上的来源。故程子又提出"气质之性"的说法："一为理性，一为气质之性。"④朱熹继承了这个观念。然而这样一来，就出现了两个性，程朱理学因此陷入了二元论；而且对于"气质之性"究竟是形上的还是形下的这个问题，始终无法自圆其说。相比之下，阳明心学则以"无善无恶"的心体克服了这种二元论，坚持了彻底的一元论。不过，阳明心学的性情观念也同样是"性→情"的架构。

在帝国时代的儒学中，尽管上述"性→情"观念成为主流，但"情→性"观念并未绝迹。例如，张载就说过："饮食男女皆性也。"⑤这里的"饮食男女"其实是情欲。王安石则干脆以情说性："性生乎情，有情然后善恶形焉，而性不可以善恶言也。"⑥值得一提的还有作为宋代儒学一派的蜀学。苏轼说："儒者之患，患在于论性。"⑦在苏轼看来："夫六经之道，自本而观之，则皆出于人情"⑧；"夫六经之道，唯其近于人情，是以久传而不废"⑨。

---

① 朱熹：《朱子语类》卷五。
② 同上。
③ 程颢、程颐：《二程遗书》卷十八。
④ 同上。
⑤ 张载：《正蒙·乾称下》，载《张载集》，中华书局1978年版。
⑥ 王安石：《原性》，载《王安石全集》，上海古籍出版社1999年版。
⑦ 苏轼：《韩愈论》，载《苏轼文集》卷三，孔凡礼点校，中华书局1986年版，第113页。
⑧ 苏轼：《中庸论》，载《苏轼文集》卷二，孔凡礼点校，中华书局1986年版，第60页。
⑨ 苏轼：《诗论》，载《苏轼文集》卷二，孔凡礼点校，中华书局1986年版，第55页。

三　现代儒学：本源情感观念的逐渐复兴

儒学由"性→情"向"情→性"的范式转换与观念复归，发生于中国社会第二次大转型，即现代性转型之中。这至迟可以追溯到明清之际。

（一）明清之际儒学的情感转向

解构"性→情"观念，其前提是解构先验论的"性"观念。为此，王夫之通过阐释《尚书·太甲上》"习与性成"命题，否定了先验的人性：

"习与性成"者，习成而性与成也。
夫性者，生理也，日生则日成也。
未成可成，已成可革。性也者，岂一受成侀（形），不受损益也哉！①

这是非常深刻的思想，为进一步揭示生活情感的本源意义开辟了道路。这里特别值得注意的是：王夫之通过"生"与"习"的阐发，已接近于揭示生活的本源地位。

随后，戴震更进一步对"情""欲"加以张扬，矛头直指宋明理学之"理"，斥之为"以理杀人"。他指出：

理也者，情之不爽失也。未有情不得而理得者也。②
"天理"云者，言乎自然之分理也；自然之分理，以我之情絜人之情而无不得其平是也。……情得其平，是为好恶之节，是为依乎天理。③

---

① 均见王夫之《尚书引义·太甲二》，中华书局1962年版。
② 戴震：《孟子字义疏证·理》，中华书局1961年版。
③ 同上。

> 在己与人皆谓之"情",无过情、无不及情之谓"理"。①
>
> 天理者,节其欲而不穷人欲也。是故欲不可穷,非不可有;有而节之,使无过情,无不及情,可谓之非天理乎!②
>
> 人伦日用,圣人以通天下之情,遂天下之欲,权之而分理不爽,是谓"理"。③

在戴震看来,所谓"王道"或"人道",就是满足情欲而已:

> 圣人治天下,体民之情,遂民之欲,而王道备。④
>
> 合声色臭味之欲,喜怒哀乐之情,而人道备。⑤
>
> 人生而后有欲、有情、有知,三者,血气心知之自然也。……有是身,故有声色臭味之欲;有是身,而君臣、父子、夫妇、昆弟、朋友之伦具,故有喜怒哀乐之情。惟有欲有情而又有知,然后欲得遂也,情得达也。天下之事,使欲之得遂,情之得达,斯已矣。⑥

尤其值得注意的是:戴震所谓"情"并不仅指人之情感,更指"事情":

> 理义在事情之条分缕析,接于我之心知,能辨之而悦之。⑦
>
> 夫事至而应者,心也;心有所蔽,则于事情未之能得,又安能

---

① 戴震:《孟子字义疏证·理》。
② 同上。
③ 戴震:《孟子字义疏证·权》。
④ 戴震:《孟子字义疏证·理》。
⑤ 戴震:《孟子字义疏证·性》。
⑥ 戴震:《孟子字义疏证·才》。
⑦ 戴震:《孟子字义疏证·理》。

得理乎！①

　　惟以情絜情，故其于事也，非心出一意见以处之；苟舍情求理，其所谓"理"，无非意见也。②

因此，梁启超称戴震哲学为"情感主义"③"情感哲学"④，其实是不全面的。戴震所说的"情"，意思是：对于人道来说，自然的情欲就是事情的实情，这不仅是伦理的本源，而且是具有存在论意义的。

（二）20世纪儒学的情感观念

20世纪以来，出现了一种"反智重情"思潮，最典型的如朱谦之的"唯情论"⑤、袁家骅的"唯情哲学"⑥。最近的一个例子是李泽厚的"情感本体论"。他说："'情本体'是以'情'为人生的最终实在、根本"；"不是'性'（'理'），而是情；不是'性（理）本体'，而是情本体；不是道德的形而上学，而是审美形而上学，才是今日改弦更张的方向。"⑦李泽厚的"情本论"：第一，出自美学思考，其思想立足点是20世纪80年代马克思主义哲学的"实践本体论"⑧，把一切建立"在人类实践基础上"⑨，属于历史唯物论性质的"人类学历史本体论"；第二，这种本体论仍然是传统形而上学的思维模式，所以李泽厚批评海德格尔："岂能一味斥责传统只专注于存在者而遗忘了存在？岂能一味否定价值、排斥伦理和形而上学？回归古典，重提本体，此其时矣。"⑩

---

① 戴震：《孟子字义疏证·理》。
② 同上。
③ 梁启超：《梁启超论清学史二种》，朱维铮校注，复旦大学出版社1985年版，第34—35页。
④ 梁启超：《戴东原生日二百年纪念会缘起》，载《戴东原二百年生日纪念论文集》，晨报社出版部1924年版。
⑤ 朱谦之：《无元哲学》《一个唯情论者的宇宙观及人生观》，载《朱谦之文集》，福建教育出版社2002年版。
⑥ 袁家骅：《唯情哲学》，泰东图书局1924年版。
⑦ 李泽厚：《人类学历史本体论》，天津社会科学院出版社2010年版，第200、21页。
⑧ 陈望衡：《20世纪中国美学本体论问题》，武汉大学出版社2007年版。
⑨ 李泽厚：《人类学历史本体论》，天津社会科学院出版社2010年版，第199页。
⑩ 同上书，第139页。

以上几家均非儒学。与儒学有密切关系的情感主义倾向，有梁启超的情感观念。他认为"情感是人类一切动作的原动力"，因此主张"把情感教育放在第一位"[①]。他说："只要从生活中看出自己的生命，自然会与宇宙融合为一"；"怎么才能看出自己的生命呢？这要引宋儒的话，说是'体验'得来"。[②]这种情感体验具有浓厚的儒家思想渊源。

儒家情感主义的复兴，梁漱溟是一个典型。尽管受到柏格森的影响，梁漱溟的情感论显然属于儒学。其早期的《东西文化及其哲学》判定："西洋人是用理智的，中国人要用直觉的——情感的。"[③]中期的《中国文化要义》仍然是这种"中/西—情感/理智"二分的观念，只不过是用他自己的独特概念"理性"来表示情感。[④]梁漱溟说："周孔教化自亦不出于理知，而以情感为其根本"；"孔子学派以敦勉孝悌和一切仁厚胚挚之情为其最大特色"[⑤]；中国社会是伦理本位的，而"伦理关系，即是情谊关系……伦理之'理'盖即于此情与义上见之"[⑥]。

(三) 21世纪的"情感儒学"

儒家情感观念的更为彻底的复兴，见于蒙培元的专著《情感与理性》及一系列著述，他的理论被称为"情感儒学"。[⑦]陈来也认为，蒙培元的思想可以概括为"生命—情感儒学"。[⑧]在蒙培元看来，儒家哲学乃是"情感哲学"[⑨]。他说："人的存在亦即心灵存在的最基本的方式是什么呢？不是别的，就是生命情感。"[⑩]因此，他提出了一个著名的命题：

---

① 梁启超：《中国韵文所表现的情感》，载《饮冰室合集》第4册，中华书局1989年影印本。
② 梁启超：《评胡适之中国哲学史大纲》，载《饮冰室合集》第5册，中华书局1989年影印本。
③ 梁漱溟：《梁漱溟全集》第一卷，山东人民出版社2005年第2版，第479页。
④ 王末一：《情感与理智的冲突与融合——梁漱溟哲学思想初探》，硕士学位论文，吉林大学，第24页。
⑤ 梁漱溟：《中国文化要义》，学林出版社1987年版，第119页。
⑥ 梁漱溟：《梁漱溟全集》第三卷，山东人民出版社2005年第2版，第82页。
⑦ 崔发展：《儒家形而上学的颠覆——评蒙培元的"情感儒学"》，载易小明主编《中国传统哲学与现代化》，中国文史出版社2007年版。
⑧ 黄玉顺、任文利、杨永明主编：《儒学中的情感与理性——蒙培元先生70寿辰学术研讨会》，现代教育出版社2008年版，第43-44页。
⑨ 蒙培元：《情感与理性》，中国社会科学出版社2002年版，第310页。
⑩ 蒙培元：《我的中国哲学研究之路》，刘笑敢主编《中国哲学与文化》第2辑，广西师范大学出版社2007年版。

"人是情感的存在。"①

蒙培元的导师是冯友兰。通常以为冯友兰"新理学"不重情感，其实不然。蒙培元这样理解冯友兰的哲学："情感与理性各有其地位与作用，并不构成矛盾。就其终极理念而言，情感具有更加重要的意义，这就是最终实现对万物有深厚同情、与万物痛痒相关的'万物一体'亦即'自同于大全'的境界。"②笔者曾在主编的文集《情与理："情感儒学"与"新理学"研究》序言中说：在现当代儒学中，"如果说，熊牟一系或可称之为'心性派'（熊多言心、牟多言性），那么，冯蒙一系则可称之为'情理派'（冯重理而亦论情、蒙重情而亦论理）"③；并援引陈来的观点，即在冯友兰看来，中国哲学乃是"应付情感的方法"④。

蒙培元的情感儒学，极大地推动了学界对于儒学与情感之关系问题的讨论。在祝贺蒙培元先生七十寿辰的"儒学中的情感与理性"研讨会上，许多知名学者充分肯定了冯友兰—蒙培元一系儒学的情感特色。例如陈战国说："熊牟一系的儒者和冯蒙一系儒者之间区别的关键所在就是'情感'，这个我是认可的，觉得说得很深刻、很恰当。"⑤此次会议之后，学界讨论儒家情感观念的文章明显增多。

笔者提出的"生活儒学"及"中国正义论"，其实也是这种"情感转向"的体现，在这个意义上，也是一种"情感儒学"。

生活儒学首先追问作为形而上者的本体何以可能，从而突破两千年来的"形上—形下"的两级架构，揭示人类观念的三个层级：

观念的生成关系：生活感悟→形而下者→形而上者

---

① 蒙培元：《人是情感的存在——儒家哲学再阐释》，《社会科学战线》2003年第2期。
② 蒙培元：《理性与情感——重读〈贞元六书〉、〈南渡集〉》，《读书》2007年第11期。
③ 黄玉顺、彭华、任文利主编：《情与理："情感儒学"与"新理学"研究——蒙培元先生70寿辰学术研讨集》，北京：中央文献出版社2008年版，序言，第5页。
④ 陈来：《有情与无情——冯友兰论情感》，载陈来《现代中国哲学的追寻》，人民出版社2001年版。
⑤ 黄玉顺等主编：《儒学中的情感与理性——蒙培元先生70寿辰学术研讨会》，现代教育出版社2008年版，第49页。

观念的奠基关系：生活感悟→形而上学→形而下学①

生活儒学认为，生活或存在是所有一切的大本大源；生活不是存在者，而是给出一切存在者的存在。所谓"生活感悟"指生活情感及生活领悟。生活感悟不是一种认识；一切认识都渊源于生活感悟。②这是先于存在者的、与生活浑然共在的事情。这里首要的就是生活情感。所谓"生活情感"并不是主体性的情感"人之情"，而是"事之情"：既是事情的实情，也是本真的情感。就"情"的原初含义而论，也可以说：情感即生活，生活即情感。在情感中，儒家最重"仁爱"或"爱"的情感："爱，所以在"。③这种"仁""爱"不是上帝之爱，④而是孔子所讲的"爱人"之"爱"⑤，孟子所讲的"恻隐之心""不忍之心"⑥。

中国正义论是生活儒学在伦理学层级上的展开，意在探索制度伦理学问题，即社会规范建构及其制度安排的一般原理，其核心的理论结构是：仁→义→礼。⑦社会共同体的一套规范及其制度，儒家谓之"礼"，包含三层：礼义→礼制→礼仪。礼制就是社会规范及其制度；礼仪是其外在的表现形式；而礼义则是其背后的价值根据——正义原则，儒家称之为"义"。汉语"义"有两个基本语义：正当，如孟子说"义，人之正路也"⑧；适宜，如《中庸》说"义者，宜也"。由此，中国正义论的两条正义原则是：正当性原则，要求社会规范建构及其制度安排超越差等之爱，追求一体之仁；适宜性原则，要求社会规范及其制度适应当下的生活方式。因此，中国正义论不同于西方正义论，根本是对正义原

---

① 黄玉顺：《爱与思——生活儒学的观念》，四川大学出版社2006年版，第150页。
② 黄玉顺：《面向生活本身的儒学——"生活儒学"问答》，载《面向生活本身的儒学——黄玉顺"生活儒学"自选集》，四川大学出版社2006年版。
③ 黄玉顺：《爱，所以在：儒学与笛卡儿哲学的比较》，载《儒家思想与当代生活——"生活儒学"论集》，光明日报出版社2009年版。
④ 参见黄玉顺关于"儒学与情感现象学比较研究"的系列论文：《论"仁"与"爱"》，《东岳论丛》2007年第6期；《论"恻隐"与"同情"》，《中国社科院研究生院学报》2007年第3期；《论"一体之仁"与"爱的共同体"》，《社会科学研究》2007年第6期。
⑤ 《论语·阳货》："予（宰予）也有三年之爱于其父母乎？"
⑥ 《孟子·公孙丑上》。
⑦ 参见黄玉顺《中国正义论纲要》，《四川大学学报》2009年第5期；人大复印资料《伦理学》2010年第1期全文转载。
⑧ 《孟子·离娄上》。

则的理解不同。①在中国正义论中，仁爱情感是为正义原则奠基的。有一种常见的误解，以为儒家只讲"爱有差等"②，爱的强度表现为递减序列"亲亲→仁民→爱物"③。④其实，儒家尽管尊重"差等之爱"的生活情感的实情，但并不认为这是建构制度规范的正义原则；恰恰相反，儒家的正当性原则主张"一体之仁""推扩""推己及人"，如"己欲立而立人，己欲达而达人"⑤，"老吾老以及人之老，幼吾幼以及人之幼"⑥等。

总之，在本源层级上，儒家的情感观念不是一个伦理概念，而是一个存在观念。

---

① 参见黄玉顺《作为基础伦理学的正义论——罗尔斯正义论批判》，《社会科学战线》2013年第8期。
② 《孟子·滕文公上》。
③ 《孟子·尽心上》。
④ 参见郭齐勇主编《儒家伦理争鸣集》，湖北教育出版社2004年版。
⑤ 《论语·雍也》。
⑥ 《孟子·梁惠王上》。

生活儒学概说
——《黄玉顺说儒》导读[*]

"生活儒学"倡导儒学"面向生活"。生活儒学作为一种当代儒学形态,意在发掘儒学所蕴涵的某些能够穿越时空、超越历史与地域的观念,使儒学能够真正有效地切入当今世界的社会生活。为此,生活儒学努力突破秦汉以来中国哲学"形而上者—形而下者"的思维模式,重新发现原典儒学中更本源的思想视域,这种思想视域就是"生活"或者"存在"的观念。这种思想视域是孔孟儒学所固有的、而为孔孟之后的儒学(自汉儒直至现代新儒学)所长久遮蔽的观念层级;后者作为轴心时期以后的形而上学,建构了存在者化的"形上—形下"的观念架构,但却遗忘了先行于此的生活存在。为此,生活儒学对汉语"生""存""在""活""道""天""命""仁""诚""圣"等一系列基本词语进行了系统的训诂考据,并对孔孟儒学思想进行了重新诠释。

因此,生活儒学的本源观念或首要关键词就是"生活"。这种"生活"观念既不同于西方生命哲学、意志主义的那种存在者化的"生命"(life)观念,也不同于中国现代新儒学的那种同样存在者化的"生命存在"或"生活"观念。生活儒学的"生活"观念作为"存在"观念,是通过与西方现象学的平等对话而揭示出来的。生活儒学与现象学的对话,主要涉及德国现象学家胡塞尔(E. Husserl)、舍勒(M. Scheler)尤其是海德格尔(M. Heidegger)。生活儒学批判了海德格尔"存在"(Sein)观念的不彻底性、其"此在"(Dasein)观念对于"存在"的僭

---

[*] 黄玉顺:《生活儒学:黄玉顺说儒》,孔学堂书局2014年版。题目"生活儒学概说"为此次所加。

越、其"存在"与"生存"（Existenz）观念的分离，得出了"生活即是存在，生活之外别无存在"的思想结论，认为所有一切形而下者、形而上者皆源于生活而归于生活。

由于对儒学的这种"生活"观念的重新揭示，或者说是对"存在"视域的重新发现，生活儒学充分地敞开了重建儒家形而上学、形而下学的可能，从而既避免了后现代主义的那种拒斥形而上学的相对主义，也避免了"原教旨主义"的那种坚持传统形而上学的绝对主义，使得儒学摆脱了"魂不附体"（丧失了赖以存在的古代生活方式及其制度基础）的历史尴尬，能够重新进入当下的生活。

由此，生活儒学将人类全部可能的观念区分为三个层级：生活存在→形而上存在者→形而下存在者。这与《老子》思想观念的层级结构是一致的，即无→有→万物。（《老子》说："天下万物生于有，有生于无。"）区别在于：《老子》将存在与仁爱对立起来；而孔孟儒学则认为，生活存在的原初显现正是本真的仁爱情感，因此，唯有仁爱才是所有一切形而下者、形而上者的大本大源、源头活水。这就是儒家与道家的思想分野。生活儒学的这种思想可概括为：爱，所以在。

据此，生活儒学重新诠释了儒家的"性情"或者"情性"学说。传统的儒家形而上学设置了"性→情"的观念架构，也就是"本—末"（性本情末）和"体—用"（性体情用）的架构，甚至得出了"性善情恶"的判断。生活儒学认为，在孔孟儒学那里，还存在着另外一种意义的情感观念，即情→性→情。后一种"情"（末、用）作为"性"（本、体）之所发，只是一种形而下者的存在，即是一种可善可恶的道德情感；然而前一种"情"却是生活存在的直接显现，乃是后来存在者化的"性→情"的最初本源所在。这种本源性的"情"就是仁爱，也叫作"诚"。《中庸》所说的"不诚无物"即是说：如果没有仁爱，就没有任何存在者；诚不是物却生成所有物，仁爱不是存在者却生成所有存在者；诚能"成己""成物"是说的仁爱生成主体性存在者、对象性存在者。

于是，生活儒学的思想系统分为三个层级：

（1）生活论的存在论。诸如生活本源、本源的仁爱情感显现、生活的本源情境（前主体性的共同生活）、生活的本源结构（在生活→去生活）等等。

（2）形而上学的重建。包括主体性的重建、本体论的重建。

（3）形而下学的重建。包括重建关于人的伦理学、重建关于自然界的知识论。

笔者已出版的生活儒学的著作有：《面向生活本身的儒学——黄玉顺"生活儒学"自选集》（2006）、《爱与思——生活儒学的观念》（2006）、《儒家思想与当代生活——"生活儒学"论集》（2009）、《儒学与生活——"生活儒学"论稿》（2009）、《生活儒学讲录》（2012）等。

"生活儒学"引起了众多知名学者如吴光、李幼蒸、张志伟、干春松、郭沂等的关注，已有数十篇评论文章刊载于 CSSCI 期刊《哲学动态》《孔子研究》《学术界》《四川大学学报》《浙江社会科学》《中国新闻周刊》《文汇读书周报》等刊物以及其他媒体上；[1]张岱年先生主编的《孔子百科辞典》修订版，将"生活儒学"增补为专门词条；[2] "生活儒学"还被列入省级社科规划项目的研究课题。[3]黄玉顺与杜维明、李泽厚、刘述先、成中英、安乐哲、张立文、林安梧等并列为"当代儒学理论创构"十家；[4]与蒋庆、陈明、张祥龙、盛洪、干春松等并列为"新世纪大陆新儒家"六家。[5] "生活儒学"在西方学界也产生了影响：美国 SSCI 期刊发表了对"生活儒学"的述评；[6]美国哲学家安靖如（Stephen Angle）将黄玉顺与西方著名哲学家安乐哲（Rojer Ames）、南乐山（Robert Neville）、墨子刻（Thomas Metzger）等一起归为当代儒学"综合儒学"（Synthetic Confucians）一派。[7]目前，生活儒学的代表作

---

[1] 崔发展、杜霞编：《生活·仁爱·境界——评生活儒学》，安徽人民出版社2011年版。此书共收录了32篇评论文章。

[2] 张岱年主编：《孔子百科辞典》修订本，上海辞书出版社2010年版。

[3] 参见周良发《儒学展开的新向度：略评黄玉顺的"生活儒学"》，《渭南师范学院学报》2011年第7期。此文属安徽省哲学社会科学研究规划项目2009年度课题，项目编号 AHSK09-10D151。

[4] 参见郭沂编《开新：当代儒学理论创构》，北京大学出版社2013年版。

[5] 参见崔罡主编《新世纪大陆新儒家研究》，安徽人民出版社2012年版。

[6] 见 Chen Xin, "Huang Yushun: Confucianism and Contemporary Life-Collected Essays on 'Life Confucianism'", *Dao: A Journal of Comparative Philosophy*, Vol. 11, 2012, pp. 393–397 [ISSN: 1540-3009]; DOI 10.1007/s11712-012-9287-9。

[7] 见 Stephen Angle, *Contemporary Confucian Political Philosophy Toward Progressive Confucianism*, Polity Press, 2012, p. 16。

《爱与思——生活儒学的观念》的英译本（Love and Thought：The Idea of Life Confucianism）已成功申报国家社科基金中华学术外译项目，将由美国21世纪之桥出版社（Bridge 21 Publications）出版。

生活儒学在形而下的伦理学层级上的展开，就是"中国正义论"的理论建构。中国正义论旨在重建中国伦理学及政治哲学。该研究同样在海内外引起了重大反响：被列为国家社科基金项目；[①]教育部人文社科研究项目；[②]由山东大学、清华大学和北京师范大学合作共建的国家2011计划"儒学与中华文化复兴协同创新中心"的重大项目，受到媒体广泛报道。著作《中国正义论的重建——儒家制度伦理学的当代阐释》[③]的英译本（Voice From The East：Chinese Theory of Justice）也已成功申报国家社科基金中华学术外译项目，将由英国帕斯国际有限公司（Paths International Ltd）出版。在"中国正义论"研究成果的影响下，近年来，学界关于儒家正义论或中国正义论的研究已然成为学术热点。

附录：

第一章【题解】

本章围绕"儒学复兴"问题，论述"生活儒学"的基本宗旨。（1）讨论之所以提出"生活儒学"的时代背景，论述中国何以会出现"儒学复兴运动"的问题，归结为当代中国的"现代性诉求的民族性表达"，这也是生活儒学的理论特质。（2）围绕思想方法或思维模式问题，论述儒学复兴中所存在的几个问题，分别批评了前现代主义或原教旨主义、后现代主义和现代新儒家的现代主义的思维模式，表达生活儒学关注当下现实生活的"当代主义"的立场和思想方法。（3）论述"儒学复兴"或"儒学重建"中尤须强调的几点关键态度：面向生活；回到孔孟原典；建构儒学的当代理论形态。（4）最后，对生活儒学与当代哲学——当代西方哲学、现代新儒家哲学和马克思主义哲学进行了

---

① 国家社科基金规划项目"中国古典制度伦理学研究"，批准号：10BZX032。
② 教育部人文社会科学研究项目"中国正义论传统的现代性研究"，批准号：08JA720020。
③ 黄玉顺：《中国正义论的重建——儒家制度伦理学的当代阐释》，安徽人民出版社2013年版。

比较分析，强调马克思主义哲学与儒学之间根本上的融通性。

第二章【题解】

本章论述"生活儒学"的基本思想内容。（1）首先从总体上论述生活儒学的观念层级：强调生活儒学超越了孔孟之后传统儒学的"形而上者—形而下者"的两级观念架构，回归孔孟原典儒学"仁爱情感→心性本体→主体情欲"的三级思想结构，并进一步揭示三者之间"无（存在）→有（本体）→万物（现象）"的观念奠基关系。（2）集中论述生活儒学的"存在"观念：通过分析"在""有""无""仁""爱"与"诚"等观念，表达生活儒学的"生活论的存在论"思想。（3）特别论述生活儒学的情感观念：通过解构形而上学的"本体"、追溯本源的存在，揭示生活儒学关于本真情感——仁爱的思想视域。

第三章【题解】

本章论述生活儒学的社会正义理论——"中国正义论"，揭示其"仁爱情感（仁）→利益冲突（利）→良知智慧（知）→正义原则（义）→理智理性（智）→制度规范（礼）→社会和谐（乐）"的思想结构。（1）"仁"有两个方面："差等之爱"会导致利益冲突，而"一体之仁"则是解决利益冲突问题的根本保证。（2）"利"指人们的利益，社会群体必然存在利益冲突，这正是社会正义论所要解决的问题，也正是儒学所关注的最基本的问题。（3）"知"指孟子所说的"良知"即正义感，它表现为一种能对善恶好歹做出直觉判断的智慧，导向正义原则。（4）"义"指正义原则，包括两条：一是正当性原则，要求在社会规范及其制度的建构中超越差等之爱、追求一体之仁；二是适宜性原则，要求制度规范的建构充分考虑到社会共同体的生活方式的时空条件。（5）"智"意指理智或理性，这是社会规范建构及其制度安排的必要条件。（6）"礼"指社会规范及其制度，这是儒学的基本课题，孔子不仅要求"克己复礼"即遵守社会规范及其制度（行为正义），而且强调"礼有损益"即制度规范应依据正义原则（正当性，尤其适宜性）而变革（制度正义）。（7）"乐"（yuè）意谓"乐"（lè），是指社会和谐，这是儒家正义理论的最终目标，即群体的和乐与幸福。"礼别异，乐合同",在这个意义上,中华文化和儒家文化即"礼乐"文化。

第四章【题解】
　　本章围绕"儒教"问题,从分析"六经之教"入手,论述儒家"教化"思想的丰富的层级性,最后揭示儒家关于宗教、信仰的观念。(1)这其实是孔子的一种总体性表达"兴于诗,立于礼,成于乐"的展开:①兴于诗:诗教,实即情感教化,因为诗是本真情感的显现,人的道德主体性在本真的仁爱情感中建立起来。②立于礼:一方面是形而下的教化,即礼教(道德教育)、书教(历史教育)、春秋之教(政治教育);另一方面是形而上的教化,即易教——神教(《周易》古经的宗教性的形上学)、理教(《周易》大传的义理化的形上学)。③成于乐:乐教,这其实是向诗教的本真情感教化的一种回溯与回归,其效应即社会和谐。(2)仅就宗教而论,易教的神教是儒家宗教的典型,即"神道设教",荀子谓之"君子以为文,百姓以为神"。(3)从信仰的角度讲,在中华文化中,易教的神教(《易经》神性形而上学)只是"初阶信仰";易教的理教(《易传》理性形而上学)则是"中阶信仰";乐教才是"高阶信仰",即"成于乐",乃是教化与信仰的集大成,这是中华文化与儒家文化超越宗教性的特质。

第五章【题解】
　　本章论述生活儒学的"境界"观念。联系孔子的"夫子自道"和冯友兰先生的"境界说",人们的精神境界可分为三个层级:(1)自发之境:这相当于孔子"十五志学"之前的境界,或冯友兰先生所说的"自然境界",人还处在"自发"而非"自觉"状态。(2)自为之境:这相当于孔子"十五志学""三十而立""四十不惑"的境界,或冯友兰先生所说的"功利境界""道德境界""天地境界",其本质特征是积极"自为",即主体性的发挥。①"十五志学"是主体性的最初显现。②"三十而立"指主体性的最终确立,而人既是"功利"的存在者,也是"道德"的存在者,都是"形而下者"。③"四十不惑"的"天地境界"是从形而下的境界达到了形而上的境界,尽管知识上有其"无知"的方面,然而智慧上却是"无惑"的。(3)自如之境:这相当于孔子"五十知命""六十耳顺""七十从心所欲"的境界,已经超越了"形上—形下"的观念,"自如"而"大自在"。① "五十而知天命"意谓"知道"了天命的存在,而"天命"指"道言",即存在的消息与生活情感的呼唤。② "六十而耳顺"进一步"耳闻"了仁爱情感的呼唤,犹"圣"之"耳"。③ "七十而从心所欲不逾矩"之"心"乃是"白云出岫本无心",即超越了主体性,但并不是回到了最初"自发"的"自然境界",而是达到了自觉的"自然"。

生活儒学：儒学"创造性转化和创新性发展"的一种尝试[*]

中国传统文化的创造性转化和创新性发展，最重要的一块无疑是儒学。近代以来，这种尝试一直都在进行，例如晚清的洋务儒学、维新儒学，20世纪的现代新儒家，直至21世纪的大陆新儒家；其中也包括我本人的"生活儒学"，2006年以来，已出版了六本著作，包括孔学堂书局2014年出版的《生活儒学：黄玉顺说儒》。

我的"生活儒学"，跟在座的龚鹏程教授的"生活的儒学"只有一字之差，但我们的研究路径却截然不同。龚教授2009年出版的《生活的儒学》，是要把儒学的理论应用到生活的实践中去，即把儒学的超越层面落实到"世俗生活的层面，即饮食男女、衣食住行、生老病死这一些现实生活的具体内容上"；而我的"生活儒学"的宗旨，却是要重建儒学的理论本身，即建构儒学的一种当代理论形态。

一　生活儒学的思想方法：回归生活——重建儒学

儒学并不是儒学家头脑中的突发奇想，而是源于他们的生活感悟的，即是源于生活的。但生活并不是一成不变的，而有不同时代的生活方式的转换。唯其如此，才有不同时代的不同儒学：王权时代的原典儒学，皇权时代的帝国儒学，民权时代的现代儒学。

但从思孟学派以后，儒学的理论体系中却反而没有了"生活"的位

---

[*] 这是笔者于2015年7月9日在孔学堂（贵州）夏季辩论大会上的发言提纲。

置，而是形成了一种"形而上→形而下"的模式。因此，生活儒学的首要任务，就是突破两千年来的"形上→形下"二级架构，回归生活这个大本大源，由此形成了三级架构：从观念生成的角度看，是"生活感悟→形而下者→形而上者"；从观念奠基的角度看，是"生活感悟→形而上学→形而下学"。

因此，生活儒学首先着力阐明生活感悟，这种生活感悟渊源于现代性的生活方式。所谓"生活感悟"，"感"指生活情感，尤其是爱的情感；"悟"指源于情感、先于理性的生活领悟，这是一切知识、思想、理论的真正源头。

二 生活儒学的形上思考：儒家存在论的重建——变易本体论

从哲学的"奠基"观念看，如果没有形而上学或本体论，作为形而下学的伦理学和知识论都是不可能的。为此，生活儒学致力于建构一种新的儒家形而上学：这种形而上学不再以任何凝固的实体为本体，而是以《周易》所说的"变易"为"本体"，故称为"变易本体论"。

三 生活儒学的形下思考：儒家伦理学的重建——中国正义论

生活儒学对于儒家伦理学的重建，主要着眼于制度伦理，即"礼"及其"损益"何以可能的问题。这就是我这几年建构的"中国正义论"，目前为止已经出版了两本著作。中国正义论——中国古典制度伦理学的核心结构是"仁→义→礼"，即是"仁爱精神→正义原则→社会制度"的结构。

儒学的"社会"观念
——荀子"群学"的解读*

较之20世纪的儒学研究（其实是儒学史的研究），21世纪的儒学有一个突出的特点，就是更加关注现实的社会问题；由此，儒学界甚至开始注意到"社会"这个概念本身的儒学解读问题。众所周知，现代汉语"社会"是一个外来词，原是近代日本人对西语"society"的翻译（しゃかい）。严复则将"society"译为"群"，例如将斯宾塞（Herbert Spencer）的 The Study of Sociology（《社会学研究》）译为《群学肄言》[①]，将穆勒（John S. Mill）的 On Liberty（《论自由》）译为《群己权界论》（论社会与自我的权利分界）[②]。这与荀子提出的"群"概念有密切的渊源关系。但"群"这种译法不符合现代汉语单词的双音节习惯，未被人们采纳。而"社会"的译法也绝不仅仅是"约定俗成谓之宜"[③]，实际上反映出汉语传统的"社""会"观念与现代的"社会"概念之间的对应关系。此外，尽管严复"群"的译法未被采纳，但荀子关于"群"的社会理论却是一个有待发掘的思想宝藏。为此，本文意在阐明生活儒学[④]的"社会"观念，由此而明确提出"荀子'群

---

* 原载《中州学刊》2015年第11期。
① 斯宾塞：《群学肄言》，严复译，商务印书馆1981年版。
② 穆勒：《群己权界论》，严复译，商务印书馆1981年版。
③ 《荀子·正名》，王先谦《荀子集解》，《新编诸子集成》本，中华书局1988年版。
④ 关于"生活儒学"，参见黄玉顺《面向生活本身的儒学——黄玉顺"生活儒学"自选集》，四川大学出版社2006年版；《爱与思——生活儒学的观念》，四川大学出版社2006年版；《儒家思想与当代生活——"生活儒学"论集》，光明日报出版社2009年版；《儒学与生活——"生活儒学"论稿》，四川大学出版社2009年版；《生活儒学讲录》，安徽人民出版社2012年版；《生活儒学：黄玉顺说儒》，孔学堂书局2014年版。

学'"的概念,并加以简要梳理。

一 汉语"社会"的历史文化渊源

尽管汉语"社会"是日本人翻译的外来词,然而"society→しゃかい→社会"的对应,必然蕴涵着汉语"社""会"与西语"society"之间在语义上的某种或某些对应内涵;否则,这种译法不可能被人们普遍接受。因此,有必要对汉字"社""会"的含义及其与"社会"的关系加以考察。

(一) 汉语"社"的社会含义

汉字"社"的本义是土地之神。汉代大儒许慎解释:

> 社:地主也。从示、土。《春秋传》曰:"共工之子句龙为社神。"《周礼》:"二十五家为社,各树其土所宜之木。"①

所谓"地主",即是"社神",亦即土地之神。但严格说来,这并不是"社"字的最原始的语义。按照汉语的上古声韵,"社"与"土"最初其实是同音字,即是同源词;这就是说,"社"就是"土",亦即土地。因此,在"社"字的构成中,"土"既是义符,也是声符。"土"加上"示",表示与神相关,即许慎所讲的"示,神事也"②。按徐中舒《甲骨文字典》"示"字条的解释:"示即主,为庙主、神主之专用字";"象以木表或石柱为神主之形"③。这与早期农耕社会的生活方式密切相关:土地是最重要的资源,人们因此"安土重迁",在特定区域的土地上聚族而居,于是有土地崇拜,这种崇拜体现在原始宗教里就是社神。

---

① 许慎:《说文解字·示部》,《说文解字》(大徐本),(宋)徐铉等校定,中华书局1963年版。
② 同上。
③ 徐中舒主编:《甲骨文字典》,四川辞书出版社1990年版。

因此，"神主""示""主"就是后世所谓"灵位""牌位"。而许慎说："主：灯中火主也。"①这是不对的。"主"指祭祀的神主，象形，是"宝"的古字。《说文解字·宀部》说："宝：宗庙宝祐（shí）。"段玉裁注："经典作'主'，小篆作'宝'。'主'者，古文也。"②《玉篇·宀部》也说："宝，今作'主'。"③由此可见，灯中火主之"主"是假借字，本字即"丶"（zhǔ）；而许慎对"丶"的解释"有所绝止、丶而识之"乃是作为标点符号的"丶"（dòu），即"句读"（gōudòu）之"读"，而与作为文字的"丶"(zhǔ)混为一谈了。甲骨文有"示"字，无"主"字，似乎"示"字即是"主"字，或者是同源词。

许慎所谓"各树其土所宜之木"，并不是说的植树造林，而是在讲社神的事情。许慎解释："宜：所安也。从宀之下、一之上，多省声。"④这个解释很不确切：从字形看，"宜"字应该由"宀"与"且"构成，而非"宀之下、一之上"；从字音看，也不读"多"，而是以"且"为声，即"且"既是义符，也是声符。徐中舒《甲骨文字典》"宜"字条指出：此字"从且、从肉，象肉在俎上之形"；"'且'为'俎'之本字，本为以断木所作之荐"；"故且、宜、俎实出同源"。又"且"字条："象俎形。"又"俎"字条："象俎上置肉之形。"又"祖"字条："诸形均象盛肉之俎"；"本为断木，用作切肉之荐，后世或谓之'梡俎'"；"其后，俎由切肉之器逐渐演变为祭神时载肉之礼器"；"借为父祖之'祖'"。简而言之，"宜"的字形是：置荐俎（且）于房屋（宀）之中。此荐俎（且）本是切肉的木墩（断木），后演变为"祭神时载肉之礼器"；此房屋（宀）即是祭神之庙。因此，许慎所说的"其土所宜之木"，即是土地之神的牌位。

农耕时代，最重要的神，除土地之神"社"外，还有与此密切相关的谷物之神"稷"。"稷"字的本义是稷谷，即一种谷物，亦即许慎所谓"五谷之长"⑤。由于神灵崇拜，"稷"被奉为谷神；神的人格化，相

---

① 许慎：《说文解字·丶部》。
② 段玉裁：《说文解字注》，上海古籍出版社1989年版。
③ 《玉篇》，《宋本玉篇》，张氏泽存堂本，中国书店1983年版。
④ 许慎：《说文解字·宀部》。
⑤ 许慎：《说文解字·禾部》。

传烈山氏之子，名柱，为夏朝主管农业的稷正，死后被奉为农神，即"稷"。所以，《甲骨文字典》解释甲骨文"稷"字的构成，除"禾"之外，另一部分并非"畟"的写法，而是"为'祝'字所从"，即类似于"祝"中之"兄"的字形。关于这个字形，该字典"祝"字条解释："祝"字所从的并非"兄"字，而是形如人之跽跪；而"示为神主"；合起来看，"祝"的字形"象人跪于神主前有所祷告之形"。由此看来，"畟"本来的写法也应像一个人跪祷之形；加上"禾"即"稷"字，是人向禾跪拜，即是谷神崇拜。

随着文明的发展，国家产生了，于是乎，土神"社"与谷神"稷"合起来，就是"社稷"，成为国家主权的象征，这显然是以农立国的观念。于是，不是任何人都可以"立社稷"，例如《汉书·高帝纪下》说："又加惠于诸王有功者，使得立社稷。"①这其实是此前的王权封建时代的遗俗：只有天子和诸侯有权"立社稷"，亦即建立国家。

但是，单就"社"而论，按照中国的传统，不仅天子、诸侯、王公贵族可以"立社"，民间亦可"立社"，亦即建立祭祀土地之神的"社庙"。于是，"社日"，即祭祀土神的日子，成为民间的重大节日。汉代以前只有"春社"，以后又有"秋社"；宋代以来，以立春、立秋后的第五个戊日为社日。社日的狂欢庆典，叫作"社火"；其中的一项重要节目，就是"社戏"。

(二) 汉语"会"的社会含义

在上述"立社"活动，即"社事"中，衍生出了"会社"的组织，下自家族之社、村堡之社，上至国家之社，成为人们社会交往的一种组织形式，诸如"社火会""孝义会""自乐班会""曲子会""香火朝山会社"等，设会头，订会章，招会员，收会费。后世的"帮会"，也是模仿的这种"会社"组织形式。在这个意义上，"会"与"社"是一个意思，合起来叫"会社"，分别使用则叫"某某会""某某社"。由此可见，"社"的一种重要功能就是"会"，即把人们会合、会集起来，也就是"会社"组织。

---

① 班固：《汉书》，中华书局1962年版。

汉字"会"的本义即集合。许慎解释："会：合也。从亼、从曾省。曾（增）：益也。佮：古文'会'如此。"① 《甲骨文字典》说："会"字"从合、从曰"；"甲骨文'逌'字……与'会'之古文字形略同，故会、逌古应为一字"。又"逌"字条，以"逌"为"会"："《说文》'会'之古文作'佮'，魏正始三体石经'会'之古文作'佮'，与甲骨文之'佮'同，逌、会古应为一字。"这就是说，"会""佮""逌"最初乃是同一个字的异体字。

"会"字从"亼"，许慎解释："亼：三合也。从入、一，象三合之形。读若'集'。"②但徐铉注释："此疑只象形，非从入、一也。"如果"会"仅仅是"三合之形"，未必是人的集合；但从"佮"与"逌"的字形看，则显然是说的人的集合，因为"彳"与"辶"都是人的行为——行走；"三合"表示众人，所谓"三人为众"。所以，"会"的本义就是：人们走到一起来。

人们走到一起来，而形成组织，就是"会社"，在汉语中，乃是泛指的集会结社，即今所谓"社团"，源于古代"立社"活动；流传到日本（写作"かいしゃ"）、韩国（写作"회사"）之后，又引申出商行、公司的意思。在日语中，通过"社""会"二字的先后顺序变化，而形成了"会社"（かいしゃ）与"社会"（しゃかい）两个不同的概念。

然而，不论一般的集会结社，还是公司商行，这样的"会社"（association）当然就是某种"社会"（society）。其实，英文"society"同样如此，既含有"社会"的意思，也含有"会社"的意思，这表明西方的"社会"概念同样与"会社"有关；换言之，"社会"有"会社"的含义，或者说，"会社"是一种"社会"。

（三）"社会"的普遍概念

至此，我们大致可以确定"社会"的不同含义：（1）最狭义的"社会"就是"会社"，亦即社团组织，源于"立社"活动；（2）最广

---

① 许慎：《说文解字·会部》。
② 许慎：《说文解字·亼部》。

义的"社会"则是泛指的所有一切群体生活形式，如家庭生活、经济生活、政治生活、社团生活、社区生活等群体形式；如今甚至还有互联网上虚拟的各种网络社区的"群"的形式，使人想到荀子的"群"概念。这大致上正是"society"的概念。今天人们讨论社会问题，通常都是使用的这种广义的"社会"概念。

显然，无论关于"社会"的观念怎样演变，它总与"社"即"土"相关，这就是说，"社会"观念总是带有地域性、区域性或空间性，直至今天"网络空间"的网络社会依然如此，人们总是在某种"社"的空间里"会"起来，聚在一起，进行某种形式的共同生活。于是，空间区域的划分成为区分各种社会的一种基本指标。在这个意义上，所谓社会，就是在某个共同空间里共同生活的群体。这时候，汉语"社会"和西语"society"完全是同一个概念。

这种共同生活的群体形式多种多样，小至家庭、村落，以至民族、国家，大至全球性的"地球村"，每一个都可以叫作"社会"。在现代意义上，"社会"的形式更加丰富：这是一个民族国家（nation）的时代，一个民族国家就是一个社会，例如中国社会、美国社会；民族国家之间，叫作"国际社会"；民族国家内部，社会形式更为复杂，每一个家庭、企业、机构、社团、组织、社区等，都是一个相对独立的社会。

社会既然是指群体，自然使人想到作为它的对立面的个体。于是，社会与个人的关系就成为一个重大问题。这个问题在观念上的反映，归结为两种对立的价值观，即集体主义和个体主义。集体主义认为群体优先，而个体主义则认为个人优先。但这种抽象的争论是没有实质意义的，任何一方似乎都有颇为充足的理据，然而任何一方都无法说服另一方。

这是因为争论双方的思想方法共同一致地存在着两个层面的问题：一是缺乏某种更为透彻的思想视域，而陷入"先有鸡还是先有蛋"的永无休止的荒诞争论；二是由于上述思想视域的缺乏，从而也就缺乏某种恰当的历史哲学的视野。事实上，人类历史上的某些社会形态是群体优先的，而某些社会形态则是个人优先的。这是下文将要详加讨论的问题。

近代以来"社会"概念在世界范围内的广泛流行，有一个很大的思潮背景，那就是"社会主义"（socialism）运动。社会主义是基于集体主义价值观的，它与基于个体主义价值观的自由主义相对立而伴生。但是，时至今日，"社会主义"这个词语已经滋生了太多的歧义，甚至"纳粹主义"（Nationalsozialismus）意思就是"国家社会主义"（National Socialism）（或译"民族社会主义"），所以人们不再热衷于在"社会主义"这个概念下来讨论社会问题。如今，人们喜欢谈论"社群主义"（communitarianism）。现代汉语"社群"也是一个外来词，即西语"community"的汉译，其背景是近年来"社群主义"的兴起。"社群"与"社会"其实是相近的概念，都是指社会群体；在这个意义上，"社群"实质上是一种"社会"观念。与社会主义一样，社群主义采取的是集体主义的群体优先的价值观念。但无论是社会主义，还是社群主义，同时包括自由主义，其思维方式都基于上述两点不足，而陷入"先有鸡还是先有蛋"的无谓争吵。

朱熹论"知"与"行"的关系，有一种说法很有意思，即区分"先后"和"轻重"两个不同的角度，他说："论先后，知为先；论轻重，行为重。"[①]我们这里讨论的不是知行关系，而是集体与个体的关系，只是仿照朱熹区分"先后"与"轻重"的表达方式，而可以这样讲：论先后，集体与个体互为先后，其实无先后之分，他们同时由生活所生成；论轻重，前现代社会以集体为重，现代性社会以个体为重，这也是生活方式所决定的。

二 生活儒学的"社会"概念

在上述普遍的"社会"概念下，我们来讨论两个对于今天来说最重要的概念，即历代的"社会形态"和现代的"市民社会"。

（一）"社会"的历时概念：历代"社会形态"

由于生活方式是在不断演变之中，社会也在演变之中，例如有古代

[①] 朱熹：《朱子语类》卷九，黎靖德编，中华书局1994年版。

社会和现代社会、农业社会和工业社会等区分。于是就有"社会形态"的概念。"社会形态"（soziale form）本来是马克思的概念，他根据生产方式的历史性变动，把人类历史划分为五种连续更替的形态，即原始社会、奴隶社会、封建社会、资本主义社会和共产主义社会。我们借用这个术语，表达一种比由"生产方式"转变而导致社会转型的概念更宽泛的、由"生活方式"转变而导致社会转型的概念。所谓"社会形态"（social form），就是人类在某种基本的共同生活方式下的共同生活形式。显然，这是一个历史哲学的概念。

如今学界已经达成共识：中国社会的历史形态和西方社会的历史形态并不是一一对应的，尽管两者具有某种共同的历史趋向。因此，我们主要讨论中国历代的社会形态。原始社会"文献不足征"[①]，姑且不论。笔者根据中国的历史事实和当下所显示出来的历史趋势，可分析出三大社会形态，中间两个社会转型时期：

1. 王权社会（夏、商、西周"三代"）

所谓"王权社会"，是从政治制度角度命名的。众所周知，在夏、商、西周"三代"，中国社会的政治制度是王权制度，至高无上的"王"是"天下共主"。过去人们将这个社会形态称为"宗法社会"是有道理的，因为当时人们的基本的共同生活方式是宗族生活，人们常说的"家—国—天下"同构，就是王室所属宗族的"大宗—小宗"套接结构；换言之，社会的主体是宗族，而非个人。在这个意义上，王权社会亦可称为"宗族社会"。因此，王权社会形态的价值观不是个体主义，而是某种集体主义；这种集体，就是宗族家庭。

2. 第一次社会大转型（春秋战国时期）

由于包括生产方式在内的整个生活方式的转变，王权社会转向皇权社会。生活方式的种种转变，学术界已经有许多研究成果。例如，土地作为最重要的生产资料，其所有制从"溥天之下，莫非王土"的公有制（王室宗族公有）转为私有制。不仅如此，整个生活方式都从宗族生活方式而转变为家族生活方式，"家"成为比"宗"更重要的社会主体。

---

① 《论语·八佾》，《十三经注疏·论语注疏》本，中华书局1980年影印本。

3. 皇权社会（自秦朝至清朝）

所谓"皇权社会"，也是从政治制度角度命名的。自秦朝至清朝，中国社会的政治制度是皇权制度。皇权与过去的王权是不同的：过去的王，并没有现在的皇帝这样"乾纲独断"的专制权力，毋宁说是某种意义的贵族共和。现在皇帝"独裁"，这样的国家制度叫作"帝国"，所以，皇权社会就是帝国社会，而非原来的诸侯"列国"。从分封制向郡县制的转变，不仅是行政区划制度的变动，甚至也不仅是政体的变动，而是国体的根本变动，这种国体的最高权力就是皇权。但皇权实质上并非是皇帝个人的，而是属于皇室家族的。这是因为当时的基本的共同生活方式是家族生活方式；因此，社会的主体也非个人，而是家族，整个中国社会是由大大小小的家族组成的，最重要的社会斗争并不是所谓"阶级斗争"而是家族之间的斗争。所以，皇权社会亦可称为"家族社会"。因此，皇权社会形态的价值观也不是个体主义，而是某种集体主义；这种集体，就是家族家庭。

4. 第二次社会大转型（近现当代）

同样由于包括生产方式在内的生活方式的转变，中国社会发生第二次大转型，即从皇权社会转向民权社会。这就是中国近代、现代和当代已经发生并还在发生的事情。这次转型异常艰难，但这不是本文的课题；这里只想指出一点：中国社会的历史发展趋势乃是民权社会，这是任何人、任何力量也无法抗拒的。

5. 民权社会

所谓"民权社会"，同样也是从政治制度角度命名的。但尤须指出的是：这里的"民"是指个人的集合；在这个意义上，民权社会就是"人权社会"，而此所谓"人"也不是指"人类"，而是指个人；在这个意义上，民权社会就是"个人社会"。

这是因为：民权社会的基本的共同生活方式，并非家庭生活方式，而是个人化、个体性的生活方式。显然，家庭生活只是个人的种种社会生活的一个方面而已；在经济生活、政治生活，以及其他许多生活领域中，个人都不代表家庭。例如，这种个体性在政治上的体现，就是公民；而任何公民都并不代表他所属的家庭或他所在的社会单元，而仅仅代表他自己。同样，在职业生涯中，个人也不是以一个特定家庭的成员的身份而出现的。这一切都与前现代社会大不相同。这是现代性的一个最根本的特征：个体性在社会生活的方方面面体现出来。这就是说，在这种生活方式下，社会主体已不再是家庭，而是个人。

因此，民权社会形态不是集体主义，而是个体主义，这是必然的。当然，这并不是说现代社会就没有集体及其利益，而是说：现代社会的集体或群体有许许多多的社会形式，或者说有许许多多的社会，除家庭外，还有学校班级、事业单位、企业、社区、各种社团组织、政府机构，乃至民族、国家等；而任何集体都是由个体组成的，即都是个人自由自主选择的结果，就此而论，个人显然始终具有价值优先性，即上文所说的以个体为重。

由此可见，任何儒学，只要拒绝现代性、抗拒民权社会的到来，这样的儒学显然是在自取灭亡。上述关于现代社会——民权社会的分析，其实已经规定了何谓真正的"现代儒学"。事实上，我们看到：近代以来，儒学的发展正在朝这个方向前行，尽管步履蹒跚。

（二）"社会"的共时概念：现代"市民社会"

上文关于现代社会存在着"许多社会形式"的分析表明，民权社会形态区别于古代社会形态的特征之一是：整个社会的构成不再是"大一统"的格局，即不再是一元结构，而是多元结构。在这种多元格局中，"市民社会"（civil society）（或译"市民社会"）作为其中的一元，具有极其重要的地位，以至于如果没有市民社会，就不是现代社会。

上文谈到的狭义"社会"，亦即社团，与现代的"市民社会"概念密切相关，乃至可以更准确地将西语"civil society"译为汉语"市民社团"。作为一个现代概念的"市民社会"，基于现代社会形态，亦即民权社会的社会构成的三元模式：政治社会—经济社会—市民社会。政治社会是指社会中的权力系统，例如政府或国家政权系统；经济社会是指社会中的经济系统，例如企业界；而市民社会则是指的社会中独立于上述两大系统之外的社会系统，亦即社团系统，诸如专业协会、工会、非政府组织（NGO）、社区组织、慈善团体等。须注意的是：在现代政党政治的条件下，市民社会并不包括政党组织，因为政党组织属于政治社会。所以，所谓"市民社会"就是公民为某种共同利益而自愿结成的非营利性的社团组织，或者说是由社团组织所形成的社会，它在政治上独立于政治系统之外，经济上独立于经济系统之外，组织上也独立于这两大系统，而对这两个系统形成制约。①

不仅如此，市民社会乃是作为现代社会形态的民权社会的基础。这是因为：假如没有自由的公民，并且组成一种独立自主的甚至是决定性的社会力量，现代性的政治生活和经济生活都是不可设想的；而要形成这种社会力量，那就需要公民组织，亦即市民社会。因此，市民社会的存在，是现代性的社会形态的一个基本标志；市民社会的发展程度，是一个社会的现代化实现程度的一个基本标志。在这个意义上可以说：现代化的进程就是市民社会成长的过程。

由此看来，建构一种作为现代儒学分支的"市民社会儒学"（civil social Confucianism）显然具有极其重大的社会意义。

三 荀子"群学"的生活儒学解读

根据以上关于"社会"概念的分析，现在可以来解读荀子的"群"观念了。严复将"society"译为"群"，尽管未被采用，其实是颇有道理的：荀子的"群"概念，所指的正是社会群体。为此，有必要提出荀子或儒学的"群学"概念。

(一) 严复对荀子"群"概念的解释

当然，这里的"群学"不是严复使用的"社会学"（sociology）概念，而是指的荀子或儒学中关于社会或社群的学说。不过，严复对荀子"群"概念的解读和对"群学"概念的界定还是值得重视的，因为严复的翻译有一个特点：并不是简单的直译，而是一种诠释；而且这种诠释乃是"以中释西"，即在很大程度上是用儒学来解释西学。他说：

---

① 顺便指出：所谓"社团主义"（corporatism）（亦译"法团主义""统合主义"）恰恰是与市民社会的理念尖锐对立的，是要将所有社团统合在一元的政治权力之下。

荀卿曰：民生有群。群也者，人道所不能外也。群有数等。社会者，有法之群也。社会，商工政学莫不有之；而最重之义，极于成国。尝考六书文义，而知古人之说与西学合。何以言之？西学"社会"之界说曰：民聚而有所部勒、东学称组织祈向者，曰社会。而字书曰：邑，人聚会之称也；从口，有区域也；从卩，有法度也。西学"国"之界说曰：有土地之区域、而其民任战守者，曰国。而字书曰：国，古文"或"；从一，地也；从口；以戈守之。观此可知中西字义之冥合矣。①

"群学"者何？荀卿子有言："人之所以异于禽兽者，以其能群也。"凡民之相生相养，易事通功，推以至于兵刑礼乐之事，皆自能群之性以生。②

严复对荀子"群"概念的理解，有两点是值得商榷的：

其一，严复认为，荀子的"群"概念不等于"社会"概念；"群有数等"，而"社会"只是"群"中的一等，即"有法度"之"群"。这是不对的，因为荀子凡谈到"群"，都是说的"有法度"的群体，即是社会。所谓"法度"，就是社会规范，即儒家所谓"礼"。荀子指出："以群则和……故先王案为之制礼义以分之，……是夫群居和一之道也"③；所以，凡是"群"，"不可少顷舍礼义"④。由此可见，荀子之所谓"群"正是"社会"概念。

其二，严复将荀子的"群"概念偷换成了"国"的概念，即用"国"来解释"群"——社会。这固然有现实的缘由，即在中国亟待建构现代民族国家之际，对"国"的重视是可以理解的；但无论如何，社会的形式远不仅仅是国家，荀子所说的"群"也远不仅仅是"国"。再者，即便荀子谈到"国"，也不是指的现代民族国家（nation），而是指的当时的诸侯国家。

---

① 严复：《译群学肄言·序》，载《严复集》，中华书局1986年版。
② 严复：《原强》，载《严复集》，中华书局1986年版。
③ 《荀子·荣辱》。
④ 《荀子·王制》。

不过，严复对"国"的实际解释却有可取之处：

1. "国"有"会"的含义。严复指出，"国"即"人聚会""民聚而有所部勒""组织"。这其实并非"国"的概念，倒正是广义的"社会"概念，也正是荀子"群"概念的含义。

2. "国"有"社"的含义。严复注意到了"社"是"土"的意义，即"有土地之区域"。当然，这只是从"国""社"的历史渊源来讲的；随着社会的发展，"区域"未必就是实体性的"土地"，而是扩展到了更为广义的"区域"概念，例如"领域"的概念。

总之，严复所论之"群"，就是广义的"社会"概念，其涵盖面非常之广。他说："凡民之相生相养，易事通功，推以至于兵刑礼乐之事"，"商工政学莫不有之"。这也正是荀子的"群"概念。

（二）荀子"群学"的基本原理

荀子的群学并不是社会学，毋宁说是一种社会哲学，或者说是儒学关于社会的一般原理。这套原理，我们曾以"荀子的社会正义理论"的名目加以专题研究。①荀子群学的基本原理，包含以下几个基本的理论环节：

1. 社会存在：有"礼"之"群"

上文谈到，荀子的"社会"观念，就是"有法度"的"群"。在他看来，"法度"即"道"，而"道"就是"人道"："道者，非天之道，非地之道，人之所以道也。"②进一步说，所谓"人道"，就是"能群"之道，即能组成社会的一般原理：

> 道者，何也？曰：君道也。君者，何也？曰：能群也。能群也者，何也？曰：善生养人者也，善班治人者也，善显设人者也，善藩饰人者也。……四统者具而天下归之，夫是之谓能群。③

---

① 黄玉顺：《荀子的社会正义理论》，《社会科学研究》2012 年第 3 期；《中国社会科学文摘》2012 年第 8 期转载。此文属"中国正义论"系列论文之一，参见黄玉顺《中国正义论的重建——儒家制度伦理学的当代阐释》（文集），安徽人民出版社 2013 年版；《中国正义论的形成——周孔孟荀的制度伦理学传统》（专著），东方出版社 2015 年版。

② 《荀子·儒效》。

③ 《荀子·君道》。

所谓"班治",就是加以规范,即建构一套社会规范和制度的"规矩"。这套规矩的意义在于"藩饰",也叫"文饰"①,就是使社会群体具有"礼文""礼节文貌"②,亦即具有一套"礼"。荀子所谓"礼义文理"③,"礼"即"文","义"即"理"。人道即"君子之道,礼义之文也"④。所以,他说:"规矩者,方圆之至;礼者,人道之极也。"⑤

进一步说,"礼"的功能特征是"分""分辨",即对人群加以划分、区分、分别,即"礼别异"⑥"至文以有别"⑦,群体由此而有序化、系统化。所以,他说:"人道莫不有辨,辨莫大于分,分莫大于礼。"⑧他论证道:

> 人之生,不能无群。群而无分则争,争则乱,乱则穷矣。故无分者,人之大害也;有分者,天下之本利也。⑨

因此,荀子将"能群"之道归纳为"明分使群"。这就是说,"分"(动词 fēn)的结果,人人各有其"分"(名词 fèn),即各有其名分、社会角色,这就叫作"明分(fèn)";唯有如此,才能"使群"——使之形成一个社会。因此,他说:

> 百技所成,所以养一人也。而能不能兼技,人不能兼官,离居不相待则穷,群而无分则争。穷者患也,争者祸也。救患除祸,则莫若明分使群矣。⑩

---

① 《荀子·礼论》。
② 同上。
③ 同上。
④ 同上。
⑤ 同上。
⑥ 《荀子·乐论》。
⑦ 《荀子·礼论》。
⑧ 《荀子·非相》。
⑨ 《荀子·富国》。
⑩ 同上。

显然，这是在讲社会分工。这就是说，社会或"群"是由社会分工形成的。这样的"能群"之道、"人道"，荀子谓之"群居和一之道"。他说：

> 先王案为之制礼义以分之，使有贵贱之等，长幼之差，知愚、能不能之分，皆使人载其事而各得其宜，然后使慤禄多少厚薄之称，是夫群居和一之道也。①

根据这样的"群居和一之道""群居和一之理"②，使群体有序化，这就形成了社会。

这里谈到的贵贱、长幼、智愚、能否的区分，及其在身份角色上的划分，显然是任何社会形态都具有的；但是，不同的社会形态，这些区分和划分的具体内涵是不同的。换句话说，对于社会或"群"来说，"礼"（社会规范及其制度）既是普遍的，又是特殊的。其普遍性在于：任何社会形态都有其规范和制度，否则不成其为社会；其特殊性在于：不同社会形态的规范和制度是有所不同的。这就涉及了孔子指出的一个道理："礼"有"损益"③。

2. 社会发展："礼"之"损益"

荀子继承了孔子"礼"有"损益"的思想，认为"礼"即社会规范及其制度并非一成不变的，因为社会形态亦非一成不变的；换言之，"群"的内容和形式不是一成不变的，而是"损益"因革、变化发展的。荀子时而讲"法后王"，时而讲"法先王"，似乎自相矛盾；其实，"法先王"是讲的关于"礼"之"损益"的一般原理，即我们所讨论的"荀子社会正义理论"的普遍原理；而"法后王"则是讲的"礼"的当代"损益"，即从王权封建社会转向皇权专制社会的制度转型，这是当时的历史趋势。

荀子书中三次谈到"损益"，似乎主张"不敢损益""莫能损益"，其实不然：

---

① 《荀子·荣辱》。
② 《荀子·礼论》。
③ 《论语·为政》。

夫天生蒸民，有所以取之：志意致修，德行致厚，智虑致明，是天子之所以取天下也；政令法，举措时，听断公，上则能顺天子之命，下则能保百姓，是诸侯之所以取国家也；志行修，临官治，上则能顺上，下则能保其职，是士大夫之所以取田邑也；循法则、度量、刑辟、图籍，不知其义，谨守其数，慎不敢损益也，父子相传，以持王公，是故三代虽亡，治法犹存，是官人百吏之所以取禄秩也；孝弟原悫，軥录疾力，以敦比其事业，而不敢怠傲，是庶人之所以取暖衣饱食，长生久视，以免于刑戮也；饰邪说，文奸言，为倚事，陶诞突盗，惕悍憍暴，以偷生反侧于乱世之间，是奸人之所以取危辱死刑也。①

愿悫拘录，计数纤啬而无敢遗丧，是官人使吏之材也；修饬端正，尊法敬分而无倾侧之心，守职循业，不敢损益，可传世也，而不可使侵夺，是士大夫官师之材也；知隆礼义之为尊君也，知好士之为美名也，知爱民之为安国也，知有常法之为一俗也，知尚贤使能之为长功也，知务本禁末之为多材也，知无与下争小利之为便于事也，知明制度、权物称用之为不泥也，是卿相辅佐之材也：未及君道也。能论官此三材者而无失其次，是谓人主之道也。②

礼岂不至矣哉！立隆以为极，而天下莫之能损益也。③

第一段引文，荀子将人群的构成分为五等，"不敢损益"的是其中的第三等，即"官人百吏"；第二段引文，荀子将政治人物分为四等，"不敢损益"的是其中的第三等，即"士大夫官师"。这两类人，即今天所说的"官员"，他们在那个时代里是没有立法权的，所以，他们对于既有的现行制度之"礼"确实"不敢损益"。在荀子所讨论的那个时代的社会形态下，拥有立法权的是天子，亦即所谓"圣人制礼作乐"。

---

① 《荀子·荣辱》。
② 《荀子·君道》。
③ 《荀子·礼论》。

但这并不是说"礼"是不可"损益"的。实际上，荀子有一种区分，即"礼"与"义"的区分。"礼"即社会规范及其制度；而"义"则是正义原则，它是建构社会规范及其制度的价值根据。荀子所说的"不敢损益"的东西，其实是"义"，而不是"礼"。上引荀子的话说："立隆以为极，而天下莫之能损益也。……礼之理，诚深矣！"[①]这里所说的其实不是"礼"，而是"礼之理"——"礼"背后的"理"，也就是"义"——正义原则，这是不可损益的普遍原则。而士大夫、官人百吏之所以"不敢损益"，就是因为他们"谨守其数"（恪守既有礼制）而"不知其义"（不懂正义原则）。

至于"礼"，即社会规范及其制度，则是可以损益的。社会规范及其制度的整体性、系统性的损益，其实就是社会形态的转换。

3. 社会转型：以"义"制"礼"

在社会转型中，对"礼"的"损益"，即重建或重新选择社会规范及其制度，其价值根据或价值尺度何在？在荀子思想和儒学中，这就是"义"，亦即正义论中所说的"正义原则"。荀子指出：

> 水火有气而无生；草木有生而无知；禽兽有知而无义；人有气、有生、有知，亦且有义，故最为天下贵也。力不若牛，走不若马，而牛马为用，何也？曰：人能群，彼不能群也。人何以能群？曰：分。分何以能行？曰：义。故义以分则和，和则一，一则多力，多力则强，强则胜物，故宫室可得而居也。故序四时，裁万物，兼利天下，无它故焉，得之分义也。故人生不能无群，群而无分则争，争则乱，乱则离，离则弱，弱则不能胜物，故宫室不可得而居也，不可少顷舍礼义之谓也。……君者，善群也。群道当，则万物皆得其宜，六畜皆得其长，群生皆得其命。[②]

这就是说，"人之异于禽兽"，在于有"义"。有"义"然后"能群"，即能组建人类社会。具体来说："义"的特征是"分"，故称

---

① 《荀子·礼论》。
② 《荀子·王制》。

"分义";由"分"而后有"礼"。换句话说,唯有人类,才有所谓"社会"、即"群",由此而超越动物界;人类社会(群)的特征在于具有一套社会规范及其制度(礼),而建构社会规范和制度的价值尺度则是正义原则(义)。

这就是荀子群学的"义→礼→群"的理论结构。显然,社会的转型意味着组建一个新的社会形态(群),这就要求重建一套新的社会规范和制度(礼),而这种重建的根据就是普遍的正义原则(义)。

然而在荀子那里,"义"其实并不是理论的起点;荀子作为儒家,其理论的大本大源必定是仁爱。换句话说,荀子"群学"作为儒家的社会哲学,其理论起点必定不是"义",而是"仁",或如孟子所说的"仁义而已"[1]。

4. 社会本源:居"仁"行"义"

儒家所谓"仁",有时是指的一种形而下的道德规范,有时甚至是指的形而上的本体;但就其本源意义而论,"仁"即仁爱,是说的一种本然的情感。

荀子亦然,他将社会的"礼"或"礼文"的建构归结为"称情立文",而此所谓"情"就是仁爱情感。所以,在谈到"群居和一之理"时,他说:

> 三年之丧,何也?曰:称情而立文,因以饰群,别亲疏贵贱之节,而不可益损也。……称情而立文,所以为至痛极也。……凡生乎天地之间者,有血气之属必有知,有知之属莫不爱其类。……故有血气之属莫知于人,故人之于其亲也,至死无穷。将由夫愚陋淫邪之人与?则彼朝死而夕忘之,然而纵之,则是曾鸟兽之不若也,彼安能相与群居而无乱乎!……故三年以为隆,缌、小功以为杀,期、九月以为间,上取象于天,下取象于地,中取则于人,人所以群居和一之理尽矣。[2]

---

[1] 《孟子·梁惠王上》,《十三经注疏·孟子注疏》本,中华书局1980年影印本。
[2] 《荀子·礼论》。

荀子认为，"三年之丧"的礼制安排，追本溯源，来自一种情感，即"爱其类"；礼制的建构，在于"称"这种"爱"的情感。所以荀子总是强调"仁义之统，以相群居"①。于是，荀子群学就是"仁→义→礼→群"的理论结构。这就是"群居和一之理"，也就是"群学"的基本原理。

---

① 《荀子·荣辱》。

生活儒学：只有爱能拯救我们[*]

引　言

观众朋友，大家好！欢迎走进孔子大学堂。

我今天来讲一个话题：生活儒学。

生活儒学，它首先是"儒学"。它是一种儒学；或者更确切地讲，是儒学的一种当代理论建构。这么一种理论建构，它属于儒家哲学。最近这么十多年来，我对儒学的一系列的研究，建构了一套思想体系，总的名称叫"生活儒学"。那么，这套思想体系，大家从这个标题上也看得出来，它首先关注的是"生活"；也就是说，它是回应我们生活当中的问题的。

那么，我们生活当中出现了什么问题呢？我这儿引用一句话，李鸿章的一句话，很有名的一句话，就是我们现在正在经历"三千年未有之大变局"[①]。我们整个社会处在转型的过程当中，因为这个社会转型、生活方式的转换，就会出现很多很多的问题。

我记得前些年一个很流行的词语，叫作"被幸福"。它说什么呢？

---

[*] 本文是山东教育电视台"孔子大学堂"栏目录制的节目"儒学与生活"讲辞的字幕。该节目共10集，制作于2015年底，播出于2016年1月中下旬。这次整理，校正了一些文字，调整了一些部分的先后顺序，加上了标点符号、各级标题、若干注释。

① 李鸿章：光绪元年《因台湾事变筹画海防折》。转引自梁启超《李鸿章传》，中华书局2012年版，第六章。

我记得好像是央视的吧，记者在路上碰到人就问："你幸福吗？"别人面对着这个镜头，不好意思说不幸福，只好说"我幸福"。后来就发明了一个词，叫"被幸福"。

其实我们很多人，包括我周边的人，我们感觉不幸福。原因非常非常多，总的来讲，就是我们感到我们的生活不满意。为此呢，我也发明了一个词：我们感到我们对未来、对当下不踏实，我发明了一个词，叫作"踏空感"——有一种"踏空"的感觉。

那么，这一切的原因，我们首先需要在理论上加以分析，搞清楚原因究竟何在。这也是我这些年做儒学研究的一个初衷。这些问题发生在生活当中，因此，儒学、哲学首先要关注生活。首先关注生活，那么，我们在生活当中不幸福、不踏实，我们很纠结、很郁闷，甚至很痛苦，有种种的困惑，种种的困难，种种的问题，这一切需要解决。

我个人认为，这些问题，有社会方面的，有物质方面的，更有精神层面的东西。所以，我们注意到，这些年，宗教在中国大陆呈现出一种急剧发展的态势。这是有原因的，有现实的原因的，就是我们精神上、精神生活当中缺乏某种东西。

在今天的这个宗教复兴当中，大家都注意到一种现象，就是基督教的传播非常迅猛。在农村，在城市，在社区，基督教迅速地发展。但是，我们作为中国人，基督教能不能拯救我们？这是一个问题。

我不信基督教，我不认为基督教能够拯救我们。所以，我今天这个话题，虽然是讲生活儒学，但是我想把它归结为这么一个标题：只有爱能拯救我们。当然，我讲的这个"爱"，是儒家所讲的"仁爱"，因此也可以说：只有仁爱能够拯救我们。能拯救我们的不是上帝。这也是我做"生活儒学"研究的基本的初衷。

那么，我打算讲这么几个大问题：

第一点是"生活儒学的基本思想"，就是对生活儒学整个的思想系统、思想体系、理论体系进行一个整体性的、系统性的介绍。当然，我只能讲一些要点。这是第一点。

第二个大的问题，我打算讲一讲"生活儒学的伦理原理"，也就是说，生活儒学这个思想体系，具体落实在社会伦理层面上，它的那么一套原理究竟怎么样。这么一个问题，是关于群体的问题。

第三点，我还想讲一讲关于个体的问题，就是"生活儒学的境界观念"——精神境界的"境界"。境界的观念，这是关乎我们每一个人的修养、修炼、提升的这么一个问题。

一　生活儒学的基本思想

那么，我现在先讲第一个大的问题：生活儒学的基本思想。

（一）时代的课题

首先我想讲讲："生活儒学"，或者我所说的"只有爱能拯救我们"，这样的问题，是一个时代的课题，是直接应对我们生活当中的问题的，是应对我们这个时代的。因此，这自然就涉及"时代"的问题。

1. 中国历史的时代划分

我们中国人和西方人的生活方式不同，历史的过程也是有很大的区别的。我对中国的历史有一套另外的划分。

我刚才提到，李鸿章说过，我们目前正处在一个"三千年未有之大变局"当中。那么，这个所谓"大变局"，其实用今天的话语来讲，就是社会转型。我们今天正处在社会转型当中。那么，说到社会转型，就涉及我刚才讲的历史阶段的划分问题。

在我们中国的历史上，有确凿的史料证据、传世文献根据的这么一种历史阶段，大概来讲，我们有两次大的社会转型、生活方式的转型。今天我们身处其中的，是中国社会的第二次大转型；在此之前，我们曾经还有过一次社会大转型。这两次社会大转型，意味着我们的历史、中国的历史可以分为三个大的阶段：

第一个阶段，我们可以把它叫作"王权时代"。所谓王权这个"王"，是指的比如说周文王、周武王，夏、商、周三代的天子，这样的王。这是第一个时代。那么，我们知道，这个时代是一个真正的"封建"时代，也就是封侯建国、分封诸侯的时代。

然后接下来，我们进入中国社会的第一次大转型，我们转向了中国社会第二个大的历史形态，它跟刚才讲的王权时代不同，它是"皇权时代",也就是专治时代、帝国时代。

然后,从秦汉到明清这么一段时代过去以后,我们进入了第二次社会大转型,就是我们目前身处其中的这次大转型。这次大转型,我们正在从皇权时代、帝国时代走向"民权时代"。

这就是我们对中国历史的一种新的概括,历史阶段的一种新的划分。

那么,回到儒学上来。儒学,我这儿想纠正一个很常见的误解。但凡说到"儒学",人们就想到古代的某种儒学,这其实是不对的。儒学,从春秋末期、春秋战国之际孔子创立这个学说、这个学派以来,它经历了、经过了不同的历史时代、不同的历史时期。

我们知道,孔子身处其中的春秋战国时期,那正是中国社会的第一次大转型,以及伴随着这个社会转型的观念的转型,也就是雅斯贝尔斯所谓的"轴心期"[①]。在这个轴心期——中国的轴心期、春秋战国时期,儒学的主要代表有孔、孟、荀:孔子、孟子、荀子。那么,这么一种形态的儒学,我们可以把它叫作"原始儒学"或者"原典儒学"。

然后进入了皇权时代、帝国时代。从秦汉到明清这一个历史阶段的儒学,我们可以把它叫作"帝国儒学"。帝国儒学又呈现出不同历史时期的形态,比如说最著名的"宋明理学"是一个形态;那么,宋明理学之前还有其他的儒学形态,比如说汉代的经学;宋明理学之后也有不同的形态,比如说乾嘉学派所处的清代的儒学。

然后进入了第二次社会大转型,中国的内在的、内生的现代性发轫了以后,儒学自身也开始走向现代化、走向现代性。那么,我们知道,在"西学东渐"——西学传入、影响中国学术之前,儒学早就开始了自我转换。我们现在大家比较熟悉的,比如说明清之际的儒学:明清之际的三大儒——黄宗羲、王船山、顾炎武,他们都极具现代精神,是一种儒学的启蒙思想。再接下来,我们知道,在洋务运动时期有一种儒学形态,我们可以把它叫作"洋务儒学";再接下来,康有为、梁启超开展维新运动,那么,他们的儒学形态可以叫作"维新儒学"。不仅如此,进入了民国以后,还有20世纪的"现代新儒学";不仅如此,进

[①] 雅斯贝尔斯:《历史的起源和目标》,华夏出版社1989年版,第14页。

入 21 世纪之后，还有今天所谓的"大陆新儒学"、大陆新儒家。①

所以，我刚才讲，对儒学的一种很常见的误解是需要澄清的："儒学"不等于"古代儒学"。

那么，对于我们今天的儒学理论体系的重建来讲，我们所涉及的——直接涉及的，是从那种前现代的儒学向现代性的儒学的一种转换；更具体地讲，我们从帝国时代的儒学、皇权时代的儒学，转向民权时代的儒学。我自己建构的这套新的儒家思想理论形态——生活儒学，我自己把它看作属于民权时代的一种现代性的儒家思想。

由此也可以看出，儒学、儒家思想本身具有自我变革的传统，它不断地顺应历史时代的发展，不断地展示出自己的新的思想理论面貌。所以我有一种说法，我说：儒家没有新的，但儒学是常新的。甚至有的时候，它是日新月异的。

对于我们今天要建构现代性的儒学来讲，我们所直接面对的是帝国时代、皇权时代的儒学形态，所以，我们首先要对这样的前现代的儒学形态加以解构。

2. 传统儒学"形上—形下"模式的解构

那么，我们知道，帝国时代的儒学——自从"轴心期"春秋战国以后建构起来的帝国时代的儒学，有一套基本的思维模式。这套基本的思维模式，从哲学的层面上来讲，就是说，它有一套形上学、有一套形下学。

我们首先看它的形上学。所谓"形下学""形上学"这个说法，出自《周易》大传，说"形而上者谓之道，形而下者谓之器"②。这当然是中国式的表达，从哲学上来看，就是说，我们人类面对林林总总的大千世界、万事万物，我们开始追问一个问题，就是：这些东西是从哪里来的？万物是何以可能的？那么，当我们发出这样的问题的时候，我们就开始进入了人类的哲学思维的阶段。

我们知道，如果从宗教的角度来讲，比如基督教，它也试图回答这

---

① 关于"大陆新儒家"，参见黄玉顺《论"大陆新儒家"——有感于李明辉教授的批评》，共识网（www.21ccom.net/articles/thought/zhongxi/20151110130395_all.html）。
② 《周易·系辞上传》。

样的问题：世界是哪里来的？植物动物、大千世界、人类从哪里来的？那么，基督教宗教给出了一种答案：上帝创造的。但这是宗教哲学的回答方式。一般哲学不是这样思考问题的，那么，我们是找到一个哲学上所谓的"本体"。哲学上有一个本体。所谓本体，就是有一个绝对的东西，它生成了、给出了其他所有的东西。这是哲学的最基本的思考方式，是一套思维模式。

那么，回到我刚才讲的《周易》大传的说法，这些众多的、相对的万事万物，我们把它们叫作"形而下者"——"形而下者谓之器"。那么，为了解释它们是从哪里来的、这些东西是何以可能的，我们找到一个唯一的、绝对的东西，最先在的东西：本体，或者上帝。这个东西，用《周易》的话语来讲，是一个"形而上者"。

"形而上者谓之道，形而下者谓之器"，于是乎，你会发现：古今中外的所有哲学，都有一个基本模式，就是用一个"形而上者"来说明"形而下者"何以可能，用一个唯一的、绝对的存在者来说明众多的、相对的存在者何以可能。

因此，凡是我们在思考这些相对的、众多的、形下的东西的时候，这样的学术、这样的理论，我们把它叫作"形而下学"。比如在儒学里面，形而下学最重要的内容，就是伦理学和政治哲学。另外一个方面，当我们在思考那个唯一的、绝对的、作为本体的存在者的时候，这样的思想、这样的理论，我们把它叫作"形而上学""形上学"。

所以，古今中外的所有的哲学，无外乎就是形上学、形下学这么两套东西：我们用形上学来为形下学奠基，用形而上者来阐明形而下者是何以可能的。

传统的儒学、儒家哲学，包括我刚才讲到的皇权时代的儒学——帝国儒学，也是这么两套架构。我们以宋明理学为例。宋明理学的形下学，它主要关注的是帝国时代、皇权时代的生活方式之下的伦理规范的建构、政治制度的建构这么一套东西。这么一套东西，就属于我刚才讲的形下学。这一套东西的内容，具体来讲，就是帝国时代的社会规范建构及其制度安排。那么，为了阐明、为了证明这些形下的东西，宋明理学、帝国儒学就创造了一套形上学，他们要找到一个给出万物、生成万物的本体。那么，我们知道，这个本体就是"天理"，或者我们说的

"天理良心"。

这个"天理良心",你仅仅说它是"良心"的时候,很容易以为它仅仅是说我们人的、自己的一种心灵;其实不仅仅如此,它还是"天理",它是天地万物的本体,其地位相当于基督教所讲的上帝。所以,我们如果用天理或者天理良心来对整个帝国时代的社会规范、伦理规范的建构及其制度安排加以说明、加以论证,那么,它就构成了一个完整的、一整套的帝国儒学。

那么,回到刚才讲的我们今天的时代课题这么一个问题上来,显然,这么一套帝国时代的、皇权时代的儒学,这么一套帝国时代、皇权时代的形上学、形下学,是不能搬到今天来的。

我们先说形下学。帝国时代的形下学,它的最核心的内容是什么?它的伦理规范、政治制度安排的最核心的内容是什么?就是大家很熟悉的"三纲五常"的"三纲",具体来讲,那就是"君为臣纲,父为子纲,夫为妻纲"。这套东西是不能搬到今天来的:

首先,"君为臣纲",我们今天连君主都不存在了,君臣关系根本就不存在了,我们今天没有皇上,没有所谓的"天子",所以,这一套君臣的纲常在今天是不适用的。

再说"父为子纲",今天当然仍然有父子关系,但是,现代性的父子关系和古代、前现代的父子关系不是同质的,它们本质上是不同的。古代社会、前现代的社会是宗法社会、家族社会,它是没有个体性的;而现代社会当中,父子的关系不再是那样的宗法关系,具体来讲,用法律术语来讲,这是"监护"的关系——监护人与被监护人之间的关系,它与古代那种父子关系是不同的。

再说"夫为妻纲",这个观念是非常明显地完全不符合现代的男女平权、男女平等的观念的。我们的女同胞可以说:夫为妻纲?为什么不能"妻为夫纲"呢?其实,在我们今天的男女平等、男女平权的观念看来,不管"夫为妻纲",还是"妻为夫纲"都是不对的,夫妻之间是完全平等的关系,是独立自主的关系。

所以,帝国时代的儒学,它的形下学的最核心的内容"三纲",现在是完全不适用的。这也就意味着:我们必须对古代的儒学的形下学进行解构,解构掉它。

刚才讲的是形下学。那么，对古代的、前现代的儒学的形上学，比如关于"天理"，关于"人性善""人性恶"这么一套理论，我们又怎么看待呢？我刚才讲，当时的儒家之所以要发明出这一套形上学，其目的是为了论证那套形下学，是为了论证"三纲五常"那套东西；换句话说，古代儒家的形上学、形下学之间是不可分割的。这就意味着，如果我们要解构前现代、古代的儒家的形下学，像"三纲"这样的东西，那也就意味着，我们对它的形上学也要抱怀疑的态度，在我看来，它也是应该被解构的。

当然，"解构"并不是说彻底否定它的固有的意义。古代儒家建构的那套思想，那么一整套的形上学、形下学，对于古代人、古代的中国人的生活方式来讲，它起到了极其重要的精神支撑的作用、理论指导的作用，在前现代的生活方式下，它是适用的；只不过，我们今天面对着"三千年未有之大变局"，面对着全新的生活方式，面对着这个划时代的社会转型，我们必须重建儒学，重新考虑儒家的思想理论建构问题，由此来回应我们当下的问题，回应我们的现代性的生活当中出现的问题。

3. 生活儒学的思想视域

这就产生一个问题。一个什么问题呢？假如说，我们心目中所理解的儒学，它的全部内容，不外乎就是一套形上学、一套形下学，不外乎就是"形上—形下"这么一套东西，一个"形上—形下"的结构，那么，我刚才已经讲了，不管是这个形上的东西、还是形下的东西，都不能搬到今天来。这也就意味着：儒家的思想、儒学，在整体上都是应该被放弃、被抛弃、被解构的；如果我们要追求现代化，如果我们中国人还想走向现代性，我们只能抛弃儒学。这是一种可能性、一种思考方式、一种逻辑。

但还有另外一种可能性。什么可能性呢？比如说我自己，我是信奉儒学的，我本人就是儒家，我自己是属于刚才提到的"大陆新儒家"的，那么，另外一个逻辑的结论也很简单明确：如果我认为、我坚持：在现代性的生活方式下，在现代的社会中，儒学仍然是可以发挥作用的，儒学仍然有某些重要的思想观念、思想内容应该继承下来、加以发展，于是乎，我必然会有一个逻辑的结论。那就是什么呢？儒学本身一定不仅仅包括、不仅仅限于我刚才讲的那两个部分——形上学、形下学；换句话说，儒学当中一定还有超出了形上学、形下学的内容，甚至是比形上学、形下学这么一套思想观念更其优先、更其本真、更其本源的思想观念。它一定有，一定存在着。

所以，我十多年来进行儒学的研究，进行"生活儒学"的思想体系的建构，首要的工作就是重新发现、重新阐释出这一套比帝国时代的儒学、比它那套形上学、形下学更其本源的思想观念。这套思想观念，在我看来，就是孔孟或者孔孟荀的儒学，或者周孔孟荀的儒学，它们本身所具有的。然而，在进入帝国时代、皇权时代以后，后来的儒家把这套思想观念给遮蔽掉了、遗忘掉了，我们今天需要重新把它阐发出来，在这样的更其本源、更其本真的儒家思想观念的基础上，我们来重建一种新的儒学形态，比如说我现在所建构的"生活儒学"，还有一些学者建构的其他一些不同的但也是现代性的儒家思想理论形态。

所以，我刚才讲的那个逻辑应该是非常清楚的，就是只有两种可能性，二者必居其一：如果你认为儒学只有"形上—形下"这两个层面，而古代儒学的形上学、形下学都是应该抛弃的，不能照搬到今天来的，那就意味着我们应该抛弃儒学、放弃儒学；反过来讲，如果我们坚持我们应该继续地继承和发扬、继承和发展我们的儒家思想，那必然得出一个结论：儒学的内容肯定不仅仅有形上学、形下学这套东西，它还有其他东西，被长久地遮蔽了，被长久地遗忘了。

那么，这套儒家思想、这套儒学，在我个人看来，就是我所讲的"生活儒学"的一些基本的观念。所以，我下面就具体地讲讲生活儒学的基本的观念。

我先从总体上来讲。我刚才讲了，我首先要做的工作，是重新发现两千多年来被遗忘了、被遮蔽了的一些儒家固有的思想观念，重新发现它，重新阐释它。这套思想观念，它是为形上学、形下学奠基的，是儒家思想的真正的"大本大源"。但是，由于我们两千年来长久地遮蔽和遗忘了这套思想观念，我们已经习惯于"形上—形下"的思维模式，所以，生活儒学所阐发的这么一种本源性的思想，有很多人，包括很多学者，包括很多哲学教授，他们都觉得不好理解、很难理解。但是，我觉得是很好理解的，因为我有经验，包括我在一些另外的、非学术性的场合，跟一般人讲，甚至跟老百姓讲，他们反而能够领悟。

这是我下面要讲的、最重要的一个层面的内容，就是：生活儒学的最基本的这么一套思想观念，简单来讲，我把它概括为"生活感悟"。生活感悟，首先是"生活情感"，特别是仁爱的情感、爱的情感；然后，在这种爱的情感的基础上，我们领悟到存在，这叫作"生活领悟"。在这样的生活情感、生活领悟——也就是生活感悟的基础上，我们才可能有理论、概念、科学、伦理学、哲学这样的东西的建构。这是生活儒学思想体系当中的最本源的一个思想观念的层面。在这个基础上，我们建构形上学、形下学，或者说重建一套新的儒学。

那么，你会发现，生活儒学，它和帝国时代的儒学有一个根本性的区别，就是：帝国时代的儒学，它是一种二级架构，它有两个思想观念的层级，就是形上学、形下学——对形而上者的言说、对形而下者的言说；而生活儒学，发现了比形上学—形下学、形而上者—形而下者更其本源的思想观念，由此我们可以说，生活儒学，它的总体，它的体系，不再是二级架构，而是三级架构。当然，说"二级架构""三级架构"也是不太准确的，它实际的情况还要复杂得多，我们可以看下图：

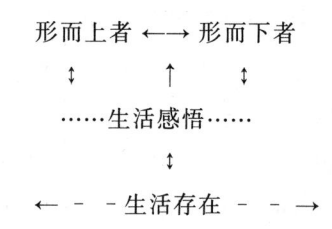

$$
\begin{array}{c}
\text{形而上者} \longleftrightarrow \text{形而下者} \\
\updownarrow \quad \uparrow \quad \updownarrow \\
\cdots\cdots\text{生活感悟}\cdots\cdots \\
\updownarrow \\
\leftarrow--\text{生活存在}--\rightarrow
\end{array}
$$

刚才我们讲了第一个大的问题"生活儒学的基本思想"其中的第一点：时代的课题。下面我们来看第二个问题：生活的观念。

(二) 生活的观念

生活儒学，首要的关键词，就是"生活"。那么，这就面临一个问题。有人曾经问我，说：我看你的生活儒学，不太懂；首先想问一个问题：什么叫生活？当时我就回答他，我说：你这个问法是不对的。为什么这么讲呢？当你问"什么是生活"的时候，你是把生活当作了一个东西、一个对象，放到了一块更大的东西里面去。这相当于我们说：什么是人？你说：人是动物。那就是把这个"人"放到比人更大的一个概念里面去了。生活也是这样的，如果你说"什么是生活"，那问题就很大了，你的意思就是说：还有比生活更大的事情。但在我的生活儒学当中，生活就是最大的事情，它是涵盖一切、收摄一切的，相当于我们用的另外一个词"存在"。

所以，我有一句话是经常讲的，是生活儒学的第一原理：生活即是存在，生活之外别无存在。通俗地讲，一切事情、一切事物、万事万物都在生活之中。

1. 生活是无：万物何以存在？

生活儒学有一个基本的命题：生活即是存在，生活之外别无存在。

这是什么意思呢？有人曾经问我说：有一个天体，在我们没有发现它之前，它在我们的生活之外吗？当然是。它存在吗？当然也存在。所以他说：黄老师，你这个讲法有问题。我就告诉他：在你发现它之前，它存不存在，你怎么知道？在你发现它之前，这个东西，用佛教的话语来讲，叫作"不可思议"；但凡一个东西，你去思之、议之，你去想它、说它的时候，它当然就在你的生活之中，因为它就在你的心中，而你就在生活之中。生活之外所存在的那么一种东西，即便你说它存在，但当你说它存在的时候，你已经在思之议之，它已经在你生活之中；如果你没有思之议之，它的存在和不存在是没有区别的，对于我们来讲，它是毫无意义的。所以我特别强调这一点：生活之外，别无存在。

那么，这个问题所涉及的是什么问题呢？是说：生活之中的所有的万事万物、一切东西，它们是何以可能的？关于这个问题，哲学上对此有一个专门的说法，叫作"认识论困境"。

认识论困境是这么回事，比如说，以这个杯子为例，我们可以问一个问题：这个杯子是不是一个客观实在的东西？当然，大家都会说：那当然是，它是客观实在的。但是，我们可以追问：你凭什么说这个杯子是客观实在的？什么叫"客观实在"呢？大家多多少少都学过哲学，是说的"不以人的意识为转移的东西"。在意识之外的东西，这叫客观实在。那么，当你问这个杯子是不是客观实在的时候，也就是说，你是在问：这个杯子是不是不以人的意识为转移的东西？你怎么回答这个问题呢？唯一可能的回答，就是说"我看见它了""我摸到它了"等等。问题在于，当你说"看见""摸到"的时候，比如说，你说"看见"了，我们都知道，"看见"是一种意识现象，具体来讲，是视觉现象，也就是说，当你说你"看见"了它的时候，就表明它在你的意识之中，它并不是不以你的意识为转移的东西。

这个例子说明，对于任何一个事物，其实我们没法论证它是不是客观实在的。它的客观实在性，你是没法论证的，但是呢，我们会相信它，我们一定相信它是客观实在的；否则，比如说我口渴的时候，我端起杯子来喝水，我不能一边喝一边想：它是不是客观实在的呢？那就没法喝了。那么，所有一切事物，我们会发现，它的客观实在性，我们相信，但是没法证明，也没法证实。没法证明它是客观实在的、不以人的意识为转移的，但是有一点：我们相信它。

为什么我们相信它呢？因为它就在我们的生活之中；没有它，我们没法生活。所以，生活儒学的首要的一个关键词"生活"，就意味着它是涵盖一切东西的，它是收摄一切东西的，它就是存在。因为它是涵盖万物、一切东西的，所以它本身不是一个东西，不是一个物。比如说，如果你把生活理解成一个东西，像我刚才讲的，有人问我"生活是什么"，当你问它"是什么"的时候，你已经预先把它想成了一个东西、一个处在你的意识之外的客观对象。但这是不可能的：如果生活是在你的意识之外的一个客观对象，那意味着你是在生活之外。但这是不可能的，因为你自己也在生活之中。你自己就是被生活生成的，也永远在生活之中。生活生成了一切物，生成了一切东西；但它本身不是一个物，本身不是一个东西。在这个意义上，我们说，如果你一定要问"生活是什么"，我们只能这样来回答：生活是无——nothing。

这样一种状态，就是：当我们回归到最原初的、最本真的生活观念的时候，无物存在。所谓"无物存在"不是在实证科学的意义上讲，而是说：在观念当中，无物存在。这样的一种思想观念，佛学把它叫作"无分别相"。因为当我们区分任何一种事物、任何一个对象时，我们区分它、言说它、描绘它、刻画它，其前提就是你把它这么一个东西和其他东西区别开来。这就是有"分别相"。必须在观念中有分别，这个东西才会在你的观念中作为一个东西、一个物呈现出来。如果没有区分、没有区别，或者你自己没有意识到这种区别，那么，这就是佛家所谓的"无分别相"。你领悟到了，这是一种智慧。领悟到这么一种无分别相，那是一种智慧，佛教把它叫作"无分别智"。

无分别相不仅仅是佛教的说法，它也是儒家的看法，也是道教的看法。道教的说法，比如老子有一句名言，老子讲："天下万物生于有，有生于无。"①"天下万物"就是世界上、宇宙中的一切东西、一切物，一切存在者，也就是我们刚才讲的所有的那些形而下的东西。所有这些形而下者，在观念当中必须有一个形而上者给予支撑。由一个形而上者，一个绝对的物、绝对的东西、绝对的存在者，对所有这些万物、形而下者加以阐释，为之提供可能性，这在哲学上，就是我们刚才讲的：这是一个形而上者和形而下者之间的奠基关系。这个形而上者，在老子这句话里面就是"有"。所以老子第一句话是"天下万物生于有"。

但是，不管它是形而上者，还是万物、形而下者，都是存在者，都是物，都是东西，它们又是何以可能的呢？这是 20 世纪以来哲学上最前沿的一个观念、最前沿的一个问题。这个问题的提法是这样的：存在者何以可能？具体到我们刚才讲的，就是：形而上者何以可能？形而下者何以可能、万物何以可能？包括人，包括你、我、他，何以可能？那么，老子给出了第二句："有生于无。""无"就是我们刚才讲的"存在"——"生活"。"无"不是佛教讲的"空"，不是讲的空空如也；它恰恰不仅是最真实的存在，而且是最本真的存在、最原初的存在。它涵盖了、收摄了一切存在者、一切东西；但它本身不是存在者，它本身不是物，本身不是一个东西，所以我们只能把它叫作"无"。这是一点。

2. 无中生有：万物何以生成？

那接下来我们就自然就会问：如果说最原初的、最本真的状态是纯粹的无、纯粹的存在，或者纯粹的生活本身，那么，被生活所涵盖的这些物、这些存在者、这些东西，又是从哪里来的呢？又是何以可能的呢？这就让我们想起汉语的一个成语，叫"无中生有"。"无中生有"这个思想观念，其实就是从老子刚才那句话来的："天下万物生于有，

---

① 见《老子》第四十章。

有生于无。"

那么，在儒学当中，在生活儒学当中，这个无，这个纯粹的存在，这个本真的状态，就是生活——涵盖一切的生活。由此，我们就可以理解：一切事物，包括所谓的尚未被我们发现的事物，也包括你我他这样的东西、这样的存在者，都是由生活给出来的。在这个意义上，我们用一句儒家的话语来讲：生活就是一切的"大本大源"。这就是我强调的生活儒学的第一个关键词：生活，它是一切存在者的大本大源；一切都出于生活，而归于生活。

3. 生生不息：万物何以生息？

这个生活，它并不是一个东西，而且不是静止不动的。我们有一个成语，叫"生生不息"。"生生不息"这句话，其实它最早也是从《周易》来的。《周易》讲：什么叫《周易》这个"易"呢？什么叫"易"呢？"生生之谓易"[①]。"生生"就意味着"生之又生"。生之又生，生生不息。由此，生活仿佛是一条河流——绵延不断的河流，它不断地生着、生着，这叫"生生不息"。

关于这个"生"字，也是很有意思的。我们汉语里面的"生活"这两个字，非常的有意思，从那造字之初就反映了、体现了我们刚才讲的"生活—存在"的基本观念。我们汉语用"生""生活"来说我们人的存在，或者一切事物的存在，那么，它首先用这个"生"字，是非常有意思的。

这个"生"字，它是由两个字构成的：下面是一个"土"；上面是一个"屮"字，就是一棵草。它的字面意思，就是说：草木在大地上生长。那么，你就会想：哦，原来"生活"或者"生"是说的草木的生长。但是，为什么我们远古的中国人，从造字的时候开始，就用这个"生"来说我们人的生活呢？它本来是说草木的生活、草木的生长，为什么会用它来说我们人的生长、人的生活？这意味着有一个观念在这里，或者说我们的古人有一个深刻的生活感悟。这个感悟是什么呢？我刚才讲了：草木与人，没有分别，没有区分。如果说草木和人是没有区分的，人就是草木，草木就是人，也就意味着在我们的观念中，与人相

[①] 见《周易·系辞上传》。

区别的草木，和与草木相区分的人，都尚未显现出来，这就是无分别相。

我们人和人之间也是这样的，当我们两个人处在一种非常本真的关系当中的时候——非常本真的情感关系当中的时候，我们意识不到对方作为一个对象的存在。有一个成语叫作"亲密无间"，就是指的这种情况。这就意味着：作为有分别的两个人，尚未在观念中呈现出来。

这就是我们讲的生活的基本观念，它有三点。第一点，生活不是一个东西，生活是无；也可以说，生活就是存在。第二点，生活生成了一切东西，给出了一切东西，这叫"无中生有"。第三点，生活像一条河流，绵延不绝，生生不息，没有开端，也没有终结。

这是我想讲的第二点：生活的观念。再接下来：情感的意义。

(三) 情感的意义

我们知道，儒家是特别重视情感观念的。我的导师蒙培元先生有一个很著名的命题，他说："人是情感的存在。"[①]他还有一句很著名的命题，说："儒家哲学就是情感哲学。"[②]我觉得他这个思想是非常深刻的。

1. 情性：爱即生活——"情"的含义

那么，我们讲：儒家所讲的、刚才讲的生活，为什么又是情感呢？这涉及汉语中这个情感的"情"字的用法。大家可能没有注意到、没有意识到，在我们的日常生活中，有许多词语都跟"情"有关系。比如说，我们刚才不断提到的一个词语"事情"，或者"情况""情景"等，你会发现，这里面有一个奥秘，就是：当我们在说情况、情景这样的事情的时候，我们居然用了一个情感性的词语去说它，用了一个表达情感的词语去说它。这一点是很多人从来没有意识到的：当我们说英语里面所说的"thing"这样的一个事情或者一个事物时，如真实情况、实情等，我们都是用的"情"这个词语。

这意味着什么呢？意味着：在我们中国人的或者儒家哲学的早期观念当中，情感与事情、与生活、与存在，在他们的观念当中，是一回事

---

① 蒙培元：《人是情感的存在——儒家哲学再阐释》，《社会科学战线》2003年第2期。
② 蒙培元：《情感与理性》，中国社会科学出版社2002年版，第310页。

儿。因此，如果你去读先秦时代的古代典籍，你就会发现：那些文本当中，很多时候，那个"情"字，它不仅仅是说的情感，它往往说的是情况、实情、事情。但是，我们也不能说，它这样的用法，是"情"字的一个跟情感无关的意义。恰恰相反，在中国远古先民看来，情感就是存在，情感就是生活。反过来讲也是一样，存在就是情感，生活就是情感，是一回事儿。我们也可以说：没有情感就没有生活。

说到这里，我想强调两点：

第一点，儒家过去有一个词语，现在还经常用，叫作"性情"。汉语中有一个词语，经常用来形容一个人，叫"性情中人"。当然，我们日常现代汉语所用的所谓的"性情""性情中人"，跟儒家古代所说的不是一个意思。一个人说话办事很直率、很爽快，一个人喝酒很痛快，等等，我们说这个人是一个性情中人。这不是"性情"原来的意思。原来的意思，儒家的话语当中所说的性情中人这个"性情"，是一对哲学范畴，一对哲学概念，就是"性"与"情"。

具体来讲，在传统的儒学当中，我们把情感看作人性的一种外在化表现。比如说《中庸》，开篇就讲："喜怒哀乐之未发，谓之中。"①这个"喜怒哀乐"就是情感；"谓之中"这个"中"是说的什么呢？它是人性——人之性、人的本性。这个本性在没有接触外物之前，它是静止不动的；而当它接触了外面的事物之后，它就显发出来，表现为情感，这叫"感于物而动"。我们现代汉语里面有一个词，叫"感动"，也是从这儿来的：感于物而动。就是"人生而静，感于物而动"②。由此，就形成了一对观念的架构，一个结构，叫作"性—情"的结构。"性情中人"的这个"性情"就是从这儿来的。

但是，我想指出的是：把情感看作是人之性接触外物之后所发的这么一个情况，这么一种思想观念，在儒家哲学的历史上，是比较后起的、比较晚近的事情；具体来讲，它是孔孟之后、汉代以来，特别是到了宋明理学那里才凸显出来的。也就是说，在轴心时期以后，儒家建构一套哲学理论，我刚才讲，这套哲学理论是用一套形而上学去论证那套

---

① 《礼记·中庸》。
② 朱熹：《诗集传·序》。原文："人生而静，天之性也；感于物而动，性之欲也。"

形而下的东西。那么，这套东西，这个基本的观念结构，在儒家的哲学当中一个突出的表现方式，就是"性—情"的结构。

"性"在这里不仅仅是指的人之性，它也是指的天地万物之性、宇宙的本质，就是我们刚才讲的那个形而上者。也就是说：性，性情之"性"，它不仅仅是指的相对的存在者的主体性，而且也是指的绝对的存在者的主体性。这个绝对的存在者，就是我们说的作为形而上者的本体。然后呢，它落实在每一个人的心中，成为一个相对的存在者的主体性。这是从形上落实到形下，然后当它落实到一个人的身上的时候，落实到一个人的心中的时候，我们就说：这是人之性。这个人之性，它本身是静的——"人生而静"；然后呢，当它接触到外物的时候，发生了感触的时候，"感于物而动"，发显出来，就成为情感。

我刚才讲了，这不是孔孟本人的思想，而是孔孟以后、帝国时代的儒学的一个基本思想创造，一个观念建构。实际上，在孔孟儒学那里，在原始儒家那里，情感是比性更加在先的、更加优先的、更加本真的。

我举一个例子。有一段话，大家可能很熟悉，孟子讲："今人乍见孺子将入于井，皆有怵惕恻隐之心。"①就是说，一个人突然看见一个小孩要掉到井里去了，于是他的心里面"咯噔"一下，就产生了一种恻隐之心，就想去救他，不假思索地想去救他，像本能一样的。但要注意：这里优先发生的恻隐之心，是一种情感，非常本真的情感；孟子在这个基础上，才进一步说：恻隐之心这样的情感的显现，它是大本大源，它就像"火之始燃，泉之始达"——泉水刚刚冒出来的时候。然后，孟子讲：你得把它抓住，来树立你一个仁者的、仁爱者的主体性，树立你自己的心性本体。所以孟子讲：你把它抓住，要"扩而充之"。我们今天有一个词语，叫"扩充"，也是从这儿来的。"扩而充之"，把它提升起来，把它确立为心性的本体。

于是乎，按照孟子这个思想、这个阐述，我们会发现：这个结构，它不是"性—情"的结构；恰恰相反，它是"情—性"的结构。我们首先有一种非常本真的情感显现，然后把它——在我们的轴心期需要建构哲学形上学的时候——我们把这样的情感"扩充"起来，提升起来，

---

① 见《孟子·公孙丑上》。

把它确立为我们心性的本体；进一步地，甚至于把它确立为天地万物的本体。它是这么一个思想过程。

那么，这样的情感，不管它是天地万物的本体也好，或者说万物的本源也好，这恰恰就是我们刚才讲的那个"存在"、那个"生活"——涵盖一切的存在，涵盖一切的生活。于是，我有一个观点：在早期儒家的思想当中，"情"——情感，它就是存在，它就是生活，是一回事儿。

进一步讲，在儒家对情感的重视当中，众所周知，儒家最重视的是其中一种：有一种情感，我们把它叫作"仁爱"——"仁者爱人"。但你也可以简单地说，就是"爱"。

2. 生活：爱即存在——"存"的含义

刚才我们讲了情感的意义——"情"字的含义，就是说，简单讲，情感，它有双重的意义：它既是指的人的情感——喜怒哀乐等，特别是爱的情感；也是指的事情、实情、情况——真实情况，也就是存在本身、生活本身。在这个意义上，情感，它是一切事物的大本大源，是涵盖一切事物的，是生成一切事物的。这是儒家的一个非常重要的思想观念。

那么，在儒家的这个情感观念当中，我们刚才讲到，所有的情感当中，爱是最优先的；或者说，仁爱的观念是最本源的。在这个意义上，我们可以说：爱即存在，存在即爱；我们也可以说：爱即生活，生活即爱。

关于这个问题，也是在我们中国的远古先民那里、我们祖先造字时候就已经具有的一种观念了。我们经常讲"存在"，一切事物不外乎存在，这在"存在"这个"存"字里，就透露出了我刚才讲的那套观念的基本的消息。我们来看一下这个"存"字，它的写法。

你现在看这个楷体字，不太看得出来了。它是由两个字构成的，就是"才""子"——"才子佳人"那个"才""子"；当然，这里所讲的"才""子"，不是才子佳人。"子"——儿子的"子"、女子的"子"，这个"子"字，我们知道，它的原初意义是说的小孩子，特别是婴幼儿。刚出生不久的孩子，那叫"子"。那么，这个"才"字呢？"才"字也是指的刚生长起来不久的，是什么呢？植物、草木。刚才我在讲生活的"生"字的时候,我讲了,那个"生"字,它最早的用法就蕴含着一个意味,就是:人和草木共生共在,没有区分。那么,这个"存"字——存在的"存"字,也透露出同样的信息,就是:草木之初生、人之初生是一回事。这也是讲的一种本真的共存共在、无分别相。

所以,当我们讲"存在"的时候,是没有对万物做区分的;恰恰相反,万物是由它这个本源上再进行区分的结果,是后起的事情。这是存在的"存"字的最基本的含义:人和草木共在。它和生活的"生"的基本含义是完全一致的。

进一步讲,这个存在的"存",它最早的含义,还有一种用法,这种用法就跟情感有关。大家可能很熟悉现代汉语的一个词语,叫作"温存"。大家经常用这个词语,可能不一定意识到:为什么把这个"存"字放在这儿?温存,当然意味着你带着爱意的一种态度,充满着爱心的一种态度,充满着一种情感——本真情感的一种态度。那它跟"存"有什么关系呢?这就是"存"字的另外一个最早的用法,它就是指的带着爱意、带着爱心、带着情感的一种态度行为。

具体来讲,还有一个词语,现在不怎么用了,以前是一个常用的词,叫作"存问"。我们对亲人、对朋友,对其他的人,如果我们很关切地问候别人,很关爱地去慰问别人,等等,这样的问都叫作"存问"。那么,这个词语在常用的时候,大家可能也没有意识到:这个"问"为什么要用个"存"字呢?就是因为这个"存"字,它本身就带着情感,就表现了情感。

刚才我们讲,它最基本的含义是人和草木的共在共存、共在共生,现在我们进一步讲:这种共在共存、共在共生是靠着什么来维系的?情感、爱。因为有爱,因为有这样的本真的情感,所以人和草木才可以共生共在,才可以达到一种无分别的本真的境界;没有爱,就不可能有这么一种境界。所以我们讲:生活即爱,爱即生活。

那么,这样的爱,或者这样的仁爱的情感,它的地位相当于——只能说"相当于"——基督教里面的创造世界的上帝。为什么只能说它"相当于"呢?因为基督教所讲的上帝,是一个物,是一个对象,是一个存在者;而爱不是。爱不是一个对象,不是一个物,不是一个存在者。爱即生活,爱即存在。它不仅不是物,而且创造万事万物,创造世界。在这个意义上，它相当于上帝的地位。这也是儒家思想当中非常重要的一点，可以说是最根本的一点。

3. 世界：爱即造物——"诚"的含义

那么，这么一种创造性——爱的创造性，儒家用另外一个词语来表达：诚。——今天讲的诚信那个"诚"。但"诚信"这个词语，那个"诚"，那个用法，和我现在想讲的这个儒家本来意义上的"诚"还不是一回事儿。今天如果你讲"诚信"，那它仅仅是一个形而下的道德规范、道德原则；而儒家讲的"诚"，比如说儒家的《四书》之一《中庸》里面讲"诚之天之道也"，那就是形而上者——"形而上者谓之道"嘛。它就是形而上者，就是本体——宇宙万物的本体、世界的本体，是天道。不仅如此，当我们讲"形而上者"的时候，它已经是一种存在者、一种物、一种对象化的东西；而"诚"作为仁爱，作为爱的情感的概括，它是比一切存在者、一切物、一切东西都更加本源的，它本身不是物，不是东西，不是存在者。

所以，为此，我举几句《中庸》里面的话，来理解这个"诚"字的意思。

《中庸》里面讲："不诚无物。"不诚无物：没有诚，就没有任何物。没有诚就没有万事万物，包括人都不存在了。我也可以说"不爱无物"，一样的意思。那你就会发现，这句话蕴涵着几层意思：第一层意思，首先，这个"诚"，这个爱，它本身不是物，它不是一个东西，不是一个存在者；第二层意思，"不诚无物""不爱无物"意味着什么？恰恰是因为爱、因为诚，所以才创造了万物，创造了你我他，创造了这个世界。

那么，诚是怎么样创造世界的呢？《中庸》里面还有一句话，也非常有意思，非常深刻。它讲："诚者，非自成己而已也，所以成物也。"注意，这儿讲了两个词：成己、成物。首先成就自己；然后成就他物，包括他人。什么意思呢？大家要注意，这个"己"和"物"，这两个概念，构成了哲学上的一对最基本的范畴。这一对范畴，这一个框架，是哲学上非常重要、非常根本的一个框架，我们把它叫作"主客架构"：一边是主体，一边是客体；一边是主体，一边是对象；一个 subject，一个 object。

大家不一定意识到，在我们的所有的学术当中，所有的日常言谈当中，不外乎两个大的方面：一个是关于认知的，比如说科学；另一个是关于什么的呢？意向性的，比如说伦理学。那你会发现：在科学、认识论这个方面，或者是在伦理学这个方面，这两个方面，不管它是在学术上也好，在日常言谈当中也好，甚至你不说话、在你的思考当中也好，如果没有主客架构，一切都没法谈、没法说、没法思考。

简单分析一下我们说的真理与价值。认识论、科学是要追求真理的，伦理学是要追求价值的，不外乎这两个方面。什么叫真理呢？很简单，真理就是主观符合客观。主体符合客体的实际情况，那么，这就叫真理。那反过来讲，什么叫价值呢？价值是说的对象、客体符合主体的需要。所以，我刚才讲：你的一切言谈、一切思考，你的一切学术，都必须基于主客架构。

这个主客架构：主体，我们也可以说是主体性的存在者，就是这么一种东西，这么一种物；要么就是另外一个方面，对象性的存在者，这么一个东西，这么一个物。这在《中庸》那句话里面，就是"己"和"物"这个表达："诚者，非自成己而已也，所以成物也。"就是这个"诚"，这个不是东西的东西，这个本真的情感、本真的爱，它造就了我们自身这个主体性的存在者，也造就了自身以外的其他的对象性的存在者。这就是创造世界。

这是创造世界：这个理论，从纯粹的哲学理论上来讲，听起来好像是比较玄乎的一个事情，其实很简单，我们可以举一些例子。

有一种东西，有一种存在者，有一种物，叫"母亲"，叫"孩子"，是吧？孩子和母亲的关系。那么，你想想，按照我们的常识，从生理上来讲，从法理上来讲，我们可以说：如果这个女人生下了这个孩子，那么这个女人就是母亲。这当然是没问题的，完全没问题。但是，你仔细想想：如果这个所谓的"母亲"，这个女人，对她所生的这个孩子没有感情、没有爱，没有母爱，那你可以质疑她：这个女人是母亲吗？这个女人如果对她的孩子没有母爱，我们说：这个女人不配称为"母亲"。换句话说，她还不成其为一个母亲，她还没有成为一个母亲。反过来讲，这个女人是如何成为母亲的呢？不是因为她在生理上生了这个孩子，不是因为这个；是因为爱。因为有爱，因为有母爱，这个女人才成为母亲。一切事物都是相对的，她成了母亲，这个孩子才成其为她的孩子，她们才有母子关系。

这个例子说明了一个深刻的道理——儒家思想的一个深刻的道理：某种存在者，比如像母亲这样的主体性的存在者，她是由爱生成的，她是由爱给出的。这个爱是非常本真、非常真诚的，所以叫作"诚"。没有任何虚假的，不用去考察的，不用去推敲的，这叫作"诚"。所以，是诚或爱造就了母亲，也造就了母亲的孩子。这也就叫作刚才我们讲到的一个词语"无中生有"。

无中生有：因为这个爱，这个情，它不是个东西，在这个意义上，它是无；而它创造了有，创造了东西。推而广之，任何一种事物，都是由爱生成的；任何一种事物，都是由爱给出的。我再强调：这是儒家的非常重要的一个思想，过去两千年来长期地被遮蔽了，没有意识到这个问题。这样的诚，这样的爱，这样的本真情感，它的地位相当于创造世界的上帝。如果我们要信仰，下面会谈这个问题：我们信仰的不是上帝；我们信仰的就是这样的爱。

不仅母亲，父亲也是这样的：一个男人，生了一个孩子，他是不是父亲？这还是要打个问号的。在法理上，在生理上，他确实是父亲，可以做亲子鉴定；但是，如果他对孩子没有爱，没有父爱，我们仍然可以质疑他：你配称为"父亲"吗？你是父亲吗？如果没有爱，如果没有父爱的显现，这个男人即便生了这个孩子，也不是父亲。父亲尚未诞生。而这一点，在法律上都是有体现的，这就是所谓的"监护权"的问题。我们判定一个人具不具有对某孩子的监护权，全世界的法律都是这样的，它不一定是根据的血亲关系；它根据的是其他的判断，而其中最根本的就是有没有爱。这说明我们立法的时候，是意识到了儒家的这么一个观念，虽然不一定讲得明白。

我们还可以举出很多类似的例子，因为儒家讲的"爱"或者"仁爱"，它是一个非常普遍的、一般化的表达，它有各种各样的显现样式，我们刚才讲到了父爱、母爱，还有友爱，还有爱情，是吧？爱情也是这样。如果讨论爱情，我们就说：假定你说"有一个男孩子，有一个女孩子"，这就已经出现了两个主体，他们似乎是在先的；但是，我们要讨论的是什么呢？是这两个人变身为一种新的主体，这个新的主体是怎么诞生的？这个新的主体，叫"恋人"，叫"爱人"。恋人、爱人这样的新的主体性的存在者，是怎样诞生的？非常简单：那也是因为爱。不是说他俩先都是爱人了、恋人了，然后他们再谈恋爱；事情本身的情况恰恰相反：因为爱，所以这两个人才成为一种新的主体，两个新的主体性的存在者由此诞生。

所以，我再强调一下：儒家关于仁爱、关于爱、关于诚的思想，不仅仅是把它理解为一个形而下的道德情感、道德原则，甚至也不仅仅是把它理解为一个形而上者、一个绝对的本体，而是：这样的形而上者、形而下者，统统都是由它给出来的，统统都是由爱生成的。

以上我讲的，是我今天要讲的第一个大的问题：生活儒学的基本思想。简单概括一下，讲了三层意思：第一层，生活儒学，这是儒学的一个时代课题；第二层意思，关于生活的观念，生活是什么，生活不是什么；第三点，情感的意义。

下面我们来讲第二个大的问题：生活儒学的伦理原理，或者说伦理学原理。

二 生活儒学的伦理原理

最近这几年，我在研究另外一套理论，或者说在建构另外一个思想体系、理论体系，叫作"中国正义论"。实际上，中国正义论这套理论，严格来讲，第一，它其实是一套伦理学，一套普遍的伦理学原理，而且是儒家的伦理学的普遍原理；[1]第二，我所建构的这么一套中国正义论的理论体系，它是属于生活儒学的，它是生活儒学的一个层面的展开。

具体来讲，我刚才讲了，生活儒学包括三个大的基本的观念层级：第一个，最本源的、最本真的、被遮蔽了、被遗忘了两千年的这么一个思想观念的层级，我们可以用各种名称去称呼它：存在、生活、生活感

---

[1] 参见黄玉顺《中国正义论的重建——生活儒学的制度伦理学思考》，《文史哲》2011年第6期；《作为基础伦理学的正义论——罗尔斯正义论批判》，《社会科学战线》2013年第8期。

悟、爱、无，等等；生活儒学的第二个层级：形而上学；生活儒学的第三个层级，直接落实到指向现实的，就是形而下学的层级。

那么，在哲学上，形而下的问题，或者形而下学，刚才我也提到了，其实不外乎两个大的方面：一个方面是关于认知的，另一个方面是关于价值的。

这两个大的方面中，关于认知的方面，比如说知识论——哲学当中的知识论，以及它为之服务的比如说科学，这是关于认知的，它的基本对象是自然界，包括人身上的和人类社会的自然界，都是不涉及价值的问题。比如说，生理学、心理学，当然是研究人的，但其实它是一门科学，它不是价值观的。这是一个大的方面。这么一个大的方面，实事求是地讲，在传统的儒学当中是不太受重视的，我们不太关心这个问题。

我们更关心的是另外一个方面，这个大的方面是指向价值问题、价值观的，是指向人和人的关系的，是指向人类社会生活的。那么，通常来讲，我们可以说，这属于伦理学的方面——广义的伦理学。儒家更关心的是这一块儿。

我这些年研究的中国正义论，就是研究这一方面的：广义伦理学——儒家的广义伦理学的基本原理。

(一) 礼有损益：社会规范

那么，这方面也产生了很多误会，出现了很多问题，需要我们澄清。我随便举例来讲。刚才我谈到"三纲"这个问题；下面还有"五常"的问题，或者"五伦"的问题，我还没提到。

这个"五伦"呢，好理解，"君臣""父子""兄弟""夫妇""朋友"五种关系嘛，对吧？好理解。但是，也有一些误解。我上面也提到这个问题，比如我们说，父子关系今天还是存在的，夫妻关系今天也是存在的；但是，前现代的父子关系、夫妻关系和现代性的父子关系、夫妻关系，它们本质上是不同的，古代儒家那套观念是不能照搬到今天来的。

那关于"五伦"，也叫"五常"；但"五常"还有另外一个概念，叫"仁义礼智信"，这也叫"五常"，有的时候也叫"五德"。关于这套观念，今天的误解更多，非常非常的多！我简单地讲一讲。

1. 解构道德

通常对儒学有一个很大的误解。这个误解不光是在今天的民间；而且在今天的学术界甚至儒学界，都充斥着这样的误解。是什么呢？说起来大家很熟悉：认为"仁义礼智信"——"五德"是道德。这就是绝大的误解，极大的误解。"仁义礼智信"怎么会是道德呢！

什么叫道德？我最近刚刚发表了一篇文章：《孔子怎样解构道德——儒家道德哲学纲要》[①]。这可能会出乎很多人的意料。我们今天现代汉语里面所说的"道德"，它所对应的是英文里面的 moral 或者 morality 这么一个"道德"概念。这个道德是什么东西呢？是指的跟这么一个东西相关的事情，就是一套社会规范。

一套社会规范，叫它"规范"，也可以叫"伦理"。所以，我们会涉及一个问题，即"伦理"和"道德"的关系。大家经常讲"伦理道德"，伦理和道德这两者之间究竟是什么关系啊？大家一直没有把这个问题谈清楚。

其实，说起来很简单。我们不要管那些哲学家的理论；面对生活本身，我们来讲什么叫"道德"，比如我们怎样判断一个人。比如生活中，我们周边某一个人，我们判断他这个人是不是道德的，其实非常简单，就两层意思：

第一层意思，就是看这个人守不守规则，遵不遵守现行的这么一套社会规范、伦理规范，对吧？如果这个人不遵守既有的、现行的这套社会规范、伦理规范，我们就说他是"不道德"的。

当然，反过来讲，如果他遵守这套规范、恪守这套规范——伦理规范，我们也未必就判断他是"道德"的，因为他可能是怕受惩罚，或者怕受舆论的谴责。所以呢，"道德"还有更深一层的意思，就是说，我们判定这个人他是"道德"的，我们是这样来判定的：这个人，他对现行的这套社会规范、伦理规范，不仅遵守，而且我们看出来、我们感觉到，对这套规范，他是发自内心地认同的。这套规范，对他来讲，不是强加给他的；他是心甘情愿地认同并遵守它。那么，这个时候，我们就可以判断：这个人是"道德"的。

[①] 黄玉顺：《孔子怎样解构道德——儒家道德哲学纲要》，《学术界》2015年第11期。

所以，如果我来给道德下一个定义，我会这样讲：所谓"道德"，就是对伦理规范或者伦理的认同与遵守。这就是道德。

这样一来，就面临一个问题。什么问题呢？我刚才讲了，这样的道德规范或者社会规范，在儒家话语当中，在"仁义礼智信"当中，究竟是属于哪一块儿的？很简单，它就是属于"礼"的范畴。我待会儿还会讲，所谓"礼"，就是这么一套社会规范。"礼"的完整的定义，就是社会规范及其制度。这我待会儿再解释。

那么，你就会很容易想到：如果说，在儒家所说的"仁义礼智信"里，道德规范是属于"礼"的范畴，这就意味着"仁""义"这些不是道德规范，不是道德问题。于是你就会意识到：我们说"仁义礼智信"这"五德"是道德，这个说法是错误的。

这就是我今天要讲的儒家的伦理学原理或者说中国正义论要解决的问题："仁、义、礼、智"到底是什么意思？它们之间是什么关系？它们怎么构成了一套儒学的伦理学原理？它又跟我们刚才讲的生活、存在、爱的情感、仁爱的情感有什么关系？它对我们今天的现实有什么意义？要把这些问题讲清楚。

我刚才讲了，所谓道德，就是对伦理规范或者社会规范的认同与遵守；这套伦理规范或者社会规范，在儒家的话语当中就是"礼"。这也涉及很多人经常产生的一个误会、误解：一看到仁义礼智的"礼"，他想到的是什么呢？是"礼节""礼仪"——礼仪小姐那个"礼仪"。礼节、礼仪，这个认识太肤浅了！我谈两点，你们就明白了。

第一点，儒家的主要经典《十三经》，其中有三部都叫《礼》，就是《周礼》《仪礼》《礼记》都叫"礼"，它们是谈什么的？它们谈的内容全是一套一套的社会规范以及制度。特别是《周礼》这么一本书，它里面把整个社会共同体，从天子一直到普通老百姓、村民，他们的政治、经济、社会、文化、日常生活、家庭等等，各个方面的一整套的社会规范做了规定，而且把它制度化，而命名为《周礼》，也就是说，这套东西就叫"礼"。这就是说，儒家所谓的"礼"，不仅仅是指的礼节、礼仪，不是那套仪式。

当然，它是跟这套仪式有关的。这个"禮"字，从字面上来看，繁体字，左边是一个"示"——示范的"示"。凡是有这个"示"字的，都表示它跟神有关。那么，这个"礼"字最早是用到祭祀当中的，这跟神有关。祭祀当中，跟神有关；但是，这个"礼"字最早的写法是没有这边的，没有这个"示"字；它只有这边。这边是什么？豊。其中有一个"豆"字。你们去看出土文物，有一种器皿，用在祭祀场合的一种器皿，那叫作"豆"，有点像很大的一个高脚杯。那叫"豆"，一种器皿。这个"豊"字就画了一个豆；然后，上边放了两串玉。这个"豆"本来是吃饭用的一种器皿，但是，当你放两串玉的时候，就不是日常吃饭，而是祭祀，是献给神的礼物、食物——玉嘛。所以，许慎的《说文解字》解释："礼，所以事神致福也。"①于是我们看到，在祭祀的活动当中，有一整套的礼节、礼仪。我们今天为什么把"礼"理解成礼仪呢？跟这个祭祀传统相关。

但是，大家没有意识到：任何一个场合的礼仪活动，那套礼仪，那套礼节，它背后所体现的、所反映的，是整个这个群体、这个族群、这个共同体的基本的人际关系。直到今天，乃至到永远，都会是如此。我们在任何一个场合下的一套礼仪、仪式，它都反映了在座的各位相互之间的某种人际关系。像我们山东人喝酒的礼仪，谁是领导、谁是嘉宾……主陪、副陪……是吧？它反映的是一套人际关系。这套人际关系，上下左右的关系，它是一套制度的体系——社会制度的体系。所以才会有这个"礼"字后来意义的延伸，简单来讲，我再重复一下：所谓"礼"就是泛指的社会规范及其制度。

这样一来，我们又面临一个问题。刚才我们讲"道德"说：我们判定这个人是道德的，是因为他认同并且遵守这么一套社会规范。其实这是有问题的，是不够的。那我们也可以说：所谓道德，就是认同并且遵守这么一套礼仪。但是，一个人如果仅仅这样做，其实是有问题的。大家可以设想：古今中外，一套一套的社会规范及其制度安排，都在变动之中，我们不能说：凡是现行的社会规范，凡是现行的社会制度，我们都应该认同，都应该遵守。不能这样讲。比如说，有一套游戏规则，它明明就是坏东西，是不公正、不公平的，是不正义的。如果这套制度、这套规范本身就是不正义的，是不正当、不公平的，我为什么要遵守它

---

① 许慎：《说文解字·示部》。

呢？这个时候，你会发现一个问题：这个人在什么意义上是道德的？或者说，这个人的行为在什么意义上是正义的？这是一个问题。

我刚才讲，我这几年建构"中国正义论"这么一套理论，它的核心词就是"正义"。但是"正义"这个词语，它有截然不同的两种用法。就像我刚才讲"道德"一样，比如说，举个具体的例子，我们说某某人，他的这些经济收入是合法的，是正当的，这表明他是正义的；但是，我们可以进一步地追问：他所"合"的这个"法"是什么样的法？是善法还是恶法？这是值得追问的。并不是说凡是法就应该遵守。正义问题也是这样。所以，我严格区分两种意义上的"正义"：

第一种意义上的"正义"，是说的我们的行为符合现行的社会规范及其制度，这样的行为是正义的。这样的"正义"词语的用法，我把它叫作"行为正义"。

但是，行为正义不等于你真的是正义的。为什么呢？我刚才讲了，如果你所遵守的社会规范、社会制度，它本身就不正义，而你去遵守它，甚至去维护它，难道你这是正义的吗？显然不正义。所以，"正义"这个词语，还有一种更加根本的用法，我把它叫作"制度正义"。制度正义这个问题，它跟行为正义是不同的，它是更加根本的，它所涉及的就是我现在要讲的儒家伦理学原理。

我刚才讲了，一套社会规范及其制度，在儒家的话语当中，统称为"礼"。所以，我们就应该好好认识一下，儒家、孔子是怎么看待"礼"的。他们怎么来看待"礼"这个事儿？或者说，社会规范、社会制度，他们怎么来看的？这是一个非常重大的问题。为什么呢？因为儒家所关心的，我刚才讲了，不是自然科学，不是知识论这样的问题；儒家所关心的是价值问题，说白了，儒家所关心的是一个群体，它的秩序——群体生存的秩序，群体生活的规则。儒家关心这个东西。也就是说，儒家所关心的，它的出发点、它的落脚点、它的落实处，就在这个"礼"上。

那么，儒家、孔子是怎么看待"礼"的？

2. 克己复礼——行为正义：社会规范和制度的遵守

前边我们讲到，儒家的伦理学原理，实际上就是我这些年研究的"中国正义论"。那么，它的基本的理论依据，是孔孟关于伦理学和政治哲学的一些基本的思想,特别是孟子的一个基本的理论结构。主要是根据孟子提出的理论结构,那是我们非常熟悉的,就是孟子讲的"仁义礼智"。

我这儿也顺便说一下:通常我们讲"五常"——"仁义礼智信"或者"五德",其实,在孟子的思想当中,"仁义礼智信"这个"信"字,他是很少讲的,在他看起来,这个"信",它不能和"仁义礼智"相提并论。不仅如此,在孟子看起来,"信",它不能作为一个基本的原则。举个例子来讲,孟子有一次讲——这是他很著名的一段话,他说:"大人者,言不必信,行不必果,惟义所在。"①这句话可能很出乎我们的意料,就是说,在孟子看来,似乎这个"信"是可以不讲的。不仅是孟子,孔子也讲过,说有一种人:"言必信,行必果",结果呢,是"硁硁然,小人哉!"②所以,孔、孟都讲,这个"信"其实不是很重要的。

为什么这么讲呢?所谓"信",用今天通俗的话来讲,就是不要撒谎,说真话。这其实是很有问题的。举个例子来讲,如果我们有一个亲人或一个朋友,他被医生诊断得了癌症,那么,这个医生不愿意告诉他,怕他有思想负担,然后偷偷地告诉我们,说:你这个亲人或者朋友,他现在是肝癌晚期了。然后呢,我们回过头去见到这个病人,我们怎么告诉他呢?如果按照"信"的原则,我们应该说实话、说真话,我们说:"哦,你完了,你现在癌症晚期了,快要完蛋了!"那怎么行呢?不行。这个时候,我们显然应该说假话。我们告诉他:"我们刚才问过医生了,你这是重感冒,打打针、吃吃药就好了,好好养病吧!"显然,我们说的是假话,是谎话,但是,这个时候,这样的谎话、这样的假话恰恰体现了我们对他的爱,对他的关心。

由此可见,孔子、孟子为什么不把"信"看作一个很高的原则,是有道理的,是符合我们的生活实情——生活情感的实情的。所以,我们现在讲儒家的伦理学的基本原理,暂时不讲"信"的问题;我们就围绕孟子讲的"仁义礼智"。

---

① 《孟子·离娄下》。
② 《论语·子路》。

我们前面讲到，仁义礼智之"礼"，按照中国哲学、儒家哲学的话语，它所指的就是一整套的社会规范建构及其制度安排，或者简单地讲，就是一套制度规范。比如说儒家的《十三经》当中，有三部经——《周礼》《仪礼》《礼记》，它们所讲的内容，基本上就是一条一条的社会规范、伦理规范的建构及其在制度安排上的落实。尤其是《周礼》这部经典，它所建构的就是一整套的社会规范、制度安排，上至于天子，下至于老百姓，方方面面，其中包括日常生活的规范、家庭的规范、经济的规范、政治的规范，乃至于饮酒的规范，等等，非常全面。这就是"礼"的含义。①

那么，我们前面也讲到，对于社会规范及其制度，或者说，对于儒家所讲的"礼"，对于孔子所讲的"礼"，其实社会上也包括学术界都存在着一些认识上的误区、认识上的偏差，也就是说，他们往往注意到了孔子儒家所讲的"礼"的一个方面，而忽视了另外一个方面。

大家所注意到的是什么呢？比如孔子讲："克己复礼"②，"不学礼，无以立"③。什么意思呢？通俗地讲，就是说：一个人要在社会上立足，那就应该遵守既有的、现行的社会规范及其制度。比如说，一个人，今天要去赚钱，那么你怎么赚钱呢？"君子爱财，取之有道"，你得遵守法律的规则。扩大开来讲，我们在社会上立足，你的一切行为都应该遵守游戏规则，不能作奸犯科。这就是所谓的"克己复礼"：要克制自己的欲望，遵守社会规范、社会制度。

但是，如果仅仅从这个方面来理解孔子、儒家所讲的"礼"，其实是偏颇的。大家可以设想一下：如果说，现行的社会规范、社会制度是奴隶制度。比如说，以美国为例，当年，在南北战争之前，北方和南方的制度就是不同的。南方，我们知道，那是农奴制度，或者说奴隶制度——种植园的奴隶制度。那么，南北战争，很大程度上，它实际上是两种制度、两种文明之间的战争。就当时的情况来看，可能南方的种植园主、奴隶主，他们认为，他们对这些农奴、奴隶的这么一种剥削、压

---

① 参见黄玉顺《"周礼"现代价值究竟何在——〈周礼〉社会正义观念诠释》，《学术界》2011年第6期。
② 《论语·颜渊》。
③ 《论语·季氏》。

榨、奴役，是合法的、正当的；但在北方的这种更先进的制度下、更先进的文明下，人们肯定认为，南方奴隶主这样的行为是不正义的、不正当的、不合法的。

由此我们看出，"礼"，或者社会规范及其制度，并不是我们一定要恪守的。我们要恪守社会规范、遵守社会制度，我们要"克己复礼"，有一个前提，就是：这个"礼"本身、这个社会规范及其制度本身，它是正义的，它是正当的，它是合理合法的。

3. 礼有损益——制度正义：社会规范和制度的变革

由此我们可以引出孔子、儒家关于"礼"的另外一个层面的思想，关于"礼"的更加深刻的一个观念层级。我们前面讲到，孔子有一段话，也是大家非常熟悉的，说："殷因于夏礼，所损益，可知也；周因于殷礼，所损益，可知也；其或继周者，虽百世，可知也。"[1]这段话的意思是说：夏、商、周三代之间，它们的礼、他们的社会规范及其制度是不完全相同的，是有变化的，是有"损益"的。

所谓的"损"，就是我们在旧有的、既有的一套社会规范及其制度当中，去掉一些旧的、不合时宜的社会规范、社会制度；所谓的"益"，就是增加，我们在既有的社会规范及其制度系统当中，增加一些新的条款，一些新的社会规范，一些新的社会制度安排。经过这样"损益"以后，原来的旧的社会规范及其制度，原来的旧的礼的系统，从系统整体上来讲，它实际上就是被否定了，被解构了；而我们现在所建构的或者选择的，从整体上来讲，是一套新的社会规范、新的社会制度，一套新的礼。

那么，"礼"的这么一个方面，孔孟儒学讲的"礼"的这么一个方面，我们把它概括为孔子的一个非常重要的思想，就是"礼有损益"。什么叫"礼有损益"呢？就是说：任何社会规范及其制度都没有普适性，都没有永恒性，它都是可以变动的，都是可以改变的，是可以变革的。这叫"礼有损益"。

举例来说：从大的方面说，我们中国人曾经生活在刚才谈到的夏、商、周三代，那么，那个时代，从制度安排上来讲，我们说它是王权的

---

[1] 《论语·为政》。

时代，是列国的时代，是分封诸侯的时代；后来，随着我们的社会转型，从秦汉开始，一直到大清帝国，我们中国人进入了另外一种时代，我们有了另外一套社会规范建构及其制度安排，这就是从王权时代，转向了皇权时代，从列国时代转向了帝国时代；再接下来，从近代以来、鸦片战争以来，一直到今天，我们中国人正在进入、正处在第二次社会大转型当中，这一次的大转型，根据世界的普遍的规律，我们可以这样讲，我们的社会规范及其制度，我们的礼的建构，正在从皇权的时代转向民权的时代，我们正在从君主专制的帝国的时代转向民国的时代。这个过程正在进行当中。

这是从历史哲学的大的方面来讲。小一点的时空尺度，我们说，今天的、三十多年的改革开放，一言以蔽之，就是在进行"礼"的重建，就是在重新进行社会规范的建构及其制度的安排。那么，我们知道，改革开放之前，从大的方面来讲，我们的社会规范及其制度，从经济的角度来讲，就是计划经济；改革开放，其实就是要改变这一点。三十多年的改革开放，五光十色，如果我们一定要用一个字来概括它，那就是"变"：不断地变化、变动、变革。什么在变呢？就是"礼"在变，就是社会规范及其制度在变。

这就像《周易》讲的。周易哲学，它的核心就是"易"，"易"就是变易，就是变动，"唯变所适"①。那么，这个"唯变所适"，一切皆变，一切皆流，它落实在我们关心的社会伦理上、伦理学的问题上，那就是礼的变动。

改革开放三十年，我们全部的工作就可以概括为：我们不断地对过去的旧的社会规范、社会制度的方方面面的安排做出新的建构或者新的一种选择。这就是孔子、儒家所讲的"礼有损益"的原则的一个体现。

那么，话说到这里，自然而然地就会产生一个问题，我们可以追问：如果说，我们觉得现行的社会规范、伦理规范，现行的社会制度的某些方面，它有问题，需要改变，需要变革，那么变革的时候，或者选择的时候，根据是什么？从理论上来讲你的价值尺度是什么？价值原则是什么？这个问题，在社会正义论当中，就叫作：你的"正义原则"

---

① 《周易·系辞下传》。

是什么？我们必须根据某种正义原则、一种价值尺度，来进行社会规范的重建、制度的重建。

（二）义无反顾：正义原则

刚才我们讲了，正义的规范及其制度，在中国的文化传统中，在儒家的话语中，叫作"礼"；那么，与此相应，我们对礼进行重建、进行重新选择的时候，它的根据，在儒家的话语中，在中国文化传统的话语中，就是"义"——"仁义礼智"这个"义"。

结果你会发现，孟子所讲的"仁义礼智"，我们现在讲到其中的两个关键词：义、礼。这个顺序是不能颠倒的。"义"，就是我刚才讲的：正义原则。"礼"，这就是我们刚才讲的：社会规范及其制度。我们根据正义原则，来重建或者选择新的社会规范及其制度；或者说，我们根据"义"来确定"礼"。

这让我们想起孔子的一句话，他讲"义以为质……"，"义"是实质性的："义以为质，礼以行之。"①什么意思呢？就是说：正义原则是社会规范建构及其制度安排的本质原则；"礼以行之"是说，社会规范及其制度，不过是正义原则的实行——它的实现，它的落实，它的体现。这就是中国正义论、儒家伦理学原理的最核心的理论结构："义→礼"的结构。

那么，具体地讲，所谓的正义原则，在汉语当中就是"义"。于是乎，我们就会考虑这个问题：这个"义"字是什么意思？我们前面也讲到，这个"义"，它相当于英语当中所讲的 justice；或者说，英语中的 justice 这个词，它翻译成汉语就是"正义"，或者更简洁地说就是"义"。

我们把 justice 翻译成"正义"——汉语的"正义"。"正义"这个词语，最早在正义论的意义上使用这个词语的，是荀子。②战国末期的荀子，是先秦时代三大儒之一。荀子在他的书中，多次在正义原则的意义上使用"正义"这个词。当然，在他的文本当中，在他的书中，更

---

① 《论语·卫灵公》。
② 参见黄玉顺《荀子的社会正义理论》，《社会科学研究》2012年第3期；《中国社会科学文摘》2012年第8期转载。

多的时候，用了更简洁的说法，就是"义"——仁义礼智的"义"。义就是正义，正义就是义。

那么，关于这个"义"字，我们从训诂学的、解释学的角度来看，它和西方的 justice 有很多语义上的重叠、重合处，所以可以互相翻译、互相对译。比如说，我们去查英文词典，去查 justice，或者查中国的汉语大字典，我们去查"义"字，你会发现，双方的解释有很多是重合的，它大致来讲就是说的什么呢？义：正义、正当、公正、公平、合理、合法、恰当、适当、适宜，等等。很多的、一系列的意义，这两者互相都是重叠的。当然也有一些区别，毕竟是两个语言系统的词语；但是，主要的语义项上面，它们都是重叠的，所以可以互相翻译。

那么，根据我这些年对儒家伦理学的研究、对儒学的研究，我发现，它所有的这些众多的语义项，可以进一步地归约、概括，可以概括为两个方面，也就是我们讲的"义"这个字的两层基本含义。

第一层含义，"义"意味着"正"。所以，刚才提到，荀子把"义"叫作"正义"。前边也提到孟子讲的，他说过："义，人之正路也。"①"正路""正道"这个"正"。所以"义"有一个"正"的含义在里边。由此我们可以想到，如果我们要谈儒家的正义原则，那么，根据"义"字的基本含义，我们可以确定：儒家的正义原则的第一条，应该叫作"正当性原则"。正当——正当性原则，这是我的研究结果。

进一步讲，这个"义"还有其他的含义。刚才我说了一大串的含义，它们是"正"这个字或者"正当"这个词儿涵盖不了的，那么，可以用另外一个词语来涵盖它，就是"宜"——适宜。"适当"这个"适宜"。比如《中庸》里面有一句话，解释什么叫"义"："义者，宜也。""义"的意思就是适宜。另外，唐代的大儒韩愈在他的代表性论文《原道篇》当中，开篇第一句就讲："博爱之谓仁，行而宜之之谓义。"这话的意思是说：仁义这个"仁"，就是讲的博爱——这个问题我待会儿还会讲；那么，这个博爱的精神，它在实行当中，实行得很适宜，实行得很恰当，这就叫作"义"——"行而宜之之谓义"。所以，由此可见，这个"义"有"适宜"的意思，就是"恰当"的意思。

---

① 《孟子·离娄上》。

因此，根据我的研究，我认为，儒家的正义原则，除了我刚才讲到的第一条"正当性原则"，它还应该有一条很重要的正义原则："适宜性原则"。归纳起来，在我看来，儒家的正义论、儒家的伦理学原理当中，它的正义原则有两条：一条是正当性原则，一条是适宜性原则。

那么，这是什么意思呢？我们一条一条来看。先看正当性原则。正当性原则是说：我们在进行"礼"的建构的时候，在进行社会规范的建构及其制度安排的时候，必须考虑正当性，就是这个社会规范及其制度是不是正当的。

那么，怎么来判断它是正当的呢？我刚才讲了，按照孟子的思想，我们有一个核心的理论结构：义→礼。其实，孟子在前边还有一个词：仁→义→礼。

（三）仁者爱人：博爱精神

这样一个核心的结构"仁→义→礼"，这个顺序也是不能改变的、不能颠倒的。换句话说，我们所选择的社会规范及其制度，它之所以是正当的，是因为它是仁爱的；或者说，我们在进行社会规范的建构及其制度安排的时候，必须出于仁爱的精神，必须出于仁爱的动机。这一点是中国伦理学和西方伦理学、中国正义论和西方正义论之间的根本的一个区别。

这么一来，就涉及到另外一个很重要的问题，就是：怎么理解儒家所讲的仁爱？

我们知道，在儒家的思想当中，它的所有的、方方面面的、非常多的概念范畴，归根结底，都可以归结为"仁"或者"仁爱"。举例来讲，宋代大儒程颢在他的《识仁篇》里面讲："仁者，浑然与物同体，义、礼、智、信皆仁也。"意思就是说，如果我们要概括地来讲，用一个字来概括"仁义礼智信"等很多范畴、很多概念，那么，用一个"仁"就够了："义、礼、智、信皆仁也。"

1. "仁"的两层含义：差等之爱与一体之仁

那么，"仁"究竟是什么意思呢？按照古人的理解，这个"仁"字——仁爱的"仁"，是怎么写的呢？一个"亻"——单立人，一个

"二"："从人二"。①也就是说，仁爱这个"仁"是指的两个人之间的某一种关系，人与人之间的某一种关系。这种关系是什么关系呢？我们还知道，有一次，孔子的一个学生问他：这个"仁"是什么意思呢？孔子回答了两个字："爱人。"②这么回答。从这个"仁"字的构造上我们知道，或者说我们可以理解：所谓的"仁"，它的基本的含义就是说的人和人之间的一种情感联系。孔子讲仁者"爱人"，孟子也讲过"仁者爱人"③。所以，简单讲，"仁"就是指的人与人的关系；仁爱的"仁"是指的人与人之间的爱的情感关系。

但是，对于儒家的仁爱的思想观念，其实不管是在老百姓当中，还是在学术界，都存在着一些误解。这个误解就是：说到儒家的仁爱的思想观念，人们很容易想到，儒家讲的"仁爱"，是基于血亲关系的，是基于家庭伦理的。

比如说，我们容易想到孟子的一句话："亲亲，仁也。"④什么意思呢？就是说：什么叫仁？仁就是爱自己的双亲。爱自己的亲人就是仁，这显然是很狭隘的。孟子还说："亲亲而仁民，仁民而爱物。"⑤就是说，你首先爱自己的亲人，然后才爱其他人，然后才爱其他的东西；进一步来讲，你爱自己的亲人会超过爱他人的程度，你爱人的程度会超过爱其他东西的程度。那么，这么一种思想，这么一种"仁爱"的观念，我们通常把它叫作"差等之爱"，或者说"爱有差等"⑥，就是说，仁爱的情感是有程度的级差区别的，是有等级区别的。

通常人们对儒家的"仁爱"思想的理解，它的偏差不在于刚才讲的"差等之爱"，而在于人们往往以为：儒家讲的"仁爱"仅仅是指的这么一种"差等之爱"。这就是偏颇的，这就是误解。

我们设想一下，我们刚才之所以要谈到"仁爱"的观念，是为了讨论第一条正义原则——正当性原则，正当性原则的目的是用来进行"礼"的建构、进行社会规范及制度的建构，那么你可以设想：如果我

---

① 许慎：《说文解字·人部》。
② 《论语·颜渊》："樊迟问仁。子曰：'爱人。'"
③ 《孟子·离娄下》。
④ 《孟子》之《告子下》及《尽心上》。
⑤ 《孟子·尽心上》。
⑥ 《孟子·滕文公上》孟子与墨家的辩论。

们的仁爱是基于家庭血亲伦理的，如果我们对亲人的爱超过对他人的爱，那么，我们根据这么一条原则来进行社会规范的建构、伦理规范的建构，来进行制度安排，这样建构的社会规范和制度，它能是公正、公平的吗？如果我是一个立法者，作为一个立法者，我提出一条法律条文、法律规范，这样的法律规范、法律制度，对我的亲人更有利，比较而言对他人就不太有利，那这样的法律规范，它怎么可能是公正公平的呢？

这其实就是很多人对儒家的一个批评。这个批评，其实是一种误解，是一种偏颇的理解。不仅如此，包括儒家学者内部，自身也有这样的误解，也存在这样的认识的偏差。这个问题就比较严峻了！

关于这个问题，我想解释两层意思。

第一，儒家讲的对人的爱，对他人的爱，不一定跟血亲伦理、亲情关系有关。我举一个例子，孟子曾经讲过："今人乍见孺子将入于井，皆有怵惕恻隐之心。"[1]他把这样的怵惕恻隐之心叫作"不忍人之心"[2]，就是说：我们忽然看见一个小孩子要掉进井里了，处在这种危险、危机之中，我们就会自然而然地产生一种恻隐之心，我们想去救他。但是，试问：这样的恻隐之心，它跟亲情有何关系呢？毫无关系。这个人和这个小孩子之间，是没有任何亲情关系的。但是孟子认为：恰恰是这样的恻隐之心，它是一切的一切的大本大源，我们要抓住它，"扩而充之"[3]，把它确立为我们的心性本体。

由此可见，儒家讲的"仁爱"，我们绝不能把它跟亲情伦理捆绑在一起。这样的一种仁爱，它是"博爱"。我刚才提到，韩愈在他的《原道》篇当中，开篇第一句解释什么叫仁爱之"仁"，他说："博爱之谓仁。"

我顺便说一下，我们今天现代汉语当中所讲的"博爱"，往往把它理解成西方人讲的"自由、平等、博爱"那个"博爱"，那其实是不对的。我们以为"博爱"这个词是对西方人的概念的翻译，这是不对的。我刚才讲了，韩愈早就讲了："仁"就叫"博爱"。仁爱就是博爱。西

---

[1] 《孟子·公孙丑上》。

[2] 同上。

[3] 同上。

方的自由、平等、博爱那个"博爱",它的英文是 fraternity。Fraternity 是什么意思呢?不是我们讲的这样的仁爱。他们讲的 fraternity,它的原义是指的兄弟情谊、兄弟关系、兄弟之间的情感,而不是指的普遍的爱。他们这么一种观念——"博爱"的观念,是基于基督教的背景的。基督教的文化背景是说,任何人之间,甚至父子、母女之间,一切人之间的关系,有一个共同点,就是:每一个人和上帝是等距离的;因此,每一个人都是平等的,这样的平等就像兄弟之间的关系一样,这样的情感就像兄弟之间的情感一样。但是我们知道,在儒家的"仁爱"观念当中,兄弟情感不是全部的仁爱样式,只是其中的一种。

儒家讲的"仁爱",具体都落实在人际关系当中,它有很多种:就古代来讲,君臣之间、父子之间、母女之间、师生之间、朋友之间……当然也包括兄弟之间。所以,韩愈、儒家所讲的这个"博爱",如果我们要把它翻译成英文,不能翻译成 fraternity,它应该翻译成 universal love,就是普遍的爱,这叫作"博爱之谓仁"。

这是关于"仁爱"观念,我想澄清的第一点。

我想澄清的"仁爱"观念的第二点,我经常打一个比方,我们可以设想,有一片非常平静的水面,波澜不兴,我们在水面的中心扔下一块石头,它会发生什么事呢?这个水面就开始起波澜。我们仔细观察这个波澜,它具有两个特征。

第一个特征,我们会发现,越靠近中央的地方,波澜越大;反之,越靠近边缘的地方,波澜越小,呈递减的状态。这正好用来比喻我们刚才讲的仁爱的一个方面,就是"差等之爱"。"爱有差等",这确实是生活情感的实际情况:我们爱自己可能会超过爱他人,我们爱亲人会超过爱外人,我们爱人类会超过爱其他的动物、植物什么的,这是人之常情,犹如那个波澜,越往边缘,它的力度就越弱。

但是,这只是问题的一个方面。我们再看、再观察这个水面波澜,你会发现它还有一个特征,这个特征就是:这个波澜一直会延续到最边缘,覆盖整个水面,毫无遗漏;也就是说,如果说我们讲的这个波澜是比喻的爱的情感,那我们现在可以说,这种爱的情感,它是覆盖一切的,它是普遍的爱,不分内外、不分你我、不分人物的普遍的爱。这就是我刚才讲的 universal love——博爱。

所以，完整地理解儒家的"仁爱"观念，应该有两个缺一不可的方面：一个方面是我们刚才讲的"差等之爱"；另外一个方面，叫"一体之仁"。刚才我引用了大程子的话——程颢的话"仁者与物同体"，换一种说法，仁者"以天地万物为一体"①，这是王阳明的话，说这个仁爱的情感，这个仁者，他对万事万物是一视同仁的，天地万物是一体的。作为这个一体的共同体的连接枢纽，就是爱的情感。这样的普遍的爱——博爱，在儒家的话语当中，用王阳明的话语来说，就叫作"一体之仁"②。如果我们用一个现代汉语的成语来讲，就叫作"一视同仁"。一视同仁是没有差别的。

所以，简单讲，儒家所讲的"仁爱"的观念，它有两个方面，缺一不可：一方面，"爱有差等""差等之爱"，这是人之常情；另外一个方面，"一体之仁"、一视同仁。比如孔子讲："己欲立而立人，己欲达而达人"③；"己所不欲，勿施于人"④。这就是博爱的体现，一视同仁的体现。再比如，孟子讲："老吾老以及人之老，幼吾幼以及人之幼。"⑤通俗地讲，你自己有老人，也要考虑到别人也同样有老人；所以，你爱自己的老人、孝敬自己的老人，那么，你也应该同样地爱和孝敬别人的老人。这就叫作"一视同仁"。

2. 博爱的精神与正当性原则

现在，我们澄清了儒家的"仁爱"观念以后，我们回到刚才的话题上：什么叫作"正当性原则"？正义原则的第一条——正当性原则，现在我们可以更加明确地对它做出界定。儒家的正义原则第一条"正当性原则"是说：我们在进行"礼"的建构的时候，我们在进行社会规范及其制度的建构的时候，必须出于仁爱的动机，出于仁爱的精神，出于仁爱的情感；而且，这种仁爱是超越了差等之爱的一体之仁。它不是差等之爱；它是一体之仁。这就是儒家的正义论的第一条正义原则——正当性原则——它的基本精神。

---

① 王守仁：《大学问》。
② 同上。
③ 《论语·雍也》。
④ 《论语》之《颜渊》与《卫灵公》。
⑤ 《孟子·梁惠王上》。

如果你是一个立法者，你在你的立法活动当中，如果不是依据的一体之仁、一视同仁的精神，而是依据的差等之爱、爱有差等的精神，那么，你的立法行为就缺乏正当的动机，你就违背了正当性原则，因此，你所建构的社会规范及其制度，它一定是不正当的，也就是不正义的。

3. 仁爱的实现与适宜性原则

我刚才讲，儒家的正义原则还有第二条原则——适宜性原则："义者，宜也。"①什么叫"适宜性原则"呢？

如果我们进行社会规范及其制度的建构或者选择，仅仅根据正当性原则，其实是不够的。我举一个通俗的例子。如果一对父母，他们养育了一个女儿，这个女儿长大成人了，男大当婚、女大当嫁，那么，父母爱他们的女儿，就要为她考虑她的婚事。你想想，父母爱他们的女儿，为她考虑她的婚事，考虑她的未来的生活，这当然也是仁爱的体现，是爱的体现；但是，这里涉及一个适宜性问题，就是：我们根据什么样的社会规范，什么样的社会规则，什么样的社会制度，来实现父母的这种爱？我们知道，有一句大家很熟悉的话："父母之命，媒妁之言。"这是指的古代的、前现代的生活方式下父母爱女儿的一种实现方式。"父母之命，媒妁之言"，它是当时社会的一个社会规范、一种社会制度。如果这个女孩子瞒着父母、背着父母，私下里去跟一个男子交往，在当时的社会方式下，这是不正当的行为，她违反了当时的行为规则和伦理规范。所以，这个时候，父母干什么事呢？就要忙活着给她物色她的"白马王子"，去找什么门当户对的，诸如此类的吧，简单来讲：包办婚姻。那你想想，在那种生活方式下、那种社会制度下，其实这是有道理的：你想，按照当时的社会生活方式，这个女孩子是不能随随便便去接触社会的，更别说接触异性了，一般来讲她自己不可能去认识或者有充分的可能性去选择到她心仪的人，她必须依靠父母；如果父母不为她物色，不为她张罗这事，她可能就只好永远地待字闺中了，是吧？

我再强调：在当时的社会生活方式下，当时的社会规范下，当时的制度安排下，必然的一种方式只能如此。所以，我们反过来讲，在当时，父母的这种爱的体现，通过包办女儿的婚姻来实现、来落实，那

---

① 《礼记·中庸》。

么，这套制度规范，它是正当的，是正义的。但是，大家设想一下，在今天这样的社会生活方式下，如果说同样的一对父母爱自己的女儿，于是就干涉女儿的恋爱和婚姻，强制性地包办，我们大家都会认为，而且法律上也会判定：父母这样的行为是不正当的，是违法的，是不适宜的、不恰当的。为什么呢？这就取决于社会生活方式的不同。

我刚才举这个例子是想说明一点：同样是父母对女儿的爱，它的实现方式，它所应当遵循的社会规范及其制度，不是一成不变的。反过来讲，有关儿女的恋爱、婚姻、建立家庭，这样的社会规范、这样的社会制度的建构，这样的立法，它涉及一个适宜性问题，一个时代性问题。

我再举一个例子，现在大家非常关注的一个话题：计划生育问题。这个例子，时段就要近一点了，不是两个时代的划分的问题；但确实也涉及我们讲的适宜性问题。我们知道，我们曾经实行计划生育，现在开始放开了。当初实行计划生育的政策，你说它是不是就完全错了呢？也不能简单这么讲。在当时的计划经济条件下，我们的生产力是很差的，老实说吧，要养活庞大的人口是很困难的。所以，计划生育政策的实行，有一个很大的、更大的社会背景在后面，那些东西不改变，你让大家随便地生，可能你真养不活；甚至袁隆平发明更高产的水稻，可能还是不够，还是养不活。当然还有其他很多原因。所以，我们今天放开了生二胎的这个政策，并不意味着原来的计划生育政策是完全错误的，它有一个适宜性问题。

反过来讲，我们今天为什么可以而且应当放开这个政策呢？在计划生育这个问题上，今天为什么要改变我们的社会规范、制度安排呢？它也有一个适宜性的问题。今天情况变了，我们再不赶紧多生一点，可能以后中国的劳动力的结构很成问题；再过多少年，可能会面临现在欧洲的或者俄罗斯的一种忧虑。比如说欧洲人，欧洲白人在未来的某一天，可能会成为欧洲地区的少数民族。这是一个很严峻的问题！我们中国现在也面临这样的焦虑，所以现在赶紧改。是不是来得及？不知道，反正赶紧地改吧！

这个例子说明了：计划生育这个政策，它作为一个制度安排，这种变动，它所遵循的恰好就是儒家讲的正义原则的第二条——适宜性原则。当然了，我们落实得好不好，这是另一个问题，另当别论；但正好证明了：这个适宜性原则是非常重要的。我们仅仅有第一条——正当性原则，是不够的，因为仁爱的精神，它的落实、它的实现是需要看客观条件的；而这个客观条件的考虑，就涉及我们对社会规范及其制度的建构，必须考虑到时空的条件。

所以，简单来讲，儒家讲的正义论的两条基本原则，或者说儒家伦理学的两条基本的、根本的伦理原则——正义原则，一条是正当性原则，一条是适宜性原则，缺一不可。

好，以上就是我对儒家伦理学原理的一个简单的介绍。

（四）仁→义→礼：宅→路→门

1. 以礼为门

说到这儿，我顺便说一下：孟子有一套比喻，来讲"仁→义→礼"的关系，是非常有意思的。

他说："仁"——仁爱的"仁"，就是我刚才讲的爱的情感，这是我们居住、居家的房子，我们住在这里面就感到踏实，感到心安。我们只能在爱当中才感到踏实，感到心安，所以，他说："仁，人之安宅也。"①前面那个"仁"，就是仁爱的"仁"；后面这个"人"，就是说的我们这些人。"仁，人之安宅也"，"安宅"就是让你感到安心的房子，你居家过日子的地方，你的内在的根据，你的"根据地"。这是一个比喻："仁，人之安宅也。"

当然，古代那种房子不像我们今天的房子，今天住的是楼房、单元房。古代那个房子，每家每户都有一个院子，院子有一个大门。如果你要从这个"安宅"——你的房子、家里面出去办事，去接触社会、做出行为，你得走出院子的大门，是吧？你想：这个院子里面有你的居室、你的卧房，你那个房子的建筑；从你的居室、卧房这个建筑，走到大门那里去，它得有一条路。

你首先要走出你的房间吧，对吧？走出房间的方式有很多，比如说，有很多养狗养猫的人，他们会专门为他们的狗啊、猫啊留一个小洞，那是狗啊、猫啊——宠物进出的地方，是它们的门，是吧？人呢，

---

① 《孟子·离娄上》。

是另外的门。走出这个门,你才走上了路;上路,然后才到得了院子的大门;出了大门,又上其他的路、走路。所以,孟子这个比喻讲:"仁,人之安宅也;义,人之正路也。"①就是你该走的路,你正当的路。比如说,如果你从你的房间里出来,走上路,你怎么出来呢?如果你从那个狗洞子里爬出来,或者是从窗户爬出来,那就不是"正路",这就是不义、不正。

这是两个比喻:从房间里出来,走到大门口,这儿有一条路。怎么出来、走上这条路?这是有讲究的:"义,人之正路也。"那么,这个"义"——仁义礼智的"义",它有一个基本的意思,就是"正"。

孟子还有一个比喻,他继续讲。我不是说院子有一个大门吗?孟子在另外一个地方讲:"礼,门也。"②一样的问题:你出了大门,继续走路,怎么才走得上正路呢?走出大院子大门的那个"门",比喻"礼"。意思就是说:你走出这个大门,继续上路,要走正路;要走得上正道,那么,你必须从这个门出去,而不能在墙上打一个洞钻出去,或者从墙头翻过去。从墙头翻过去或打个洞钻出去,你是走不到你的正路上去的。所以他说:"礼,门也。"

这就是孟子的这一套比喻:仁、义、礼,就是安宅、正路、门——院子的大门。这是非常形象、非常生动的一个比喻。

2. 礼有损益

如前所述,社会规范及其制度,在儒家的话语当中叫作"礼"。那么,对于道德来讲,或对于正义来讲,它涉及我们怎么看待这套社会规范及其制度。按照通常的理解,如果一个人遵守这套规范及其制度,我们说他是正义的、是道德的。但是,这还是很肤浅的说法,因为它面临一个问题,就是:这套制度本身、这套规范本身,它是不是正义的?它是不是道德的?这就涉及一个更深层次的含义、更深层次的思想。那么,现在我们说,所谓的社会规范及其制度,这么一套社会规则,在儒家话语里面就叫作"礼",于是乎就涉及儒家、孔子对"礼"的看法。

大家比较熟悉一个成语叫作"克己复礼"③,这是孔子说的话。"克

---

① 《孟子·离娄上》。
② 《孟子·万章下》。
③ 《论语·颜渊》。

己复礼"不外乎是说：一个人应该克制自己的欲望，而遵守、维护这个社会的规范及其制度；或者说，更通俗地讲，我们不能违反游戏规则，不能作奸犯科，不能违法乱纪。

孔子是有这个意思。其原因在于：不管古今中外的社会怎样发展，只要有群体的生活，只要大家要在一块儿生活，组成一个共同体，那就必须有一套规范，有一套制度安排，这是必然的。在这个意义上，我们可以说：礼是永恒的、是普遍的；社会规范、社会制度永远都会存在。所以孔子才讲"克己复礼"；他还讲"不学礼，无以立"①、"兴于诗，立于礼"②。通俗地讲，一个人要在社会上立足，就得遵守规则；反之，不遵守规则，你就"立"不起来——你就没法站立，你就没法立足。

但是，如果我们仅仅这样理解儒家、孔子所讲的"礼"，那还是不够的，它就面临着我刚才说的一个问题，因为礼是变动的，是历史地变动的。社会规范、社会制度是历史地变动的。我刚才讲到，我们中国人曾经是在王权制度下生活，后来是在皇权制度下生活，我们还将在民权制度下生活。对于中国人来讲，所有的这些社会规范、社会制度，是在历史地变动之中。

我也讲到，像"三纲"——君为臣纲，父为子纲，夫为妻纲，它曾经是这么一套社会规范，这么一套社会制度的安排，它曾经颇为适用于中国的当时：中国人当时的生活方式——家族式的、宗法式的生活方式。但是今天，它显然不再适合，不再适应。

所以，对儒家、孔子对"礼"的态度，我们还必须有更深一层的认识。我刚才讲，一般老百姓，甚至很多学者，很多儒家学者，在这个问题上也未必想明白了、看透彻了。所以，今天，在儒学复兴当中，才会出现一些令人忧虑的现象。

比如说，有人说要"恢复古礼"。那我就回应他。有一天，我们开会，有人说要"恢复古礼"，大声疾呼；我说：你恢复古礼，比如说老百姓见了当官的、见了"大人"要下跪，下级见了上级或你见了一个老板就下跪，是吧？咱们见了国家领导人，要三跪九叩？这古礼该不该

---

① 《论语·季氏》。
② 《论语·泰伯》。

恢复呢？这是一个问题。所以，我就说：你笼统地讲"恢复古礼"，这个是不对的。

之所以出现这些偏差，就在于对儒家所谓的"礼"认识不清，对孔子关于"礼"的思想的认识不足。孔子固然强调"不学礼，无以立"，固然强调"克己复礼"，固然强调"礼"的普遍性、永恒性——只要有社会群体，就必须有游戏规则，他固然强调这个方面，但是这是不够的；孔子还有另外的思想。

比如说，孔子有一段话，他讲："殷因于夏礼……"① "殷"就是殷朝、商朝，"殷因于夏礼"是说商朝，它的某些礼，某些社会规范、社会制度，是从夏朝继承过来的。但是呢，"殷因于夏礼，所损益，可知也"，对夏朝的礼，它有"损益"。"损"，损失的"损"。所谓"损"，就是把原来的那套社会规范加以减损，去掉一些。比如说商朝对于夏朝，它固然继承了一些社会规范、社会制度，但是呢，它去掉了一些、减损了一些，又增加了一些新的社会规范、新的社会制度，这叫"益"。"益"就是增益、增加。对于旧的一套社会规范、社会制度，我们减去一些，增加一些新的，这就意味着，从系统整体上，这是一套新的社会规范和社会制度了，不再是旧的了。这是孔子讲的。他首先总结历史经验。他说，"殷因于夏礼，所损益，可知也"，那是我们知道的历史；接下来讲，"周因于殷礼，所损益，可知也"，是说周朝对商朝来讲也是这样的，就像商朝对夏朝一样，它不是全盘的照收，不是整个地照搬，系统性地、整体性地搬到这边来，它有所"损益"。"殷因于夏礼，所损益，可知也；周因于殷礼，所损益，可知也"，这是讲历史、讲过去；接下来孔子做了一个判断："其或继周者，虽百世，可知也。"就是说：如果以后有继承周朝的——以后千秋万代不断地可能会继承，但"虽百世，可知也"，百代千代，它永远会进行这样的"损益"。

孔子的这一思想，我们可以概括成四个字，就叫作"礼有损益"。即社会规范、社会制度是历史地变动的，它通过损益因革的方式来变动：改革或者革命。那么，孔子这一套关于"礼"的思想，比刚才讲的"克己复礼"更加深刻，更加具有普遍性。

---

① 《论语·为政》。

由此我们可以得出以下结论，在儒家、孔子的思想当中，关于"礼"也有两个方面：一方面，礼是永恒的。只要有群体生活，就得有群体生存的秩序，就得有礼，在这个意义上，礼是普遍的、永恒的。但是，另外一个方面，历史上，古今中外任何一套具体的社会规范及其制度，任何一种具体的礼，都没有普遍性，都没有永恒性，都是可以损益的，可以因革的，可以变革的。这是孔子关于礼的更重要的思想、更深刻的思想。

接下来，我们就面临另外一个问题，如果我们这么一个群体，发现原来所继承的这套社会规范及其制度，原来的既有的现行的这一套"礼"，它有问题了，不适应于当下了，我们想损益它，改革它，改变它。当然，我们有两种方式。一种是什么呢？我们选择另外一套已有的，把它搬过来，这是一种可能性。但还有一种，就是我们无所选择，我们自己造一套、搞一套，建构一套新的社会规范，建构一种新的社会制度，这就是革命性的。那这就面临一个问题。

什么问题呢？当你在重建或者选择社会规范、社会制度的时候，你的根据是什么？你得有一种价值尺度，你得有一种价值原则，来作为你选择或者重建的根据。这个时候，我们回到儒家的话语，我们知道，比如在孟子的思想当中，他是很明确的，就四个字：仁、义、礼、智。我刚才讲到了"礼"的问题，大家注意，在"礼"之前是什么呢？是"义"。也就是说，在我到目前为止讲到的，所涉及的儒家、孟子的思想结构当中，我们从"礼"去追溯它的更先在的、更优先的、更先行的价值尺度、价值原则、价值根据的时候，会追溯到"义"，它就形成了一个"义→礼"的结构。

所以，我们现在要讨论的是：什么叫"义"？

3. 居仁由义

汉语的这个"义"——仁义礼智的"义"，它和英文里面的 justice 是相互对应的，所以今天学术界把西方的社会正义理论翻译成"正义论"。这个"正义论"原文是 theory of justice，我们把它翻译成汉语就是"正义论"，也就是说，我们用"正义"去翻译 justice。比如说，今天美国影响最大的罗尔斯的《正义论》，我们就是这么翻译的：*Theory of Justice*，我们把它翻译成"正义论"。

为什么这么翻译呢？它何以成立呢？因为英文里面的 justice 和汉语的"义"，尽管各自都有很多语义项，但是绝大多数的语义项是重合的，是一致的，是具有对应性的。不管你是看英文的 justice，还是看汉语的"义"，你会发现，它包含这些基本的语义，比如说，正义的、正当的、公正的、公平的、恰当的、适当的、适宜的、合适的、恰如其分的，等等，很多。这两个词——英文的单词和汉语的单词，都具有这些语义，所以它们可以互相翻译。当然，这两个词还是有很多区别的；我现在强调的是它们可以对应的部分。

进一步讲，汉语的"义"——仁义礼智的"义"，有如此多的含义，如此多的语义项，它纷繁复杂，那么，我们怎么把它概括一下、简化一下？我做这个工作，是把所有这些语义项简化成两条、两个方面或者两个层面。

汉语的"义"，它的第一个基本含义就是"正"，所以我们叫"正义"，"义"就是"正"。"正"当然很复杂了，正义啊，正当啊，公正啊，等等，这都是"正"。那么，我这个概括，它有什么根据呢？有根据。我举一个例子，孟子讲："义，人之正路也。"①

我刚才讲了，我要对这个"义"——正义的"义"，它的众多的语义做一个概括，那么，概括成两个方面：一个方面就是"正"，以孟子为例，"义"意味着"正"；这个"义"还有另一层意思，也是可以概括出来的，从我刚才所讲的一系列含义当中，可以概括为"宜"，就是适宜。《中庸》里面有一句话："义者，宜也。""义"的意思就是"宜"。或者唐代大儒韩愈，他有一篇著名的文章《原道》，开篇是这样讲的："博爱之谓仁……"，这个待会儿我要讲；"博爱之谓仁，行而宜之之谓义。""行而宜之之谓义"，他也谈到"宜"："义"就是"行而宜之"——是适宜的。

所以，简单来讲，汉语的"义"字，像英文里的 justice 一样，虽然有很丰富的语义涵项，但是，我们可以把这些涵项概括为两条：一个是"正"，另一个是"宜"。当然，这是用单音节词来表达。我们也可以根据现代汉语的习惯，用双音节词来表达。那么，可以说，"义"，它有

---

① 《孟子·离娄上》。

两个基本的语义：第一，正当；第二，适宜。正当、适宜，这就是正义的"义"、仁义礼智的"义"，它的两个基本的语义。

那么，根据这两个基本的语义，我们就可以概括出或者归纳出儒家的另外一个重要的思想。什么思想呢？就是回答我刚才提出的那个问题：如果我们对既有的社会规范及其制度、既有的"礼"的社会规范及其制度不满意，我们想另外选择，或者另起炉灶、重新构造，那么，我们的价值尺度、价值原则、价值根据是什么？这就是"义"。这个"义"，这个价值尺度、价值原则，在社会正义论当中，就叫作"正义原则"。

所以，孟子所讲的这样一个理论结构——"义→礼"，用现代汉语来表达，应该是"正义原则→制度规范"。正义原则或者"义"，是说的价值尺度、价值原则、价值根据；制度规范，是说的根据这个价值原则来建构或者选择的一套社会规范及其制度，一套"礼"。这是中国正义论的最核心的一个理论结构。

我刚才就分析了，这个正义原则，在汉语当中表达为"义"。这个正义原则，它可以区分为两个方面：一个是正当，另一个是适宜。这么两个方面，也就是汉语"义"字的两个基本的涵项，两个基本的语义："正""宜"——正当、适宜。由此，我得出结论：中国正义论、儒家正义论有两条正义原则：第一条正义原则，叫"正当性原则"；第二条正义原则，叫"适宜性原则"。

按照儒家的思想，当我们感觉到现行的社会规范及其制度、现行的"礼"必须改变的时候，我们要进行重建或者另行选择，这个时候，我们所根据的价值原则，就是这两条正义原则：正当性原则、适宜性原则。那么，正当性、适宜性，其中"正当"这个词，它是作为正义原则；"适宜"这个词，它也是作为正义原则。

"正义"这个词语，其实也是古已有之的。最早在正义论的意义上使用"正义"这个双音节词的是荀子。荀子在他的书中几次谈到"正义"，都是指的正义原则，简称为"义"。仁义礼智的"义"简称为"义"，全称就是"正义"。我们今天把它概括为正义原则，两条：正当性原则；适宜性原则。

三　生活儒学的境界理论

我们今天继续讲"生活儒学"。前面我们讲了两个大的问题：一是生活儒学的基本思想；二是生活儒学的伦理原理。

今天讲第三个大的问题：生活儒学的境界理论——精神境界的理论。就这个问题，我打算讲三点：第一点，生活的境界；第二点，教化的层级；第三点，信仰的进阶。

（一）生活的境界

大家注意：我说的是"生活的境界"，不是说的"道德境界"。为什么这么讲呢？儒家讲的"境界"问题，远不仅仅是道德的问题。举个例子来讲，大家可能知道，冯友兰先生曾经讲过儒家的境界问题。他的境界论，是讲人生。人生可能有四个境界：第一，自然境界；第二，功利境界——功利主义的"功利"；第三，道德境界；第四，最高的境界——天地境界。那么，由此可见，在这四大境界当中，道德只是其中的一个境界，而且不是最高的境界。我现在讲的"生活的境界"，或者说人生的境界，不是说的道德的境界。

什么叫境界呢？简单说，所谓境界，就是指的我们在人生当中，精神上、观念上所达到的层级的高度。因为你有怎样的精神境界，你才会有怎样的一种生活，在这个意义上，叫"生活的境界"。在这个意义上，精神的境界同时就是生活的境界、人生的境界。

刚才讲了，冯友兰先生提出了境界说，谈到了四个境界：自然境界、功利境界、道德境界、天地境界。这套话语，这套说法，它在儒家的孔子那里所对应的是什么呢？我现在给大家介绍一下孔子关于境界的一种说法。这段话是"夫子自道"，是对他这一生的总结——自我总结；但是，过去我们不一定意识到，孔子是在谈一个精神境界、人生境界、生活境界的问题。

这段话，大家是非常熟悉的，孔子讲：

> 吾十有五而志于学，三十而立，四十而不惑，五十而知天命，六十而耳顺，七十而从心所欲不逾矩。①

那么，孔子这段话——夫子自道，和冯友兰先生讲的四个境界，这两者之间是什么关系呢？它们怎么对应呢？

1. 自发境界

那我们首先想：孔子讲他自己"十有五"——十五岁的时候——"志于学"。孔子在十五岁的时候才立志，作为一个主体，自觉地"志于学"，那么，他十五岁之前呢？显然没有这样的自觉性。十五岁之前，没有一种自觉性的状态下，那也是一种境界；这样的境界，恰好就是冯友兰先生所讲的"自然境界"——自然而然的、不假思索的、不自觉的、不是有意识的自然境界。

我们知道，一个小孩子，缺乏足够的自我意识的时候，就处在这样的自然境界当中。这样的境界，我们如果用好的词语来讲，叫"天真烂漫"，非常可爱；当然也可以用不好的词语来讲，叫作"浑浑噩噩"，一无所知。这样的境界——自然境界，我把它叫作"自发的境界"。它不是自觉的，而是自发的状态，自然而然的状态。

人在这样的状态下、这样的境界当中，有时候他非常符合孟子讲的人性论——人性善，就像孟子讲的"无恻隐之心，非人也"②：只要他是人，哪怕是个小孩子，他都是具有同情心、具有恻隐之心、具有不忍之心的，这是人的本性。

但是，有的时候你也会观察到：小孩子，他也非常像另外一个大儒荀子讲的人性——人性恶。他干很多坏事：他虐待动物，他折磨小动物，他欺负兄弟姊妹，等等。这些都属于自然境界状态下的情况。

所以，人需要从自然状态升到更高的状态去，需要从自发的状态进入另外一种境界，就是更高一级的境界，我把它叫作"自为的境界"——有所作为的"为"，自觉地去做一些正确的事情。自为的状态，自为的境界。

---

① 《论语·为政》。
② 《孟子·公孙丑上》。

2. 自为境界

（1）形而下者的自为境界

自为的境界，是具有主体性、能动性的自觉的状态，在孔子刚才讲的那些话当中，大约就对应于他讲的"十有五而志于学""三十而立"这么两句话。

十五岁的时候，孔子说他自己就具有了一种自觉性、能动性，要去学习。学什么呢？当然包括学知识，但更重要的是什么呢？是学道：学为人之道，学君子之道，学圣人之道；要求道，即具有了这么一个自觉性。"志于道，据于德，依于仁，游于艺"①，这就是孔子所学。

那么，学这一切是为了什么呢？是为了"立于礼"②。回到我们上面讲的内容，"三十而立"今天成了一个成语，是说我们到了三十岁了应该成家立业了；孔子不是这个意思。孔子讲的这个"立"，是讲的"立于礼"，"不学礼，无以立"③。那么，回到我们前面讲的儒家伦理学原理，你就会想到两层意思：第一层，首先我们知道，"克己复礼"才能在社会上立足，才能做事；第二，更深一层，我们甚至对这个礼本身、社会规范及其制度本身，也有一个"立"的问题，也有一个我们要去"立"它——确立它的、建构它的这么一个责任。这就有了很强的使命感。

这就是孔子讲的"三十而立"，这对应于冯友兰先生讲的"功利境界"和"道德境界"。大家注意，功利和道德并不是截然对立的。我们追求的功利，有两种：一种是小利，一种是大利；或者说公私关系，一种是私利，一种是公利。我们追求社会的大众的福利、利益，这是大利的功利，这是正当的，这恰恰是道德的表现。不仅如此，我们追求自己的利益，比如我希望涨工资，这也不算是违背了道德的境界，也不算是违背了道德的规范。古人讲，"君子爱财，取之有道"，就是讲的这个事情：只要取之有道，那就是符合道德的。所以，道德和功利并不是截然对立的。

再者说，社会上的每一个人，我们都很难说这个人是处在道德境界

---

① 《论语·述而》。
② 《论语·泰伯》。
③ 《论语·季氏》。

的、那个人是处在功利境界的；其实，我们很多时候既是一个功利者，也是一个道德者。这就是第二个境界：自为的境界。

（2）形而上者的自为境界

但是，自为的境界还不仅如此。不管你是一个功利者，还是一个道德者，我们大家都是相对的存在者；或者用哲学的话语来讲，我们都还是处在一种形而下的状态当中，是相对存在者。我们还可以有更高的追求，可以有更高的境界。这个追求当然是有意识的、有目的的、有能动性的，所以，它仍然是自为的境界。

这么一种更高的追求，冯友兰先生把它概括为"天地境界"。这是儒家的话语，是说我们达到这么一个境界："上下与天地同流"①，或者说"与天地参"②——我们可以与天地并列为三。这是一个形而上的境界。形而上的境界，它可以有两种表现方式：在哲学上，在儒学这里，它体现为我们对本体——世界本体、心性本体的一个觉悟；而在比如说宗教哲学当中，它体现为我们与上帝同在。不管哪种形式，你这个时候就体验到了形而上的境界：不仅仅是一个功利的人、一个道德的人，你超越了功利，甚至超越了道德，而达到了本体——形而上者的这么一个地步、这么一个境界。"上下与天地同流"，这是我们儒家追求的一种更高的境界：一个形而上者的境界。

所以，人生的境界首先是自然境界，我把它叫作"自发的境界"，就是冯友兰先生讲的"自然境界"，孔子讲的他"十有五而志于学"之前的状态。第二个境界，我把它叫作"自为的境界"。自为的境界又分两层：一层是形而下的，比如孔子讲的"十有五而志于学，三十而立"，又比如冯友兰先生讲的"功利境界""道德境界"；那么，自为的境界还有更高的一层，达到了形而上者的高度，"上下与天地同流"，这就是冯友兰先生讲的"天地境界"。

孔子怎么讲这样的境界——形而上的境界呢？"四十而不惑。"前面讲"三十而立"，这儿讲"四十而不惑"。不惑，就是面对任何事情都不再有疑惑。那你可能会产生一种疑问：怎么可能呢？"吾生也有涯，

---

① 《孟子·尽心上》。
② 《礼记·中庸》。

而知也无涯"①，知识，你是追求不完的，怎么可能有人这样，他居然是"不惑"——面对任何事情都没有疑惑了？所以我要解释一下：孔子讲的"不惑"不是在讲知识问题，不是在讲学知识的问题。

这让我想起老子讲的一句话。学知识是"为学"，老子讲："为学日益，为道日损。"②"为学"：求知识；"日益"：一天一天地增加。就像背英语单词，我今天背了10个，明天背20个，后天背30个，那就是"日益"。但是，知识越多，并不等于你的智慧更高，有可能正好相反。老子讲："为道日损；损之又损以至于无为。"就是说，真正的智慧，它其实未必和知识有关，有的时候甚至是相反的。当你局限于某一个知识领域的时候，往往会遮蔽你在其他方面的认知和理解。知和无知往往是辩证的两个方面：你对一个方面过度地专注，恰恰是对其他方面的忽略，恰恰是对其他方面的无知，这不是智慧。智慧就是：不是对所有事情的知识层面上的把握、了解，而是对所有知识、所有事物的根本的、共通的、一以贯之的根本之道的把握，是"求道"，而不是"为学"。

孔子有一次讲："吾有知乎哉？无知也。"③孔子是个很博学的人，他说他"无知"，不是说他知识上的无知。他讲什么呢："吾有知乎哉？无知也。有鄙夫问于我，空空如也。我叩其两端而竭焉。"就是说，别人问我的问题，我可能对这个问题没有专门的、专业的研究，但是根据我所掌握的普遍的道，我可以"叩其两端"，通过和他的论辩，告诉他更加透彻的道理。

这有点像苏格拉底。苏格拉底有一句名言，说"自知自己无知"；或"我知我无知"。但是，我们知道，他经常和很多人对话，通过对话，他引导对方校正自己的错误，获得新的、更高的、更深的认知。这就叫作"辩证法"，是原来、本来意义上的"辩证法"：通过对话，让真理自己显现；而不是我们先有了这个知识。恰恰通过这样的对话，让真理显现，获得新知，这才是智慧。

---

① 见《庄子·内篇·养生主》。
② 见《老子》第四十八章。
③ 见《论语·子罕》。

所以，孔子讲"四十而不惑"——无所疑惑，是因为他具有了一种智慧，这种智慧只能是通过不是"为学"，而是"求道""日损"得到。这个"道"就是天道，就是我们刚才讲的本体，是形而上者："形而上者谓之道。"①所以，我们可以说，孔子讲的"四十而不惑"，就相当于冯友兰先生讲的这种境界——"天地境界"。

这就是第二个大的境界。

3. 自如境界

但是，冯友兰先生讲到这里为止；而孔子下面还有三句话："五十而知天命，六十而耳顺，七十而从心所欲不逾矩。"这是什么意思呢？显然，这是更高的境界，比那个自发境界、自为境界更高的境界，我把它概括为"自如的境界"，达到了一个挥洒自如、收放自如的状态，不假思索的状态。

"五十而知天命"，什么叫"天命"啊？大家千万注意，孔子不是算命先生，他所讲的"天命"不是我们今天很多人算命所理解的那个"命"，不是我们说的命运的那个"命"。我们先来看这个"命"字是怎么写的。

"命"是由两个字构成的：口、令。命就是口令，就是发号施令。谁在发号施令呢？天命：天在发号施令。但是，"天"是什么呢？孔子讲的"天"，你千万不要把它理解成老天爷、上帝。孔子讲："天何言哉？四时行焉，百物生焉，天何言哉！"②天什么时候说过话呀？但恰恰是在天的无声的运行当中，"四时行焉，百物生焉"，春夏秋冬，万物生长，世界万物这么生成了。这个自然的状态，就是天："无为为之之谓天"③，自然而然。这样的天的运行，使我们感觉到，它仿佛在告诉我们什么道理。它没说话——"天何言哉"，但我们似乎听见它在告诉我们什么，这就叫"天命"。所以，天命是天道的无声的言说，天道的自然的显现。

你听到了这个声音，并且把这个声音说出来。"朝闻道，夕死可

---

① 《周易·系辞上传》。
② 《论语·阳货》。
③ 《庄子·外篇·天地》。

矣。"①你闻道,并且言道、传道,你就是圣人。我们再来看这个圣人的"圣"字是怎么写的。繁体字的"聖"字,左边一只耳朵,右边一张嘴巴:耳、口。大家注意,这恰好就是我刚才讲的:耳朵倾听天命,倾听大道的、天道的无声的言说;嘴巴将此大道传播出来,讲出来,这就是圣。两者缺一不可。

这让我们想起西方的一门学问。西方有一门学问,叫作"诠释学"。诠释学,英文叫 hermeneutics。Hermeneutics 讲什么呢?Hermeneutics 这个词的词根是 Hermes——赫尔墨斯。赫尔墨斯是希腊神话的一个神。这个神是什么角色呢?是干什么的呢?他是为宙斯传达消息的信使。宙斯,我们知道,是奥林匹亚的至上神。那么,赫尔墨斯就像他的传令官一样,他把宙斯的信息传达给诸神,甚至传达给人间。于是,他就成为了一个枢纽:他一边用耳朵倾听宙斯的声音,一边用嘴巴将此传达出来,向人、向神传达。

这和我们说的"聖"字是一样的结构,但是有一个区别:赫尔墨斯所倾听的是宙斯的声音;而孔子说的圣人所倾听的不是宙斯的声音,也不是老天爷的声音,"天何言哉",他倾听的是"天命"——天道的无声的言说。

所以,孔子也讲"君子有三畏"。畏即敬畏,有敬畏感。"君子有三畏:畏天命,畏大人,畏圣人之言。"②"大人"就是圣人。我们对天命有敬畏,所以才对圣人之言有敬畏,因为圣人之言所传达的就是天命。

那么,进一步讲,这个天命——天道的无声的言说,还是比较玄乎,我们再进一步分析:耳朵—嘴巴、耳—口这个"聖",这两个方面所指的实际上是什么?孟子在他的书中,有一次解释什么叫"圣",他说了两个关键词:"仁且智。"③仁爱的"仁",智慧的"智"。"仁"是这样的爱的情感——本真的、真诚的爱的情感;"智"是智慧的智。这个智慧的"智",大家注意,先秦的时候不是这样写的;它就是写的

---

① 《论语·里仁》。
② 《论语·季氏》。
③ 《孟子》之《公孙丑上》及《公孙丑下》。

"知"——知道的"知"。这个"知"字，里面有一个构件"口"，正好和圣人的"圣"这个"口"相应。你把天命说出来，用嘴巴说出来，这就是圣。但是，你说出来的这个天命到底是什么呢？"仁且智"的"仁"。

我们结合刚才的分析，综合起来，就会意识到：孔子讲的这个"圣"的境界，所倾听的天道的无声的言说，就是仁爱，就是爱的呼唤，就是良知的呼唤。这个呼唤，不是老天爷在那儿发号施令，而是你本身的本真的情感的显现。

所以，孔子讲的自如境界的第一层"五十而知天命"，就是他知道了：真正的天道就是仁爱，它存在在那里，存在在宇宙当中，存在在我们每一个人的心中。"五十而知天命"真正找到了一切的大本大源。

孔子接下来又说"六十而耳顺"。大家注意，"耳顺"也就是刚才讲的那个耳朵非常的顺畅。什么意思呢？是他此刻真正听到了天命。前面讲"五十而知天命"，他知道了天命的存在，但不一定就已经听到了天命的声音；现在"耳顺"，他时时刻刻都能听到天命的声音，都能听到仁爱的呼唤。"五十而知天命，六十而耳顺"，这是一种更高的境界。

那么，达到了这样的境界之后，就会有一个效果，或者说就会自然地带出另外一种境界，就是自如境界的第三层——最高境界："从心所欲不逾矩。"

"从心所欲不逾矩"这句话很容易被误解，似乎是说，我们对一套规矩、对一套社会规范、对一套社会规则，因为太熟悉了，就意识不到它的存在，自然而然就顺着它去做。孔子讲的不是这个意思。我们前边已经分析过了：社会规范——既有的、现行的社会规范，并不意味着它就是正义的、就是正当的；还有"损益"的问题。所以，孔子讲的这个"不逾矩"绝不是这么消极的。他实际是在讲：我们达到这样的境界，那些形而下的社会规范及其制度这样的东西，对于我们来讲，都是已经被超越了的东西。

换句话说，前面我们讲儒家伦理原理的时候，我们讲：我们要遵守社会规范——"克己复礼"，我们甚至要建构新的社会规范——"礼有损益"，这些都还是不够的，都是形而下者的事情；我们要问的是：你为什么、你何以能够做到"克己复礼""礼有损益"？你何以能够做到而且很自如地做到建构新的社会规范、新的社会制度？说到底，我们刚才也谈到了：是因为仁爱。这就是孔子讲的：我们倾听到了天命的声音，倾听到了爱的呼唤，你才能够"不逾矩"。这真正追溯到了本源上去。这个时候，在这个境界上，我们说"从心所欲"：你心里怎么想，就自然而然怎么做，总是正确的。

大家注意这个"心"——"从心所欲"这个"心"，恰恰是讲的这么一种自如的状态：此时无心胜有心。这个"有心"其实就是"无心"，完全是一种挥洒自如的状态，一切皆自然而然。

简单来讲，这样的境界，我把它总结为：只要你有真诚的、本真的仁爱的情感，只要你倾听到了爱的呼唤，你真正按爱的精神去行事，就一切都不是问题。比如说，我们谈教育——谈法制教育，谈什么什么教育，其实最根本的就应该是爱的教育。如果一个人，他充满着爱心，他自然而然就不会作奸犯科。

（二）教化的层级

我们上一次讲了儒家的境界的观念——生活的境界。有三种境界：自发境界、自为境界、自如境界。那么，我们如何提升自己的境界呢？

孟子讲："逸居而无教，则近于禽兽。"①意思是说：一个小孩子，如果你不对他进行教育，那么，他就跟动物差不多，他不可能社会化，不可能成为人；反之，一个人要成为人，就要社会化，要提升。

不断提升自己的境界，必须通过教育。当然，这里说的"教育"，是广义的教育，不一定是学校的正规的那种教育。广义的教育，就是说：凡是对一个人进行有意识的影响，都属于教育的范畴。有意识地对一个人施以影响，提升他的境界，这都属于广义的教育的范畴。那么，这样的广义的教育，在我们传统的话语当中叫作"教化"。"教化"和"教育"的不同就在于：通常我们日常说的"教育"都是狭义的，是指的学校教育；"教化"是非常广泛的。那么，这就涉及儒家的"教化"的观念。

我们注意到，这些年来，随着传统文化的复兴、儒学的复兴，我们

---

① 《孟子·滕文公上》。

有各种各样的儒家的教化活动，或者儒学教育活动、国学教育活动；但是，我们注意到，这些教育活动当中，也出现了一些问题。

比如说，讲《三字经》、背《弟子规》，这样的教育，当然，你要说它是儒家的一种教化也可以，但是严格来讲，这应该不属于儒家的教化，因为《三字经》《弟子规》这样的东西，虽然说它们也受到了儒家文化的影响，但它们本身并不是儒家的经典。不仅如此，像《三字经》《弟子规》这样的东西，它主要是对小孩子进行行为规范的教育，而这种行为规范的教育就是我们前边讲的社会规范的教育，包括伦理规范的教育，这样的社会规范、伦理规范，属于儒家讲的"礼"的范畴；而我们前面也讲过，孔子有一个非常重要的思想"礼有损益"，就是说，没有任何一套具体的社会规范、社会制度是永恒的。像《三字经》《弟子规》，里面所讲的很多内容、很多社会规范，都属于古代的、前现代的社会规范，很多东西是不能照搬到今天来的。如果我们没有一种很好的理解，没有一种很好的选择，把这样的东西统统灌输给孩子，这可能是很危险的，教育出来的人，他符合古代的、前现代的生活方式所要求的社会规范，但他可能就不是一个现代人。

所以，我们今天很有必要认真地思考、重新地研究儒家的教化理论。

那么，说到儒家的教化理论，通常我们称之为"什么教、什么教"，比如说"诗教""礼教"等等。这种说法，是出自儒家的经典《礼记》，其中讲到儒家的最早的一批经典，就是所谓的"六经"，它们都具有教化的功能，这叫作"六经之教"。

儒家的"六经"大家都是很熟悉的，包括《诗经》、《书经》（就是《尚书》）、《易经》（就是《周易》），还有"礼"、"乐"、《春秋》。

"礼"有没有《礼经》，或者说曾经有没有《礼经》，现在是没有定论的，我们只知道，今天传世的《十三经注疏》的"十三经"当中，有三部叫作《礼》的经典，但不是《礼经》，那就是我们前边提到的《周礼》《仪礼》《礼记》。"乐"也是这样的，历史上究竟是不是存在过《乐经》这么一部经典，现在也是没有定论的。不过呢，不管《礼经》《乐经》是否存在过，有一条是肯定的，就是：中国的文化传统是"礼乐"文化，就是说，按照我们的文化传统，我们非常重视的就是

"礼"和"乐"——"礼乐"文化。

至于《春秋经》，这大家都是非常熟悉的，是孔子"作《春秋》"①，然后他的弟子或者再传弟子对《春秋经》加以解释，于是又有三部经典，这就是"十三经"当中的另外三部经典：《左传》——《春秋左氏传》，这是一部经典；《春秋公羊传》；《春秋穀梁传》。这叫作"春秋三传"：《春秋左氏传》《春秋公羊传》《春秋穀梁传》。

这是儒家的最早的一批经典：六经。那么，按照儒家的教化理论、教化观念，这六部经典——六经，各有其教化功能：《诗经》的教化叫作"诗教"，《尚书》的教化叫作"书教"，《周易》的教化、《易经》的教化叫作"易教"，礼的教化叫作"礼教"，乐的教化叫作"乐教"，《春秋经》的教化叫作"春秋教"。这就是"六经之教"。那么，我们就具体来看一下这"六经之教"各自具有什么特色、什么特征、什么特点。我们发现，六经各自具有自身的特征、特点，因此它们所体现的教化的功能也有自己各自的特点。

简单地归纳一下，我们可以把六经之教分为三个大类，或者说分为三个大的层级。这三个大的层级，和我们前面讲的思想观念的层级，以及我们前面讲的境界的层级——精神境界、生活境界的层级，都是一一对应的。

关于这种思想观念的层级，我们怎么来划分，它怎么落实在六经之教上面，我们来看一看孔子的一段话，很简洁的一段话。我经常讲，孔子、《论语》的全部的思想，可以用这三句话来概括。孔子讲："兴于诗，立于礼，成于乐。"②什么意思呢？简单解释一下。

"兴于诗"，其中这个"兴"字：兴，起也。所以，我们现代汉语有一个词叫"兴起"。"兴，起也"，它是说的什么在"兴"、什么在"起"呢？"兴于诗，立于礼，成于乐"这三句话，有同样的一个主语，没有讲出来的：都是在说人——说一个人；或者用哲学的话语来讲，即一个主体。他是怎么立起来的？人的主体性是怎么确立起来的？是怎么挺立起来的？而且，在儒家的思想当中，这样的主体性，他是特有所指

---

① 《孟子·滕文公下》。
② 《论语·泰伯》。

的：是指的仁者，就是"仁者爱人"的那个仁者，也就是具有仁爱精神的人。所以，第一句话就是说"兴于诗"，意思是说：一个仁者这样的主体，他是怎么成为仁者的？他是通过一种教化。什么样的教化呢？诗教——"兴于诗"。

进一步的"立于礼"，它的主体也是说的人这样的主体。一个人，他是怎么立起来的呢？靠的是社会规范及其制度。比如说，我们对一个人进行社会规范的教化，包括各种各样的社会规范：家庭的伦理规范、社会其他方面的伦理规范——包括一般的社会道德规范、政治的规范、法律的规范，等等。通过这样的教化，让这个人不仅成为一个仁者，而且更具体地成为一个伦理主体、一个道德主体。这就叫作"立于礼"。

"成于乐"，它的主词、主语也是说的人这样的主体。大家注意这个"成"字。儒家讲，真正的"成人"，就是说，你前面"兴于诗、立于礼"了，但还没有真正的"成人"；真正的"成人"还需要"成于乐"。

这和我们前面讲的境界的观念相对应。大致是这么一个对应关系：

前面讲第一个境界"自发的境界"，也就是孔子讲他"十有五而志于学"之前的那么一个状况，或者是冯友兰先生讲的"自然境界"，这个时候还谈不上"兴于诗"，他还没有"志于学"，还没有自觉地进行教化。

"兴于诗"是对应于第二个境界"自为的境界"，也就是孔子讲的开始"志于学"、进行教化。因为教化可以有两种方式：一种是别人、学校、社会来教育他；另外一种是他自己可以进行自我教育、自我教化，这就是我们常说的自身的修养。"志于学"是说自己有这么一个志向，然后去实现这个志向，这是一种自觉的自我教育、自我教化。所以，"兴于诗"所对应的，是说：一个这样的自觉的主体，他是怎么确立起来的？是通过诗教。这是一个自为的境界。

同样的，"立于礼"，我们前边讲过，"礼"作为社会规范及其制度，也是形而下的东西。"不学礼，无以立"是讲的一个人如何通过遵守并且认同社会规范及其制度，来在社会上立足，甚至进而去重建社会规范、社会制度。这样，他仍然是形而下的。所以，他所对应的仍然是我们的境界说、境界论当中的"自为的境界"。

而"成于乐",那就不同了:最终的"成人",甚至成为圣人,这所对应的是境界论当中的"自如的境界",它所对应的是孔子讲的、"夫子自道"的最后三句话:"五十而知天命,六十而耳顺,七十而从心所欲不逾矩。"这是属于"成于乐"的阶段。

所以,我们再强调一下:孔子的全部的思想,包括他对整个思想观念的不同层级的概括把握,包括他对人生境界的不同层级的把握,包括他对教化的方式、教化的水平的不同层级的把握,都可以通过这么三句话来理解:"兴于诗,立于礼,成于乐。"

那么,具体来讲,这三句话,和我们刚才讲的"六经"以及"六经之教",这两者之间又是怎么样的一种对应关系呢?我们一个一个来看。

先说"兴于诗"。

我们知道,在中国的先秦时代,当时的经典——当时的贵族子弟所熟知的经典,其实是不多的。那个时候的文本,那个时候的古书,你翻开来看,基本上谈两个东西,叫作"诗书"。我刚才讲到,传统文化是"礼乐"文化;现在我又讲,先秦时代,当时人真正作为最高经典的,通常就是"诗书"并提。合起来讲,我们经常看到古人讲"诗书礼乐"。

实际上,在现在的儒家的"十三经"当中,时代最早的只有三部经典,这三部经典就是《诗》《书》《易》——就是《诗经》《尚书》《周易》。但是呢,《周易》就其最早的文本、就是《周易》古经来讲,它其实当时不是作为一个我们今天讲的"经典"意义上的东西。为什么这么讲呢?因为《周易》古经最早的功能是用来占卦的;只是经过战国时代的后世儒者们的改造,才把它哲学化了、义理化了;然后到了汉代、到了汉儒那里,才成为了儒家的经典之首。所以我刚才讲,从纯粹传世文本来讲,最早的是《诗》《书》《易》,而由于《易》最早是占卜之书,所以过去的先秦的文本里面,通常是讲《诗》《书》;也就是说,那个时代对贵族子弟进行教育,或者对人进行教化,如果说有什么文本的、经典的依据,主要就是这两种经典:《诗经》和《尚书》,叫"诗书"。

"六经"这个说法出现得是比较晚的:我们现在能查到的"六经"

这个概括，最早是出现在《庄子》的文本当中，①也就是在战国的中后期了，是比较晚的了。所以，我们现在讲儒家的教化，最早的教化跟"六经"发生一种对应关系的，首先就是《诗》《书》。

1. 兴于诗：本源性的情感教化——诗教

我们现在来谈谈《诗经》。我们知道，孔子——如果你去读《论语》就会发现，孔子特别重视《诗经》，或者说孔子特别重视诗。那个时代的诗是可以演唱的，孔子经常和他的学生演唱《诗经》、演唱诗歌。不仅如此，我们现在还查得到孔子自己做的诗，他本人就是一个诗人。

那么，孔子为什么这么重视诗呢？那就是因为诗有它的特征，有它的特定的功能，特别是特定的教化功能。有一次，他告诉他的学生说：你最近学诗了没有？然后他就说：

> 小子！何莫学夫《诗》？《诗》可以兴，可以观，可以群，可以怨；迩之事父，远之事君；多识于鸟兽草木之名。②

这段话是很有意思的。他谈了三层意思，谈诗的教化作用：

最后一层意思说"多识于鸟兽草木之名"，这就是我们经常说的"学知识"，包括自然的、博物的知识。但是，这在孔子看起来并不是根本的，不是最重要的，他把它放到最后。

中间一层意思讲"迩之事父，远之事君"，就是说，对君、父应该采取怎么样的一种态度，这是可以用诗来进行教化的，是可以从诗中学到；但是，这仍然不是诗的根本。在孔子看起来，这样的教化——事父、事君这样的伦理规范的教化，严格来讲，是属于"礼教"而不是"诗教"的内容。这是我们下面要讲的。

前面讲"《诗》可以兴，可以观，可以群，可以怨"这些，大家注意，孔子把它放在第一位。兴、观、群、怨，这都是讲的一种情感上的表现。

---

① 见《庄子·天运》："孔子谓老聃曰：'丘治诗、书、礼、乐、易、春秋六经……'老子曰：'……夫六经，先王之陈迹也，岂其所以迹哉！……'"
② 《论语·阳货》。

诗是什么啊？诗是情感的表达。诗作为一种艺术——作为一种语言艺术，它是表达情感的。所以，我们今天读《诗经》的解释、注释文本，通常我们读《十三经注疏》里面的《毛诗》，就是汉代的大儒毛亨对《诗》的注释。注释之前，他写了一篇序，叫作《毛诗序》，或者叫作《诗大序》。《诗大序》里面怎么讲诗呢？他说——这是毛亨讲的："诗者，志之所之也……"这是说的你的思想情感，你的一种心理指向："诗者，志之所之也：在心为志，发言为诗；情动于中，而形于言。"大家注意这句话，他说：诗是什么呢？是情、情感。"情动于中而形于言"就是情感：在心里面有了情感，然后把它"形于言"——表现在语言当中，表现在诗的语言当中，就成为诗歌了。所以，这话说得很清楚的：诗就是情感的表达。

我再举个例子来讲，六朝的时候，有一篇很重要的文学理论作品，叫《文赋》。《文赋》里面有两句话，说："诗缘情而绮靡，赋体物而浏亮。"注意，它一上来就讲"诗缘情"：诗是怎么来的？是由于情感。

诗是由于情感；没有情感就没有诗。诗是表达情感的，因此，所谓"诗教"，并不是说让我们去学习如何作诗，并不是说我们背一些诗就完了；"诗教"的本质是"情教"，是情感教育，是情感教化。

这个情感当然是很广泛的，我们读《诗经》或者历代诗歌，就会发现，有各种各样的情感的表达。比如说，我古代有"七情"的说法——"喜怒哀惧爱恶欲"。再比如说，像"四书"之一的《中庸》，开篇就讲"喜怒哀乐之未发，谓之中"。喜怒哀乐也是情感。

但是，我们要注意，儒家讲情感，孔子讲情感，特别重视的是什么情感呢？仁爱的情感，"仁者爱人"的情感。这是儒家的根本，儒学的核心。在孔子看来，在儒家看来，诗是仁爱情感的表现；或者说，诗是爱的表现。正因为如此，所以我们可以通过学诗来学到爱的情感。

那么，这儒家的思想——爱的情感，就是：一个人是能够爱别人的，是能爱的；用孟子的话来讲，这叫"良能"——"不学而能"的良能。孟子讲："人之所不学而能者，其良能也；所不虑而知者，其良知也。"①就是：这样的能力，是你天然地固有的。

---

① 《孟子·尽心上》。

比如我多次提到的，孟子讲："今人乍见孺子将入于井，皆有怵惕恻隐之心。"这样的"怵惕恻隐之心""不忍之心"是人人都具有的，但是呢，在现实经验的环境当中，我们由于受到外物的、外界的各种浸染，可能会遮蔽——多多少少地遮蔽这样的良能，这样的本真的、本然的情感，本然的爱的能力。这种情况，用孟子的话来讲，叫"茅塞其心"①，所以需要"顿开茅塞"；或者用荀子的话来讲，这叫作"物蔽"——受到外物的遮蔽，叫作"物蔽"，所以荀子专门写了《解蔽篇》，就是要"解蔽"——把它解开，把它打开，打开这个遮蔽，恢复到你的本然的良知、本然的良能。

我们为什么需要进行教育？为什么需要对人进行教化？为什么需要诗教？根本原因就是：通过诗教，通过这样的教化，重新唤醒人的爱，唤起他的爱的能力。所以我们说：诗教，本质上它其实就是情感教育，或者情感的教化这样一种教化方式。

2. 立于礼：形下到形上的主体教化——礼教、书教、春秋教和易教

刚才是讲的"诗教"——"兴于诗"。下面我们讲"立于礼"。与"立于礼"有关的有这么几种教化，涉及《书经》——《尚书》的"书教"、涉及"礼"的"礼教"、涉及《春秋》的"春秋教"和涉及《周易》的"易教"。

（1）形而下的礼教、书教和春秋教

我们前面讲过，"礼"在儒家的话语当中所指的是什么呢？是社会规范及其制度，或者讲，是社会的伦理规范以及它的制度化。所以，"礼教"的重要的内容，是指的社会规范的教育、伦理的教育。

另外还有一种教化"书教"，它所涉及的儒家经典，就是我们刚才讲的《尚书》。《尚书》是一部什么书呢？用今天的话语来讲，它是一本历史的著作。这个历史的著作，它主要的内容，是记载了虞、夏、商、周历代的历史的文档、历史的文献。这一历史文档、历史文献，所涉及的最重要、最主要的内容，也涉及伦理规范，但同时也涉及它记录的很多政治活动，涉及政治哲学。所以，我们可以这么讲："书教"这么一种教化，主要内容是伦理的教化、政治的教化。

---

① 《孟子·尽心下》。

"春秋教"也是这样的,《春秋》也是一部历史著作,是孔子所作的;它通过记载历史,所传达的主要观念也是政治哲学的观念。所以,我们可以说:"春秋教",它的主要功能也是政治教化。《春秋》是讲什么的呢?是讲王道政治的。这个王道政治,其实就是说的我们前面讲过的:中国社会从王权时代转向皇权时代,这么一个时代转型当中,我们要建构一种什么样的政治哲学?建构一种什么样的政治理念?是讲这个问题的。王道政治,或者说孟子讲的"仁政",主要讲这个内容的。

所以,我前面讲的关于《尚书》的"书教",关于礼的"礼教",关于《春秋经》的"春秋教",它们所涉及的主要的教化内容,都是指的伦理规范和政治规范的教化,是伦理教育,是政治教育。那么,我们知道,这样的伦理教育、政治教育,也是属于形而下的范畴,不是形而上的范畴。

(2) 形而上的易教

再接下来是《周易》。关于《周易》的"易教",这个问题就要复杂一点了。我们刚才提到,《周易》这个书,最早的时候,它是占卜用的,是占卦之书、占筮之书;然后呢,经过战国时代的儒者们的集体改编、集体创造,把它改造成了一部哲学的著作、义理的著作。因此,我们今天看到的传世的《周易》这个文本,它是由两个部分构成的:一部分是《易经》,另一部分是《易传》;我们叫作《周易》古经、《周易》大传。

A. 易教中的神教

《周易》古经时代是最早的,多数学者认为应该是在殷周之际、商周之际成书的。它本身的功能,就是我们刚才讲的占卦用的。简单来讲,那个时候的人,在生活中,特别在国家大事中,遇到了问题,拿不定主意,那么怎么办呢?自己没法做出决策、做出决断,就问神,向神卜问。问神,怎么问呢?有两种方式:一种是什么呢?龟卜。另外一种就是跟《周易》有关的:占筮,或叫蓍筮,就是占卦。所以说,《周易》这本书,《周易》古经这个部分,它是占卦、占筮之书。

那问题是:这样的占筮之书,它在思想观念上最重要的特征是什么呢?很显然,它设定了一个至上神;换句话说,它和宗教有密切的关系。我们在生活中遇到了疑难问题,没法解决,我们问神,通过占卦这么一种方式去问神；神通过这个占卦的结果，告诉我们应该怎么办，告诉我们：这个事做了或者不做，它的吉凶休咎会怎么样。然后我们按照神的旨意去执行、去做。这是《周易》古经占卦的一个基本的观念。

所以，如果说我们所说的与《周易》相关的"易教"是指的《周易》古经这个部分，那么，我们会说：这其实是一种宗教的教化，是一种"神道设教"①。

B. 易教中的理教

但是，我们刚才讲了，我们今天看到的《周易》还有另外一个部分，它是经过儒家——战国时代的儒者改造过的，就是《周易》大传这个部分——《易传》这个部分。这个部分就不再是宗教意义的，不再是占筮之书；是儒家把它改造成了义理之书，就是讲道理的，讲哲理的，讲哲学的。《易传》里面所讲的"神"，不是说的我们今天讲的那么一种神，而是什么神呢？"阴阳不测之谓神"②，是说的"阴阳"。

《周易》是讲阴阳的，阴阳是说的有一种普遍的、形而上的规律性的东西，它决定了一切事物。这其实是哲学上的本体概念。《周易》讲"一阴一阳之谓道"③"阴阳不测之谓神"，所以，它和《周易》古经——占卦的那个古经讲的那个"神"不是一回事，这是哲学化了、理性化了的。

那么，具体来讲，《周易》大传——哲学化的《周易》大传，它所涉及的内容有两个层面。它建构了一整套的思想观念，这套思想观念包括两个层面：一个层面，就是它首先建构了一套形上学，建构了一套本体论的形上学，建构了一个宇宙论的模式，用来解释一切东西、宇宙世界、万世万物。那么，它建构这套形上学来干什么的呢？还是为了解决形而下的问题。而这些形而下的问题，简单来讲，也不外乎：它主要是讲的伦理政治的问题。所以，我们读《周易》大传，你会发现，它有一个基本的思维模式，这个思维模式就是讲的：天道如何，所以人道也应当如何；人道应该效法天道。大概就是这么一个模式。

那么，天道如何？天道就是刚才讲的"一阴一阳之谓道"。这就是

---

① 《周易·观象传》。
② 《周易·系辞上传》。
③ 同上。

天道："一阴一阳之谓道"；还有一个表达："天地之大德曰生"①。天地的最高的德行，世界的本体的最高的德行，就是"生"。什么是"生"呢？就是《周易》的"生生之谓易"②。那么，因为《周易》的《易传》是儒家的作品，它讲的这个"生生"，讲的"天地之大德曰生"，其实说白了，还是讲的儒家的仁爱；只不过它是把我们原来所理解的人的一种本真的本然的情感，提升到了一个形而上者的高度。

简单来讲，按照《周易》大传的思想，就是仁爱。我们前面讲到，这个"仁"字的结构是说的两人之间的一种情感关系；两者之间的这个关系，现在转化为了阴阳之间的关系。《周易》里面甚至讲到男女之间的这种情、夫妇之间的这种情如何"化生万物"③。这是儒家的一个非常重要的思想：仁爱创造万物。"仁爱创造万物"这么一种思想，这是我们前面讲过的：我们讲《中庸》"诚"的时候讲过这个意思。

所以，从教化的角度看，我们刚才讲的作为占卜之书的《周易》古经这个"易教"是一种"神教"——神学的"神"、宗教的"教"——神学宗教；如果说《周易》古经所涉及的教化是一种神教，那么，《周易》大传这个哲学化、义理化了的文本，它所涉及的教化，它的形上学、形下学，都在讲一套道理，我们可以把它叫作"理教"。但是，这是道理的"理"，不是仁义礼智的那个"礼"。换句话说，《周易》——整个的《周易》，作为一套易教的文本，它的教化所涉及的，有神教，是宗教性的；有理教，是哲学化的。

从另外一个维度来分析，它既涉及形而上者，也涉及形而下者。那么，就形而上者来讲，它有两种形而上者：《周易》古经，占卜之书，它所涉及的形而上者是一个神性的存在者，就是上帝这样的存在者；而《周易》大传，它所涉及的形而上者，就不再是神性的，而是理性的存在者，它的本体是理性的本体，是哲学的本体。这就是神教、理教。

由此看来，与《周易》——整部《周易》相关的"易教"情况非常的复杂，它涉及我们前面讲的伦理政治这样的形下的教化，也涉及形

---

① 《周易·系辞下传》。
② 《周易·系辞上传》。
③ 《易传》之《咸彖传》与《系辞下传》。

而上者——本体的存在甚至神的存在这样的一种教化。

由此我们想到一个问题，这个问题具有很强的现实意义，就是宗教问题。这些年，我们发现，宗教好像在中国正在复兴。那么，在这个复兴的过程当中，也出现了非常多的问题。宗教是要进行教化的。我们知道，它是要进行教化的；但在这样的教化过程当中，也会出现问题。所以，我们今天要重新研究、仔细研究儒家的教化理论、教化思想。

3. 成于乐：溯源性的情感教化——乐教

刚才我们讲了儒家的几种教化，它们所涉及、所对应的是孔子讲的"兴于诗，立于礼，成于乐"里面的"立于礼"这么一个层面；孔子还讲了一句话"成于乐"。"成于乐"，这叫作"乐教"。

我刚才讲，历史上是不是真的存在过《乐经》这么一部文本、一部经典，这不重要；重要的是我们的文化传统是"礼乐"文化，我们始终重视"礼乐"、强调"礼乐"。那么，礼和乐是什么关系呢？

"礼"，我们前面讲了，它是指的社会规范及其制度。但是，现在我们把它和乐联系起来分析的时候，你会发现，礼和乐各有其侧重点：礼的功能叫作"别异"，乐的功能叫作"合同"。"礼别异，乐合同"①，什么意思呢？就是说：礼所关注的问题，是我们的一个社会共同体的群体生存的秩序。为了维护这个秩序，我们才需要建构一套社会规范、社会制度。但你会发现，我们建构社会规范、社会制度，它有一个特征，就是对人进行区分、划分、分类。只有通过对人加以横向的、纵向的分类，对群体加以分类，才可能让这个群体有序化，才可能建构一个秩序。这就是礼的一个特征。

举例来讲，我们现代社会主张人是平等的，平等固然是平等，这个观点当然是正确的，是我们今天应该普及、贯彻的；但是，平等不等于是乌合之众、没有秩序的，平等不等于是没有科层区分的。它是有层级区分的。就拿我现在的职业来讲，你笼统地讲我是大学教师，当然也可以，但是实际上，大学教师是分了十多个档次的，大家熟悉的，分得简单一点：从助教到讲师，到副教授，然后到教授；教授里面又分四级，等等。这就是科层制度。

---

① 见《荀子·乐论》："乐合同，礼别异。"

任何一个有序化的系统，它都面对着一个基本问题，就是层级的划分；没有这个科层的划分，就不可能有系统的存在，就不可能有秩序。所以，在这个意义上，礼，它的特征就是区分性的，把人加以区分，对人进行划分，包括你的职位，包括你的方方面面的角色，都进行划分。

但是，划分的结果，是把人和人之间区隔开来。这个取向，它其实是与和谐相悖的，因为不同角色之间会发生冲突：发生利益的冲突，或者心理上的冲突。所以，需要"乐"来加以调整："乐合同"；"乐者，和也"①。

"乐"不仅仅是指的音乐，扩大开来讲，广义的"乐"是说的任何一种艺术形式；更广义地讲，是指的任何一种达成和谐状态的手段，都叫"乐"，它是非常广义的。我们在礼的基础上，在对人进行划分、区分的基础上，要求得一个和谐，就需要一种特定的形式。当然，这种特定的形式，最典型的是艺术。所以，儒家特别重视乐教，特别重视艺术。这是儒家的一个传统，这就是"礼乐"文化——礼和乐之间的关系。

这个"乐"落实到教化上，它所突出的、它所强调的乐教的功能，就是"和"："乐者，和也"；"乐（yuè）者，乐（lè）也"②。所以我们说"乐和""和乐"。这是它突出的、它要达到的效果："乐者，和也"；"乐者，乐也"。

"和乐"其实也是一种情绪，是一种情感。于是乎你就会发现：我们开头讲"诗教"的时候，说诗教其实是一种"情教"，是一种情感的教化、情感的教育；现在我们说"乐教"，其实也是一种情感的教化、情感的教育，乐教也是一种"情教"。那么，这两者有什么区别呢？有什么区分呢？

"诗教""兴于诗"，那是开端，它是培养我们最朴素的爱的情感。这样的教育特别适合于小孩子：青少年、儿童。所以我们说，对小孩子的教育，最重要的其实不是知识，最重要的甚至不是伦理，更不是法制教育；对小孩子的教育，最重要的而且最有效的，是情感教育，是

---

① 见《礼记·乐记》："乐者，天地之和也。"
② 《荀子·乐论》。

诗教。

但是，这并不意味着有这样一种对小孩子的朴素的情感教育、艺术教育就够了；我们还是要对他们进行伦理的教育、道德的教育、社会规范的教育、政治的教育、历史的教育，甚至宗教的教育，等等。这说明，仅仅有开始的情教——诗教是不够的。但是当我们进行了后面这些教育的时候，特别是进行礼教——就是仁义礼智这个"礼"——这么一种礼教之后，再进行伦理教育的时候，我们对社会进行划分，对人的角色进行划分，对人的身份进行划分，分层分级，等等，这其实也会造成一些不好的后果；它固然是必要的，但它不是究竟，它其实会造成人和人之间的疏离感甚至是冲突。所以，我们还需要在更高的层次上重新回到情感教育上去。"乐教"，就是孔子讲的"成于乐"，这才是教化的最终的完成——"成"于"乐"。

所以，"兴于诗，立于礼，成于乐"，孔子这三句话，和我们讲的六经之教，它们是有一种对应关系的。

（三）信仰的进阶

好，最后我们再讲一个问题：信仰的进阶。这个问题，我刚才提到了，其实就是一个宗教信仰的问题。

这些年来，宗教在中国有一种复兴的态势，包括中国的传统的佛教、道教，还有其他宗教，也包括外来的比如说基督教、天主教、新教等等。现在基督教、天主教在中国的传播非常厉害。那么，我们究竟应该如何来看待这些问题、这些现象？儒家如何看待这些问题、这些现象？

这是关于宗教信仰的问题，那么，根据我们刚才"六经之教"的分析，我们大致可以这样讲：儒家并不反对宗教；当然，儒家整个的儒学也不等于就是宗教。前几年我曾经跟一批学者发生过一场论战。[①]这批儒家学者，他们希望把儒学改造成一个典型的现代宗教——在民政部注册的正式的宗教，比如我刚才提到的基督教、天主教、伊斯兰教、佛教、道教等。这是他们的一个意图、一个愿望。我和他们发生论战，是

---

① 参见黄玉顺主编《庚寅"儒教"问题争鸣录》，河南人民出版社2011年版。

我反对这样做。反对，是因为我认为，儒学整体上不能等于是宗教。当然，我也不否认儒学是具有宗教性的，是具有宗教的功能的；但它不等于宗教。

1. 初阶信仰：神教的信仰

儒学具有宗教的功能，从我刚才分析的"六经之教"就看得出来：在六经之教当中，跟《周易》相关的"易教"，其中就涉及对上帝的信仰。我刚才提到：你为什么要占卦呢？是因为你相信有一个神，它可以解决你的疑难问题，所以你向它占问，向它问卦，希望它回答、解决你的问题。因为这个《周易》，它是属于儒家经典之一，这就涉及儒家的儒学的宗教性问题，就是说，儒学具有宗教性。

但是，它不等于宗教。我们刚才分析儒家六经之教，就看得出来这一点：它只是儒家六经之教里面所涉及的一个层面，远远不是全部。这个占卦的《易经》，后来被儒家改造成一个哲学化、义理化的《易传》，这意味着儒家超越了宗教，用理性超越了宗教；也就是说，这个"理教"——讲道理的"理"，这个"理教"超越了"神教"。理教超越了神教，因此，真正的大儒，那些一流的大儒，他们是不信神的。

孔子自己就是这样。《论语》里面讲，孔子这个人，"不语怪力乱神"①。孔子那个时代，人们都是信神的，那么，孔子在这一点上是超越时代的。他至多就讲：我在参加祭祀的时候，"祭神如神在"②。似乎那个神是在的："祭神如神在。"那即便这个"如神在"，孔子也讲，要"敬鬼神而远之"③。"敬鬼神而远之"，这是孔子的态度。

另外一个大儒荀子，说过一句话，也是很有意思的，他说：宗教这样的或者神这样的东西，"君子以为文，百姓以为神"④。意思就是说：对于广大的大众来讲，神教或者宗教——狭义的宗教这么一种教化，可能是有它的一定的必要性的；但是，它不是我们信仰的更高的境界。

2. 中阶信仰：理教的信仰

根据我对儒家思想的研究，我把儒家讲的信仰分为三个进阶：

---

① 见《论语·述而》。
② 见《论语·八佾》。
③ 见《论语·雍也》。
④ 见《荀子·天论》。

在我看来，占卦，或者我们今天讲的宗教这种神教，它只是"初阶信仰"。初阶信仰有一个特点，就是相信一个神性的形而上者，或者更通俗地讲，相信一个偶像可以决定我们的命运。这只是初阶信仰。

更高的信仰，我把它叫作"中阶信仰"，就是我刚才讲的，我们把《周易》义理化。把《周易》义理化了，讲出一番道理来，特别是形而上学的道理，这是理性的信仰。理性的信仰，所信仰的不是神性的偶像；它所信仰的是一种理性的本体，而且这种理性的本体，说白了，在儒家那里，它其实是把仁爱的情感本体化、形而上者化，比如《周易·易传》里面讲的"阴阳""乾坤"这套东西。

我们中国儒家学者相信的，是这样一种信仰的对象：世界的本体。而且，随着儒学的进一步发展，儒家认为，世界的本体就是我的心性的本体。所以，陆九渊讲："宇宙便是吾心，吾心即是宇宙。"①或者如王阳明讲："心外无事，心外无物，心外无理。"②这个"心"不是说的张三李四这个人的心，而是大心；宇宙之大心，就是哲学上的本体，但同时也是我们每一个人的心性本体。

我们对这样的本体的信仰，其实是很熟悉的：在传统的中国社会，老百姓可能会信各种各样的神，但是，他最信的是什么？他经常挂在嘴边上的是什么？天理良心。天理、良心不是两个东西；良心就是天理，天理就是良心；这是本体，是自己的本体，也是宇宙的本体。这就是理教的信仰。

3. 高阶信仰：情教的信仰

但是，据我的研究，理教的信仰其实还不是儒家的最高信仰，不是"高阶信仰"，因为我们仍然在相信一个偶像，尽管这个偶像不是神性的偶像；或者像我们前面讲的，"立于礼"之后，我们还要"成于乐"，还要重新回归到本源性的、本真的情感上去。

其实，说白了，这个"天理良心"，在儒家的话语当中，不过是我们本真的情、本真的爱、真正的仁爱情感；我们把它形上学化了，把它本体化了，把它提升为了宇宙万物的本体，其实，它就是我们的"良

---

① 陆九渊：《陆九渊集》卷36。
② 王守仁：《传习录上》。

能"——我们的天然的爱的情感、爱的能力。

所以,我刚才讲"成于乐",讲"乐教"。乐教,所诉诸的其实就是我说的"高阶信仰"——最高的信仰。最高的信仰不仅克服了神性的偶像,而且克服了玄学的、哲学的这套玩意儿,这套本体论、形上学的东西,我们回归本真的情感——重新回复我们最本真的爱的情感。

4. 只有爱能拯救我们

讲到宗教的问题,宗教是干什么的呢?宗教是要讲救赎的,讲拯救的。宗教的一个基本的预设,是说我们现实的、生活于其中的世界是有问题的,问题很大;我们现实的生活,是需要拯救的。这是宗教的一个基本的预设。所以宗教要讲救赎。

而且很有意思的是,宗教讲的救赎,它有一个共同点,有一种比喻,就是:我们现实的生活是此岸;我们要救赎、拯救自身,我们得离开此岸,到彼岸去,要渡过一条河。所以,比如说佛教,讲"渡"——渡己、渡人,它也是这么一个比喻:要到彼岸去。所有的宗教都有这么一个观念,就是"渡",也叫作"济"——救济的"济"。为什么有"救济"这个词呢?要"救"——要拯救,就是要把他"渡"到或者"济"到对岸去。就是济南的"济",三点水一个"齐"这个"济"。这是宗教的一个共同的比喻。

这个比喻,它基于几个基本的假设。就是说,我们现实的、生活于其中的这个世界,它不是不朽的,而是暂时的;而有一个彼岸世界,它是永恒的。这是宗教的一个设定。不仅如此,彼岸世界有一个至上神,他也是永恒的,是不朽的;那么,比起这个至上神来讲,我们现实世界当中的每一个人,我们的灵魂,如果你不到对岸、彼岸去,你也不能永恒,你是速朽的、很快就要毁灭的。只有我们渡过了这条河,到了彼岸的永恒世界,我们的灵魂才能够永恒,跟那个至上神一样的永恒。

这是宗教当中普遍存在的一种救赎的观念。简单来讲就是:对我们生活于其中的现实生活的否定。当然,从宗教的历史看,这种观念,它具有现实的批判性,有它的积极的意义;但是随着科学的发展、理性的发展,我们越来越怀疑所谓的彼岸世界的存在。

而且,对于中国文化传统来讲,那个彼岸世界一直是受到质疑的。

比如庄子讲:"六合之外,圣人存而不论。"①那种彼岸世界——跟我们现实世界、此岸世界无关的永恒的彼岸世界,我们不知道,存而不论。庄子当然是道家的,但是他不是道教的,他不是宗教的,所以他对彼岸世界的永恒是否定的。儒家也是这样。我刚才讲,孔子"不语怪力乱神""敬鬼神而远之",也是这么一种疏远的态度、质疑的态度。中国的文化传统,不管是儒家、还是道家,他们认为:固然,我们的现实生活、现实世界存在种种的问题,但是,问题的解决不能寄希望于那个彼岸世界,还是要在当下解决,还是要在我们现实的生活中去解决,改变这个现实世界,改变这个生活本身。

这是中国文化的一个基本的精神,它跟西方的基督教文化、神学文化是很不同的。这让我想起大家很熟悉的《国际歌》。以前天天唱《国际歌》,现在很少听到唱了。《国际歌》里面有几句话,我觉得唱得挺好的:"从来就没有救世主,也不靠神仙皇帝;要创造人类的幸福,全靠我们自己。"这其实也是儒家的态度:我们只能自己拯救自己,自己救赎自己。

怎么救呢?就是我们前面讲的"境界"的观念:我们提升我们自身的境界。通过提升我们自身的境界,然后去改变这个世界。这是儒家的理论当中的两个方面,就是叫作"内圣外王"的这么一个基本的结构。"内圣外王之道","内圣"是说的我们自我的修养,通过教化、通过修养提升我们的境界;"外王"是说我们由此出发,去改变生活,改变世界,通过改变世界来拯救这个世界。通过我们自我的教化、自我的修养、境界的提升来拯救我们自身,这叫作"内圣外王之道"。

说一千道一万,总之,我们进行境界的提升也好,进行教化也好,归根到底,在儒家的思想当中,一切的一切的出发点和落脚点,一切的开端和归宿,就是仁爱。所以我说:仁爱在儒家思想体系当中的地位,相当于上帝在基督教神学体系当中的地位。

20世纪德国有一个著名的思想家海德格尔,说过一句话。他对现实非常失望,他说:只有一个上帝能够拯救我们。但是,对于我们来讲,没有神仙皇帝,全靠我们自己。对儒家来讲,不是"唯有上帝能够

---

① 《庄子·齐物论》。

拯救我们",而是唯有仁爱能够拯救我们;或者更简洁地讲:只有爱能够拯救我们。

结　语

好,以上就是我所讲的生活儒学。

生活儒学的三个大的问题、大的层面,始终有一点贯穿其中,这就是儒家所讲的"仁爱",或者更简洁地讲,就是"爱"。因此,如果说我们的生活、我们的世界存在着种种的问题,那么,我经常爱讲的这么一句话,可以作为我们这么一个讲座的结束语:

只有爱能拯救我们!

第二编

中国正义论

"中国正义论——中国古典制度伦理学"系列研究项目情况介绍[*]

各位专家：

上午好！现在我简要汇报一下本项目的基本情况。

本课题"中国正义论——中国古典制度伦理学"系列研究，是一系列基础性研究和应用性研究的总称，意在围绕关于社会规范建构及其制度安排的"正义原则"问题，通过对"中国古典制度伦理学"，尤其是"儒家制度伦理学"思想资源的发掘，重建"中国正义论"，以回应"西方正义论"，为解决当代社会正义问题提供中国传统思想资源。

一　本课题的必要性及其意义

首先，本课题具有重大的现实意义。中国正义论——中国古典制度伦理学的研究不仅仅是一个理论问题，更是一个迫切的现实问题。不论在当今世界，还是在当今中国，正义问题都是一个热点问题。

就国内情况看，社会生活中存在着若干不正义、不公正、不公平的现象；因此，我国政府已将解决社会正义、社会公正、社会公平问题列

---

[*] 原载《当代儒学》第4辑，广西师范大学出版社2013年版。这是笔者于2012年6月30日在山东大学儒学高等研究院重大项目"中国正义论——中国古典制度伦理学系列研究"启动仪式上的报告。来自美国夏威夷大学、北京大学、中国社会科学院、中国人民大学、复旦大学、北京外国语大学、山东大学、中国哲学史学会、中国伦理学会、中华孔子学会、《中国社会科学》杂志社、《哲学研究》杂志社等高校、研究机构和期刊的专家学者、师生等共40多人出席了启动仪式。参见《在山东大学儒学高等研究院重大项目"中国正义论——中国古典制度伦理学"系列研究启动仪式上的专家发言》，《当代儒学》第4辑，广西师范大学出版社2013年版。

为政府的一项基本的执政任务。但要在中国社会推进正义，显然决不能以西方正义论为标准，而应当着力研究中国正义论及其当代意义。

就国际情况看，当今世界更存在着严重的不正义、不公正、不公平现象。尤其值得警惕的，乃是某些以西方的正义论及其价值观之名，而行其不正义、不公正、不公平之实的现象。这种严峻的国际政治经济态势，迫切地需要我们以中国正义论加以应对。可以这样说："中国正义论"乃是中国"软实力"的核心之一，因为中国正义论乃是中国价值观的一种集中体现。因此，"中国正义论——中国古典制度伦理学"的研究乃是一项紧迫的现实任务。现有的西化的正义理论研究，对于解决现实生活中的正义问题，尤其是国际正义问题来说，未必能够提供应有的思想理论的支撑、价值观念的支持。例如，尚未过去的国际金融危机所昭示与要求的重建国际经济秩序的问题，就迫切地需要我们重新研究中国古典制度伦理学，并旗帜鲜明地提出"中国正义论"。

其次，本课题具有重要的思想理论意义、学术价值。从理论上看，现有的研究主要是由美国学者罗尔斯（J. Rawls）的《正义论》（*A Theory of Justice*）所引发的，实质上只是一种"西方正义论"——西方制度伦理学的研究。这种研究不仅囿于西方学术的问题意识、思想视域，而且就其价值观念的实质而论，其实在某种程度上是在表达着西方的正义话语、转达着西方的正义观念、传达着西方的正义立场。换句话说，这是"中国正义论"——中国古典制度伦理学的缺席。

自近代"西学东渐"以来，"中国正义论"这个由周公、孔子、孟子、荀子等所开启的博大精深而源远流长的传统竟被遗忘了，其结果是一种"集体失语"：在今日的思想界、学术界，在关于正义的理论问题研究、现实问题讨论中，处处充斥着西方正义论，再也没有了中国正义论的踪迹。这是很不正常的。

事实上，西方正义论只是人类正义观的一种形态而已，正如中国正义论也同样是人类正义观的一种形态。正义问题固然具有普遍性，然而对于正义问题的理解与解释、问题的解决方式乃至于问题的提出方式，却总是具有特殊性的，这一切与现代民族国家（nation）的文化传统、现实状况密切相关。假如所谓"正义论"仅仅意味着"西方正义论"，那么这种正义理论必定是偏颇的。因此，"中国正义论"的重新发掘、研究、阐释，意味着对目前这种偏颇状况的矫正。这就是说，对于建构一种真正普世的、健全的一般正义论来说，重建"中国正义论"显然是一项具有极其重要的理论意义的研究工作。目前，随着国际国内对中国文化传统的普遍价值及其现代意义的认知度、认同度的逐步提升，"中国正义论——中国古典制度伦理学"的研究应当并且必将成为一个极其重要、极富前景的学术方向。

鉴于上述意义，近年来，已有一些学者进行过关于儒家的社会正义思想的研究，如蒙培元先生、万俊人教授、郭齐勇教授、干春松教授、颜炳罡教授、陈明教授、白彤东教授、石永之副研究员等一些学者，都发表过相关论文。但总的来看，目前的相关研究还需要进一步推进，尤其需要旗帜鲜明地提出"中国正义论"、目标明确地重建"中国古典制度伦理学"或"儒家制度伦理学"的完整的理论体系，并用以回应当今世界和当代社会的正义问题。

二　本课题的可行性及其前期成果

几年前曾有人发出这样的疑问："中国有正义论吗？"然而事实上，制度伦理问题、正义理论问题从来就是中国哲学尤其是儒学的基本课题，那就是关于"礼"与"义"或者"礼法"与"正义"，以及"仁义""义利"的思想学术传统。在中国话语中，"礼"是涵盖所有一切社会规范及其制度的范畴，而"义"就是社会规范及其制度所应遵循的基本价值原则，它们之间的关系就是孔子所说的"义以为质，礼以行之"①。众所周知，儒学的基本课题就是探究"仁""义""礼"及其关系；这里，"义"是"仁"与"礼"之间的枢纽。就其对"仁"的根本地位的强调而论，儒学就是"仁学"；就其对"礼"的制度规范建构的关注而论，儒学就是"礼学"，也就是一种制度伦理学；就其对"义"的原则确立的重视而论，儒学则是"义学"，也就是一种社会正义论。

---

① 《论语·卫灵公》。

这种作为中国正义范畴的"义",早在先秦时代就已经被荀子直接表述为"正义"了,他说:"正义而为谓之行","'从道不从君',故正义之臣设,则朝廷不颇",等等。

为此,必须阐明一个问题:中国正义论和西方正义论之间,存在着可对应性和非等同性;汉语的"义"或"正义"和西语的"justice"之间就存在着这种可对应性和非等同性。汉语当中与西语"justice"(正义)直接对应的词语,正是"义"或"正义",唯其如此,我们才能用汉语固有的"正义"一词来翻译西语的"justice"。唯其存在着可对应性,两者之间才是可以比较的;唯其存在着非等同性,两者之间才是值得比较的。

两者之间的可对应性表现在:汉语"义"和西语"justice"一样,都具有这样的基本语义:它指一种基本的价值原则,人们就是根据这种原则来进行社会规范建构及其制度安排的。因此,汉语学术中的"义→礼"思想结构和西语学术中的"justice principle → social system"思想结构之间是同构的。简言之,正义论、制度伦理学的基本问题就是:社会规范的建构及其制度的安排,是根据什么样的原则进行的?这个原则就是"义"或者"justice"。

在这个意义上,罗尔斯的正义论其实并未提出任何正义原则。我们这样讲的根据是:他所谓"正义原则"是某种"初始契约",而我们知道,不论是初始契约还是后继契约,都是契约,即都是属于制度规范的范畴,而非制度规范赖以建立的先行原则。罗尔斯其实是把现代性的某些基本社会规范误认为是正义原则了。按照罗尔斯正义论的逻辑,除西方现代制度外,人类历史上曾经存在过的所有制度都是不正义的。这显然是不能令人接受的结论。因此,罗尔斯的正义论只适用于某种现代生存方式,而不具有真正意义上的"普适性",亦即不能解释古今中外所有一切社会制度何以可能。

两者之间的非等同性表现在:汉语"义"和西语"justice"之间在语义上存在着许多重大的区别(兹不赘述),其中最根本的区别是:

(1)在汉语学术中,"义"是由"仁"决定的,亦即"仁→义"

的理论结构，亦即孟子所说的"亦有仁义而已"①；正义原则中的正当性原则，意味着在制度规范建构中应当超越差等之爱、追求一体之仁，这也就是儒家倡导的"推己及人""推人及物"的原则。而在西方学术中，正义原则在多数情况下则仅仅被理解为一种理性原则，而理性与情感是对立的，因而正义原则与仁爱这样的情感无关；制度规范的建构只是人们理性地进行利益博弈的结果，这一点正是西方现代制度中存在的种种问题的重要根源之一。

（2）汉语的"义"不仅仅意味着上述的正当性原则，而且意味着适宜性原则，亦即《中庸》所说："义者，宜也。"这是西方正义论所缺乏的一种视野。制度规范的适宜性取决于具体的生活方式，而生活方式因存在着历时的差异而要求时宜性，又因存在着共时的差异而要求地宜性，这就是说，某种具体的制度规范并非在任何时候和任何地方都是适宜的。例如，我们记得，柏拉图反对民主制，判定这种制度是不正义的；但是，我们今天并不反对民主制，同时也不因此抹杀柏拉图的基本思想的意义。

鉴于上述，本课题的研究是可行的，研究中国正义论，并将其与西方正义论加以比较研究也是值得的。

不仅如此，我们的这种研究工作已经取得了若干前期成果：

（1）《儒学与制度之关系的生活渊源》，《中国图书评论》2007年第3期。

（2）《"刑"与"直"：礼法与情感——孔子究竟如何看待"证父攘羊"》，《哲学动态》2007年第11期。

（3）《大汉帝国的正义观念及其现代启示——〈白虎通义〉之"义"的诠释》，《齐鲁学刊》2008年第6期；人大复印资料《中国哲学》2009年第1期全文转载。

（4）《中国"大一统"的"三时一贯"论》，《学海》2009年第1期。

（5）《危机还是契机？——当前金融危机与儒家正义原则之思考》，《阴山学刊》2009年第1期。

---

① 《孟子·梁惠王上》。

（6）《中国正义论纲要》，《四川大学学报》2009年第5期；人大复印资料《伦理学》2010年第1期全文转载。

（7）《孟子正义论新解》，《人文杂志》2009年第5期。

（8）《"民本"的"人民主权"实质及其正义原则——周公政治哲学的解读》，《河北学刊》2010年第3期；人大复印资料《中国哲学》2010年第7期全文转载。

（9）《孔子的正义论》，《中国社科院研究生院学报》2010年第2期。

（10）《中国正义论——儒家制度伦理学的当代政治效应》，《文化纵横》2010年第4期。

（11）《仁爱以制礼，正义以变法：从〈商君书〉看法家的儒家思想渊源及其变异》，《哲学动态》2010年第5期。

（12）《制度规范之正当性与适宜性——〈周易〉社会正义思想研究》，载《价值论与伦理学研究》2010年卷，湖北人民出版社2010年版。

（13）《生活儒学的正义理论》，《当代儒学》第1辑，广西师范大学出版社2011年版。

（14）《"周礼"现代价值究竟何在——〈周礼〉社会正义观念诠释》，《学术界》2011年第6期。

（15）《中国正义论的重建——生活儒学的制度伦理学思考》，《文史哲》2011年第6期。

（16）《荀子的社会正义理论》，《社会科学研究》2012年第3期。

三　本课题的长远设计和近期规划

（一）本课题的长远系统工程设计

1. 历史的研究

① 通史性的，如"中国正义论史"，或者"中国制度伦理学史"研究；

② 断代性的，如"先秦社会正义思想研究""汉代社会正义思想研究"之类；

③ 学派性的，如"儒家社会正义论研究""墨家社会正义论研究"

"现代新儒家社会正义思想研究"之类；

④ 个案性的，如"董仲舒社会正义思想研究""孙中山社会正义思想研究"之类；

⑤ 文本性的，如"《左传》社会正义思想研究""《礼记》社会正义思想研究"等等。

2. 原理的研究

上述前期成果中诸如《中国正义论纲要》的原理研究已有结果，可能在局部上甚至在整体上还存在着遗漏和缺陷，这些都需要展开进一步的深入探讨和研究：

① 整体的研究可着眼于中国正义论的总体性的理论结构；

② 局部的研究可着眼于中国正义论的概念、命题、问题等等。

3. 应用的研究

① 理论性的如"中国政治正义论"（Chinese theory of political justice）、"中国法律正义论"（Chinese theory of legal justice）、"中国经济正义论"（Chinese theory of economical justice）等等；

② 实践性的如"当前中国分配制度的中国正义论研究""当今世界国际关系规范的中国正义论研究"等等，这类研究既可以是论文、著作的形式，也可以是调查报告、研究报告的形式。

4. 跨文化的比较性研究

"中西社会正义思想比较研究""孟子与柏拉图社会正义思想比较研究"之类，或者"民本"与"民主"的比较研究、"均平"与"平等"的比较研究之类。

(二) 本课题的近期设想

本课题作为山东大学儒学高等研究院的一项重大课题，计划在大约六年时间内，除撰写一系列论文以外，完成以下三部专著：

(1)《中国制度伦理学史》；

(2)《中西社会正义思想比较研究》；

(3)《中国正义论与当代中国制度建设》。

以上汇报，请各位专家不吝赐教，提出批评、意见和建议。

儒家的"爱有差等""一体之仁"和社会正义原则[*]

仁爱是儒家最重要的思想。我认为儒家的"仁爱"有两个方面：

一方面，叫作"差等之爱"。这是谁都承认的。我跟那些反对儒家的人、反儒的教授进行讨论，我说："你反对差等之爱，我给你举个例子，你自己切身体验一下吧：你爱外人难道超过爱你老爸老妈吗？你能做到吗？你爱阿猫阿狗难道超过爱你的父母吗？你能做到吗？可能吗？"呵呵！如果他真是这样的，我就会觉得他有毛病，对吧？你对你养的宠物比对你老爸老妈还好，太怪了，肯定是有毛病。所以我说，儒家讲"爱有差等"，是尊重人的自然情感，因为这是生活的实情，你必须承认这一点。不承认，那就可以说你不是人了。很多事情其实都不是个理论问题，你只要自己体验一下就明白了。所以说，"差等之爱"，这是生活的实情、真情实感，你是这样，我也这样，大家都是这样，儒家只不过从理论上把它表达出来了而已。

"但是，"我说，"你仅仅这样理解儒家的'仁爱'，拿'爱有差等'来反对儒家、攻击儒家，你所根据的这一点理解，其实是偏颇的。儒家的'仁爱'还有另外一个方面，叫作'一体之仁'——王阳明讲的'天地万物一体之仁'。"

这就是我刚才讲的"博爱"。我刚才讲的正义原则第一条——正当性原则，它是这么一个要求，就是：我们虽然"爱有差等"，但我们意识到，当我们在建构一种社会规范或者制度的时候，我们必须克服这一点，克服"差等之爱"，追求"一体之仁"，追求"博爱"。这就叫作

---

[*] 原载《齐鲁晚报》2012年12月25日专题版"传统名家谈"。

"推扩"。什么叫"推扩"呢？比如孟子讲"老吾老以及人之老，幼吾幼以及人之幼"，就是说，你自己体验到对自己的老人的爱，就真正像对待老人那样对待他；而当你想到这一点，将心比心，就应该想到，别人也有老人。否则，如果他也像你那样仅仅"老吾老"，你们之间不是就会产生利益冲突吗？你应该想到，这样来建构制度规范是不可能的，不利于群体的生存。所以，你会想一想，换位思考一下，不仅"老吾老"，还要"及人之老"。所以，在建构一个关于老人的社会规则、伦理规范的时候，就要充分考虑到这一点。这就叫作追求"一体之仁"——"一视同仁"。这就是对"差等之爱"的一种超越。

例如，孔子提出的一条原则，为什么今天被全世界公认为"金规则"——"Golden Rule"呢？就是出于这个道理。他说："己欲立而立人，己欲达而达人"；"己所不欲，勿施于人"。这就是"金规则"。其实这很简单，就是：我爱自己，我意识到别人也爱自己；我想过得好，我意识到别人也想过得好；那就创造条件，让别人也过得好。这就是孟子所讲的"与人为善"。这样建构出来的制度或者规范，才是正当的。

所以，我概括儒家所讲的"义"——正义原则，第一条就是正当性原则，它是出于"仁爱"，而且具体的内容就是对"差等之爱"的超越，对"一体之仁"的追求，做到"天地万物一体之仁""一视同仁"。你做不到，就是"麻木不仁"，就是这个道理。

当然，我们会说，仅仅这样还是不够的。有时候我们会发现——我们生活当中经常有这样的事情：我确实很爱你，为你好，但是，我由此做出来的事，未必给你带来好处。或者说，我确实是出于良好的动机，来建立一种规范、一种"游戏规则"，但其实效果未必好。为什么会这样呢？这就是另外一条正义原则——适宜性原则的问题了。"义者，宜也。"儒家经典、例如《中庸》里面都讲这个道理。宜，就是适宜、适当、恰当。西方语言也是一样的，你看"justice"——"正义"这个词，它有很多含义，诸如正当的、公正的、公平的，还有合适的、适宜的、适当的、恰当的、恰如其分的，等等，全在里头，你可以去查词典。儒家的"义者，宜也"也是这些意思。这就是说：如果我们要建构一种规范或者一种制度，不应该仅仅是出于仁爱，而且还要充分考虑到具体的时空条件、具体的生活方式方面的适宜性。

有些事情是不存在正当不正当问题的，问题在于适宜不适宜。人们经常举的一个例子就是：你说，吃饭是用筷子更正义呢，还是用刀叉更正义？呵呵！这是一个很无聊的问题，对不对？这个礼仪更合适，还是那个礼仪更合适，这要尊重别人的生活方式。比如说，你在某地的某一种生活方式下建立一种规则，你就要尊重当地的这么一种生活方式，别人才会采取你所建立的规则，否则，你的规则尽管是出于良好的动机，其实效果未必好，这样的话，按照儒家"义者，宜也"的原则来讲，就是不正义的。

作为基础伦理学的正义论
——罗尔斯正义论批判*

本文的基本课题是回答这样的问题：什么是正义论？正义论与伦理学之间是什么关系？鉴于国内现有的正义论研究主要是由美国学者罗尔斯（J. Rawls）的《正义论》所触发的，该正义论在西方正义论中是具有典范性的，我们这里主要针对罗尔斯的正义论来讨论"什么是正义论"的问题。

这里须预先说明的是：罗尔斯正义论所传达的那些价值观，并不是我们一概反对的；特别是在现代社会生活方式下，诸如"自由""平等"这样的价值观也是我们所主张的。我们在这里要与罗尔斯展开商榷的，不是这些价值观在现代生活方式下是不是可取的问题，而是这些价值观在一般正义论的建构中究竟具有怎样的地位的问题，例如"自由""平等"这样的观念是不是可以充当正义原则或其前提的问题。

罗尔斯的正义论与中国正义论之间具有一些基本的可对应性，如正义论要研究的基本问题有：社会规范建构及其制度安排的目的是为了解决利益冲突问题，这在中国正义论中就是"义利关系"问题；建构制度规范的根据乃是正义原则，这在中国正义论中就是"义→礼"关系问题；正义意味着社会规范及其制度的正当性、适宜性，这在中国正义论中就是"义"所蕴涵的正当性原则（正）、适宜性原则（宜）；如何建立正义原则、其与仁爱情感之间是何关系的问题，这在中国正义论中就是"仁→义"关系问题；等等。但是，尽管如此，中、西正义论之间却存在着许多重大差异（即便在上述对应之点上也是存在着重大的非

---

* 原载《社会科学战线》2013年第8期。

等同性)①，这里择要讨论与这篇导论有关的以下几点：

一　正义论的论域：社会规范

正义论的核心课题当然是正义原则，即"义"的确立；而之所以要确立正义原则，则是要为社会规范建构及其制度安排，即"礼"的制定树立一种价值尺度，亦即孔子所说的"义以为质，礼以行之"②。显然，如果我们确立了一种正义原则，那么这种价值尺度应当是适用于所有一切社会规范及其制度的，而不是仅仅适用于社会的主要制度，如政治制度和经济制度等。但是，在这个问题上，罗尔斯说：

> 对我们来说，正义的主要问题是社会的基本结构，或更准确地说，是社会主要制度分配基本权利和义务、决定由社会合作所产生的利益之划分的方式。所谓主要制度，我的理解是政治结构和主要的经济和社会安排。这样，对于思想和良心的自由的法律保护、竞争市场、生产资料的个人所有、一夫一妻制家庭就是主要社会制度的实例。把这些因素合为一体的主要制度，确定着人们的权利和义务，影响着他们的生活前景即他们可能希望达到的状态和成就。③

这就是说，罗尔斯所关心的只是一个社会的"基本结构"或者说是"主要制度"。这里存在的问题有二：

1. 从范围看，罗尔斯所关注的当然是正义论的重要论域，但却并不是正义论的全部论域。而中国正义论之所谓"礼"，乃是包含了所有一切社会规范及其制度的。例如一部《周礼》，就是涵盖了全部社会规

---

① 关于"可对应性"与"非等同性"，参见黄玉顺《爱与思——生活儒学的观念》，四川大学出版社2006年版，第一讲第一节："等同与对应：定名与虚位"，第4—8页。
② 《论语·卫灵公》，《十三经注疏》本，中华书局1980年影印本。
③ 罗尔斯：《正义论》，何怀宏等译，中国社会科学出版社1988年版，第7页。

范及其制度的。①我们认为,关于一般正义论所关注的东西,我们只需提到"制度规范"（norm－institution）[本文对于"规范及其制度"（norm and its institution）的省称]即可,这样一来,举凡政治规范、经济规范、法律规范、家庭规范、思想规范等一切规范及其制度皆在其中,这样的正义论更加具有普遍性的意义。

不仅如此,对于中国正义论来说,这个范围甚至还应该更进一步扩展。罗尔斯承认道:"作为公平的正义并不是一种完全的契约论。……它看来只包括我们与其他人的关系,而不考虑我们在对待动物和自然界的其他事物方面的行为方式。"②这比起中国正义论的外延来要狭隘得多,中国正义论的论域涵盖了人与物的关系,乃是一种"万物一体之仁"的视域。例如孟子所说:"亲亲而仁民,仁民而爱物。"③孟子在这里给出了中国正义论的外延的一种扩展序列,即亲人→他人→他物。在今天这个环境危机、生态危机日益严重的时代,正义论外延的这种扩展是必要的、紧迫的。对于中国正义论来说,所谓"社会"远不仅仅意味着人;社会规范及其制度的正义与否,也远不仅仅是人自己的问题。

2. 从层面看,罗尔斯所关注的只是"制度"层面。但制度不过是社会规范的制度化,或者说是制度化的社会规范。罗尔斯缺乏一种必要的区分:制度与规范的区分。社会存在着各种各样的规范,诸如道德规范、政治规范、经济规范、法律规范、家庭规范、行业规范等广义的伦理规范,其中有一些规范是可以制度化的,但有一些规范却是无法制度化的。例如并不存在所谓"道德制度",因为道德规范并不具有强制性,因而并没有什么实体化、刚性化的制度设置。真正全面的正义论,所关注的乃是也仅仅是所有的社会规范;解决了规范的正义问题,制度的正义问题也就迎刃而解了。

---

① 黄玉顺:《"周礼"现代价值究竟何在——〈周礼〉社会正义观念诠释》,《学术界》2011年第6期。
② 罗尔斯:《正义论》,何怀宏等译,中国社会科学出版社1988年版,第16—17页。
③ 《孟子·尽心上》,《十三经注疏》本,中华书局1980年影印本。

二　正义论的主题：正义原则

罗尔斯明确提出：正义原则"是在一种公平的原初状态中被一致同意的"某种"原初契约"，这种原初契约被用以"调节所有进一步的契约"。①所谓"进一步的契约"，也就是一个社会所要建立的制度规范。但我们在这里必须明确指出的是：其实，罗尔斯的正义论并未提出任何正义原则；用中国正义论的话语讲，罗尔斯所论的只是"礼"，没有"义"。

我们预料，这个判断可能会遭到罗尔斯研究专家的强烈反对。但是，我们这样讲的根据是：不论是"原初契约"，还是"进一步的契约"，都是契约；换句话说，它们都属于规范的范畴，而非规范赖以建立的更为先行的原则。所谓契约，就是人们之间所达成的规范，亦即人们在某种事情上所达成的规则；而要达成这种规范、规则，人们需要某种更为先行的价值原则，而且这种原则不是任何意义上的规范或契约。这种原则才是真正的正义原则。

显然，罗尔斯缺乏另一种重要的明确区分，即"原则"（principle）与"规范"（norm）的区分。②实际上，规范总是建立在某种原则的基础之上的，其问题结构是：人们为什么要建构或选择如此这般的一种规范？这种建构或选择的根据是什么？这个根据就是原则，它表现为某种价值判断，而充当对规范及其制度进行价值评判的尺度。显然，原则和规范不是一回事，两者并不在一个层面上，因此，我们切不可以将规范误认为原则。正义的社会规范及其制度，总是建立在正义原则的基础之上的，亦即孟子揭示的这样一种奠基关系：义（正义原则）→礼（社会规范）。③人们总是根据某种原则（义）来建立或选择某种规范（礼）。按儒家的看法，礼（规范）是可以"损益"的，而义（原则）

---

① 罗尔斯：《正义论》，何怀宏等译，中国社会科学出版社1988年版，第12页。
② 参见黄玉顺《"全球伦理"何以可能？——〈全球伦理宣言〉若干问题与儒家伦理学》，"一、伦理规范与伦理原则"，《云南师范大学学报》2012年第4期。
③ 参见黄玉顺《孟子正义论新解》，《人文杂志》2009年第5期。

才是"普世"的。

为此,我们不妨来看看罗尔斯所提出的作为"原初契约"的两条正义原则,以下就是罗尔斯《正义论》第五章第 46 节所给出的"关于制度的两个正义原则的最后陈述"[①]。

第一个原则是:

> 每个人对与所有人所拥有的最广泛平等的基本自由体系相容的类似自由体系都应有一种平等的权利。

这里所谓"自由体系"作为一种"体系"(制度),显然就是某种社会规范体系(其实就是一种现代社会制度规范),却在这里充当了一种先于并且据以给出正义原则的、既定的前提条件;每个人对于这种规范体系的平等权利,这种权利规定显然也是一种规范建构,而且它本身就是属于那个规范体系的,因而对于那个既定的体系来说是无须作为一条原则来加以重申的。我们不难发现,罗尔斯讨论正义原则问题时的前提,就是某种"最广泛平等的基本自由体系",这个体系其实就是现代社会的一种制度安排。这种制度安排本身显然不是那个应当先于任何制度安排的正义原则,却在这里充当了"正义原则"的前提条件。

第二个原则是:

> 社会和经济的不平等应这样安排,使它们:(1)在与正义的储存原则一致的情况下,适合于最少受惠者的最大利益;并且,(2)依系于在机会公平平等的条件下职务和地位向所有人开放。

这种"安排"也是一种制度安排,而且其基础就是上述第一个原则所确认的那个社会规范体系:这种不平等的制度安排从属于那个广泛平等的基本自由体系(见下文的第一个优先规则);机会公平平等的制度安排本身也是属于那个基本自由体系的;"职务和地位向所有人开放"本是"机会公平平等的"制度安排的题中固有之义,因而也无须作为

---

① 罗尔斯:《正义论》,何怀宏等译,中国社会科学出版社 1988 年版,第 302 页。

一个单独的原则来加以强调。

罗尔斯还补充性地提出了两个"优先规则"。第一个优先规则（自由的优先性）是：

> 两个正义原则应以词典式次序排列，因此，自由只能为了自由的缘故而被限制。这有两种情况：（1）一种不够广泛的自由必须加强由所有人分享的完整自由体系；（2）一种不够平等的自由必须可以为那些拥有较少自由的公民所接受。

第二个优先规则（正义对效率和福利的优先）是：

> 第二个正义原则以一种词典式次序优先于效率原则和最大限度追求利益总额的原则；公平的机会优先于差别原则。这有两种情况：（1）一种机会的不平等必须扩展那些机会较少者的机会；（2）一种过高的储存率必须最终减轻承受这一重负的人们的负担。①

这些"优先规则"既称之为"规则"，就已经是规范的范畴了。换句话说，它们同样不是先于任何规则、规范、制度的原则本身。

罗尔斯的整部《正义论》，就是试图详尽地论证这些"原则"及其"规则"。这些"原初契约"或"最初安排"②，其实根本就不是正义"原则"，而是一些社会规范，它们本来是应该由正义原则来奠基的；它们甚至不仅仅是规范，而且已经是一种制度设计，这就正如罗尔斯自己所说："两个正义原则自身中已经孕育了某种社会制度的理想"；例如"差别原则不仅假定着别的一些原则的实行，而且也以某种社会制度理论为前提"；"因此我们需要毫不犹豫地在决定正义原则的选择时预先假定某种社会制度的理论"③。用儒家的话来说，罗尔斯在这里所陈述的都是"礼"，而非为之奠基的"义"。

既然这里陈述的只是一些基本的社会规范、社会制度，那么我们就

---

① 罗尔斯：《正义论》，何怀宏等译，中国社会科学出版社1988年版，第302—303页。
② 同上书，第62页。
③ 同上书，第258、157、158页。

可以问：在罗尔斯这里，为所谓"正义的两个原则"（实则是两条基本的社会规范）奠基的那种更为先行的、真正的正义原则究竟是什么？存在着三种可能：

第一，在第 29 节里，罗尔斯提出了一些"正义原则的主要根据"，诸如"承诺的强度""公开性的条件和对契约的限制条件"等。但我们不必详细讨论这些根据，因为罗尔斯自己说：这些都是作为"论据"，而不是作为原则来讨论的；而且它们"依赖下述事实：对于一个将确实有效的契约来说，各方必须能够在所有有关的和可预见的环境里尊重它"；"这样，作为公平的正义就比前面的讨论显得更为依赖于契约概念"。①这就是说，这些"根据"仍然未能超出契约、规范、制度的范畴，即仍不能是真正的正义原则。

第二，所谓"原初状态"（original position）。鉴于"正义的两个原则"是直接从"原初状态"中推出的，那么这种"原初状态"似乎就可以视为对"原初契约"的奠基。但是，以下几点否定了这种可能：（1）罗尔斯本人很明确：原初状态作为一种"状态"不是正义原则，而不过是借以推出正义原则的条件。（2）罗尔斯说："我所说的原初状态的概念，是一种用于正义论目的的、有关这种最初选择状态的最可取的哲学解释"；"我强调这种原初状态是纯粹假设的"；例如需要"无知之幕"（veil of ignorance）假设。②然而就方法论而言，这种由"纯粹假设"出发来推出正义原则的做法是可以质疑的。中国正义论认为，正义原则的确立并不是基于一些哲学假设，而是源于生活的实情和作为一种生活感悟的正义感。（3）罗尔斯继续道："但我们是根据什么来决定何为最可取的解释呢？"这就需要"使正义的理论与合理选择的理论联系起来"。③上述假设就是某种"合理选择"（reasonable selection）的结果。然而"合理"意味着原初状态及其种种假设条件在理论逻辑上还不是最原初的，更原初的东西是所谓"理"（reason or rationale），如下述的"平等"观念、"正义信念"等。（4）罗尔斯说：首先，"假定在原初

---

① 罗尔斯：《正义论》，何怀宏等译，中国社会科学出版社 1988 年版，第 173—174 页。
② 同上书，第 17、21、18 页。
③ 同上书，第 18、17 页。

状态中的各方的平等是合理的"①。这就是说,"平等"的观念是比"原初状态"更为原初的东西。但罗尔斯本人并不认为"平等"是一条正义原则。平等乃是一种现代性的价值观。关于平等,下文还将更为详尽地加以讨论。(5) 在罗尔斯那里,除"平等"假设外,原初状态还须假定其他一些假设条件,诸如"作为道德主体、有一种他们自己的善的观念和正义感能力","每个人都被假定为具有必要的理解和实行所采取的任何原则的能力"等等,这些假设都是值得商榷的,这里姑且放下;其中最重要的是,"要证明一种对原初状态的特殊描述还有另外的事情要做,这就是看被选择的原则是否适合我们所考虑的正义信念"。②这等于说,正义原则是由正义信念奠基的。罗尔斯说,在选择正义原则时,这种正义信念是以"正义感"和"直觉"的方式表现出来的。③这是颇有道理的,但是,其一,这种"正义感"和"直觉",按照我们也赞同的罗尔斯本人的看法,也并不是正义原则;其二,罗尔斯并不能说明这种"正义感"和"直觉"的来源,而这正是中国正义论曾加以揭示的。④

第三,最后,我们或许也可以把蕴涵在两个所谓"正义原则"及其"规则"中的那些基本观念视为真正意义上的正义原则(尽管罗尔斯本人并不这样看)。这些观念包括:自由、平等。

在现代西方的"自由、平等、博爱"口号中,"博爱"或"仁爱""爱"是被罗尔斯排除在正义理论之外的。⑤尽管他在谈到差别原则时为博爱进行了某种程度的辩护,⑥然而在他看来,对于仁爱来说,毕竟"困难在于对几个人的爱,一旦这些人的要求相冲突,这种爱就陷入了困境";"只要仁爱在作为爱的对象的许多人中间自相矛盾,仁爱就会茫然不知所措"。⑦这一点是与中国正义论的看法截然相反的,在中国正

---

① 罗尔斯:《正义论》,何怀宏等译,中国社会科学出版社1988年版,第18页。
② 同上书,第19页。
③ 同上。
④ 黄玉顺:《孟子正义论新解》,《人文杂志》2009年第5期。
⑤ "博爱"本是中国儒家的一个观念,如韩愈《原道》所讲的"博爱之谓仁"。现代用汉语的"博爱"去翻译西方的"fraternity"(兄弟情谊),这是并不确切的。
⑥ 罗尔斯:《正义论》,何怀宏等译,中国社会科学出版社1988年版,第105—106页。
⑦ 同上书,第185页。

义论看来：一方面，正因为爱（严格说来只是仁爱中的差等之爱一面）导致了矛盾、利益冲突，这才需要确立起正义原则来指导社会规范的建构，从而调节这种矛盾冲突；而另一方面，也正因为仁爱（仁爱中的一体之仁一面）才确立了正当性原则，从而保证了社会规范及其制度的正义。社会规范及其制度的正当性在于其超越差等之爱、追求一体之仁。这个道理，荀子是讲得最透彻的。然而这个道理是罗尔斯所不明白的，所以，他的思路是："在原初状态中，各方是互相冷淡而非同情的"；正是"在无知之幕条件下的互相冷淡引出了两个正义原则"。①

我们再来看看罗尔斯的"平等"与"自由"的观念。

我们发现，在罗尔斯的正义论建构中，似乎"平等""自由"，或者说"平等的自由"②，才真正具有某种基本原则的地位：不仅"进一步的契约"，而且"原初契约"（即罗尔斯所谓"正义的两个原则"），亦即所有社会规范的设计及其制度的安排，都必须符合这种"平等的自由"原则。就此而论，在中国正义论中，当我们从正义原则推出现代性的社会规范时，我们是承认这一"原则"的；但是，我们并不是认为"自由""平等"或者"平等的自由"就是真正的正义原则。这不仅是因为"自由""平等"的观念其实仅仅是现代性观念当中的一些价值观念（详下），而且因为：刚才我们已经提到，罗尔斯本人并不把"自由""平等"或者"平等的自由"视为正义原则，而是视为引出其"正义原则"的前提条件，甚至是其前提条件之前提条件，即引出"原初状态"的条件。不仅如此，他甚至同时又有一种与此相矛盾的看法，例如："我在大多数地方将联系宪法和法律的限制来讨论自由。在这些情形中，自由是制度的某种结构，是规定种种权利和义务的某种公开的规范体系。"③我们在这里所看到的乃是思想的混乱：究竟是"平等的自由"决定着某种社会规范体系及其制度，还是这种制度规范决定着"平等的自由"？

此外还有一点是需要特别指出来的：一方面，我们知道，罗尔斯正义论的初衷，是希望能够在排除社会共同体中任何一方的价值观成见的

---

① 罗尔斯：《正义论》，何怀宏等译，中国社会科学出版社1988年版，第185页。
② 同上书，第201页。
③ 同上书，第200页。

条件下得出正义原则，或者说是探索一个社会共同体如何在具有不同价值观的各方之间达成一致的正义原则，如此说来，这种正义原则就不能依赖于任何一方的价值观；但另一方面，我们同时也知道，在现实世界中，"自由""平等"恰恰是若干不同价值观之中的一种价值观，而不是各方都一致的价值观，而罗尔斯的正义论正是建立在这种价值观的基础之上的。罗尔斯假定在原初状态的无知之幕下的各方会自然而然地选择这种价值观，这是一种靠不住的想当然。

三　正义原则的普适性：不仅仅适用于现代社会

罗尔斯的整个正义论，都是基于上述"自由""平等"观念的。即便如上文所谈到的，"自由""平等"这些观念可能是更切合于"（正义）原则"概念的，我们还需要指出："自由""平等"观念其实都是一些现代性观念，这些观念其实是渊源于现代性的生活方式的东西。因此，罗尔斯的正义论只适用于某种现代生存方式，而不具有真正意义上的"普适性"（universality）[①]，亦即不能解释古今中外所有一切社会制度何以可能。作为由现代生存方式所给出的现代人，我们也是主张自由和平等的；然而，假如我们要建构某种一般正义论（general theory of justice），这种正义论及其正义原则就应当是适用于任何时代和任何地域的。

因此，罗尔斯基于这种"自由""平等"观念而提出的两条正义原则，不仅如上文已说明的那样，是把规范误认为原则了，而且其实是把现代性的某些特定的基本社会规范误认为是一般的正义原则了。于是，他说：

[①] 今天，人们有时把"universal"或"global"译为"普世的"，有时又把它译为"普适的"，这实际上造成了理论上的混乱。笔者倾向于做出这样一种区分：用"普世的"（global）来指称在特定时代生活方式下的普遍性，例如在现代性的生活方式下，"民主"这种价值观应该是普世的；而用"普适的"（universal）来指超越时代的普遍性，这才是一般正义论所要追寻的东西，而"民主"这样的价值观（例如在柏拉图看来）就不是普适的。

我设想一旦各方在原初状态中采用正义原则之后，他们就倾向于召开一个立宪会议。在这里，他们将确定政治结构的正义并抉择一部宪法，可以说，他们是这种会议的代表。他们服从已选择的两个正义原则的约束，将为了政府的立宪权力和公民的基本权利而设计出一种制度。①

在这个描述中，我们看到的仿佛就是当年美国的制宪会议的情景。显然，建立在这种现代性观念基础上的正义论，至多只能叫作"现代社会正义论"，而非一般正义论，后者可以解释古今中外所有一切社会规范建构及其制度安排。按照理论的逻辑，"现代社会正义论"应该是一般正义论的一种演绎。然而按照罗尔斯正义论的逻辑，我们势必得出这样的结论：除西方现代制度外，甚至除美国的基本制度外，人类历史上曾经存在过的所有制度都是不正义的。如此说来，人类的历史就是一部不正义的历史，就是一部恶的历史。这显然是令人不能接受的结论。

我们所理解的真正的一般正义论及其正义原则，是那种能够解释古今中外所有一切社会制度何以可能的理论。中国正义论就是这样一种正义论，它不仅通过正当性原则来要求制度规范的建构出于仁爱（超越差等之爱、追求一体之仁②）的动机，而且通过适宜性原则来充分考虑制度规范的建构在不同生活方式中的效果。这样一来，古今中外所有一切社会规范及其制度都可以由此而加以评判、得以解释。

四 正义的含义：不仅仅是公平问题

正义论的核心当然是正义问题。然而，"正义"这个概念的外延究竟如何？罗尔斯对"正义"概念的基本规定是："正义"是指"作为公

---

① 罗尔斯：《正义论》，何怀宏等译，中国社会科学出版社1988年版，第194页。
② 有的学者将儒家的"仁爱"仅仅理解为差等之爱，这是极为偏颇的。儒家的仁爱不仅承认差等之爱的生活实情，而且特别倡导超越这种差等之爱的一体之仁，这是中国正义论的正当性原则的基本内涵。

平的正义"（justice as fairness）①。他说："一个人可以把作为公平的正义和作为公平的正当设想为一种对正义概念和正当概念的定义或阐释。"②于是，我们可以追问：正义仅仅意味着公平吗？这是关乎我们这里所要讨论的正义概念的一个重大问题。我们不妨仿照罗尔斯的一种惯用的说法，这里直觉的观念是：公平并不等于正义，正义也不等于公平。然而尽管罗尔斯自己也说"（作为公平的正义）这一名称并不意味着各种正义概念和公平是同一的"③，但是无论如何，毕竟在罗尔斯那里"作为公平的正义"意味着"正义"（justice）概念在很大程度上就等同于"公平"（fairness）概念。有鉴于此，罗尔斯的书名《正义论》应该被更确切地叫作"公平论"（A Theory of Fairness）而不是"正义论"。

固然，罗尔斯完全正确地说："正义是社会制度的首要价值，正像真理是思想体系的首要价值一样。"④然而一旦把这句话里的"正义"置换成"公平"，那就很成问题了：无论如何，绝不能说"公平是社会制度的首要价值"，更不能说公平是一切社会规范的首要价值。所谓价值，从正面意义讲，泛指所有一切可以评价为"好的"东西，亦即罗尔斯所说的"善"（good）。然而显然，一个社会制度所追求的最高的"好"或"善"绝不是"公平"。

有意思的是，罗尔斯有时却又自相矛盾地把"公平"限制在"正义"之下的层级，他说：

> 我们就可以把自由、平等、博爱的传统观念与两个正义原则的民主解释如此联系起来：自由相应于第一个原则；平等相应于与公平机会的平等联系在一起的第一个原则的平等观念；博爱相应于差别原则。⑤

---

① 罗尔斯：《正义论》，何怀宏等译，中国社会科学出版社1988年版，第17页。
② 同上书，第111页。
③ 同上书，第12—13页。
④ 同上书，第3页。
⑤ 同上书，第106页。

在这段重要论述中，比起"正义"来，"公平"显然是一个次级概念，因而远远不能涵摄全部正义原则，即不涉及差别原则。在罗尔斯那里，"公平"主要是指的机会方面的平等。既然如此，"正义"就并不是什么"作为公平的正义"了，"正义论"也远不仅仅是"公平论"。

罗尔斯有时对"公平"还有另外一种说明：

> "作为公平的正义"这一名称的性质：它示意正义原则是在一种公平的原初状态中被一致同意的。这一名称并不意味着各种正义概念和公平是同一的，正像"作为隐喻的诗"并不意味着诗的概念与隐喻是同一的一样。①

在这种意义上，"公平"不仅不等同于"正义"概念，而且与"正义"概念根本不在一个层级上，而是正义原则的前提，略相当于"平等"这个现代概念。

以上表明，罗尔斯在"正义"概念、"公平"概念及其关系的问题上是不无混乱的。确实，"正义"是一个含义很丰富的概念，其内涵远不是"公平"可以概括的。在中国正义论看来，"正义"至少包含以下语义：正当（公正、公平）；适宜（时宜、地宜）。②

五　作为基础伦理学的一般正义论：正义论与伦理学的关系

这里有一个问题是需要特别加以澄清的：诸如所谓"正义""正当"这样的词语，可以在两种截然不同的场合中使用：一种是指的行为的正当，亦即是指的某种行为符合某种既有的制度规范，我们可称之为"行为正义"（behavior justice），这显然属于规范伦理学的范畴；另一种则是指的上述制度规范本身的正当，我们可称之为"制度正义"（institution justice），这才真正是正义论的范畴。不论是对于正义论，还是对

---

① 罗尔斯：《正义论》，何怀宏等译，中国社会科学出版社1988年版，第12—13页。
② 黄玉顺：《中国正义论纲要》，"二、汉语'义'的语义"，原载《四川大学学报》2009年第5期；人大复印资料《伦理学》2010年第1期全文转载。

于伦理学来说,这个区分都是至关重要的。显然,并非任何制度规范都是"应当"遵守的,这里的问题在于这种制度规范本身是不是具有"合法性"("合法性"这种说法其实是很成问题的,因为"法"本身就属于社会规范),或者更确切地说,社会规范及其制度是否正义。例如,我们今天不必也不应当遵守奴隶制度的社会规范。孔子说过:"乡原,德之贼也。"①孟子解释:所谓"乡原"就是"同乎流俗,合乎污世"②。我们没有遵从末俗、服从暴政、遵守恶法的义务。我们是首先根据正义原则来判定某种社会规范及其制度是否正义,然后才按照这种社会规范及其制度来衡量人们的行为是否正当,例如该行为是不是道德的,或是不是合法的。罗尔斯说得对:

> 一个人的职责和义务预先假定了一种对制度的道德观,因此,在对个人的要求能够提出之前,必须确定正义制度的内容。这就是说,在大多数情况里,有关职责和义务的原则应当在对于社会基本结构的原则确定之后再确定。③

以上分析实际上逼显出一个问题:是否可以说,正义论是比伦理学更具优先性的?如果这个问题的答案是肯定的,那么它对于传统观念来说就是颠覆性的。迄今为止,通常认为,正义论应该建立在某种伦理学的基础之上。我们的上述分析表明:正义论即便不是优先于任何伦理学的,至少也是优先于规范伦理学的。当然,这里所说的"规范伦理学"(normative ethics)是狭义的,是指那种仅仅列出社会规范而并不追究这些社会规范的背后根据的伦理学。

当然,规范伦理学也可以追寻社会规范赖以成立的根据。这又可以分为两类情况:有一种常见的传统规范伦理学,它们追溯社会规范的根据,但是这种根据却是形而上学的——神学形而上学的或者哲学形而上学的,这也就是孔子所说的"言不及义"④,亦即或者并未涉及正义原

---

① 《论语·阳货》。
② 《孟子·尽心下》。
③ 罗尔斯:《正义论》,何怀宏等译,中国社会科学出版社1988年版,第110页。
④ 《论语·卫灵公》。

则（义），或者简单地断定凡是出自"形而上者"（上帝或者理念之类）的就是正义的。

或许，我们也可以设想另外一种规范伦理学，它是追问社会规范赖以建立的正义原则的。这就涉及近些年来的一个理论热点"制度伦理学"问题了。对于"制度伦理学"可以有两种不同的理解：一种是"ethics of institution"，即关于制度的伦理学；另一种是"institutional ehtics"，即是从制度角度来研究的伦理学。它们显然都是伦理学的分支。但是，上文已经谈过，一般来说，所谓"制度"也就是社会规范的制度化，或者说制度化的社会规范。在这个意义上，所谓"制度伦理学"也就是某种"规范伦理学"。但也可以更确切地说，一般正义论其实本身就是一种伦理学，可称之为"基础伦理学"（fundamental ethics）。中国正义论其实就是这样一种伦理学。

总之，一般正义论与伦理学之间的关系还是一个尚待澄清的问题。

关于荀子"正名"的两大问题*

某某：

关于荀子的"正名"，我这里谈两大问题。

一 对于荀子的人性论，我这里做一个最清晰的分析

荀子论人性或者天性，分两个方面：情欲（意向性的天性）（"性恶"之性）；知能（认知性的天性）。（图1）

荀子的全部思想，基于先天的知能，即一种认知性的天性，亦即"可以知，人之性"，都是"无待而然"的。这种知能分为两个层次：天官的感知能力；天君的判断能力。

仅就天官的感知能力来看，一方面是"内感知"能力，即对饥而欲饱之类欲望的感知；另一方面则是"外感知"能力，亦即目辨黑白之类的能力。

天君的判断能力是对这两者之间的关系加以权衡，即看外在情况能否满足内在欲望，亦即做一种利害关系判断。

这里同时运用了两种知能：一是天官的感知能力，能够感知那种由内在欲望所导致的外在乱象（即所谓"恶"）；二是天君的判断能力，能够看出这种外在乱象其实不能满足内在欲望（亦所谓"恶"），于是产生忧患意识，进而产生对礼义的需求和肯定，故而有对注错积伪之

---

* 这是笔者写于2013年9月28日的一封信件。

"伪"的肯定。

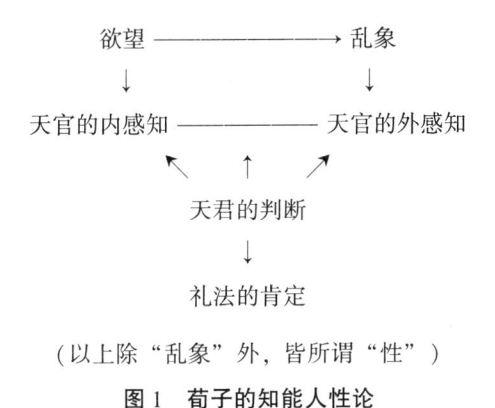

```
欲望 ─────────→ 乱象
 ↓                ↓
天官的内感知 ──────── 天官的外感知
       ↖   ↑   ↗
        天君的判断
           ↓
        礼法的肯定
```

(以上除"乱象"外，皆所谓"性")

图 1　荀子的知能人性论

二　至于"正名"问题，与上述问题不在同一个层面

（一）"正名"问题与上述问题之关系

以上所谓"乱象"，包括"名实淆乱"现象——以实乱名、以名乱实，是对象界的状况。

造成这种状况的缘由，是天性的意向性方面（欲望）（性恶）；而解决这种问题的根据，则是天性的认知性方面（知能），如图2：

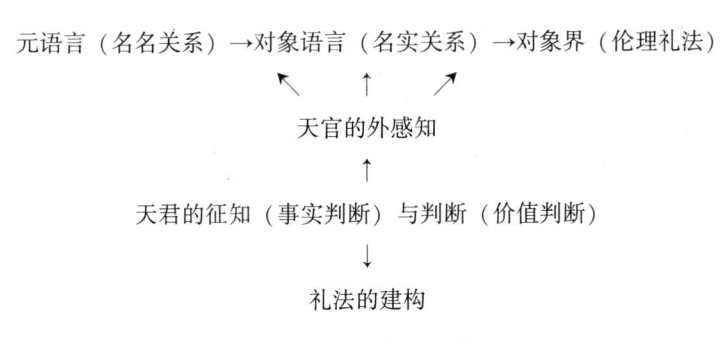

```
元语言（名名关系）→对象语言（名实关系）→对象界（伦理礼法）
         ↖        ↑        ↗
              天官的外感知
                 ↑
     天君的征知（事实判断）与判断（价值判断）
                 ↓
              礼法的建构
```

图 2　天性的认知性

荀子"正名"的问题意识，是对象界的"名实淆乱"（礼法破坏）（也是一种忧患意识）于是他才讨论"名实"问题、"正名"问题。

这里需要注意，"名实关系"本身是对象语言的问题（制名指实）；而对名实关系的"讨论"才是元语言的问题（如何制名指实），涉及两个层面：讨论名实之关系、讨论名本身。不讨论对象界本身的问题。如图3：

元语言
↙   ↓
对象语言 ——→ 对象界

图3　名实关系的语言层次

（二）元语言有两种形式

1. 创造专门的，即不同于对象语言的一套词汇、命题。例如"正名""名""名实""制名指实""约定俗成""大共名""大别名"等等。

（1）元语言的词汇的基本特征是：其指称对象，不是对象界中的事物，既不是伦理礼法，诸如仁、义、礼、法、君臣、父子等；也不是人性论中的事物，诸如性、情、知、能、天官、天君等。

（2）元语言的命题的基本特征是：其指称对象是上述专门创造的元语言的词汇和既有的对象语言的词汇之间的关系。（这里，对象语言的词汇通过加引号而被元语言化，参见以下的例2）

2. 通过给对象语言加引号，使之元语言化（meta-linguisticalize）。（塔尔斯基涉及这个问题）以"物"为例：

例1："凡同类、同情者，其天官之意物也同。"——这里的"物"是对象语言，因为"天官意物"是一个认识论问题，而不是"正名"问题。

例2："'物'也者，大共名也。"——这里的"物"，即通过加引号而被元语言化了。这里给出了"对象语言的元语言化"的一个具体方式：

例子："物"属于名。（这里的"名"是元语言的词汇）

公式："X"（对象语言 X 加上引号）属于 Y（元语言）。

有时，需要分析更加复杂的情况：

例3："散名之加于万物者，则从诸夏之成俗……"——这句话的整体是一个元语言问题，因为涉及名实关系"名加于物"；但是，如果单说其中的"物"，则是对象语言。假如我说"所谓'万物'者，凡物之名也"，那么这个"万物"就被元语言化了。

荀子"有治人，无治法"思想分析[*]

某某：

读了你这两篇文稿，感觉比较高兴。有进步！思绪比以前更清晰了。

当然，也还存在着若干问题。太多了，我无法一一指出，只能择其要而论：阅读思考的深度还不够，故显得分析不是十分深刻，或者说是显得浮浅，只是一种简单的对比。仅谈一个问题，也是你那天在荀子会议上谈到的一个问题：关于"有治人，无治法"的问题。你似乎对这个论点很重视，我就做一个分析的示范吧。

遍检《荀子》一书，三度谈到"治法"，意义有所不同：一处是说，任何一个国家都是如此：既存在着"治法"（会导向治理的好法），也存在着"乱法"（会导向混乱的坏法）[①]；另一处则是说，离开了"治人"（善于治理的贤人君子），其实并不存在所谓"治法"[②]。这看起来是矛盾的，其实是更进一步的深入分析。

具体来看，首先是《王霸》篇说：

> 无国而不有治法，无国而不有乱法；无国而不有贤士，无国而不有罢士；无国而不有愿民，无国而不有悍民；无国而不有美俗，无国而不有恶俗。两者并行而国在，上偏而国安，在下偏而国危，上一而王，下一而亡。故其法治，其佐贤，其民愿，其俗美，而四

---

[*] 这是笔者写于2013年10月23日的一封信件。
[①] 《荀子·王霸》篇。
[②] 《荀子·君道》篇。

者齐，夫是之谓上一。如是，则不战而胜，不攻而得，甲兵不劳而天下服。故汤以亳，武王以鄗，皆百里之地也，天下为一，诸侯为臣，通达之属莫不从服，无它故焉，四者齐也。桀纣即序于有天下之势，索为匹夫而不可得也，是无它故焉，四者并亡也。故百王之法不同若是，所归者一也。

这里有两点是值得注意的：

一是指出，"法"并不意味着它就是"治法"，而可能是"乱法"。所以，所谓"以法治国"、法律至上的观念其实是很偏颇的。例如，以法家思想为国策的暴秦，就是以法治国的典型，但其法未必是"治法""善法"，倒有许多"乱法""恶法"。因此，真正根本的不是"法"本身和如何"执法"，而是"法之义"和如何"立法"。在这点上，荀子恐怕比柏拉图、亚里士多德等人更深刻，后者往往仅仅强调现存的法的重要性。

二是肯定"治法"的存在及其重大意义。在这点上，荀子的"隆礼重法"是和法家一致的。

但是，荀子更进一步分析：一旦离开了"治人"，所谓"治法"也就名存实亡了。所以，《荣辱》篇说："三代虽亡，治法犹存。"夏商周三代的治法都还存在着，但三代还是灭亡了。于是，《君道》篇说：

> 有乱君，无乱国；有治人，无治法。羿之法非亡也，而羿不世中；禹之法犹存，而夏不世王。故法不能独立，类不能自行，得其人则存，失其人则亡。法者，治之端也；君子者，法之原也。故有君子，则法虽省，足以遍矣；无君子，则法虽具，失先后之施，不能应事之变，足以乱矣。不知法之义而正法之数者，虽博，临事必乱。

这一段话是谈论贤人君子的重要性，但要注意，荀子涉及了两个层次的问题，也是层层深入的分析，乃是"有治人，无治法"的两层含义：

一层是谈的"法"本身，是"执法"问题："得其人则存，失其人则亡（名存实亡）。"

更深一层是谈的"法之义"，是谈的"立法"问题："不知法之义而正法之数者，虽博，临事必乱。"所谓"法"属于社会规范及其制度，而所谓"法之义"则是其背后的正义原则。这就回到了开头关于"治法""乱法"的问题：如果没有贤人君子，那就可能不立"治法"而立"乱法"、不执行"治法"而执行"乱法"；唯有贤人君子才能不仅立"治法"而废"乱法"，而且行"治法"而去"乱法"。

但是，荀子在这里还没有涉及一个更根本的问题，即立法者的问题：谁来立法？谁拥有立法权？所谓"贤人君子"其实是很抽象的，具体地说，是君主，还是臣民？实际上，就荀子的整个思想或者说整个中国正义论来看，是蕴涵了这层思想的，那就是"义"的另外一层含义，亦即我所说的"适宜性原则"及其导向的孔子所说"礼有损益"的结论，也就是说，立法者或者社会主体是随社会历史发展而变化的。

你那天在会上还谈到了"法治"和"人治"的问题。我想说的是：其一，如果所谓"人治"是与"法治"对立起来的，也就是根本不要法，"无法无天"，那并不是荀子的思想，因为众所周知，荀子"重法"，而且还培养出了法家韩非。所以我那天说，"人治"与"法治"两者并不是对立的。其二，如果两者并不对立，立法在人、执法在人，在这个意义上，真正的法治归根到底还是一种"人治"。

所以，归根到底，在于对人的理解。比如我刚才提到的"立法者""立法权"等问题。

以上只是一时所想到的，可能不全面，仅供参考。

我们时代的问题与儒家的正义论[*]

我感到很荣幸，能有机会在这里同各位交流思想。我想，我们之所以来这里进行对话，是因为：一方面，我们共同感受到当今社会、当今世界出现了一系列严重问题，这些问题必须由我们共同来面对才能解决；而另一方面，我们对这些问题有一些不同的想法，这就需要沟通。

一

当今社会，问题丛生，林林总总，难以尽言。当然，人类社会从来不是没有问题的，人类向来都是在不断地解决问题中前进的。但是，我们这个时代的问题自有其特别之处，这里不妨一言以蔽之："礼崩乐坏"。这是中国儒家的表达方式，意谓既有的社会规范体系正在坍塌：道德规范、伦理规范、政治规范、经济规范、家庭规范、行业规范等等都正在被解构，社会日渐陷入"失范"的乱象之中。

为什么会这样？儒家还有一种表达方式：人心不古。人类社会的价值观念体系陷入了严重危机。我们看到一种相当普遍的倾向：利益成为当今时代的最高价值。为追逐利益，有人泯灭良知、藐视律法、践踏人

---

[*] 原载《东岳论丛》2013 年第 11 期。此文是向"纽约尼山世界文明论坛"提交的论文，论坛主题为"超越国度，不同信仰，共同价值——儒家与基督文明对话"，由尼山世界文明论坛（Nishan Forum on World Civilizations）组委会、联合国经社理事会（ECOCOC, Economic and Social Council）支援协调办公室（Office for ECOCOC Support and Coordination）、中华能源基金委员会（China Energy Fund Committee）联合主办，于 2012 年 11 月 10 日—11 日在美国纽约联合国总部举行。

权；为追逐利益，有人掠夺资源、侵犯主权、发动战争。许多人奉行着丛林哲学、实践着禽兽伦理学，唯利是图，无法无天。

那么，我们应当如何看待这种状况？我的理解是：这是一个社会转型的时代。中国已经进行了三十多年且还在继续深入的改革，就是一个急剧的社会转型过程。其实，西方世界、国际社会也都处在某种社会转型之中。社会转型必然带来价值观念的激变、旧的规范和制度的解体，带来上述种种问题，带来某种混乱。但是，人类的和谐生存总是需要秩序的，需要社会规范、制度。

既然是社会转型，那也就意味着：我们需要的显然不是恢复旧的秩序，而是建构一种新的秩序——重新建构社会规范及其制度。儒学的创始人孔子曾说过：礼有损益。①此所谓"礼"，就是说的社会规范及其制度。孔子的意思是说：随着社会生活方式的变化，社会规范及其制度也必当变革。

这样一来，我们也就进入了一个主题：如何进行制度建构？显然，社会规范建构及其制度安排，需要遵从某种价值原则作为衡量的尺度。那么，这种价值原则何在？美国政治哲学家罗尔斯说："正义是社会制度的首要价值。"②用孔子的话来说就是："义以为质，礼以行之。"③这就是说，正义原则是规范与制度的本质，规范与制度是正义原则的实行。

这就是我今天要谈论的话题：正义论问题。

毫无疑问，正义是人类的一种共同价值。尽管人类分为不同的种族和国家，拥有不同的文化传统和信仰体系，但是，人类社会的任何族群都是追求社会正义的。这是一个基本的事实。中国的儒家也是这样，我们有一套完整的社会正义理论，那就是关于"义"或者"正义"的学说。

但这只是问题的一个方面。另一方面，尽管人类社会都追求正义，但是，分为不同的种族和国家、拥有不同的文化传统和信仰体系的族群，他们解决社会正义问题的方法却是有所不同的，甚至言说社会正义

---

① 《论语·为政》。
② 罗尔斯：《正义论》，何怀宏等译，中国社会科学出版社1988年版，第3页。
③ 《论语·卫灵公》。

问题的话语乃至提出社会正义问题的方式也是有所不同的。这同样是一个基本的事实。中国的儒家也是这样，我们有自己的一套独特的正义话语，有其独特的提出正义问题的方式、解决正义问题的方法。

正因为有共同的价值，我们之间的对话才是可能的；也正因为由于文化和信仰之不同而对这种共同价值有不同的理解，我们之间的对话才是必要的。为此，我们才聚集在这里，倾听他人的观念，同时表述自己的观念。

因此，我今天在这里简要地讲述儒家的社会正义理论。

二

刚才谈到，当今转型时期的人类社会，陷入了唯利是图的泥淖之中。两千多年前，中国的大儒孟子也曾面对社会转型、礼崩乐坏、人心不古的同样状况。他指出："何必曰'利'？亦有仁义而已！"[①]他的意思是：我们并不是要一概反对任何利益追求，而是主张在追求利益时必须以仁义为先导；唯有根据仁爱精神、正义原则，其所获致的利益才是正当的。

在社会规范及其制度问题上，儒家的看法同样如此：规范和制度的建构必须遵从正义原则，而正义原则的根据乃是仁爱精神。这就是儒家"仁→义→礼"的正义理论结构。

儒家所说的"礼"并不仅仅是说的礼仪。"礼"包含三层含义，即礼义、礼制和礼仪。礼制就是社会规范体系及其制度，诸如伦理规范、政治规范、经济规范、法律规范等及其制度。礼仪只是礼制在仪式上的外在表现形式；而礼义则是礼制的内在价值根据。这就是儒家关于"礼"的"礼义→礼制→礼仪"的语义结构。

礼制，亦即社会规范及其制度，是儒家所关心的基本问题。这个道理很简单：任何社会共同体的和谐生存都不能没有秩序；任何个人都必

---

① 《孟子·梁惠王上》。

须生活于这种社会秩序之中。所以孔子才说:"不学礼,无以立。"①

但是,我想在这里指出的一点是:人们往往片面地误解了孔子对"礼"或社会制度的看法。固然,任何个人和团体都必须遵从社会规范和制度,所以孔子主张"克己复礼"②;但正如我们刚才所提到的,孔子同时指出"礼有损益",夏、商、周三代的礼制就是不同的,这表明人类的社会制度不是一成不变的。因此,孔子并不是保守主义者,儒家也绝不是"原教旨主义者"。儒家不仅强调社会秩序,而且一向主张社会进步。儒家认为,遵从规范和制度的前提是这种规范和制度本身是正义的。所以荀子主张:"从道不从君,从义不从父。"③儒家所遵从的既不是制度本身,也不是任何权威,而是正义。

这样一来,我们也就面对一个问题:如何进行制度的"损益"?换言之,根据什么原则来进行制度的变革?什么是制度变革的价值根据?当今世界的人类社会,面临着同样的问题。

对于这个问题的深入而系统的回答,就构成了儒家的社会正义论——中国正义论。④这个理论的核心,就是追寻正义原则。

三

刚才谈到,儒家认为:规范建构、制度建设的价值根据,乃是某种正义原则。就此而论,中国儒家的理论和西方的正义理论是一致的。不过,究竟何为正义原则,儒家却有自己的不同于西方正义论的看法。

儒家事实上有两条正义原则:正当性原则;适宜性原则。

正当性原则是一条动机论原则,是说社会规范及其制度的建构必须是出于仁爱的;否则,这种规范和制度就是不正当的。

"正"是汉语"义"最基本的含义之一,所以孟子指出:"义,人

---

① 《论语·季氏》。
② 《论语·颜渊》。
③ 《荀子·子道》。
④ 参见黄玉顺《中国正义论纲要》,《四川大学学报》2009 年第 5 期;人大复印资料《伦理学》2010 年第 1 期全文转载。

之正路也。"① 这条"正路"出于仁爱,孟子谓之"居仁由义"②。

说到这里,我们必须强调指出一点:对于儒家的仁爱观念,人们往往存在着严重的误解。许多人都以为,儒家所说的仁爱不是"博爱",而仅仅是一种差等之爱,"施由亲始"③。有人甚至据此攻击儒家,以为根据这种差等之爱而做出的制度安排,总是根据血缘关系的亲疏而建立的等级制度,因而必然是不公正和不公平的。

我们承认,对儒家仁爱观念的这种理解并不是毫无根据的。就爱的情感本身来看,儒家确实认为,对亲人的爱必定超过对他人的爱、对人的爱必定超过对物的爱。这是尊重事实,亦即客观地承认人人都有的情感体验。难道我们对路人的爱会超过对父母的爱吗?难道我们对动物例如鳄鱼的爱会超过对人类的爱吗?

但是,仅仅这样理解儒家的仁爱观念却是片面的。儒家所说的仁爱还有另外一个方面,叫作"一体之仁",或者叫作"一视同仁"。如孔子说:"己欲立而立人,己欲达而达人"④;"己所不欲,勿施于人"⑤。这已经被世人普遍视为"道德金律"。孟子也说:"老吾老以及人之老,幼吾幼以及人之幼。"⑥儒家认为,这同样是人类情感的实情。所以韩愈说:"博爱之谓仁。"⑦

在这里顺便指出:用儒家的"博爱"这个汉语词语来翻译西方的"fraternity",这其实是不对的。"fraternity"是说的兄弟情谊,犹如儒家所说的"四海之内皆兄弟也"⑧。但是,在儒家看来,兄弟情谊远不是人类仁爱情感的全部。例如,儒家决不会把父母和子女之间的爱混同于兄弟之间的爱。儒家所说的"博爱"不是"fraternity",而是真正的"universal love",这正如王阳明所说:"大人者,以天地万物为一体者

---

① 《孟子·离娄上》。
② 《孟子·尽心上》。
③ 《孟子·滕文公上》。
④ 《论语·雍也》。
⑤ 《论语·颜渊》。
⑥ 《孟子·梁惠王上》。
⑦ 韩愈:《原道》。
⑧ 《论语·颜渊》。

也，其视天下犹一家，中国犹一人焉。"①

显而易见，儒家正义论的正当性原则的要求乃是：在社会规范建构及其制度安排中，我们必须超越差等之爱、追求一体之仁。这就是说，立法者的动机不应该是任何个人或利益集团的利益，而应该是一视同仁的、公正和公平的考量；否则，其规范和制度就是不正当、不正义的。

因此，尽管建立社会规范和制度的目的确实是调节利益冲突、制定一种利益分配办法，但是，如果一种制度程序的设计仅仅是为了提供一种利益博弈的机制，那么，在儒家看来，它的正当性就是值得怀疑的，是把唯利是图的价值观制度化了。当今世界的人类社会之所以出现种种问题，这种制度化的唯利是图的价值观是难辞其咎的。

四

进一步说，即便一种制度是根据上述正当性原则来建构的，也不意味着这种制度就必定是正义的，因为"正义"不仅意味着"正当"，而且意味着"适宜"，即适应于人们的具体的生活方式，然而人类的生活方式不是一成不变的。例如，中国的汉武大帝通过董仲舒等所建立的皇权帝国制度，就与周公"制礼作乐"所建立的王权制度不同；②现代新儒家所主张的现代制度，也与中国古代的制度不同。事实上，从来就没有永恒正义的制度；而且可以预见，将来也不会有什么永恒正义的制度。如果说，所谓"普世价值"是说的某种具体的社会制度，那么它就是一个虚妄的概念。没有什么具体制度是普适的，唯有正义原则可以是普适的。

所以，正当性只是制度正义的必要条件，但并非充分条件。在儒家看来，仅有正当性原则是不够的，还必须有适宜性原则。这正是汉语"义"的基本含义之一："义者，宜也。"③如果说正当性原则是一条动机

---

① 王守仁：《大学问》。
② 参见黄玉顺《大汉帝国的正义观念及其现代启示——〈白虎通义〉之"义"的诠释》，《齐鲁学刊》2008年第6期；人大复印资料《中国哲学》2009年第1期全文转载。
③ 《礼记·中庸》。

论原则，那么适宜性原则就是一条效果论原则。

适宜性原则的要求是：一个社会共同体的社会规范建构及其制度安排，必须适应这个共同体的生活方式；否则，这种规范和制度就是不适宜的。

应该说，这个道理是显而易见的。事实上，人类历史上曾经存在过的种种基本制度，都曾经或多或少具有适宜性，它们与当时人们的生活方式是密不可分的。不同时代的人类有其不同的生活方式，不同地域、拥有不同文化传统的人们也有其不同的生活方式，因此，他们的社会规范及其制度也是有所不同的。为此，中国的伟大经典《周易》提出了"时宜"和"地宜"的问题。① 这就是说，儒家正义论的适宜性原则包含两个方面的准则：

一是时宜性准则：一个社会共同体的规范与制度的建构，必须适合于该共同体生活方式的时代特征。

迄今为止，人类经历了前轴心期的上古时代、轴心时期的社会转型、后轴心期的古代社会、现代的社会转型，其间出现过一系列的社会制度，这些制度各自适应于其历史时代的生活方式。这正如大儒王夫之所说："洪荒无揖让之道，唐虞无吊伐之道，汉唐无今日之道，则今日无他年之道多矣。"② 凡是用一个时代的制度作为标准去衡量和否定另一个时代的制度的做法，都是幼稚可笑的。

我们记得，西方哲人柏拉图就反对民主制度，但这并不妨碍他的哲学的基本思想仍然适用于现代西方民主政治哲学；西方政治哲学家马基雅维利推崇君主专制制度，但这并不妨碍他被称誉为西方现代政治哲学的奠基人。他们是深知时宜性准则的先哲，但遗憾的是，他们的这种睿智似乎已经被今天的政治哲学家们所遗忘。

二是地宜性准则：一个社会共同体的规范与制度的建构，必须适合于该共同体生活方式的地域特征。

影响地域特征的因素，最重要的就是该共同体的当下生活环境和历史文化传统。我们不能设想一个游牧民族采取农耕民族的制度，同样不

---

① 参见黄玉顺《制度规范之正当性与适宜性——〈周易〉社会正义思想研究》，载《孔子学刊》第二辑，上海古籍出版社 2011 年版。
② 王夫之：《周易外传》卷五。

能设想一个农业社会采取工业社会的制度。如果基督教文化传统的族群居然完全采取儒家文化传统族群的制度，那显然是不适宜的；反之亦然。

在今天这个民族国家的时代，可以区分出一些最基本的共同体，那就是其内部拥有较为一致的生活方式的民族国家，例如中国和美国，这些民族国家的生活方式有所不同，从而其社会规范和社会制度也有所不同。我们无法抽象地判定究竟用筷子进餐的礼仪和用刀叉进餐的礼仪哪一个更正当、穿汉服的礼仪和穿西服的礼仪哪一个更正当。

当然，事情还有另外一面。在这个"地球村"时代，整个人类社会正在结成一个有史以来最大的、基于全人类某些共同生活方式的全球性共同体，因此，不同族群之间存在着一些共同的现代价值观念，理当寻求一种共同的基本社会规范和基本社会制度，这些规范与制度不仅适用于民族国家内部，而且适用于国际社会。毫无疑问，民主制度就是这样的基本制度。

所以，当代儒家拥有民主的理念。这种理念源于中国人生活方式的现代性转型，源于当今中国人的某种程度的全球性生活方式。这种宪政民主理念不仅早在明清之际就由黄宗羲等大儒给予了初步表达，而且按照周公的思想，民主制度其实是儒家"民本"理念在现代生活方式中的一种具体表现形式。①

但尽管如此，我们仍不可忘记上述地宜性准则。例如今天的民主制度，我们知道，美国的民主制度和英国、法国、日本等的民主制度就是有所不同的。这种不同，源于这些不同民族国家的不同生活方式，尤其是不同的生存环境和文化传统。为此，我们有必要区分单数的民主制度和复数的民主制度。应当承认，迄今为止，复数的民主制度存在着一些严重的甚至根本的缺陷，这些缺陷不仅包括前面提到的民主制度沦为利益博弈机制，即把唯利是图价值观加以制度化的问题，而且包括地宜性方面的问题，即未能充分尊重不同族群的生活方式。我们在某些地区所看到的"民主乱象"就是这种缺陷的表现。

---

① 参见黄玉顺《"民本"的"人民主权"实质及其正义原则——周公政治哲学的解读》，《河北学刊》2010年第3期；人大复印资料《中国哲学》2010年第7期。

五

以上几个方面，仅仅是儒家的社会正义论的要点。

儒家正义论是一个源远流长的传统，拥有博大精深的内容，其中既有可以穿透历史时空的仁爱精神和正义原则，也有适应于当时之生活方式的具体社会规范和制度。今天，儒家传统正在复兴，儒家的社会正义论也正在得到重新认识。面对这个"礼崩乐坏"的世界上所出现的种种问题，尤其是价值观问题，儒家正在重新拿出自己的解决方案。

女士们、先生们！或许我们之间的忧虑和思考是有所不同的，但是，中国先哲孔子说过："天下何思何虑？天下同归而殊途，一致而百虑。"[1]我相信，我们的忧虑和思考是殊途同归的，那就是人类价值观的重建、人类社会规范和制度的重建。

让我们一起来努力，通过对话，存异求同，在价值观念、正义原则、社会规范和制度问题上尊重异见，寻求共识，为最终缔造出一个和谐、幸福的新世界而贡献我们的才智。

---

[1] 《周易·系辞下传》。

"角色"意识：《易传》之"定位"观念与正义问题
——角色伦理学与生活儒学比较*

作为对儒家哲学的一种新的诠释，安乐哲（Roger Ames）等人建构了儒家的"角色伦理学"①。这与我对儒家哲学的诠释"生活儒学"②及其在伦理层级上的"中国正义论"③建构颇有相通之处，但也存在着重大差异。一个人的"角色"是由其在社会上所居之"位"规定的，因此，对这两个思想系统加以比较，我们可以从《易传》的"位"观念入手，即分析社会"角色"与"定位"问题之间的关系。

一 定位：正位、得位、设位
——《易传》的"位"观念

所谓"角色"（role），或曰"社会角色"，是由社会的角色分配结构决定的，这种社会结构，在儒学话语中叫作"名分"或"位"（positions）。一个社会共同体就表现为一个"位"的系统，每一个人都在其中占有某种"位置"、扮演某种"角色"。这种社会结构实质上是一个

---

* 原载《齐鲁学刊》2014年第2期。

① 安乐哲：《儒家的角色伦理学：一个词汇表》英文版，香港中文大学：中国大学出版社2011年版。（Roger T. Ames, *Confucian Role Ethics: A Vocabulary*, Hong Kong: Chinese University Press, Chinese University of Hong Kong, 2011.）

② 黄玉顺：《爱与思——生活儒学的观念》，四川大学出版社2006年版；《面向生活本身的儒学——黄玉顺"生活儒学"自选集》，四川大学出版社2006年版；《儒家思想与当代生活——"生活儒学"论集》，光明日报出版社2009年版；《儒学与生活——"生活儒学"论稿》，四川大学出版社2009年版；《生活儒学讲录》，安徽人民出版社2012年版。

③ 黄玉顺：《中国正义论的重建——儒家制度伦理学的当代阐释》，安徽人民出版社2013年版。

人际关系结构,这种结构是由社会规范及其制度决定的;在儒学话语中,这套社会规范及其制度表现为"礼"(rite)。礼决定了位,而位决定了角色,亦即礼→位→角色。

在儒家文献中,《易传》系统地提出了"位"的观念。《易传》的"位"本来是指筮法中的"爻位"。如《系辞下传》说:"二与四同功而异位,其善不同:二多誉,四多惧,近也。……三与五同功而异位:三多凶,五多功,贵贱之等也。"《说卦传》说:"《易》六位而成章。"又如《象传》里讲的"六位时成"(乾)、"位乎天位"(需)、"柔得位而上下应之"(小畜)、"履帝位而不疚"(履)、"柔得位得中"(同人)、"柔得尊位"(大有)、"虽不当位,利用狱也"(噬嗑)、"刚当位而应"(遁)、"女正位乎内,男正位乎外"(家人)、"当位贞吉"(蹇)、"进得位"、"其位刚得中也"(渐)、"征凶,位不当也"(归妹)、"柔得位乎外而上同"(涣)、"当位以节"(节)、"刚失位而不中"(小过)、"刚柔正而位当也"(既济)、"虽不当位,刚柔应也"(未济)等等,本义皆指爻位。①

但当孔子"不占"②,进而儒家《易传》建构义理系统的时候,"位"进一步获得了伦理学及政治哲学的意义甚至形而上学的意义。

伦理政治层级上的"位"观念:"刚中正,履帝位而不疚,光明也。"③"刚当位而应,与时行也。"④"家人,女正位乎内,男正位乎外,男女正,天地之大义也。"⑤"君子以正位凝命。"⑥"君子以思不出其位。"⑦"居上位而不骄,在下位而不忧。"⑧"子曰:'贵而无位,高而无民,贤人在下位而无辅,是以动而有悔也。'"⑨"君子黄中通理,正位居体,美在其中而畅于四支,发于事业,美之至也!"⑩"列贵贱者

---

① 《周易》,《十三经注疏·周易正义》,中华书局1980年影印本。
② 《论语·子路》,《十三经注疏·论语注疏》,中华书局1980年影印本。
③ 《周易·履象传》。
④ 《周易·遁象传》。
⑤ 《周易·家人象传》。
⑥ 《周易·鼎象传》。
⑦ 《周易·艮象传》。
⑧ 《周易·乾文言》。
⑨ 同上。
⑩ 《周易·坤文言》。

存乎位。"① "德言盛，礼言恭；谦也者，致恭以存其位者也。"② "圣人之大宝曰位。何以守位？曰仁。"③

形而上学层级上的"位"观念："飞龙在天，乃位乎天德。"④ "天尊地卑，乾坤定矣；卑高以陈，贵贱位矣"；"天下之理得，而成位乎其中矣"。⑤

更进一步，《易传》提出了"定位"的观念。在流俗语言的用法中，"定位"（positioning）是一个消极的概念，是说的在一个既有的角色结构系统中确定自己的位置；但实际上它本来是一个积极的观念，不仅包含上述含义，还包含着去寻找并获得一个新的位置的意思，甚至还包含着对这个既有的角色位置结构系统加以变革、创建新的角色位置结构系统的意谓。例如，《说卦传》说：

天地定位，山泽通气，雷风相薄，水火不相射，八卦相错。

《周易正义》说"此一节就卦象明重卦之意"，即讲的八经卦如何重出六十四别卦，因而这里的"天地"是指的乾坤两个经卦，"定位"并不是说的乾坤自己如何在六十四卦中确定自己的位置，而是说的乾坤如何为六十四卦定位。进一步说，乾坤就是阴阳，而在《周易》，一切皆由阴阳生成，也可以说一切结构系统皆由阴阳"定位"。由此可见，《易传》的"定位"不仅仅指"得位"（在一个既定的位置系统中获得一个角色）、"正位"并且"当位"（恪守"礼"的规定对这个角色的要求），还指"设位"（设置或者重新设置这个角色位置系统本身）。

所以，"定位"（positioning）包含三层意义：（1）"正位"（putting oneself in a correct position）并且"当位"（being in a proper position），指恪守社会角色，这是行为正义问题，角色伦理学与生活儒学对此都有基本的确认；（2）"得位"［getting a (new) position］，指获得一种新的位，

---

① 《周易·系辞上传》。
② 同上。
③ 《周易·系辞下传》。
④ 《周易·乾文言》。
⑤ 《周易·系辞上传》。

即对原有之位的超越，角色伦理学与生活儒学对此的理解有所不同；（3）"设位"［setting（system of）positions］，指对社会角色秩序本身的设置，这是制度正义问题，即真正的社会正义论问题，角色伦理学未触及这个问题，而生活儒学则通过中国正义论的重建来探索这个问题。

二 正位并且当位：社会角色的恪守
——行为正义问题

任何一个社会共同体都表现为一个"位"的系统，每一个人都必须在其中找准自己的"位置"、扮演好自己的"角色"。这就是《易传》所说的"正位"与"当位"的问题。

（一）正位：摆正自己的位置

所谓"正位"，就是找到自己的正确的位置。例如：

> 家人，女正位乎内，男正位乎外，男女正，天地之大义也。家人有严君焉，父母之谓也。父父、子子、兄兄、弟弟、夫夫、妇妇而家道正，正家而天下定矣。①

这是一个"父子、兄弟、夫妇"的角色秩序系统，所谓"正位"就是每一个人都要在这个系统中摆正自己的位置并扮演好自己的角色。《周易正义》指出："家人之道，必须女主于内，男主于外，然后家道乃立"；"父母一家之主，家人尊事，同于国有严君"；"父不失父道，乃至妇不失妇道，尊卑有序，上下不失，而后为家道之正；各正其家，无家不正，即天下之治定矣"。显而易见，这是宗法社会的伦理政治观念，与《大学》所讲的一致："身修而后家齐，家齐而后国治，国治而后天下平。"②

当然，不同社会形态的位置系统并不相同，角色定位也不相同。例

---

① 《周易·家人彖传》。
② 《礼记》，《十三经注疏·礼记注疏》，中华书局 1980 年影印本。

如在现代社会中，竖立封建君主"严君"、以男性为"家长"、"男主外，女主内"这样的伦理未必能够成立。但是无论如何，任何一个社会形态总有其位置系统与角色定位。正是在这个意义上，儒家主张：

> 君子以正位凝命。①

《正义》指出："'正位'者，明尊卑之序也；'凝命'者，以成教命之严也"；"制法之美，莫若上下有序，正尊卑之位"。也就是说，这里所说的"正位"就是"正尊卑之位""明尊卑之序"。所谓"尊卑"，就是社会地位高低的区分，例如现代所谓"科层"。这样的社会地位区分系统，也就是"礼"，它规定了每个人在这个系统中的角色，因此，每个人都要在其中确定自己的位置、角色。其实，这也就是孔子所说的"克己复礼为仁"②的意思。《易传》还说：

> 君子黄中通理，正位居体，美在其中而畅于四支，发于事业，美之至也！③

《正义》认为："此一节明六五爻辞也。'黄中通理'者，以黄居中，兼四方之色，奉承臣职，是通晓物理也。'正位居体'者，居中得正，是正位也；处上体之中，是居体也。"这是从爻位而讲到职位，而且不仅涉及"正位"问题，实际上还涉及了"当位"问题：由具有"黄中通理"之德的君子来"正位居体"，即是恰当之人居于恰当之位。

（二）当位：充任恰当的角色

所谓"当位"，是说一个人的"德行"与其所居的"位置"要相当、相称。唯有如此，才能扮演好其"角色"。

例如《蹇象传·六四》说："'往蹇来连'，当位实也。"《正义》解释："'当位实'者，明六四当位履正，当其本实。而往来遇难者，

---

① 《周易·鼎象传》。
② 《论语·颜渊》。
③ 《周易·坤文言》。

乃数之所招，非邪妄之所致也，故曰'当位实'也。"王弼《注》释蹇卦卦辞"利见大人，贞吉"："爻皆当位，各履其正，居难履正，正邦之道也。"这对应于《象传》"当位贞吉，以正邦也"，《正义》认为："'当位贞吉，以正邦也'者，二、三、四、五爻皆当位，所以得正而吉，故曰'当位贞吉'也。'以正邦也'者，居难守正，正邦之道，故曰'以正邦'也。"这里的"履正""守正"，就是其德。

以下就是两个不能"当位"的例子：

> 子曰："贵而无位，高而无民，贤人在下位而无辅，是以动而有悔也。"①

这是解释乾卦的上九爻辞"亢龙有悔"。注云："处上卦之极而不当位，故尽陈其阙也。"《正义》认为："此明上九爻辞也。'子曰贵而无位'者，以上九非位而上九居之，是无位也。"这里其实是说：尽管具有君主之德，但却处在一个尴尬位置，"高而无民，贤人在下位而无辅"，实为"孤家寡人"，所以"动而有悔"。这是有德而无位，亦即"处无位之地，不当位者也"②。另一种情况则是有位而无德：

> 子曰："德薄而位尊，知小而谋大，力小而任重……不胜其任也。"③

"位"的复杂性在于：我们每一个人实际上都具有多重角色，其中有些角色甚至可能尚未被我们自己意识到。例如今天，假如我们曲解"君子以思不出其位"④，那么我们可能会误以为：一个老百姓是不配议论国家大事的。但事实上，议论国家大事却正是这个人的"位"所决定的：作为一个公民，他的公民之"位"决定了他对于国家大事的政治责任。顾炎武说"天下兴亡，匹夫有责"，就是这个意思。

---

① 《周易·乾文言》。
② 《周易·象传·需上六》注。
③ 《周易·系辞下传》。
④ 《周易·艮象传》。

(三) 位的存在论意义：作为存在的生活

角色伦理学的积极意义之一，在于赋予了"角色伦理"以某种存在论的意义，甚至以其独特的方式触及了生活本源的思想视域。安乐哲引述罗思文的观点、同时也是他自己的观点：

> 我的长期合作者和最好的朋友罗思文（Henry Rosemont Jr.）开始郑重其事地开发本书的主题——儒家角色伦理学的观念。像任何优秀的儒家哲学家一样，他是以对下述问题做出观察开始的：作为人类，我们事实上是怎样作为完全语境化（contextualized）、境位化（situated）和关系组成化（relationally-constituted）的人来生活的？他说："我们都出生并养育于一个特定的文化共同体之中，每个共同体都有它关于人之为人的事实真相（what it is to be a human being）的语言、价值观、宗教信仰、风俗习惯、传统及伴生观念。简言之，文化上无偏见的人类是不存在的。我们每一个人都有特定的希望、恐惧、欢乐、悲伤、价值观和见解，它们与我们关于'我们是谁'和'我们是什么'的解释之间存在着不可分割的联系，这些解释已经受到文化共同体的无法抗拒的影响，我们是这个共同体的一部分。"儒家哲学需要对日常经验的观念（notion of ordinary experience）有这样一种忠诚，在它的伦理生活的表达中既作为其最初出发点，也作为其裁定（adjudication）的终极源泉。[①]

这里的关键是：人"事实上是怎样……生活的"，这被视为"出发点"和"终极源泉"。这一点是可以与生活儒学的观念相通的；但更确切地说，这是与海德格尔那种作为基础存在论的生存论相通的："我们都出生并养育于一个特定的文化共同体之中"，用海德格尔的话来说，我们一开始就"被抛"于特定的"语境""境位"和"关系"之中，我们的"去存在"和自我完善都只能在这种给定的角色位置秩序之中。

[①] 安乐哲：《儒家的角色伦理学：一个词汇表》英文版，香港中文大学：中国大学出版社 2011 年版，序言第 xiv-xv 页。

须注意的是，角色伦理学在方法论层级上的真正关键概念，其实是相互对立的"个体"（individual 或 person）和"关系"（relation 或 correlation）。角色伦理学把西方哲学归结为个体主义，而把儒家哲学归结为关系主义，并将二者对立起来，批判前者，试图用后者来解决前者带来的问题，甚至批判现代的"权利"观念。说实话，我对此是深表怀疑的。且不说能不能这样简单地归结，也不谈现代性生存与个体性的内在必然联系，我所深感忧虑的是：对于今天的中国来说，个体权利不是太多了，而是太少了，那么，这种关系至上的伦理如何能够保障个体权利？我的看法是：对于今天的中国来说，亟须批判的正是这种关系至上的传统伦理。

我的判断是：角色伦理学是将那种前现代的中国的生活方式——那个前现代的"文化共同体"的"语境""境位"和"关系"——认定为了现代性的中国乃至人类应有的生活方式，以此为"出发点"和"终极源泉"。于是，人们只能在这种前现代的伦理关系或角色体系中去存在、去生活。

三　得位：社会角色的超越——进取问题

这样一来，"超越"问题就凸显出来了：人能不能超越既有的"语境""境位"和"关系"？能不能超越给定的"位"与"角色"？这就涉及《易传》的"得位"与"设位"问题了。

首先是"得位"问题。众所周知，儒家具有强烈的进取精神，即孔子所说的"狂简进取"，否则便有"乡原"之嫌。[1]这种进取精神意味着我们不仅仅是消极地恪守自己既有的社会角色，同时还应积极地超越给定的角色。"得位"这个观念意味着：一个人原来并不具有某种"位置"，即并不扮演某种"角色"；他通过进取而"得"此"位"、扮演此"角色"。

例如坤卦六二爻，注："居中得正，极于地质。"（坤象征地）《正

---

[1] 《孟子·尽心下》，《十三经注疏·孟子注疏》，中华书局 1980 年影印本。

义》解释："二得其位,极地之质,故亦同地也。……以此爻居中得位,极于地体故,尽极地之义。此因自然之性,以明人事,居在此位,亦当如地之所为。"这是从爻位而说到人事:"居在此位"即"得位","亦当如地之所为"即扮演这种"角色"。

又如观卦六四爻"观国之光,利用宾于王",是说的担任为王礼宾的职位。注云:"居近得位,明习国仪者也。"《正义》解释:"'利用宾于王'者,居在亲近而得其位,明习国之礼仪,故曰利用宾于王庭也。"这也是说的"得位"而扮演其"角色"。

角色伦理学最深刻的思想之一,是对"人类"或"人"的重新理解,即从"存在着的人"(human beings 人的存在)观念转向"形成着的人"(human becomings 人的形成)观念。①如果说,传统哲学的出发点是某种给定的(the given)主体性,如海德格尔所说,"哲学的事情就是主体性的事情"②,那么,角色伦理学就超越了这个观念,认为人并不是一开始就已经给定了的、已经"存在着"或曰"是"(being)的,而是"在形成中"的或曰"形成着"(becoming)的。由于对人的理解的这种转变,角色伦理学所理解的儒学已经超越了孔孟以后的传统儒学,在某种意义上回归了孔孟儒学,③因为它不再承认诸如"性善""性恶"那样的任何一种先天的或者先验的人性。这种观念是与生活儒学对人的理解一致的。生活儒学同样认为,人、或者说主体性,并不是我们思想的已被给定的出发点,相反,人或主体性是"被给予的"(given)东西。

既然如此,那么,我们应当追问的是:它是被什么给出的?或者说,它是怎样被给出的?同样,角色伦理学接下来的问题也是:人是怎样形成的?或者说,人是在怎样的条件下形成的?角色伦理学所强调的,是一个人所在的"境位"(situation,处境位置),这种境位是由社

---

① 参见安乐哲《儒家的角色伦理学》第3章第1节"'人类'(Human Beings 人的存在)还是'成人'(Human Becomings 人的形成)",第87—92页。

② 海德格尔:《哲学的终结和思的任务》,见《面向思的事情》,陈小文、孙周兴译,商务印书馆1999年第2版,第76页。

③ 关于孟子的思想的性质,乃是一个有待澄清的问题。角色伦理学并不认为孟子的人性论是先天论的或先验论的,参见安乐哲《儒家的角色伦理学》第3章第11节"《孟子》与人之形成",第136—143页。

会关系尤其是伦理关系，又特别是家庭伦理关系所决定的。按照角色伦理学，人的形成或者说成为一个人，就是在社会关系中获得一个角色（role）并且在这个角色中完善自己。

当然，人一开始就处在一种特定的境位中，此时他已经被给予了一个角色，这类似于海德格尔所谓"被抛的此在"；但他并不限于这个既定的角色，他还可以谋求一种新的角色，这类似于孔子所说的"君子不器"①。这就是"形成着的人"或"人的形成"这个概念的真正意义。

孔子所说的"君子不器"，就是不拘限于角色的意思。邢昺解释："器者，物象之名。形器既成，各周其用，若舟楫以济川，车舆以行陆，反之则不能。君子之德，则不如器物各守一用，言见几而作，无所不施也。"例如：

> 子贡问曰："赐也何如？"子曰："女器也。"曰："何器也？"曰："瑚琏也。"②

何晏注引包氏："瑚琏，黍稷之器，夏曰瑚，殷曰琏，周曰簠簋，宗庙之器贵者。"孔子既是在鼓励子贡为"贵器"，更是在批评子贡毕竟"器"了，而没有达到"不器"的境界。朱熹的理解是很准确的："子贡虽未至于不器，其亦器之贵者与。"③

孔子曾说："管仲之器小哉！"因为他"不知礼"。④这是区分"小器"和"大器"，所谓"瑚琏"即是一种大器。但即使是大器，也还不是君子的最高境界。最高境界乃是"不器"。

孔子还说："君子……及其使人也，器之。小人……及其使人也，求备焉。"⑤邢昺解释："言君子有正德……度人才器而官之，不责备，故易事。……小人……及其使人也，责备于一人焉，故难事也。"君子对于别人并不求全责备，而是因才任事。但是无论如何，君子对于自己

---

① 《论语·为政》。
② 《论语·公冶长》。
③ 朱熹：《论语集注·公冶长》，载《四书章句集注》，中华书局1983年版。
④ 《论语·八佾》。
⑤ 《论语·子路》。

却是"求全责备"的，就是要求自己"不器"。

孔子"君子不器"的思想与《易传》"得位"的思想是一致的，是说一个人不必固守既有的"位置"而死守固有的"角色"，他可以更加积极地"去生活"——"得"一个新的"位"。这让人想起陈胜的名言："王侯将相宁有种乎？"①

这种"得位"观念比起上文所谈的"正位"以及"当位"来说是更积极的，但是比起下文将要讨论的"设位"观念来说则仍然有消极的意味。例如无妄卦六二爻，《正义》解释："六二处中得位，尽于臣道，不敢创首，唯守其终，犹若田农不敢发首而耕，唯在后获刈而已。不敢菑发新田，唯治其菑熟之地，皆是不为其始而成其末，犹若为臣之道，不为事始而代君有终也。"具体到角色伦理问题，即是说，尽管我们可以通过努力而"得"新"位"，但最终仍然不过是"守位"而已，对这个"位"的秩序系统本身并无触动。

四 设位：社会角色秩序系统的设定
——制度正义问题

其实，按照儒家的思想，我们不仅可以超越自己既有的社会角色、可以"越位"，这在《易传》即"得位"的观念；我们甚至可以改造既有的、规定社会角色的位置系统本身，亦即改造社会规范及其制度本身，这在《易传》即"设位"的观念。从正义论的角度来看，角色伦理学仅仅涉及了行为正义（justice of behavior）领域，而未触及制度正义（justice of institution）问题。下面我们就来探讨这些问题。

《易传》两次谈到"设位"：

> 子曰："易其至矣乎？夫易，圣人所以崇德而广业也。知（读为'智'）崇、礼卑。崇效天，卑法地。天地设位，而易行乎其中矣！成性存存，道义之门。"②

---

① 司马迁：《史记·陈涉世家》，中华书局1982年版。
② 《周易·系辞上传》。

注云:"天地者,易之门户;而易之为义,兼周万物,故曰'行乎其中矣'。"疏云:"天地陈设于位,谓知之与礼而效法天地也。'而易行乎其中矣'者,变易之道,行乎知礼之中,言知礼与易而并行也。若以实象言之,天在上,地在下,是天地设位;天地之间,万物变化,是易行乎天地之中也。"所谓"天地设位",是说的设置"天—地"这样的形而上的"易之门";人道效仿天道,即"知之与礼而效法天地",就是设置"智—礼"这样的形而下的"道义之门"。我们知道,"礼"的设置就是"制礼"的问题。这是中国正义论的基本课题。通过"义"(道义)来制"礼",这正是中国正义论的最核心的结构:义(正义原则)→礼(制度规范)的结构。①

不仅形而下的"智—礼"设置是人的事情,即使是形而上的"天—地"设置其实也是人的事情:

天地设位,圣人成能;人谋鬼谋,百姓与能。②

疏云:"'天地设位'者,言圣人乘天地之正,设贵贱之位也。'圣人成能'者,圣人因天地所生之性,各成其能,令皆得所也。"所谓"设贵贱之位",也就是"制礼",亦即设置一套"位置"系统,以规定人们在其中的各种"角色"。例如《蹇象传》说:"当位贞吉,以正邦也。"这是说国君"当位"以后,他的一个基本职责就是"正邦"。所谓"正邦",自然包含着正定国家的制度,亦即"设位"。这就是中国正义论要解决的制度正义问题。如果既有的社会规范及其制度本身就是不正义的——不正当或者不适宜的,那么,它所设置的"位置"及其规定的"角色"就是不值得我们去争取的。这时候,人充当了一种更为伟大的角色——重新设置角色系统的角色(the role who re-sets the system of roles)。

这里还涉及一个更深刻的问题。我曾谈到,当下的生活际遇、角色所处的当下"位置"系统、"角色"秩序,具有双重性质,看起来似乎

---

① 参见黄玉顺《中国正义论纲要》,《四川大学学报》2009年第5期;人大复印资料《伦理学》2010年第1期全文转载。
② 《周易·系辞上传》。

是一种循环：

> 生活本身的本源结构决定了，我们总是要去生活，即总是要超越现实的生活，这是一种"改变现实"的态度。我们首先必须承认现实，然后才有可能改变现实；否则，改变现实的愿望只是一种空中楼阁。过去人们不理解孔子对"礼"的态度，就是因为不懂得这个道理：孔子一方面主张"学礼"、"克己复礼"、"非礼勿视，非礼勿听，非礼勿言，非礼勿动"，另一方面却主张"礼有损益"，人们感到这似乎是自相矛盾的。其实，"礼"作为规范构造是具有不同的意义的：它固然是前此的规则建构，即是"损益"的结果；但它却是当下的生活际遇，所以首先必须"学礼"。……我把生活儒学的意义概括为这样两句话：凡是现存的，都是本源的；凡是现存的，都是应当超越的。第一句话的意思是：凡是现存的，都曾经是前此的某种形而下学的构造，但是，无论如何，对于当下的我们来说，它们都是我们的在生活之际遇，我们只有由此出发，才能去生活而超越；第二句话的意思是：凡是现存的，纵然都是我们的在生活之际遇，但是，我们必定去生活而超越它们，而这种去生活而超越，同样归属于我们的在生活之际遇。——这种看法既无所谓"保守"，也无所谓"革命"；生活儒学只是告诉我们：我们向来在生活，并且总是去生活。①

这就是说，正如角色伦理学所言，既有的角色位置系统是我们的"出发点""源泉"；但生活儒学及其正义论坚持，既有的角色位置系统同时也可能正是我们应当加以改造、超越的对象。例如，在宗法王权时代，王族的嫡长子生来就被预定了王的位置和角色；但其前提是嫡长子继承制，而这个制度安排本身在今天却已经是不正义的了。

即便就角色伦理学所注重的家庭伦理来看，事情也是如此。表面来看，家庭角色是不可超越的。例如，在父亲面前，儿子永远是儿子的角

---

① 黄玉顺：《面向生活本身的儒学——"生活儒学"问答》，载《面向生活本身的儒学——黄玉顺"生活儒学"自选集》，四川大学出版社 2006 年版，第 89—91 页。

色。但事实上事情并非这么简单。例如在现代社会中，当儿子还是一个未成年人时，他的角色是被监护人；然而当他成人以后，他就摆脱了被监护人的角色。

近年来，有不少儒者特别强调家庭，甚至认为家庭伦理才是儒学的特色、中国文化的特征。其实未必如此。家庭本身就是一个历史地变动的概念：我们曾经有上古王权时代的宗族家庭；曾经有中古皇权时代的家族家庭；还有现代的核心家庭，以及诸如合法的单亲家庭，乃至合法的同性恋家庭等复杂的家庭形式。这些不同时代的家庭形式具有不同的家庭伦理，不同的"礼"的制度、不同的"位"的安排、不同的"角色"定位。就此而论，"角色"问题并非儒学的根本所在；角色是由"礼""位"规定的，而"礼""位"又是由"仁""义"导出的。这是我们今天所应具有的一种"角色"意识。

养气：良知与正义感的培养[*]

对于孟子"养气"之论、"夜气"之说，历来存在不同的解读；孟子所说的"是非之心""良知"，也被理解为一种先天的或先验的形而上学范畴。本文意在阐明：其实，孟子所说的"气"或"浩然之气"是一种情绪体验，也叫"正气"；而"夜气"是一种比喻。这种情绪体验来自一种内在感受，即通常所说的"正义感"，孟子谓之"是非之心"。所以，孟子说，浩然之气是"集义所生"。这种内在感受来自一种关于是非曲直的直觉判断能力，这是孟子"良知"观念的含义之一。这种直觉判断能力源于人们在共同生活中形成的共通的是非观念；而这种共同生活即孟子所说的"居""养"。所谓"养气"，就是在生活中自觉地培养这种是非观念，以及相应的直觉判断能力、内在感受能力、情绪体验能力。

一 是非之心：良知的正义感

孟子所说的"良知"，其基本含义之一是关于社会正义的直觉判断能力。这种能力在具体的生活情境中的运用，产生一种内在感受，这就是正义感，亦即孟子所说的"是非之心"。

---

[*] 原载《中国社会科学院研究生院学报》2014年第6期；《中国社会科学文摘》2014年第11期转载。

(一) 良知：正义感的根源

关于"良知"，孟子是这样讲的：

> 人之所不学而能者，其良能也；所不虑而知者，其良知也。孩提之童，无不知爱其亲者；及其长也，无不知敬其兄也。亲亲，仁也；敬长，义也。①

孟子的意思是：人自然而然地具有"爱其亲""敬其兄"的情感能力，这就是"良能"；人自然而然地"知爱其亲""知敬其兄"，这就是"良知"。显然，良知是对良能的直觉。这是一种反身自明的感悟，故孟子讲"反身而诚"②。

仔细分析，"良知"作为一种直觉能力，具有两层含义：一是认知性的直观感悟能力，但这种直观感悟并不是经验论意义上的知识，而是"不学而能""不虑而知"的能力，即是前经验性的智慧；二是价值性的直觉判断能力，这种能力在具体的运用中产生"是非之心"，即正义感（详下）。

在上引这段话里，孟子所侧重的是"良知"的第一层含义：良知并非知识论意义上的知识，但也确实是认知性的，即是"知爱""知敬"的能力，亦即对于"良能"这种天然情感能力的体悟，这是一种反身自明的智慧。③

但"良知"还有另一层含义，就是一种关于社会正义、是非曲直的直觉判断能力，这种能力导向正义感，即导向孟子所说的"是非之心"，也就是导向"是非感"，所以阳明说良知"知善知恶"④，即能判断善恶是非。这就是说，良知其实也是一种良能，然而却是一种特殊的良能，即一种能够直觉地、直截了当地判断是非的能力。这种特殊的良

---

① 《孟子·尽心上》，《十三经注疏·孟子注疏》本，赵岐注，孙奭疏，中华书局 1980 年影印本。
② 《孟子·尽心上》。
③ 笔者所说的"天然"并非"先天"（apriori）或者"先验"（transcendental）的意思，而是在生活中"自然而然"的意思。
④ 王守仁：《传习录下》，载《王阳明全集》，吴光编校，上海古籍出版社 1992 年版。

能、直觉的价值判断能力，后来被荀子视为一种"人之性"而归之于"天君"即"心"的天然能力。①

（二）是非之心：作为良知发用的正义感

关于"是非之心"，孟子是这样讲的：

> 所以谓人皆有不忍人之心者，今人乍见孺子将入于井，皆有怵惕恻隐之心；非所以内交于孺子之父母也，非所以要誉于乡党朋友也，非恶其声而然也。由是观之，无恻隐之心非人也，无羞恶之心非人也，无辞让之心非人也，无是非之心非人也。恻隐之心，仁之端也；羞恶之心，义之端也；辞让之心，礼之端也；是非之心，智之端也。人之有是四端也，犹其有四体也。有是四端而自谓不能者，自贼者也；谓其君不能者，贼其君者也。凡有四端于我者，知皆扩而充之矣，若火之始然、泉之始达。苟能充之，足以保四海；苟不充之，不足以事父母。②

恻隐之心、羞恶之心、辞让之心、是非之心，四者都属于"良能"，即都是天然的情感。③朱熹说："恻隐、羞恶、辞让、是非，情也。"④但实际上，其中的"是非之心"比较特殊，不仅是一般的情感，而且是在具体运用关于是非曲直的直觉判断能力之际所产生的一种内在感受。这里值得留意的是"是非之心"这个表述：它与恻隐、羞恶、恭敬辞让并列，意味着这是一种良能情感；但它处在这个情感系列的最后一个环节上，而且"是非"已经是一种价值判断，即是一种"知"。换句话说，是非之心的一个必要前提是一种"知"，即孟子所说的"良知"这种直觉的是非判断能力。所以，所谓"是非之心"，作为一种内在感受，也就是通常所说的"正义感"。正义感作为一种"感"，乃是

---

① 《荀子·天论》，王先谦《荀子集解》，《新编诸子集成》本，中华书局1988年版。
② 《孟子·公孙丑上》。
③ 参见黄玉顺《恻隐之"隐"考论》，《北京青年政治学院学报》2007年第3期；人大复印资料《伦理学》2007年第11期全文转载。
④ 朱熹：《孟子集注·公孙丑上》，载《四书章句集注》，中华书局1983年版。

一种内在感受，它产生于良知这种直觉判断能力的实际运用情境之中。

这就是说，"是非之心"或正义感乃是良知这种能力的"发用"，王阳明谓之"致良知"①。孟子说"有是四端而自谓不能者，自贼者也"，这种"自贼"，包括缺乏正义感，是一种"心中贼"，所以后来王阳明提出"破心中贼"②，为此而提出"致良知"。由"致良知"而获得正义感，这并不是作为工具理性的理智的事情，不是知识可以给予的，因为良知乃是一种直觉能力、"本质直观"③。

孟子认为，"是非之心"这种正义感，不是作为先验德性的"智"，而只是"智之端"（发端），所以要求对"是非之心"更进一步地"扩而充之"，将这种内在感受性的正义感加以自觉化、理性化，其结果就是正义原则。同时，这种"是非之心"伴随着"恻隐之心""羞恶之心""辞让之心"，而这些情感也不是作为先验德性的"仁""义""礼"，而只是德性之"端"，所以也要求更进一步地"扩而充之"，使之自觉化、理性化，进而规范化、制度化。于是，才有孟子的社会正义理论的"仁→义→智→礼"结构。④

（三）良知与正义感的生活渊源

在后世儒学中，"良知"与"是非之心"都被理解为先天的甚至先验的东西，但这未必符合孟子的原意。孟子固然说过，"良知""是非之心"都是"人心之所同然"：

> 至于子都，天下莫不知其姣也；不知子都之姣者，无目者也。故曰：口之于味也，有同嗜焉；耳之于声也，有同听焉；目之于色也，有同美焉。至于心，独无所同然乎？心之所同然者，何也？谓理也，义也。圣人先得我心之所同然耳。故理义之悦我心，犹刍豢之悦我口。⑤

---

① 王守仁：《传习录下》。
② 王守仁：《与杨仕德薛尚谦书》。
③ "本质直观"（Wesensschau）是胡塞尔现象学术语，这里只是借用。
④ 参见黄玉顺《孟子正义论新解》，《人文杂志》2009年第5期。
⑤ 《孟子·告子上》。

这里的"义"与"理"都是指的正义（justice）。①

孟子的意思，人们天然地具有关于社会正义、是非曲直的直觉判断能力（良知），犹如天然地具有关于声色嗅味的直觉判断能力。但必须注意，孟子严格区分了两类不同性质的"人心之所同然"：一类是关于声色嗅味的直觉判断能力，这是先天的本能，他称之为"天性"，认为它们虽然是"形色，天性也"②，但"君子不谓'性'也"③；另一类则是关于社会正义的直觉判断能力，他称之为"性"或"人之性"④，这绝非先天的，而是与具体的生活情境相关联的，例如受到"乍见孺子将入于井"情境的激发。

所以，良知虽然是前经验性的，即是"不学而能""不虑而知"的，但这并不意味着就是先天的或先验的。事实上，良知是一种生活感悟，离不开当下的生活情境，如与"亲"与"兄"的共同生活。在论及关于"知敬其兄"的良知时，孟子特别强调了"及其长也"，意思是说，良知这种关于是非的判断能力其实是在生长过程中获得的。这与后儒，例如阳明心学所谓"良知"截然不同，后者把良知设为一个先验的形而上的本体。更接近于孟子"良知"观念的，是王船山的观念"性日生而日成"（详下）。

作为正义感的"是非之心"亦然，其所以为"人心之所同然"，其实渊源于共同体的共同生活。例如陌生男女之间握手，在古代生活方式下会招致人们一致的道德谴责，而在现代生活方式下则不是问题。这种"人心之所同然"的共同感受，来源于共同生活中的生活感悟，即来源于共同体中人们的生活情感、生活领悟。

孟子思想在"良知"与"是非之心"观念上所表现出来的这种非先验性，同样体现在他的"夜气"说、"养气"说之中。在孟子看来，基于"良知"与"是非之心"的"气"，乃是在生活中"居""养"的结果：

---

① 黄玉顺：《孟子正义论新解》，《人文杂志》2009 年第 5 期。
② 《孟子·尽心上》。
③ 《孟子·尽心下》。
④ 《孟子·告子上》。

孟子自范之齐，望见齐王之子，喟然叹曰："居移气，养移体。大哉居乎！夫非尽人之子与？"①

这就是说，"气"是在"居""养"——生活中养成的，而非先验的东西。所以，孟子特别重"居"。他区分了两类"居"。

一类是"居不仁"，如：

> 今恶辱而居不仁，是犹恶湿而居下也。②

> 饱食暖衣，逸居而无教，则近于禽兽。③

> 同乎流俗，合乎污世，居之似忠信，行之似廉洁，众皆悦之，自以为是，而不可与入尧舜之道，故曰"德之贼"也。④

另一类是"居仁"，如：

> 居恶在？仁是也。路恶在？义是也。居仁由义，大人之事备矣。⑤

> 居天下之广居，立天下之正位，行天下之大道，得志与民由之，不得志独行其道，富贵不能淫，贫贱不能移，威武不能屈，此之谓大丈夫。⑥

> 吾身不能居仁由义，谓之自弃也。仁，人之安宅也；义，人之

---

① 《孟子·尽心上》。
② 《孟子·公孙丑上》。
③ 《孟子·滕文公上》。
④ 《孟子·尽心下》。
⑤ 《孟子·尽心上》。
⑥ 《孟子·滕文公下》。

正路也。旷安宅而弗居，舍正路而不由，哀哉！①

总之，人之或正或邪，有无良知与正义感、正气，皆"居使之然也"②。

综上所述，孟子的人性论并非后儒那种先验的人性论，而类似王夫之那种经验的人性论。通过阐释《尚书·太甲上》"习与性成"命题，王夫之否定了先验的人性："'习与性成'者，习成而性与成也"；"夫性者，生理也，日生则日成也"；"未成可成，已成可革。性也者，岂一受成侀（形），不受损益也哉！"③这是非常深刻的思想，为进一步揭示生活情感的本源意义开辟了道路。这里特别值得注意的是：王夫之通过"生"与"习"的阐发，已接近于揭示生活的本源地位。

二　夜气：正义感的浩然之气

在中国文化传统中，"气"是一个含义极为丰富、外延极为广阔的概念。例如文学理论中的"气"，主要是关于美的一种直觉体验，诸如"气韵生动"之类，所以曹丕说"文以气为主"④。但当"气"用于形容人对其内在感受的自我体验时，它们有一个共同点，那就是一种生理上的内在充盈的情绪体验，即"气，体之充也"⑤。孟子所讲的"充实之谓美"⑥，实际上也是在讲"气"。例如，面对不善之物、不平之事，我们很容易体验到这种情绪性"气愤"的"体之充"——"义愤填膺"，乃至于"肺都气炸了"。这种作为情绪体验的"气"，包括"浩然之气"，来自作为一种内在直觉感受的正义感的良知。

但孟子的"夜气"之说，却常常被人误解。孟子是这样讲的：

---

① 《孟子·离娄上》。
② 《孟子·尽心上》。
③ 王夫之：《尚书引义·太甲二》，中华书局1962年版。
④ 曹丕：《典论·论文》，萧统编《文选》李善注，上海古籍出版社1996年版。
⑤ 《孟子·公孙丑上》。
⑥ 《孟子·尽心下》。

牛山之木尝美矣。以其郊于大国也，斧斤伐之，可以为美乎？是其日夜之所息，雨露之所润，非无萌蘖之生焉，牛羊又从而牧之，是以若彼濯濯也。人见其濯濯也，以为未尝有材焉，此岂山之性也哉！虽存乎人者，岂无仁义之心哉？其所以放其良心者，亦犹斧斤之于木也，旦旦而伐之，可以为美乎？其日夜之所息，平旦之气，其好恶与人相近也者几希。则其旦昼之所为，有梏亡之矣。梏之反覆，则其夜气不足以存。夜气不足以存，则其违禽兽不远矣。人见其禽兽也，而以为未尝有才焉者，是岂人之情也哉。故苟得其养，无物不长；苟失其养，无物不消。孔子曰："操则存，舍则亡。出入无时，莫知其乡（向）。"惟心之谓与？①

这里，孟子是在进行比喻：以自然对树木的滋润来比喻生活对作为"人之情"的"仁义之心"的培养，也就是上文所谈的"居""养"。所谓"夜气"或"日夜之所息、平旦之气"，其本义与"雨露之所润"一样，是指的自然界对树木的滋养，而不是说的对人的情性的培养。如果误解了孟子之意，以为这是在讲如何通过日夜平旦打坐调息来养生、"存养夜气"，那就十分可笑了，因为孟子在这里谈论的不是养生的问题，而是道德情感培养的问题。试问：日夜打坐调息，这与道德情感的培养有何关系？对于道德培养来说，"夜气"只不过是一种比喻，就是孟子所说的"居移气，养移体"，其所比喻的乃是孟子所说的"浩然之气"——正气，即一种基于正义感的内在充盈的情绪体验。

这种"气"或"夜气"，作为"浩然之气"，也是一种"勇气"。在谈到"养气"时，孟子指出所谓"养气"就是"养勇"，并且进行了分析：

北宫黝之养勇也，不肤挠，不目逃，思以一豪挫于人，若挞之于市朝，不受于褐宽博，亦不受于万乘之君；视刺万乘之君若刺褐夫，无严诸侯，恶声至，必反之。孟施舍之所养勇也，曰："视不胜犹胜也。量敌而后进，虑胜而后会，是畏三军者也。舍岂能为必

---

① 《孟子·告子上》。

胜哉？能无惧而已矣。"孟施舍似曾子，北宫黝似子夏。夫二子之勇，未知其孰贤，然而孟施舍守约也。昔者曾子谓子襄曰："子好勇乎？吾尝闻大勇于夫子矣。自反而不缩，虽褐宽博，吾不惴焉；自反而缩，虽千万人，吾往矣。"孟施舍之守气，又不如曾子之守约也。①

这里，孟子区分了两类、三种勇气：一种是北宫黝式的勇气，类似于项羽所谓"一人敌"；另一种是孟施舍式的勇气，类似于项羽所谓"万人敌"。②两者其实是同类的，孙奭疏称之为"气勇"，以区别于作为大勇的"义勇"。还有一种则是曾子式的"浩然之气"，孟子称之为"大勇"。

为区分上述不同的勇气，孟子提出了"守约"的概念。所谓"约"，注疏解释为"约要""要约"，意指一个人所持守的要义。按此思路，有的人是有所守的，有的人是无所守的。"北宫黝之多方"即是无所守。而有所守的，其所守者又有所不同。三种勇气的区别，不仅在于能否"守约"，而且在于所守之"约"的内容不同。孟子认为，孟施舍与曾子均能"守约"，但孟施舍仅以"守气"为约，即赵岐注所说的仅"守勇气""以不惧为约要"；而曾子则以"守义"为约，即赵注所说的"守义以为约"，所以能够"自反而缩"。"缩"的意思即是"义"，赵注："缩，义也"；孙疏："缩者，理之直也，是知'缩'训'义'也"。孙疏指出："以其养勇有本末之异，则言北宫黝之多方，不若孟施舍之守约；以其守约有气、义之别，则又言孟施舍之守其气勇，不如曾子以义为守而要也。然论其不动心，则同根；其德，则大不相侔矣。"孟子认为，心志（亦即良知与正义感）为根或本，勇气为末。"大勇""义勇"是以心志"守义"为本，亦即孟子所说的"有本"③；"气勇"仅以心志"守气"为本，其实就是"无本"。

---

① 《孟子·公孙丑上》。
② 司马迁：《史记·项羽本纪》，裴骃集解、司马贞索引、张守节正义，中华书局1982年版。
③ 《孟子·离娄下》。

三 养气：正气的培养

周振甫先生指出，孟子"所说的养气就是培养一种正义感"[1]，这是极有见地的。不过，更确切地讲，"气"所指称的并不是正义感，而是正义感所产生的一种情绪体验。关于"养气"之说，见于《孟子·公孙丑上》所载的这段对话：

公孙丑问曰："夫子加齐之卿相，得行道焉，虽由此霸王不异矣。如此，则动心否乎？"

孟子曰："否！我四十不动心。"

曰："若是，则夫子过孟贲远矣。"

曰："是不难，告子先我不动心。"

曰："不动心有道乎？"

曰："有。北宫黝之养勇也，不肤挠，不目逃，思以一豪挫于人，若挞之于市朝，不受于褐宽博，亦不受于万乘之君；视刺万乘之君若刺褐夫，无严诸侯，恶声至，必反之。孟施舍之所养勇也，曰：'视不胜犹胜也。量敌而后进，虑胜而后会，是畏三军者也。舍岂能为必胜哉？能无惧而已矣。'孟施舍似曾子，北宫黝似子夏。夫二子之勇，未知其孰贤，然而孟施舍守约也。昔者曾子谓子襄曰：'子好勇乎？吾尝闻大勇于夫子矣。自反而不缩，虽褐宽博，吾不惴焉；自反而缩，虽千万人，吾往矣。'孟施舍之守气，又不如曾子之守约也。"

曰："敢问夫子之不动心，与告子之不动心，可得闻与？"

"告子曰：'不得于言，勿求于心；不得于心，勿求于气。'不得于心，勿求于气，可；不得于言，勿求于心，不可。夫志，气之帅也。气，体之充也。夫志至焉，气次焉。故曰：持其志，无暴其气。"

---

[1] 周振甫：《文心雕龙选译》，中华书局1980年版，第254页。

"既曰'志至焉，气次焉'，又曰'持其志，无暴其气'者，何也？"

曰："志壹则动气，气壹则动志也。今夫蹶者趋者，是气也，而反动其心。"

"敢问夫子恶乎长？"曰："我知言，我善养吾浩然之气。"

"敢问何谓浩然之气？"

曰："难言也。其为气也，至大至刚，以直养而无害，则塞于天地之间。其为气也，配义与道。无是，馁也。是集义所生者，非义袭而取之也。行有不慊于心，则馁矣。我故曰告子未尝知义，以其外之也。必有事焉而勿正，心勿忘，勿助长也。无若宋人然。宋人有闵其苗之不长而揠之者，芒芒然归，谓其人曰：'今日病矣！予助苗长矣。'其子趋而往视之，苗则槁矣。天下之不助苗长者寡矣。以为无益而舍之者，不耘苗者也；助之长者，揠苗者也，非徒无益，而又害之。"

此章的宗旨，孙疏认为是"孟子究言情理"，即"义以行勇则不动心，养气顺道"，这是颇为准确的概括。这段对话首先讨论的问题，是勇气与心志的关系；其核心是"不动心"，即"无畏"的问题，其实也就是基于正义感的勇气问题。注、疏都把"不动心"解释为无所畏惧：赵注把"动心"解释为"畏难、自恐不能行（道）"，即公孙丑以为"大道不易，人当畏惧之，不敢欲行"；孙疏也把"动心"解释为"畏惧其不能"。这可以理解为："动心"是说心志动摇；"不动心"则是赵注所说的"志气已定，不妄动心有所畏也"。按照这样的解释，孟子所说的"我四十不动心"即如孙疏所的说："我年至四十之时，内有所定，故未尝动心有所畏惧也"；具体来讲，孟子对自己居卿相之位以行王道是并不畏惧的。这也就是下文所说的"大勇"。这与本章的宗旨"义以行勇"是很切合的："大勇"乃是"集义所生""配义与道"的那种勇气，亦即"浩然之气"。所以，对话接下来就讨论两类、三种不同境界的勇气。

这里的关键是："浩然之气"乃"是集义所生者，非义袭而取之也"，意思是说：正义感或"浩然之气"并非由于外在的义"袭取"

（窃取）内在的气，而是心志通过集聚内在的义而生成的，这就是所谓的"以直养"。注疏把"集"解释为"杂"，这是不对的。所谓"集义"，就是集聚仁义之心。所以，这种正义感或"浩然之气"能够"配义"，即与义相匹配、一致。

这里还有一段话较难理解："告子曰：'不得于言，勿求于心；不得于心，勿求于气。'不得于心，勿求于气，可；不得于言，勿求于心，不可。"本章通篇所讲的"气"，注、疏都认为是指的"勇气"；唯有此处的"气"，注、疏解释为"辞气"。其实，这里的"气"仍当解释为"勇气"。孟子的意思是：人有不善之心，必无大勇之气；然而人有不善之言，则未必有不善之心。孟子之所以说人有不善之心则无大勇之气，是因为心志与勇气之间是这样一种关系："夫志，气之帅也"；"志至焉，气次焉"。这里的"志"应当是指的作为一种直觉判断能力的良知和作为一种内在感受的是非之心，即正义感；而"气"乃指这种正义感所导向的一种情绪体验。所以，赵注："志，心所念虑也；气，所以充满形体，为喜怒也。"孙疏："心之所之之谓志，所以帅气而行之者也；气，但能充满形体者也。"如果心之所念只在"气"本身而已，即是"守气"，这只是"气勇"；唯有心之所念在"义""惟义所在"①，乃是"守义"，这才有"义勇""大勇"。这也就是孔子所说的"勇者不惧"②，"内省不疚，夫何忧何惧"③。大勇所依赖的内在心理感受，就是通常所谓"正义感"。孟子所说的"浩然之气"，则是对于这种正义感的情绪体验。

公孙丑有一个疑惑：孟子既然说"志至焉，气次焉"，那么，气是随志而行的，因此，持其志则必有其气；但孟子又说"持其志，无暴其气"，这似乎是自相矛盾的。这个疑惑，其实是由于公孙丑没能理解孟子所说的"暴"的含义：这里的"暴"并非"露"之意，而是"乱"之义。所以，孟子答道："今夫蹶者、趋者，是气也，而反动其心。"所谓"蹶者、趋者"即是"乱"，其结果是反而使人"动心"——心生畏惧。所以，孟子又说："志壹则动气，气壹则动志。"注疏把"壹"

---

① 《孟子·离娄下》。
② 《论语·子罕》，《十三经注疏·论语注疏》本，中华书局1980年影印本。
③ 《论语·颜渊》。

解释为"郁壹",那是以"抑"释"壹",也是不对的。孟子的意思是:"志壹则动气"是正确的,这是以志为本,即"志至焉,气次焉",气随志行;相反,"气壹则动志"则是错误的,这是以气为本,即"暴""乱",结果是"动心"而生畏。

孟子把"知言"与"养气"放到一起来讨论,这绝非偶然。所谓"知言",赵注:"闻人言,能知其情所趋";孙疏:"能知人之言而识其人情之所向"。这就是说,"养气"是与"知言",亦即"识人情之所向"密切相关的。正义感或"浩然之气"乃是一种同感,即在特定的共同生活方式中人们所具有的共同心理感受,即"人情之所向",这是自然而然的事情,所以孟子下文才说:这是无须"揠苗助长"的。

综上所述,孟子的"养气"说,可概括如下:

序列:共同生活→是非观念→直觉判断能力→内在感受(正义感)→情绪体验
养气:居养————————→良知——→是非之心———→浩然之气(夜气)

在一个共同体的共同生活中,人们会养成某种共通的是非观念,这是一种生活感悟,成为潜在的价值尺度。这种共同生活,就是孟子所说的"居养"。这种是非观念使人在某种具体情境中具有一种关于是非曲直的不假思索的直觉判断能力,这就是孟子所说的"良知"的含义之一。这种直觉的是非判断伴随着一种内在感受,这就是正义感,亦即孟子所说的"是非之心"。这种直觉判断的内在感受形成一种情绪体验,就是孟子所说的"浩然之气",或者叫作"正气"。孟子所谓"养气",就是在生活的"居养"中积极地培养这种是非观念、直觉判断能力、内在感受能力以及情绪体验能力。所谓"夜气",即是比喻在"居"中所"养"成的这种情绪体验能力。

制度文明是社会稳定的保障
——孔子的"诸夏无君"论*

近年来,有学者鼓吹所谓"贤能政治"(political meritocracy),并标榜为儒家的"贤能政治传统"。这种论调其实是出于某种现实意图而歪曲儒家政治哲学传统。事实上,孔子的思想恰恰与之相反,那就是孔子的"诸夏无君"论:社会政治秩序的稳定与否,并不取决于领导者的善否,而是取决于社会制度的善否。换言之,制度文明才是社会稳定的保障:在正义的制度下,即便领导者无德无才甚至缺位,社会也是稳定的;而在不正义的制度下,即便领导者在位甚至德才兼备,社会也缺乏稳定性。孔子指出:

> 夷狄之有君,不如诸夏之亡(无)也。[1]

何晏注云:"诸夏,中国;亡,无也。"邢昺疏云:"此章言中国礼义之盛,而夷狄无也";"言夷狄虽有君长,而无礼义;中国虽偶无君,若周召共和之年,而礼义不废"。注疏的解释完全正确。所谓"诸夏"是指的当时秉持华夏文化、拥有制度文明的中原诸国,其政治哲学传统即"礼义",亦即文明的制度(礼)及其背后的正义原则(义)。孔子这句话直译为现代汉语就是:华夏以外的国家尽管有君主,也不如华夏国家没有君主的时候。按照注疏的解释,孔子的意思是说:社会稳定的根本保障并不是领导人英明,而是制度正义——礼义。

---

* 原载《学术界》2014年第9期。
[1] 《论语·八佾》,《十三经注疏·论语注疏》,(魏)何晏注,(宋)邢昺疏,中华书局1980年影印本。

一　礼：制度文明

那么，何为"礼义"？我们先讨论"礼"的问题。

在中国传统话语中，"礼"泛指所有社会规范及其制度，诸如家庭、乡社、国家、伦理、政治、法律等领域的一切制度规范。一个典型的例子就是：一部《周礼》所载的"周礼"，乃是一整套的社会规范及其制度，而总称为"礼"。[①]其实，《仪礼》《礼记》之"礼"亦然，包含了外在化的"礼仪"、实质性的"礼制"（制度规范）及其背后的"礼义"（即"礼之义"——制度规范背后的正义原则）三个层次的概念。所以，"礼"并不仅仅指"礼仪"。"礼"更不仅仅指"事神致福"[②]的祭祀活动，只不过祭祀在当时是国家的头等大事，即"国之大事在祀与戎"[③]，集中地反映了当时的社会关系及其在制度规范上的体现，故以祭祀作为"礼"的典型场景。简而言之，"礼"指的乃是所有的制度规范。

众所周知，"礼"是孔子政治哲学的一个要点；换言之，孔子所关注的一个基本问题就是制度文明问题，即族群的社会规范建构及其制度安排。孔子"诸夏无君"思想的指导意义在于，在建构或选择制度的时候，应当考虑这样一个指标：即便在最高领导人空缺时，这个制度也是稳定的。下文要谈的"周召共和"就是一个典型。

这里须特别注意的是："诸夏"与"夷狄"的区别，与种族、血缘无关，其标准并不是什么"龙的传人""炎黄子孙""黑眼睛黑头发黄皮肤"之类的规定。这些年来，孔子儒学往往被讲成了一种带有种族主义色彩的东西，这是很值得警惕的。依据孔子向来的观点，"夷夏之辨"或"华夷之辨"的标准并不是种族，而是文化，尤其是礼乐文化，即制度文明。"诸夏"与"夷狄"的区别，是制度文明程度的区别。当

---

① 参见黄玉顺《"周礼"现代价值究竟何在——〈周礼〉社会正义观念诠释》，《学术界》2011年第6期。
② 许慎：《说文解字·示部》，中华书局1963年版。
③ 《左传》成公十三年，《十三经注疏·春秋左氏传正义》，中华书局1980年影印本。

孔子之时，社会转型，天下大乱，"礼坏乐崩"，此时的中原诸国未必能够代表"礼义"了，所以孔子竟有了"移民"之意——"子欲居九夷"①。这也就是"仲尼有言'礼失而求诸野'"②；不但求诸"野"，而且求诸"夷"。当时孔子所赞赏的，恰恰不是"中国"，而是被划为"东夷"却能"称霸"天下的齐国：

> 管仲相桓公，霸诸侯，一匡天下，民到于今受其赐。
> 桓公九合诸侯，不以兵车，管仲之力也。如其仁！如其仁！
> 晋文公谲而不正，齐桓公正而不谲。③

孔子为何如此高度赞许齐桓公和管仲？他特别强调了两个字："仁""正"。综合起来就是：出于仁爱的正义。这正是中国正义论中的正当性原则：在进行制度规范建构时，必须超越差等之爱、追求一体之仁。（详下）这是制度文明的基本保证。孔子对齐国的礼乐文明是颇为赞赏的，例如《论语》记载了孔子的赞叹："子在齐闻《韶》，三月不知肉味。曰：'不图为乐之至于斯也！'"④当然，孔子并不以为称霸天下的齐国就已经是制度文明的代表了；但孔子却坚持：齐国的道路乃是走向制度文明的必经之路。所以，孔子指出："齐一变，至于鲁；鲁一变，至于道。"⑤要注意的是：这里所说的"鲁"并非孔子自己的"祖国"——当时的"鲁"，而是当初"制礼作乐"的周公之"鲁"，那是以制度文明著称的。孔子虽生在鲁国，但并不是一个所谓"爱国主义者"，他对当世的鲁国是颇不以为然的，甚至说："鲁无君子者。"⑥在他看来，倒是齐国"仁""正"，具备了礼义之"道"的必要条件。

归根到底，面对社会转型，孔子的宗旨是要重建社会秩序——建构一套新的"礼"。这个问题涉及如何全面而准确地理解孔子关于"礼"的思想。孔子论"礼"，包含两个层面的思想内容：一方面，社会规范

---

① 《论语·子罕》。
② 班固：《汉书·艺文志》，中华书局1962年版。
③ 均见《论语·宪问》。
④ 《论语·述而》。
⑤ 《论语·雍也》。
⑥ 《论语·公冶长》。

及其制度（礼）是任何一个社会共同体都必需的，因此他讲"克己复礼"①"不学礼，无以立"②；但另一方面，在他看来，任何具体的特定的社会规范系统及其制度都没有普适性和永恒性，而是随社会生活方式之转变而历史地变动的，这就是他所讲的"礼有损益"。但这一层思想却往往被有意无意地忽视了。孔子是这样讲的：

> 殷因于夏礼，所损益，可知也；周因于殷礼，所损益，可知也。其或继周者，虽百世，可知也。③

所谓"损益"，就是在既有的社会规范系统及其制度上，去掉一些旧的制度规范（损）、增加一些新的制度规范（益），其实也就是从整体上重建一套社会规范及其制度。在孔子看来，夏、商、周三代之间就是如此；而且可以预测，周代之后的百代之间、千秋万代之间必定也是如此。由此可见，孔子绝非"原教旨主义者"，而是一个变革者、革命家。后来康有为讲"孔子改制"④，以此作为"变法"的理论根据，撇开其学理上的不足，他对孔子政治哲学立场的把握是很准确的。

那么，社会规范系统变动、制度变迁的根据何在？那就是注疏所强调的"礼义"，即"礼之义"，亦即正义原则。

二 义：正义原则

正如注疏所说，制度文明的核心内涵就是"礼义"。上文谈到，"礼"含"礼义→礼制→礼仪"三层。所谓"礼义"，即"礼之义"，亦即礼制（制度规范）背后的正义原则。冯友兰指出："礼之'义'即礼之普通原理。"⑤所谓"普通原理"也就是普遍原则。所以，"义→

---

① 《论语·颜渊》。
② 《论语·季氏》。
③ 《论语·为政》。
④ 康有为：《孔子改制考》，中华书局1958年版。
⑤ 冯友兰：《中国哲学史》，中华书局1961年版，第414页。

礼"，即"正义原则→制度规范"，亦即孔子讲的"义以为质，礼以行之"①，是中国正义论的核心的观念结构。②这就是说，"礼义"意味着：根据正义原则建立起来的制度才是良善的制度。

汉语"义"或"正义"③、西语"justice"（正义），有两种不同的用法：一指"行为正义"，即某种行为是否符合某种制度规范；一指"制度正义"，即这种制度规范本身是否符合正义原则。后者意味着：尽管行为应当符合某种规范（此属行为正义），但前提是这种规范本身符合正义原则（此属制度正义）。人们并没有遵守不正义制度的义务，而拥有拒绝不正义制度的权力。故荀子讲："从道不从君，从义不从父。"④这就是"正义论"的范畴，也是这里"礼义"的含义。

上文谈到孔子"礼有损益"的思想：制度规范总是历史地变动的。没有永远正当的、"普适的"制度。那么，怎样确定制度正义？越是早期的人类社会，越依赖于习俗；反之，人类社会愈益文明，制度规范的建构也就愈益自觉。到了轴心时期，人类开始理性地确立起制度规范的价值尺度，例如柏拉图《理想国》的正义观念。在中国，孔子确立起了关于制度文明的两条正义原则：⑤

第一条正义原则可以表述为"正当性原则"：制度规范的建构或选择，必须是出于仁爱的动机，即超越差等之爱，追求一体之仁。这就涉及怎样全面准确地理解孔子"仁爱"观念的问题了。

前些年发生过一场论战，争论的焦点之一是孔子讲的"父为子隐，子为父隐，直在其中"⑥。反儒的一方批判孔子，判定其伦理是基于血缘关系的亲情伦理，在此基础上建构起来的礼法制度必定是不公正、非正义、徇私枉法的；而挺儒的一方则竭力论证亲情伦理及其礼法制度的

---

① 《论语·卫灵公》。
② 参见黄玉顺《中国正义论的重建——儒家制度伦理学的当代阐释》，安徽人民出版社2014年版。
③ 首见于《荀子》之《正名篇》《臣道篇》。《荀子》，王先谦《荀子集解》，《新编诸子集成》本，中华书局1988年版。
④ 《荀子·子道》。
⑤ 参见黄玉顺《孔子的正义论》，《中国社科院研究生院学报》2010年第2期。
⑥ 《论语·子路》。

正当性，以此为孔子辩护。①我曾撰文指出，貌似针锋相对的双方，其实基于一种共同的认识，即儒家伦理就是基于家庭的亲情伦理，则其礼法制度的设计也是基于这种亲情伦理的；双方这个共同认识是与孔子当时讨论的问题错位的，即不在一个层面上，因为孔子"父为子隐，子为父隐"所讨论的问题并非伦理和礼法问题，而是什么叫"直"，即什么是先于伦理和礼法的、最直接的情感反应；而且，双方对孔子的伦理和礼法的认知也是错误的，孔子的儒家伦理绝非所谓亲情伦理，其礼法制度也不是建立在这种亲情伦理的基础上的。②

诚然，孔子的伦理思想、政治哲学确实是建立在"仁爱"的基础之上的。然而，首先，仁爱尽管是伦理的基础，但仁爱本身并非伦理、礼法制度，而是一种情感。当然，在儒家哲学中，"仁爱"有时也被视为一条道德规范或伦理规范，甚至被赋予一种"形而上者"的意义；但无论如何，"仁爱"首先是指的一种情感，即"爱"的情感。"樊迟问仁。子曰：'爱人。'"③

进一步说，"仁爱"这种情感并不等于所谓"亲情"或者基于亲情的所谓"爱有差等"。我反复强调过，儒家所说的"仁爱"包含着缺一不可的两个方面：差等之爱；一体之仁。差等之爱意味着，在"自我→亲人→外人→外物"这个序列中，我们的爱的强度是依次递减的；相反，一体之仁意味着，在上述序列中，我们的爱的强度是同等的。如果片面地仅执一端，那么，前者的极端结果就是杨朱的思想，后者的极端结果就是墨子的思想，总之不是儒家思想。上述争论双方都只看到了差等之爱的一面，忽视了一体之仁的一面，都基于对孔子"仁爱"观念的误解。

"仁爱"的这样两个方面看起来似乎是互相矛盾的，但实际上它们施行于不同的领域，即"私"与"公"的区分，故并行不悖。差等之爱是每个人的生活情感的本真体验：我们爱自己胜过爱他人，爱人类胜

---

① 参见郭齐勇主编《儒家伦理争鸣集——以"亲亲互隐"为中心》，湖北教育出版社2004年版。
② 参见黄玉顺《"刑"与"直"：礼法与情感——孔子究竟如何看待"证父攘羊"?》，《哲学动态》2007年第11期。
③ 《论语·颜渊》。

过爱异类，这是自然而然的。在私的领域，即不侵犯他人权利的时候，这种差等之爱就是合乎情理的。然而孔子绝不会把这种差等之爱运用于公的领域，即决不会因此侵犯他人的权利；相反，在公共领域，包括在建构制度规范时，孔子恰恰要求克服差等之爱、追求一体之仁。故孔子说："己欲立而立人，己欲达而达人"①；"己所不欲，勿施于人"②。这正是"义"的最基本的内涵：一视同仁而无所偏私，即不能偏向任何人、任何利益集团。

第二条正义原则可以表述为"适宜性原则"：制度规范的建构或选择，必须考虑到实际的实施效果，即适应于当下的社会生活方式。这是因为，追本溯源，社会规范系统变革、制度变迁的缘由，乃是生活方式的变迁。就中国的历史看，我们经历了宗法社会生活方式下的王权制度（上古三代的封建制度）或分权制度、家族社会生活方式下的皇权制度（自秦至清的帝国制度）或极权制度，而正在艰难地走向市民社会生活方式下的民权制度。市民社会的权利主体已不再是宗族、家族那样的"集体"，也非所谓"家庭"（包括现代核心家庭）那样的"集体"，而是公民"个体"。所以，一方面，对于孔子的政治哲学的一般原理，不论把它讲成个体主义的，还是集体主义的，都是错误的；而另一方面，当其进行当代的制度建构时，则无疑应当是个体主义的，这种个体就是现代社会生活方式的主体——公民。

根据孔子"诸夏无君"的思想，可以得出这样的结论：如果一套社会规范及其制度是适应于当下的生活方式的，那么，即便在最高领导人空缺的情况下，这个制度规范系统也是稳定的；反之，不合时宜的制度规范不具有稳定性。只有不正当、不合时宜的制度才需要"维稳"，正义的制度是不需要"维稳"的。注疏提到的"周召共和"，其制度背景是王权制度、封建制度，这个制度在当时的宗法社会生活方式下曾经是适宜的，因而即便在"无君"的情况下也是稳定的（详下）；但这同时也就意味着，当生活方式变迁、社会转型之后，这个制度就失去了正当性和适宜性，从而也就失去了稳定性，不仅在"无君"的情况下充满

---

① 《论语·雍也》。
② 《论语·卫灵公》。

不确定性，而且事实上它竟是在"有君"的情况下最终走向了崩溃的，于是"礼崩乐坏"，代之而起的是家族社会生活方式下的皇权制度、帝国制度。同样的道理，显然也适用于从皇权社会、极权社会向民权社会、平权社会的转型。

三　周召共和：无君之治

注疏特别提到"周召共和"，作为"诸夏无君"的典型事例。"周召共和"的故事大致如下：

西周王朝在周穆王时期达到了鼎盛。到了公元前878年，厉王即位，贪婪、残暴，在位期间，民不聊生。为了聚敛更多财富，厉王任用虢公长父和荣夷公实行"专利"，宣布山林川泽为王所有，不许平民入内樵采渔猎，导致民怨沸腾，"谤言"四起。厉王拒绝芮良夫的忠告，而提拔荣夷公为卿士，继续实行"专利"。于是举国侧目，怨声载道。厉王找来巫师，用巫术监视发表"谤言"的怨恨者，并告谕国中：有私议朝政者，杀无赦。巫师假托神意，肆意陷害无辜，致使不少人死于非命。于是，人们不敢在公开场合交谈，"道路以目"——路途相遇只能以目示意。召穆公警告说：

> 防民之口，甚于防川。川壅而溃，伤人必多；民亦如之。是故：为川者，决之使导；为民者，宣之使言。①

穆公主张广开言路，让上至公卿大夫、下至百工庶人都有发表意见的机会；否则，一旦决口，无法收拾。厉王充耳不闻，一意孤行。不到三年，广大国人忍无可忍，于公元前841年暴动，厉王狼狈出逃到彘（今山西霍州），史称"彘之乱"。厉王逃亡后，卫武公带兵赶到镐京。于是召公虎出面，代表厉王的旧臣，请卫武公暂时代行执政，自己与周公（周公旦的后代）等组成贵族会议辅政，史称"周召共和"。自此，

---

① 《国语·周语上》，上海古籍出版社1988年版。

西周王朝"无君"十四年,一直持续到宣王即位。

值得注意的是,"周召共和"期间,尽管局面混乱,但当时的基本政治制度并未失去其稳定性。周召共和的时代背景,并非后来的皇权时代,而是此前的王权时代。王权制度并不具有皇权制度那样的"专制"性质,而是一种具有"共和"性质的制度安排,在这种制度下,王者并不拥有后来皇上那样"乾纲独断"的政治权力。即便德高望重、代摄王权、极为强势的周公姬旦,也是如此,我们从《尚书》关于周公的故事中不难看出这点:在重大问题上,他并不能独断专行,而必须与召公等人商议决策,甚至"谋及卿士,谋及庶人"[1]。

这种制度安排与后来汉儒所讲的"春秋尊王"并不是一回事,后者之所谓"王"其实是帝国时代的"皇",这是当时中国社会转入皇权时代的政治需要,就是加强中央集权。众所周知,这种极权主义的思想资源并非孔孟的儒家政治哲学,而是法家政治哲学:不仅开创皇权帝制的秦始皇是独用法家的,而且"汉承秦制"的汉朝也是"阳儒阴法"的。当然,到了汉代,儒家政治哲学也适应时代需要,从王权儒学转为了皇权儒学,董仲舒即是其集大成者。但当中国社会再一次大转型——从皇权社会向民权社会转变的时候,儒家政治哲学也开始从皇权儒学转为民权儒学。这种转变从20世纪的现代新儒家那里便已开始了,他们在政治哲学上普遍诉诸民主政治,称之为"新外王"。比起20世纪的现代新儒家,21世纪的大陆新儒家至少在政治哲学上倒退了,他们中的相当一部分人居然反对民主,崇尚所谓"新权威主义",崇尚极权主义下的所谓"贤能政治"。

这里有必要来讨论一下"共和"这个概念。人们用汉语的"共和"来翻译西语的"republic"(共和)并得到普遍的认可,这意味着,古代的"共和"与现代的"republic"之间尽管具有"非等同性",但也具有"可对应性"。[2] "可对应性"意味着古代共和制与现代共和制之间存在着相通性,简单来说,共和制是与集权制、极权制相对立的。而"非等同性"则意味着古典共和制和现代共和制毕竟不是一回事。区别的渊

---

[1] 《尚书·洪范》,《十三经注疏·尚书正义》,中华书局1980年影印本。
[2] 关于"非等同性"和"可对应性",参见黄玉顺《爱与思——生活儒学的观念》,四川大学出版社2006年版,第4—7页。

源所在，依然是生活方式的变迁所导致的社会主体的变化。"周召共和"的社会生活方式渊源是宗法社会，其社会主体是宗族，其具体代表就是公、侯、伯、子、男等贵族。所以，古代共和制是贵族共和，就是贵族分享政治权力。西方也是如此，例如古罗马共和制便是贵族共和。柏拉图的"理想国"其实也是贵族共和。而现代共和制的生活方式渊源则是公民社会，其社会主体是公民个体，其具体代表也是公民个体；这是公民共和，亦即公民分享政治权力，此乃现代"民主"的一项基本内涵。我们知道，西语"republic"（共和）来自拉丁文的"res publica"，意为"人民的公共事务"。尽管自古以来的"共和"并不一定意味着民主，但现代意义的"共和"则一定意味着民主，尽管"共和"这个词往往用来指代议民主制，而不包括直接民主制。这是制度文明在现代生活方式下的必然要求。

根据孔子的"诸夏无君"论，我们可以说：在现代社会的生活方式下，真正的共和制度意味着，即便领导者无德无才甚至缺位，社会政治秩序也是稳定的；否则，即便领导者在位甚至德才兼备，社会政治秩序也缺乏稳定性，任何"维稳"都是无济于事的徒劳。这是因为：唯有制度文明才是社会稳定的保障。

世界儒学

——世界文化新秩序建构中的儒学自我变革*

我很赞同安乐哲（Roger Ames）教授的一个观点：儒学不仅是中国的，也是世界的。我理解，安乐哲教授等一批美国学者的目标，是这样一种拓展：中国儒学→美国儒学→世界儒学。确实，我们可以期待一种"世界儒学"（world Confucianism）。汉语"世界儒学"的含义，不是"世界上的儒学"或"关于世界的儒学"，而是"世界性的儒学"。"世界上的儒学"（Confucianisms in the world）指不同民族国家的儒学传统，例如东亚的中国儒学、韩国儒学、日本儒学和越南儒学，或西方的美国儒学如波士顿儒家等，这并不是本文的课题；"关于世界的儒学"（Confucianism of the world）指现有的儒学内容中关于世界的部分，例如传统儒学的"华夷"观念和"天下"理论等，这也不是本文的课题。本文要讨论的"世界性的儒学"（worldwide Confucianism）乃指这样一种理论：在共时性上和历时性上都不与任何民族国家的历史文化传统捆绑在一起，而是成为一种普适性的（universal）思想。唯有这样的儒学，才能在世界文化新秩序的建构中发挥其应有的作用。显然，这样的"世界儒学"不是现成既有的儒学，而是某种经过变革的儒学。这涉及对儒学的理解。显然，无论对于何种儒学来说，"仁""义""礼""乐"都是其最核心的观念。[①]因此，本文的论述围绕这些观念及其相互关系展开

---

* 原载《孔学堂》杂志（中英文）2015年第4期。本文是向2014年10月在美国夏威夷大学举行的"世界文化秩序转变中的儒家价值观"（Confucian Values in a Changing World Cultural Order）国际学术研讨会提交的论文。

① 参见黄玉顺《中国正义论的重建——儒家制度伦理学的当代阐释》，安徽人民出版社2014年版。

讨论。

一 礼：变革中的社会规范及其制度

儒学作为一种群体关怀，所关注的是社会群体的生存秩序，小至于家庭秩序，大至于天下秩序——世界秩序、包括世界文化秩序。这种秩序实际上是一套人际关系，谓之"人伦"（human relations）；人伦的条理，谓之"伦理"（ethics）。这种伦理表现为一套社会规范及其制度，即谓之"礼"（rites）。儒家所谓"礼"并不仅指形式上的"礼仪"（etiquette of rites），更指礼仪背后的实质上的"礼制"（institution of rites），即制度规范（norms-institutions），亦即群体秩序的体现。所以，我们能够从一套礼仪中看出其背后的群体秩序和人际关系。

显然，任何社会都需要规范与制度。在这个意义上，"礼"显然是一个普适的观念。所以，孔子要求人们"克己复礼"①。他说："立于礼"②；"不知礼，无以立"③。这就是说，一个人要在社会上立足，必须遵循规范、遵守制度。在制度规范下的行为才是正义的、正当的、道德的。

但是，必须注意：孔子这里所谈的不是"制度正义"问题，而是"行为正义"问题。必须严格区分两种意义上的"正义"：一种是"行为正义"，是说的某种行为是否符合某种制度规范，这是道德问题；而另一种是"制度正义"，是说的这种制度规范本身是否正义，即是否符合正义原则，这才是正义论的课题。后者涉及孔子关于"礼"的更深一层思想。

任何具体的社会规范和社会制度都没有永恒的价值。在这个意义上，任何礼都不是普适的。甚至今天的民主制度，即便是现代"最不坏的制度"（丘吉尔语），但仍不是什么"普世价值"，除非所谓"普世"仅仅是指的现代性生活方式下的全球性（globality or worldwide）。所以，

---

① 《论语·颜渊》，《十三经注疏·论语注疏》，中华书局 1980 年影印本。
② 《论语·泰伯》。
③ 《论语·尧曰》。

孔子指出"礼有损益"①，意思是说：任何具体的社会规范及其制度都是可以变革的。这体现出中国哲学的一个根本特征："唯变所适。"②中西哲学的一个根本区别在于：西方哲学的"形而上者"是一个永恒不变的东西，而中国哲学的"形而上者"则是"变"本身，故谓之"易"（change）（《周易》）。

所以，在"礼"即社会规范（如伦理或道德规范）及其制度的层面上，儒学需要变革。例如，对于一个民族国家内部来说，我们今天不再需要王权时代、皇权时代的社会规范及其制度，而是需要民权时代的制度规范；对于国际关系来说，我们今天需要重构"天下"秩序——世界秩序，包括国际经济秩序、国际政治秩序、国际文化秩序。

进一步说，一个社会群体之所以建构或选择如此这般的一种制度规范，必有其作为判断之根据的价值尺度，用以判定这种制度规范是好的或是不好的，这就是社会正义论中所说的"正义原则"（principle of justice），儒家谓之"义"（justice）。这就是说，"正义原则→制度规范"或"义→礼"乃是古今中外普适的观念结构。这也是儒家文献中"礼义"（justice of rites）这个短语的含义之一。这就是说，"礼"的层次"礼义→礼制→礼仪"是普适结构"义→礼"的体现。

二 义：普适的正义原则

但是，"义"或正义原则本身究竟是什么东西呢？这其实是无法确定的，即不能给出其具体的内容。这是正义论中的一个令人困惑的问题。举例来说，假如我说"规定了阶级划分的社会制度才是正义的"（柏拉图《理想国》的"正义"概念即属此类），那就是把"阶级划分"当作了"正义"的内涵，但这样一来，我就陷入了一种循环：阶级划分本身就已经是一种制度，于是我把某种制度当成了选择制度的根

---

① 《论语·为政》。原文："子张问：'十世可知也?'子曰：'殷因于夏礼，所损益，可知也；周因于殷礼，所损益，可知也；其或继周者，虽百世，可知也。'"

② 《周易·系辞上传》注，《十三经注疏·周易正义》，中华书局1980年影印本。

据，而先于任何制度的正义原则本身仍然没有出场。这也是我对罗尔斯正义论所进行的一个批评，谓之"正义原则的空白"。①

事实上，我们注意到：当对一种制度规范进行正义或不正义的判断时，正在进行判断活动的并不是那个难以捉摸的正义原则，而是人，即主体。是人在运用某种价值尺度，而这种价值尺度其实就是他自己的价值观。这就是说，正义与否的尺度并不是抽象的正义原则，而是具体的人或主体自身。换言之，正义原则本身实际上是一种"形式的"或"空的"东西，它需要主体性的因素来加以实质的充实；或者说，正义原则其实就是主体性原则（subjective principle）。

但这样一来，我们似乎很容易陷入相对主义：人各不同，正义原则也就各异，于是社会规范及其制度的选择也就各从所好、各取所需。这恐怕正是许多政治哲学家内心深处的困惑，所以他们只得以某种既定的社会规范来"冒充"正义原则，即以某种规范作为其他规范的尺度，如罗尔斯以某种"原初契约"来"调节所有进一步的契约"②，从而陷入上述循环。

但实际上我们不难发现：在现实生活中，不论对于行为，还是对于制度的正义与否，人们是能够做出颇为一致的正义判断的。我们经常"异口同声地"谴责某种行为、"不约而同地"赞同某种规则。那么，这是何以可能的呢？上述困惑的发生，在于缺乏某种思想视域，这种思想视域意在追问"存在者何以可能"，从而回答"某种特定的主体性何以可能"的问题，以此解释基于共同主体性的共通正义感。这正是笔者的"生活儒学"③（Life Confucianism）及其"中国正义论"（Chinese Theory of Justice）所要揭示的思想视域：生活→生活方式→共同生活方式。

在一种特定的共同生活方式下的一个共同体中生活的人们，尽管经

---

① 黄玉顺：《作为基础伦理学的正义论——罗尔斯正义论批判》，《社会科学战线》2013年第8期。

② 罗尔斯：《正义论》，何怀宏等译，中国社会科学出版社1988年版，第12页。

③ 关于生活儒学，参见黄玉顺《爱与思——生活儒学的观念》（四川大学出版社2006年版）、《面向生活本身的儒学——黄玉顺"生活儒学"自选集》（四川大学出版社2006年版）、《儒家思想与当代生活——"生活儒学"论集》（光明日报出版社2009年版）、《儒学与生活——"生活儒学"论稿》（四川大学出版社2009年版）、《生活儒学讲录》（安徽人民出版社2012年版）。

常意见相左、看法各异，然而还是会形成一种共通的正义感，从而能够对某种行为或某种制度做出一致的正义判断。例如今天的美国，即便是南方人也会异口同声地谴责黑奴制度。传统的心性儒学将这种正义感的共同性解释为由先验人性所规定的"人同此心，心同此理"，这是不可取的，因为这必将导致对孔子所主张的"礼有损益"的否定、对历史上某种具体的社会制度规范（例如"三纲"）的原教旨主义式的"保守"。为此，生活儒学给出另外一种解释：共同生活造就了具有共同主体性的人们，他们具有共通的正义感，从而能够对特定行为或特定制度做出一致的正义判断。这里不必存在相对主义的忧虑。

所以，所谓"正义原则"，其实就是主体的共通正义感的原则化，由此形成"义→礼"的观念结构。儒家实际上有两条正义原则：

第一条正义原则——正当性原则（principle of righteousness），要求社会规范建构及其制度安排出于超越差等之爱、追求一体之仁的动机。在孔子那里，与此相应的不是消极的所谓"金规则"——"己所不欲，勿施于人"①，而是积极的"夫仁者，己欲立而立人，己欲达而达人"②在制度规范建构中的运用。这涉及对儒家"仁爱"（humaneness）观念的正确理解，下文将要讨论。这里涉及的正是上文谈到的一个问题：纯粹形式的正义原则是由某种主体性因素来加以实质地充实的。在儒家的正义论中，这种主体性因素即"仁爱"，由此形成"仁→义→礼"的观念结构。正是在这个意义上，孟子才说，儒家理念不过"仁义而已"③。

第二条正义原则——适宜性原则（principle of fitness），要求社会规范及其制度适应某共同体当下的共同生活方式。所以，《中庸》指出："义者，宜也。"④实际上，孔子所讲的"礼有损益"正是这个原则的另一种表达。上文谈到的思想视域"生活→生活方式→共同生活方式"是说：一方面，共同体的生活方式的共同性保证了基于共同主体性的共通正义感；而另一方面，生活方式却是因时因地变动的。举个例子，儒家"三年之丧"的礼制规定曾经是适应于当时人们的共同生活方式的，

---

① 见《论语》之《颜渊》与《卫灵公》。
② 《论语·雍也》。
③ 《孟子·梁惠王上》，《十三经注疏·孟子注疏》，中华书局1980年影印本。
④ 《十三经注疏·礼记正义》，中华书局1980年影印本。

然而在现代生活方式下则是根本行不通的。又如今天的儒家经常讨论的家庭问题，中国曾经历过王权社会生活方式下的宗法家庭、皇权社会生活方式下的家族家庭、民权社会生活方式下的核心家庭，而且正在经历着"后现代"生活方式下的家庭模式多元化变迁，因此，没有任何一种家庭制度是普适的。这就是正义原则所要求的制度规范的适宜性。

显然，这两条正义原则是普遍的理念，具有普适的价值。

三　仁：普适的仁爱理念

上述讨论表明：有怎样的人或主体，就有怎样的正义判断；而有怎样的生活方式，就有怎样的人或主体。例如，"三纲"制度规范曾经被中国人视为"天经地义"，但今天的中国人不再有这样的判断了，因为中国人的主体性发生了变化，即正在从臣民转向公民；而其主体性之所以发生这样的变化，则是因为中国人的生活方式发生了变化，即从前现代的生活方式转向现代性的生活方式。

所以，事情取决于如何规定或如何理解人或主体性。自有人类以来，生活方式总是流变的，从而人的主体性就不是一成不变的，进而关于人的主体性的理解和规定也不是一成不变的。关于对人的理解，古往今来出现过很多说法，诸如"人是理性的动物""人是情感的存在"[①]"人是欲望的动物"等。确实，这些都是人之为人的必要条件；但它们都不是充分条件。西方正义论通常把正义判断归结为主体利益的理性考量，而排除情感的因素。然而这是讲不通的，因为人们在对一种制度规范进行判断时是不可能没有情感因素的，事实正相反，情感往往在这里发挥了极其重大的作用。即便在西方"哲学"（philosophy）（Φιλοσοφ-α）所意谓的"爱智慧"（philo-sophia）中，"爱"仍然是优先的。

真正恰当的做法，是要找到这样一种观念，它能一以贯之地阐明人之为人的诸多基本属性及其在制度规范建构中的作用。在儒家，这就是"仁爱"的观念。这个观念能够综合地说明"人是情感的存在""人是

[①] 蒙培元：《人是情感的存在——儒家哲学再阐释》，《社会科学战线》2003 年第 2 期。

欲望的动物""人是理性的动物"等问题。

在儒家话语中,"仁爱"(humaneness)这个词语的内涵是很丰富的,其用法也是很复杂的。为了论述的方便,我们把它分为"仁"(benevolence)与"爱"(love)。

1. 关于"爱"的观念:人是情感性的存在者

显然,"爱"是一种情感(emotion);而且在儒家看来,爱是人的一种最基本的情感。如《论语》载:"樊迟问仁。子曰:'爱人。'"①当然,情感并不仅仅是爱。古有"七情"的说法,例如:"何谓人情?喜怒哀惧爱恶(wù)欲,七者弗学而能。"②但这里须指出几点:第一,这里的"喜怒哀惧"是情感中的情绪(sentiment),"爱恶"是情感中的感情(affection),而"欲"严格来讲不是情感,而是意欲;第二,"爱"可以表现在感情层面上,如孔子所说的"三年之爱"③,也可以表现在情绪层面上,如孟子所说的"恻隐之心"④;第三,按儒家的观念,在所有情感中,爱是最基本的情感,没有爱就没有其他情感;不仅如此,甚至没有爱就没有任何存在物(《中庸》所讲的"不诚无物"其实就是这个意思)。

西方也有类似的思想,例如舍勒(Max Scheler)以基督教为背景的情感现象学认为:其一,情感先于认知;其二,在情感中,爱先于恨;其三,世界是一个"爱的共同体"。只不过舍勒所讲的是上帝之爱,而儒家所讲的是人之爱。⑤但双方的共同点是:爱的情感是人之为人的本源所在;爱不仅是一个主体性的观念,而且具有前主体性的存在论意义:"爱,所以在。"⑥正是在这个意义上,人是情感性的存在者。

---

① 《论语·颜渊》。
② 《礼记·礼运》。
③ 《论语·阳货》。
④ 见《孟子》之《公孙丑上》与《告子上》。
⑤ 参见黄玉顺《论"仁"与"爱"——儒学与情感现象学比较研究》,《东岳论丛》2007年第6期;《论"恻隐"与"同情"——儒学与情感现象学比较研究》,《中国社科院研究生院学报》2007年第3期;《论"一体之仁"与"爱的共同体"——儒学与情感现象学比较研究》,《社会科学研究》2007年第6期。
⑥ 黄玉顺:《爱,所以在:儒学与笛卡儿哲学的比较》,载《儒家思想与当代生活——"生活儒学"论集》,光明日报出版社2009年版。

2. 关于"仁爱"的观念：人是利欲性的存在者

上述"爱"的概念是广义的，等于"仁爱"，涵盖了狭义的"爱"与"仁"（详下）。"爱"的狭义用法，例如孟子说："君子之于物也，爱之而弗仁；于民也，仁之而弗亲。亲亲而仁民，仁民而爱物。"①孟子在这里所揭示的是广义的"爱"即"仁爱"在情感上的一个基本特征——"爱有差等"②：我们对亲人的爱超过对外人的爱，对人类的爱超过对他物的爱。这就是说，爱是"差等之爱"。不仅如此，其实，我们对自己的爱超过对他人的爱，"推己及人"乃是从"己"开始的。所以荀子列出的仁爱等级乃是这样一个从高到低的序列：自爱→爱人→使人爱己。③

在这个问题上，荀子的论述是最鲜明而深刻的，其思想大意是：差等之爱是从"自爱"或"爱己"开始的；而"爱（则）利（之）"④，爱会导致利欲——爱己则欲利己，爱人则欲利人；因此，差等之爱必然导致利益冲突，故荀子说："人生而有欲，欲而不得则不能无求，求而无度量分界则不能不争，争则乱，乱则穷。"⑤正是在这个意义上，人确实是利欲性的存在者、自私的动物。

这当然是生活的实情，儒家承认这种差等之爱的事实。但须指出的是：儒家并不以这种差等之爱为建构制度规范的原则；恰恰相反，儒家的正义原则中的正当性原则所要求的是超越差等之爱、寻求一体之仁。这是因为儒家"仁爱"的观念并不仅仅是差等之爱，还有"一体之仁"⑥，即后世成语所说的"一视同仁"。后者往往不谓之"爱"，而谓之"仁"。

3. 关于"仁"的观念：人是理智性的存在者

在儒家话语中，"仁"是一个含义丰富的观念：

(1)"仁"首先指自然而然的生活情感，包括差等之爱、一体之仁

---

① 《孟子·尽心上》。
② 《孟子·滕文公上》。
③ 《荀子·子道》，王先谦《荀子集解》，《新编诸子集成》本，中华书局1988年版。
④ 《荀子·强国》。
⑤ 《荀子·礼论》。参见黄玉顺《荀子的社会正义理论》，原载《社会科学研究》2012年第3期；《中国社会科学文摘》2012年第8期全文转载。
⑥ 王守仁：《大学问》，载《王阳明全集》，吴光等编校，上海古籍出版社1992年版。

的自然情感，后者例如孟子所说的"恻隐之心人皆有之"①，"人皆有不忍人之心"②。其中，一体之仁是为正义原则奠基的，或者说，形式性的正当性原则是由实质性的一体之仁的情感所充实的，这就是孟子所揭示的"仁→义"观念结构。

（2）"仁"这种情感有时被规定为一种形而下的道德要求，即是一条伦理规范，例如孔子所说的"克己复礼为仁"③。正是在这种意义上，"仁"才与"义、礼、智"一起被人们列为所谓"德目"——道德条目。

（3）"仁"有时甚至被设置为形而上的本体，它是涵盖一切的东西。这就正如程颢所说："仁者，浑然与物同体，义、礼、智、信皆仁也。"④值得注意的是，这里"仁"涵盖了"智"，而"智"的基本含义之一正是理智或者理性。正是在这个意义上，人是理智性的存在者、理性的动物。

在儒家思想中，"智"是一个非常重要的观念。我们知道，儒家将"圣"归结为"仁且智"⑤。"智"包括智慧与理智。我们之所以能够克服差等之爱的自然倾向、而寻求一体之仁的正义原则，就是因为我们有理智与智慧，我们明白差等之爱会导致利益冲突，而不利于群体生存。所以，荀子在论述了"人生而有欲"而导致"争则乱，乱则穷"之后，紧接着说"先王恶其乱也，故制礼义以分之"⑥，并且指出：这不仅是先王或圣人才具有的能力，而是人人皆有的能力，"所以知之在人者谓之知，知有所合谓之智"⑦，"凡以知，人之性也；可以知，物之理也"⑧；具体来说，"仁义法正有可知、可能之理，然而涂之人也皆有可以知仁义法正之质，皆有可以能仁义法正之具"，"故涂之人可以为

---

① 《孟子·告子上》。
② 《孟子·公孙丑上》。
③ 《论语·颜渊》。
④ 程颢：《识仁篇》，载《二程集》，中华书局1981年版。
⑤ 《孟子·公孙丑上》。
⑥ 《荀子·礼论》。
⑦ 《荀子·正名》。
⑧ 《荀子·解蔽》。

禹"①。这种可知能知之智，即他所说的"心有征知"②的能力。同样，孟子将儒家的全部观念概括为"仁、义、礼、智"。

这样的"智"，正如程颢所说，涵盖于广义的"仁"之中；而这种广义的"仁"或"仁爱"的观念，足以阐明人之为人的所有基本属性。显然，"仁"这样一种仁爱情感或仁爱精神，乃是一种普遍的理念、普适的价值。

四　乐：变革中的社会和谐形式

汉语"礼"最初是指祭祀中"事神致福"的仪式，③这种仪式最集中而鲜明地体现了当时人们的社会关系、伦理规范和社会地位的区分，即所谓"礼别异"④；而"乐"（the music）则是指的祭祀中"五声八音"的音乐，⑤其功能是消融"礼别异"所造成的人际关系的疏离，营造人际关系的一致、协同、和谐，即所谓"乐合同"⑥。祭祀在当时的生活方式下是最重要的社会群体活动，故《左传》说："国之大事，在祀与戎"⑦；"祀，国之大事也，而逆之，可谓礼乎?"⑧因此，"礼乐"便引申为一种普遍的社会伦理政治范畴，"乐统同，礼辨异"⑨。也就是说，"礼"泛指以"别异"为特征的所有一切社会规范及其制度，而"乐"则泛指在礼之"别异"基础上寻求群体"合同"的社会和谐形式。

所以，《乐记》指出："礼者，天地之序也"，"序，故群物皆别"，"乐者，天地之和也"，"和，故百物皆化"。并进一步分析："礼者为

---

① 《荀子·性恶》。
② 《荀子·正名》。
③ 许慎：《说文解字·示部》（大徐本），（汉）许慎撰，（宋）徐铉等校定，中华书局1963年版。
④ 《荀子·乐论》。
⑤ 许慎：《说文解字·木部》，（汉）许慎撰，（宋）徐铉等校定，中华书局1963年版。
⑥ 《荀子·乐论》。
⑦ 《左传·成公十三年》，《十三经注疏·春秋左氏传注疏》，中华书局1980年影印本。
⑧ 《左传·文公二年》，《十三经注疏·春秋左氏传注疏》，中华书局1980年影印本。
⑨ 《礼记·乐记》。

异"，"异则相敬"；然而相敬未必相亲相爱，倒往往是敬而远之的疏离、隔阂，于是需要"乐者为同"，因为"同则相亲"，"乐文同，则上下和矣"。这就是说，"乐"（yuè）（music）的功能就是"乐"（lè）（happiness）亦即"和"（harmoniousness）——群体和谐。

一方面，就乐的内容"和乐"而论，任何社会共同体都寻求群体和谐。故《乐记》说："乐也者，圣人之所乐也，而可以善民心，其感人深，其移风易俗，故先王著其教焉"；"乐行而伦清，耳目聪明，血气和平，移风易俗，天下皆宁"。这就是乐的效果。例如："乐在宗庙之中，君臣上下同听之，则莫不和敬；在族长乡里之中，长幼同听之，则莫不和顺；在闺门之内，父子兄弟同听之，则莫不和亲。"[1] 和谐是所有社会共同体的追求，在这个意义上，"乐"是一个普适的理念。

但另一方面，就乐的形式而论，任何具体的社会和谐形式都不具有永恒的意义。由于乐建立在礼的基础上，"乐者，通伦理者也"，"知乐，则几于礼矣"[2]，而礼是可"损益"的，因此，不同生活方式下的社会和谐形式也是不同的。所以，《乐记》指出："五帝殊时，不相沿乐；三王异世，不相袭礼。"正如孔子所说，礼的形式有"损益"、因革，我们也可以说，乐的形式同样有"损益"、因革。因此，乐或社会和谐的形式也是需要变革的。

当我们用"音乐"来指代社会和谐形式的时候，这就意味着社会和谐的主要形式是艺术。儒家"礼乐文化"有一个很重要的传统，就是将艺术与社会规范及其制度联系起来，视为社会治理的两个相辅相成的基本方面，认为人类不仅要道德地、伦理地、政治地生活，而且要艺术地生活。这是儒家理念的一大特色：最理想的群体生活是艺术的生活，人们在这种"诗意的栖居"（借海德格尔语）中表达情感、克服隔膜、寻求和谐、获得幸福。

在儒家，这就是"诗教""乐教"。这令人想起孔子的概括："兴于诗，立于礼，成于乐。"[3] 在儒家的思想中，诗是本真情感的表达，而人的主体性就是在这种情感中确立起来的；礼是主体所建构的社会规范及

---

[1] 《礼记·乐记》。
[2] 同上。
[3] 《论语·泰伯》。

其制度，人们在这种制度规范中立足；而乐则是对这种制度规范的一种超越，是向本真情感的一种回归。所以，艺术是最本真的境界，同时也是最高的境界。

然而我们知道，艺术形式也是历史地变动的。且以中国的既是语言艺术也是音乐艺术的诗歌或者"诗—歌"来说，从最初的二言诗歌、三言诗歌（例如"易经古歌"[①]）发展到四言诗歌（例如《诗经》），再到五言、七言，以至"长短句"的词，乃至现代的更为自由然而仍富于节奏感和旋律感的流行歌曲，都是社会和谐的艺术形式。

今天，人类需要全球化生活方式下的礼乐文化，从而需要全球性的社会和谐形式，需要全球性的艺术形式。

以上这样一个"仁→义→礼→乐"的理论系统，应当就是世界儒学的基本内容。这个理论系统作为一个整体，显然具有普遍的意义；也就是说，"仁→义→礼→乐"系统结构乃是一种"普世价值""普适价值"。因此，它对于世界文化新秩序的建构来说应当是一种非常重要的思想资源。

这种世界儒学正在生成之中。

[①] 参见黄玉顺《易经古歌考释》，巴蜀书社1995年版。

形而上学的黎明
——生活儒学视域下的"变易本体论"建构*

本文的主旨是既反对原教旨主义墨守传统形而上学的态度，也反对后现代主义拒绝任何形而上学的态度，尝试在生活儒学的视域中即在生活或存在的本源上重建形而上学，尤其是重建作为形而上学之核心的本体论。"黎明"比喻形而上学的现状：一方面，"昨天"的即传统的形而上学已经被解构，消解于暗淡之中，尽管仍然有人满足于与其幻影相拥而眠；而另一方面，"今天"的即某种新型的形而上学曙光初露，尽管有人还在酣梦之中，而未见其喷薄欲出的光芒。为此，我们将通过《易传》的解读，尝试建构"变易本体论"。

一　什么是形而上学

既然是讨论形而上学问题，那么，首要的问题就是：什么是形而上学？

众所周知，西语"形而上学"（metaphysics）字面意思是"物理学之后"，原是亚里士多德的一部汇编著作的名称；亚氏去世二百多年之后，古希腊罗德岛的安德罗尼柯（Andronicus）在编排亚氏著作时，将讨论超越经验以外的对象的若干著作安排在《物理学》一书之后，意谓《物理学之后诸卷》，其汉译为《形而上学》①。这里须注意的是：

---

* 原载《湖北大学学报》2015年第4期。
① 参见亚里士多德《形而上学》，吴寿彭译，商务印书馆1959年版。

（1）所谓"物理学"（physica）并非今天的"物理学"概念，亦可译为"自然学"，意指自然科学中最基本的部分。（2）英语"metaphysics"出自拉丁文 metaphysica，由 metá（希腊文 μετά 意谓"之后"或"之上"）和 physiká（希腊文 φυσικά 意谓"自然"或"自然的产物"）合成。（3）"meta"这个前缀有"之后""超越""基础"等含义，这正好与亚氏第一哲学的"being as being"之意相符。但必须指出的是：按照海德格尔的"存在论区分"（der ontologische Unterschied），这里的"being"其实并非"存在"（Sein）观念，而是"存在者"（Seiende）观念，故"being as being"不应译为"存在之为存在"，而应译为"存在者之为存在者"，意指作为众多相对存在者背后的终极根据的那个绝对存在者，亦即所谓"本体"（noumenon）（希腊语 onta）——"形而上者"。

与之相应，汉语"形而上学"不仅仅是西语"metaphysics"的翻译，而自有其中国本土文献的渊源，那就是《易传》所说的"形而上者"。众所周知，此语出自《周易·系辞上传》："形而上者谓之道，形而下者谓之器。"①所谓"形而上学"，顾名思义，就是对"形而上者"的思考与言说。日本近代哲学家井上哲次郎（1855—1944）用汉字"形而上学"去翻译"metaphysics"②，而得到广泛认可，这意味着汉语"形而上学"与西语"metaphysics"之间确实存在着对应关系，尽管两者并不完全等同。③

曾有学者与我争论，他说：中国古代既无"形而上学"之名，亦无形而上学之实。④我反驳道："这是一种极为常见却极成问题的逻辑：因为中国过去没有用过某个'概念'，所以中国过去没有由这个概念所指称的事实。按照这种逻辑，我们会说：因为中国古代没有用过'消化系

---

① 《十三经注疏·周易正义》，中华书局 1980 年影印本。
② 井上哲次郎：《哲学字汇》，早稻田大学图书馆 1881 年版。严复就曾经反对将"metaphysics"译为"形而上学"，而主张译为"玄学"，但并不被人们接受，这说明将"metaphysics"译为"形而上学"是颇有道理的。
③ 参见笔者提出的"可对应性"和"非等同性"概念，见拙著《爱与思——生活儒学的观念》，四川大学出版社 2006 年版，第一讲，"一、等同与对应：定名与虚位"，第 4—8 页。
④ 参见张志伟《关于海德格尔与中国哲学之间关系的几点思考——对黄玉顺〈生活儒学导论〉的批评》，《四川大学学报》2005 年第 3 期。

统'这个概念，所以中国古代没有消化系统……如此等等。这难道不荒谬吗？……'形而上学'这个译名出自'形而上者谓之道，形而下者谓之器'。那么，假如我们已然思考了'形而上者'却还没有将这种思考命名为'形而上学'，这难道就可以证明这种思考不是形而上学吗？"①

那么，何谓"形而上者"？孔颖达解释说：

> "是故形而上者谓之道，形而下者谓之器"者，道是无体之名，形是有质之称。凡有从无而生，形由道而立，是先道而后形，是道在形之上，形在道之下。故自形外已上者谓之"道"也，自形内而下者谓之"器"也。形虽处道、器两畔之际，形在器，不在道也。既有形质，可为器用，故云"形而下者谓之器"也。②

这就是将一切存在者区分为有形的"器"和无形的"道"，即"形而下者"和"形而上者"。须注意的是，孔颖达在这段话里所说的"道是无体之名"，所谓"体"是指的形体或形质，所以《易传》说"神无方而易无体"③，即是说，作为形而上者的易道是无形体或形质的；但这并非汉语哲学中"体"的唯一用法。汉语哲学所谓"体"，其实有两种用法：有时是指的形而下的形体或形质，即"器"；而有时则是指的形而上的实体或本体，即"道"。后者尽管并没有形体或形质，但仍然是一种"体"，即"实体""本体"，亦即仍然是作为"形而上者"的某种"东西"。这就是说，在汉语哲学中，"体"并不一定是指的具有形体或形质的东西。

"实体"概念便是如此。例如朱熹《中庸章句》第一章题解："道之本原出于天而不可易，其实体备于己而不可离。"④按照朱熹的哲学，这里的"实体"不论是指的天理（出于天）抑或人性（备于己），都不

---

① 黄玉顺：《论生活儒学与海德格尔思想——答张志伟教授》，《四川大学学报》2005年第4期。
② 《周易正义·系辞上传》。
③ 《周易·系辞上传》。
④ 朱熹：《四书章句集注》，载《四书五经》上册，中国书店1985年版。

是说的具有形体或形质的"形而下者",而是说的无形的"形而上者"。朱熹哲学乃至整个宋明理学的一个主题,就是讨论这个"实体",即"本体"与"工夫"的关系。

"本体"概念亦然。如朱熹说:"虚灵自是心之本体,非我所能虚也。耳目之视听,所以视听者即其心也,岂有形象?然有耳目以视听之,则犹有形象也。若心之虚灵,何尝有物!"①所以,形而上者尽管没有形体或形质,但这并不妨碍它作为形而上者、本体、实体。在这个意义上,形而上者毕竟是一种存在者,而非存在。其实,西方形而上学也是一样的,无论宗教形而上学还是哲学形而上学,形而上者作为"实体""本体",往往都是无形体或形质的。例如柏拉图的"理念"(idea),尽管是一切有形之物的原型,但它本身却是无形体或形质的。

"物"的概念亦如此。上引朱熹所说形而上者"何尝有物",那只是"物"的一种用法,即指形而下者。但"物"也可以指形而上者。例如,《老子》就说"道之为物"②。道家所谓"道"有三种用法:有时是说的本源之道,即是"无"或"无物"存在,因此,复归于道即"复归于无物"③;有时是说的形下之道,即是"万物"的存在,这种用法《庄子》里特别多,例如养生之道④、有区分的"天道"与"人道""帝道""圣道"⑤ 特定的"夫子之道"⑥"多骈旁枝之道"⑦"从水(游泳)之道"⑧,乃至"盗亦有道"⑨等等,真可谓"闻道百"⑩;而有时则是说的这里所谈的形上之道,即是形而上存在者的存在,如《老子》明确讲:"道之为物,惟恍惟惚。……恍兮惚兮,其中有物。"⑪又说:

---

① 《朱子语类》卷15,黎靖德编,中华书局1986年版,第87页。
② 《老子》第二一章,王弼本,载《王弼集校释》,楼宇烈校释,中华书局1980年版。
③ 《老子》第十四章。
④ 《庄子·养生主》,王先谦《庄子集解》本,商务印书馆1934年版"国学基本丛书"本。
⑤ 见《庄子》之《人间世》《在宥》《天道》。
⑥ 《庄子·应帝王》。
⑦ 《庄子·骈拇》。
⑧ 《庄子·达生》。
⑨ 《庄子·胠箧》。
⑩ 《庄子·秋水》。
⑪ 《老子》第二一章。

"有物混成……吾不知其名，强字之曰'道'。"①这也说明，《老子》所谓"道"有时是说的非存在者化的纯粹存在，谓之"无"；有时则是说的作为存在者的形而上者，谓之"有"。故《老子》说："反者道之动……天下万物生于有，有生于无。"②这里的"有"即形上之道、形而上存在者、绝对之"物"；"无"即本源之道、存在、"无物"。这些用法不仅存在于道家文本之中，而且同样存在于儒家文本之中。

要之，形而上学就是对"道之为物"这种存在者化的形而上者或终极实体、本体的思考与言说，意在据此阐明所有形而下者、"万物"何以可能。

这样的形而上者、绝对实体就是本体。因此，形而上学的核心即本体论。

二 什么是本体论

现代汉语哲学中的"本体论"这个词语，有两种来源：一种是对西语"ontology"的翻译；另一种则是对中国古代哲学固有的"本体"一词的沿用。而这两者又是相通的，即存在着我们所说的"非等同性"和"可对应性"的关系，所以两者之间可以互译。

汉语"本体"一词来源甚早。阮籍《乐论》："八音有本体，五音有自然。"③《后汉书·应劭传》："又集驳议三十篇，以类相从，凡八十二事，其见《汉书》二十五，《汉记》四，皆删叙润色，以全本体。"④《北史·魏彭城王勰传》："帝曰：'虽彫琢一字，犹是玉之本体。'"⑤郦道元《水经注·河水四》："余按周处此志……更为失志记之本体，差实录之常经矣。"⑥刘勰《文心雕龙·诸子》："然繁辞虽积，而本体易

---

① 《老子》第二五章。
② 《老子》第四十章。
③ 阮籍：《阮籍集》，上海古籍出版社1978年版。
④ 范晔：《后汉书》，中华书局1965年版。
⑤ 李延寿：《北史》，中华书局1974年版。
⑥ 郦道元：《水经注》，商务印书馆1965年版。

总，述道言治，枝条《五经》。"①

当然，这些都还不是作为形而上者的本体，而是形而下者的实体或其本质。但经汉译佛教袭用此词，称诸法的根本自体或与应身相对的法身为"本体"，便有了形而上者的意味。如《大日经》卷7："一身与二身，乃至无量身，同入本体。"②到了宋明理学，众所周知，其主要话题就是"本体"与"工夫"的关系问题，而分别为"本体论"与"工夫论"。如朱熹说："未发之际，便是中，便是'敬以直内'，便是心之本体。"③这样的"本体"便已经是上文谈过的作为"形而上者"的终极"实体"了，因为这里的"心之本体"其实是说的"天理"，这正是上引朱熹所讲的"道之本原出于天而不可易（天理），其实体备于己而不可离（心之本体）"。

汉语哲学的"本体论"和西方哲学的"ontology"之间的对应性和一致性，在于两者所思考和言说的对象——本体，都是作为形而上者的终极实体。

这里还有一点需要说明。近些年来，汉语哲学界一些人主张将"ontology"译为"存在论"。④但这种主张很容易导致概念混乱，因为汉语"存在论"在字面上可以有两种截然相反的理解：一种是关于存在而不是存在者的理论，英译应为"theory of Being"⑤，然而这并不是西语"ontology"的意思，因为传统ontology恰恰"遗忘了存在"（海德格尔之语）⑥；另一种理解则并不是关于存在而是关于终极存在者的理论，而这正是ontology的特征。西方ontology就是思考本体的，即思考形而上者、唯一绝对的存在者，而这正符合汉语"本体论"的语义，即讨论"本—末"关系（宇宙论模式）、"体—用"关系（本体论模式）。

不论中西，本体论所讨论的问题，可以分为两个方向：首先是透过现象追寻本体，即由众多相对的形而下者出发，寻求它们背后的唯一绝

---

① 刘勰：《文心雕龙》，载周振甫《文心雕龙注释》，人民文学出版社1981年版。
② 《大日经》：《大毗卢遮那成佛神变加持经》，善无畏、一行等译，见《大正藏》第18册，台北：财团法人佛陀教育基金会出版部，1990。
③ 朱熹：《朱子语类》卷87，黎靖德编，中华书局1986年版，第2262页。
④ 此外还有"是论""有论"等主张，兹不赘述。
⑤ 这里的"Being"表示存在，而不是存在者，亦即不是"the Being"的意思。
⑥ 海德格尔所谓"基础存在论"（foundational ontology）之名，其实也是很成问题的。

对的形而上者，这也就是古希腊哲学"拯救现象"的意图；然后以这个本体来阐明现象，即以形而上者为终极根据，由此阐明诸多形而下者何以可能，这也就是西方哲学所谓"奠基"（foundation-laying）①，中国哲学谓之"立极"。

西方哲学的"奠基"概念虽是康德最早明确提出的，但"奠基"观念其实始于古希腊的"拯救现象运动"。"拯救现象"并不仅仅具有天体物理学、自然哲学上的意义，更具有一般哲学上的意义，就是人们出于对于变动不居的诸多现象的忧虑，试图在现象背后去找出某种唯一的永恒不变的本质或本体，由此而形成了"本质与现象""形上—形下"等一般哲学的形而上学思维模式。因此，西方哲学的本体论所思考的往往都是某种永恒不变的实体。直到黑格尔的辩证法，尽管强调"变"，但其终极根据恰恰是那个永恒不变的"绝对观念"，即《逻辑学》的第一范畴"纯有"②，犹如《老子》讲的"天下万物生于有"。③

这与中国哲学并不完全等同，甚至相反。例如"周易哲学"——《易传》的哲学，尽管也是寻找诸多现象背后的唯一本体，但与西方本体论正相反，其本体并非永恒不变的实体，倒是"变"本身，这正是"易"的基本含义。

这样的"奠基"——用唯一的形而上者来阐明众多的形而下者何以可能，中国哲学叫作"立极"，犹如孟子所说的"先立乎其大者"④。西方哲学的"奠基"概念与中国哲学的"立极"概念，都是用建筑术语来比喻形而上者对形而下者的根本意义，但亦有所不同。《易传》所谓

---

① 参见黄玉顺《形而上学的奠基问题：儒学视域中的海德格尔及其所解释的康德哲学》，《四川大学学报》2004年第2期；人大复印资料《外国哲学》2004年第5期全文转载。《为科学奠基——中国古代科学的现象学考察》，载《面向生活本身的儒学——黄玉顺"生活儒学"自选集》，四川大学出版社2006年版。

② 黑格尔：《逻辑学》，上卷，杨一之译，商务印书馆1976年版，第69页。

③ 黑格尔讲的"纯有即无"和《老子》讲的"有生于无"不是一回事：黑格尔所谓"无"是绝对观念"有"的本质规定——"无规定性"（参见黑格尔《逻辑学》，第69—70页），即海德格尔在《存在与时间》导言中所拒绝的传统形而上学那种本体概念，即"最普遍的""不可定义"的绝对存在者概念（参见海德格尔《存在与时间》修订译本，导论，陈嘉映、王庆节译，生活·读书·新知三联书店2006年第3版，第4—5页）；而《老子》的"无"不是说的绝对存在者，而是说的先于任何存在者的存在，所以海德格尔引老子为同道。

④ 《孟子·告子上》，《十三经注疏·孟子注疏》，中华书局1980年影印本。

"太极"，字面意思就是"大栋"。《说文解字·木部》："极：栋也。"①段玉裁注："极者，谓屋至高之处。"②这就是说，"极"本义指房屋最高处的大栋梁，它对整座建筑居于摄覆地位，故以比喻唯一形而上者对于众多形而下者的摄覆作用。故《系辞上传》说："易有太极，是生两仪，两仪生四象，四象生八卦，八卦定吉凶，吉凶生大业。"这里的"太极"其实也就是"易"，所以不说"易生太极"而说"易有太极"；而以下则说"生"，才是生成、奠基的观念：太极或易是统摄一切存在者的本体。上文谈过，"易"即变易；这里以之为"太极"，也就是以变易本身为本体。这就是《易传》的"变易本体论"。

三　为什么要解构传统形而上学

哲学——形而上学、本体论等，绝非经院中、书斋里的概念游戏；哲学是一种生活，或者说是生活的可能性的一种敞开——通过建构一个可能世界，从而获得一种可能生活；哲学就是由"在生活"而积极地"去生活"。③更通俗地说，哲学的宗旨就是从根本观念上解决生活问题。

然而，传统的形而上学及其本体论已不能解决我们当下的生活问题，这就需要解构旧的形而上学，以建构起新的形而上学。结果我们看到：人类不断地重建形而上学。这取决于哲学解决生活问题的特定方式：形而上学并非直接地处理当下生活问题，而是间接地通过形而下学，即通过直接面对自然界的知识论建构和直接面对社会界的伦理学建构，去处理和解决生活问题。这种"形上—形下"的关系，西方哲学谓之"奠基"，中国哲学谓之"立极"；总之，就是由一个绝对的形而上者来给出众多相对的形而下者，从而建构一个意义世界，进而改造现实世界。

这样一来，不难发现：生活的流变要求我们不断地解构旧形而上学、

---

① 许慎：《说文解字》，大徐本，中华书局1963年版。
② 段玉裁：《说文解字注》，上海古籍出版社1981年版。
③ 参见黄玉顺《爱与思——生活儒学的观念》，四川大学出版社2006年版，附论二、生活本源论，"三、本源结构：在生活并且去生活"，第222—237页。

建构新形而上学。且就社会伦理生活而论，这里存在着一种必然的逻辑关系：一方面，社会共同体的共同生活要求建立一套社会规范及其制度（即儒家所谓的"礼""人伦"），这是伦理学范畴，它显然属于形而下学的课题；而这种形而下学又需要一种特定的形而上学为之奠基。但另一方面，当社会生活方式发生了转换，人们就需要一套新的制度规范，即新的伦理学（孔子称这种"解构—建构"为礼之"损益"①）；这就需要建构起一种新的形而上学来为之奠基。这种关系可以图示如下：

$$
\begin{array}{ccc}
\text{形而上学}_1 & \to & \text{形而上学}_2 \\
\updownarrow & & \updownarrow \\
\text{伦理规范}_1 & & \text{伦理规范}_2 \\
\updownarrow & & \updownarrow \\
\text{生活方式}_1 & \to & \text{生活方式}_2
\end{array}
$$

这里的双向箭头"↕"的含义是："生活方式→伦理规范→形而上学"的序列表示"渊源"关系或曰"生成"关系，意谓一切皆渊源于生活，特定的伦理规范及其形而上学是由特定的生活方式生成的；"形而上学→伦理规范→生活方式"的序列表示"奠基"关系，意谓在观念上，形而上学为伦理规范奠基，而特定的伦理规范旨在解决特定生活方式中的群体生存秩序问题。

例如，中国人在帝国时代（自秦至清）的家族社会生活方式，要求建立一套适应这种生活方式的制度规范，由此保证中华帝国的共同生活秩序；而这种伦理学需要一种特定的形而上学，其主流就是儒家"心性论"哲学。众所周知，这种伦理学的核心即"三纲"——君为臣纲、父为子纲、夫为妻纲，而这套"纲常"的经典宪章即《白虎通义》②；而为之奠基的形而上学，就是呈现在广义"经学"中的帝国时代的儒家哲学，它表现为"汉学"（如董仲舒）和"宋学"（如程朱理学）等学术形态。但今天的中国人正在走向现代性的生活方式，这显

---

① 《论语·为政》，《十三经注疏·论语注疏》，中华书局1980年影印本。
② 参见黄玉顺《大汉帝国的正义观念及其现代启示——〈白虎通义〉之"义"的诠释》，《齐鲁学刊》2008年第6期；人大复印资料《中国哲学》2009年第1期全文转载。

然需要建立起一套新的制度规范；然而这种现代性的伦理学绝非前现代的形而上学能够合乎逻辑地给出的。正因为如此，不论是否成功，现代新儒家致力于建构一套新的形而上学。这个道理显而易见：程朱理学式的传统心性论形而上学根本无法合乎逻辑地导出中国人现代性的生活方式所需要的伦理规范与政治制度。①所以，不难理解，20世纪的现代新儒家、21世纪的大陆新儒家（至少其中一部分人）都在探索某种新型的形而上学。

四　形而上学为何不可逃逸

　　以上讨论已从一个侧面表明：形而上学乃是不可逃逸的。唯其如此，我曾在以往的著述中多次谈到重建形而上学的问题；特别是2013年的一篇论文，更明确而集中地讨论了"当代中国哲学的形而上学重建问题"②。这些文字都涉及"形而上学为何不可逃逸"的问题，即对于形而下学（伦理学及道德、知识论及科学）来说，形而上学乃是不可或缺的东西。唯其如此，自从理性觉醒的两千多年以来，人类都在不断地进行形而上学的建构。

　　形而上学之所以是必然的，根本原因乃在于人类思想观念之构造的一种内在的逻辑承诺：对任何一个存在者领域之存在甚至对任何个别存在者之存在的承诺，都已蕴涵着对存在者整体之存在的承诺。当我们说"a是B"或者"A是B"的时候（小写字母表示个体，大写字母表示一个集合、种类），对a或A的存在承诺已经蕴涵了对B的存在承诺；如此递进下去，我们最终必然走向对一个终极X的承诺，这个X就是存在者整体，亦即本体或上帝之类的形而上者。

　　这一点最典型地体现在定义的规则中：定义始终意味着我们必须为这个被定义概念找到一个上位概念——比被定义概念外延更大的概念；如此递进下去，我们最终会找到一个不可定义的最高概念，这就是形而

---

① 冯友兰的"新理学"虽然号称是接着程朱理学讲的，但实质上绝非程朱理学。
② 黄玉顺：《主体性的重建与心灵问题——当代中国哲学的形而上学重建问题》，《山东大学学报》2013年第1期；人大复印资料《中国哲学》2013年第4期全文转载。

上者的观念。例如，从"某某是……的人""人是……的动物""动物是……的生物"一直到"……是造物"就是这样的递进序列。形而上学的本质，就是用唯一绝对的存在者来说明众多相对的存在者何以可能；而任何一个陈述，最终都指向了形而上学。

其实，荀子已从"正名"的角度上讨论过这个问题。按他的逻辑，有"别名"、有"共名"，最终有一个"大共名"，那就是"物"。他说：

> 万物虽众，有时而欲遍举之，故谓之"物"。"物"也者，大共名也。推而共之，共则有共，至于无共然后止。有时而欲偏举之，① 故谓之"鸟""兽"。"鸟""兽"也者，大别名也。推而别之，别则有别，至于无别然后止。②

所谓"至于无别"的最小之物，就是个体，其所以"无别"（不能分割），是因为一旦分割，就不再是这种事物；"至于无共"的最大之物，就是形而上者，"无共"意味着没有上位概念，所以不可定义。按照惠施的说法，前者就是"至小无内，谓之小一"；后者则是"至大无外，谓之大一"。③"大一"又叫"太一"（上古"大""太"不分），即最大的一个物，亦即形而上者，"至大无外"就是说：它是所有一切存在者的整体。

五　变易本体论

上文谈到，形而上学的核心是本体论。因此，新形而上学首先需要建构起新的本体论。为此，本文围绕"本体"观念，从《易传》哲学中引申出"变易本体论"（change ontology）的基本观念。

中西本体论之间是相通的，但也存在着根本差异。其相通之处是双

---

① "偏举"原文误作"遍举"，据王先谦《荀子集解》校改。
② 《荀子·正名》，王先谦《荀子集解》，《新编诸子集成》本，中华书局1988年版。
③ 《庄子·天下》。

方都在追寻形而上者；差异在于双方所追寻到的形而上者颇为不同：就其主流而论，西方哲学中的形而上者往往是某种静止的实体；①而中国哲学中的形而上者，有一种是流动的变易，这在《易传》哲学中是最为典型的，其形而上者不是凝滞的东西，而是"易"（变易）。故《系辞下传》说：

  《易》之为书也不可远，为道也屡迁，变动不居，周流六虚，上下无常，刚柔相易，不可为典要，唯变所适。

  这里的《易》实质上是指的《易传》；其为书，实言道；此道即"形而上者谓之道"，其特征是周流变动、相易无常，既非唯物，亦非唯心，乃"唯变"。换言之，变就是作为形而上者的本体。亚里士多德讲"存在者之为存在者"，《易传》则讲"变之为变"。这样的本体论，可谓"变易本体论"。

  唯此之故，西方人将《周易》翻译为"变易之书"（The Book of Change），颇有道理："易"的基本含义就是"变易"或"变"（change）。《易纬·乾凿度》说："易者，易也，变易也，不易也。"②刘义庆《世说新语·文学》注引郑玄《序易》说："'易'之为名也，一言而函三义：简易一也，变易二也，不易三也。"③这三义其实都是讲的变易："简易"是说"变易"乃是极为简单的道理；"不易"是说永恒不变的道理就是"变易"本身。至于《说文解字》所谓"易，蜥易、蝘蜓、守宫也"，恐非"易"字的本义；徐中舒《甲骨文字典》指出：此字"象两酒器相倾注承受之形，故会赐与之义，引伸之而有更易之义"④。按"易"本义当指交易（交换）而变易。《易》之为书，旨在变易；而之所以变易，乃源于阴阳之交易（交感）。

---

  ① 西方哲学史上也有注重流变的观念，如赫拉克利特主张的"万物皆流"，但这并非西方哲学史上的主流思想。黑格尔辩证法的流变，也只是"绝对观念"的展开形式而已，并不是那个作为本体的"绝对观念"本身。
  ② 《易纬》，林忠军《〈易纬〉导读》，齐鲁书社2002年版。
  ③ 刘义庆：《世说新语》，刘孝标注，余嘉锡《世说新语笺疏》本，中华书局2008年第2版。
  ④ 徐中舒主编：《甲骨文字典》，四川辞书出版社1998年版。

据此，道即是变，变即是道。如《系辞上传》说"形而上者谓之道"，此"道"就是"变"，即是"变化之道"①："道有变动"，"乾道变化"②，"形而上者谓之道……化而裁之谓之变"③，"四时变化而能久成，圣人久于其道"④，"圣人之道四焉……以动者尚其变"⑤，等等。

然而《系辞上传》有一段话似乎与这种观念自相矛盾："易，无思也，无为也，寂然不动，感而遂通天下之故。"其实，这并不矛盾。孔颖达疏："任运自然，不关心虑，是'无思'也；任运自动，不须营造，是'无为'也。'寂然不动，感而遂通天下之故'者，既无思无为，故寂然不动，有感必应，万事皆通，是感而遂通天下之故也。"这就是说，所谓"寂然不动"并不是说的形而上者无关变动，而是说它的变动乃是无思无为、自然而然的，即这个本体"不关心虑"之动、"不须营造"之变，便能够"自动"。也就是说，所谓"不动"并不是说的作为形而上者的本体不动不变，而是说的这种变动是不必动心思、劳人为的。其所谓"感"，也不是说的这个本体去"感"其他外物，而是说它本身就是阴阳交感；这绝非朱熹所说的"人生而静""感于物而动"⑥那种"主—客"架构下的区分内外的"感"。在《易传》哲学，形而上者的"感动"是本体的自感自动。

这种阴阳感动的观念，其实是源于生活感悟的，是生活感悟的存在者化、本体化、形而上学化的结果。这种感悟来源于对生活的观察："圣人有以见天下之动，而观其会通"⑦；"仰则观象于天，俯则观法于地，观鸟兽之文与地之宜，近取诸身，远取诸物"⑧。首先是人自己的性生活，即"近取诸身"："夫乾，其静也专（抟），其动也直，是以大生焉；夫坤，其静也翕，其动也辟，是以广生焉。"⑨然后是人类的日常

---

① 《周易·系辞上传》。
② 《周易·乾彖传》。
③ 《周易·系辞上传》。
④ 《周易·恒彖传》。
⑤ 《周易·系辞上传》。
⑥ 朱熹：《诗集传·序》，上海古籍出版社1980年新1版。
⑦ 《周易·系辞上传》。
⑧ 《周易·系辞下传》。
⑨ 《周易·系辞上传》。

生活，乃至草木以及万物的"生活"，即"远取诸物"："'观我生'，观民也；'观其生'，志未平也"①；"地中生木，升"②；"屯者，物之始生也"③；"观其所感，而天地万物之情可见矣"④。最后是形而上学化的表达："有天地，然后万物生焉"⑤；"天地感而万物化生"⑥；"天地之大德曰生"⑦；"生生之谓易"⑧。通过这样"观变于阴阳而立卦"⑨，于是乎就有了变易本体论的建构。这就表明，变易本体论渊源于生活。生活在流变、变易；变易本体论不外乎是在讲流变之为流变、变易之为变易。

---

① 《周易·观象传》。
② 《周易·升象传》。
③ 《周易·序卦传》。
④ 《周易·咸彖传》。
⑤ 《周易·序卦传》。
⑥ 《周易·咸彖传》。
⑦ 《周易·系辞下传》。
⑧ 《周易·系辞上传》。
⑨ 《周易·说卦传》。

儒家的自由观念及其人性论基础
——与西方自由主义的比较*

目前的中国，不论儒家还是自由主义者都发生了严重的分化，各自出现了不同价值倾向的内部派别，包括自由主义儒家和儒家自由主义。尽管前者在儒家中不是主流，后者在自由主义者中也不是主流，但这种现象毕竟已经逼显出了一个亟待思考的问题：儒家和自由主义者究竟如何看待自由？儒家思想和自由主义理论之间究竟是什么关系？为此，有必要对儒家与西方自由主义的自由观念及其人性论基础进行审视，辨明差异，寻求共识，尝试对自由观念做出更具超越性的解读。

上篇　西方自由主义的自由观念及其人性论基础

西方自由主义基本上是一种政治哲学，即是一种形而下学；但它有其形而上学的基础，尤其是人性论的基础。但"性恶论"并非自由主义人性论的全部，正如"性善论"并非儒家人性论的全部。将西方历史上三种形态的自由主义及其人性论基础加以梳理，可以窥探出西方自由主义的特点及其与儒家思想的某些相通之处。

（一）古典自由主义（Classical Liberalism）

古典自由主义的早期代表是约翰·洛克（John Locke），其政治哲学的思想主要集中在《政府论》一书中。为了论证"人生而自由"，他提

---

* 原载《四川大学学报》2015年第4期，本文为郭萍、黄玉顺合著。

出了古典自由主义的人性假设：人天生是自私的。作为一个典型的经验主义者，洛克所说的"天生"（natural）是与其"自然状态"（the state of nature）说相匹配的，是基于对人类原始状态的一种尽管非历史性的、却是经验性的假设，而不同于欧陆的先验理性主义者，如康德所说的逻辑上先于任何经验的"先验"（transcendental）或"先天"（apriori）的预设。在"自然状态"下，人所具有的趋利避害、保存自身的"自私"本性并不是什么"原罪"，而是人所享有的"自然权利""自然自由"。他说："上帝既创造了人类，便在他身上，如同在其他一切动物身上一样，扎下了一种强烈的自我保存的愿望。"①这类似于荀子的性恶论，"今人之性，生而有好利焉"②，尽管荀子是在否定的意义上使用"恶"的；但事实上，儒家从来不否认人的"自我保存的愿望"。

那么，"自然权利"指的是什么呢？在洛克看来，就是财产权。他所说的"财产"（拉丁文 proprius、英文 property）不仅仅指物质财产，而是指的自我的"所有物"（property），包括拥有"生命（1ife）、自由（1iberty）和财产（estate）"。他说："人类对于万物的'财产权'是基于他所具有的可以利用那些为他生存所必须，或对他的生存有用处之物的权利。"③这里，生命是基础，自由是核心与实质，而私产（estate）则是生命与自由的物质保障。最后这一点其实是与孟子"制民恒产"的思想相通的："民之为道也，有恒产者有恒心，无恒产者无恒心。苟无恒心，放辟邪侈，无不为己。及陷于罪，然后从而刑之，是罔民也。"④

那么，这种自然权利和自然自由如何得到保护和落实呢？优先依靠"自然法"，即"理性"。"自然状态有一种为人人所遵守的自然法对它起着支配作用；而理性，也就是自然法。"⑤"人们在自然法的范围内，按照他们认为合适的办法，决定他们的行动和处理他们的财产和人身，而无须得到任何人的许可或听命于任何人的意志。"⑥自由亦然，"人的

---

① 洛克：《政府论》上篇，瞿菊农、叶启芳译，商务印书馆1982年版，第74页。
② 《荀子·性恶》，王先谦《荀子集解》本，中华书局1988年版。
③ 洛克：《政府论》上篇，第74页。
④ 《孟子·滕文公上》，《十三经注疏·孟子注疏》本，中华书局1980年版。
⑤ 洛克：《政府论》下篇，瞿菊农、叶启芳译，商务印书馆1982年版，第4页。
⑥ 同上书，第3页。

自由和依照他自己的意志来行动的自由，是以他具有理性为基础的，理性能教导他了解他用以支配自己行动的法律，并使他知道他对自己的自由意志听从到什么程度。"[1]因此，人依靠"自然法"——理性实现着"自然权利"和"自然自由"；如果没有理性，人就没有自由。这样的"理性"其实是另一种意义上的人性，这就犹如荀子所讲的人性，既有负面价值的"性恶"一面（就意欲而论），也有价值中性的、与"物之理"相对的"人之性"一面（就认知能力而论），"凡以知，人之性也；可以知，物之理也"[2]；后者甚至具有更加根本的意义，使"涂之人可以为禹"，因为"今使涂之人者，以其可以知之质、可以能之具，本夫仁义之可知之理、可能之具，然则其可以为禹明矣"[3]。

基于这种自由观念，古典自由主义者不同程度地倾向于"自由放任主义"（法语 Laissez faire），对政府的存在和作用极其警惕。洛克认为，政府的主要作用，甚至唯一作用，就是在个人财产受到侵害时执行法律的惩罚权利，而任何过多的干涉都是对个人自由的侵害。

对此，古典自由主义的集大成者约翰·密尔（John Stuart Mill）（或译穆勒）做了精致系统的论证，并明确提出：只有在某个人的行为无疑可能或已经造成对他人的危害时，集体才有理由对其行为加以干涉；否则，任何人和任何团体在思想自由、言论自由、宗教自由等方面均无权干涉。他所指的自由"是指对于政治统治者的暴虐的防御"[4]。古典自由主义者一致将国家（政府）视为消极的存在者——"被动的执行者"和"守夜人"。这一点成为他们与新自由主义（New Liberalism）在政治主张上的主要区别之一。

古典自由主义的基本思想在西方资本主义早期的经济理论和伦理学说中得到了充分贯彻并有所发展。亚当·斯密（Adam Smith）的《国富论》从经济理论上发挥了古典自由主义的主张；而在人性预设上，他又做了进一步的补充，强调自私固然是人的本性，但并不是人性的全部。"无论人们会认为某人怎样自私，这个人的天赋中总是明显地存在着这

---

[1] 洛克：《政府论》下篇，瞿菊农、叶启芳译，商务印书馆1982年版，第39页。
[2] 《荀子·解蔽》。
[3] 《荀子·性恶》。
[4] 约翰·密尔：《论自由》，许宝骙译，商务印书馆1959年版，第1页。

样一些本性，这本性使他关心别人的命运，把别人的幸福看成是自己的事情，虽然他除了看到别人幸福而感到高兴以外，一无所得。这种本性就是怜悯或同情，就是当我们看到或逼真地想象到他人的不幸遭遇时所产生的情感。"① "这种情感同人性中所有原始情感一样，决不只是品行高尚的人才具备的。"② 人们之间的关系越密切，互相间的同情就越强烈；反之，则越淡漠。这种关于人性的双重倾向的观点，与荀子的思想甚至整个儒家的"仁爱"观念都是具有相通之处的：一方面，"差等之爱"在某种意义上其实是"自私"的；但另一方面，"一体之仁"却克服和超越这种差等之爱。③

亚当·斯密对人性论做出的补充，在古典自由主义的伦理学说中也得到充分体现，杰里米·边沁（Jeremy Bentham）作为在政府政策层面上的最大代表，所建构的功利主义伦理学最重要的原理——"最大幸福原理"，即以"最大多数人的最大幸福"为最高价值，这饱含着对他人"同情"的思想，并认为这种"同情"情感是推己及人、由近及远、逐步推展甚至扩及动物的。这个价值取向无论如何也不能视为与儒家的"亲亲→仁民→爱物"④的价值取向截然对立的；恰恰相反，儒家的动机其实同样是"最大多数人的最大幸福"。

（二）新自由主义（New Liberalism）

19世纪后半期以来，出于对古典自由主义所倡导的"消极（否定性）自由"的反拨，英美哲学家格林、霍布豪斯、罗尔斯等人对古典自由主义进行了修正和改造，转向倡导"积极（肯定性）自由"，这就是"新自由主义"。在伦理学层面上，新自由主义更接近儒家思想。

新自由主义的奠基人是托马斯·格林（Thomas Hill Green）。在其题为《关于自由立法和契约自由》的演讲中，通过区分"消极自由"与"积极自由"，他对自由的意义做出了新的阐释：自由不仅仅是"不受

---

① 亚当·斯密：《道德情操论》，蒋自强等译，商务印书馆1997年版，第5—6页。
② 同上。
③ 参见黄玉顺《荀子的社会正义理论》，《社会科学研究》2012年第3期；《中国社会科学文摘》2012年第8期转载。
④ 《孟子·尽心上》。

强制的"、放任式（消极）的自由，更应该包括那些与"实现自我"、表现和发展个人天资能力等相关的积极自由。在这点上，孔子的"我欲仁"①或许也可以理解为一种积极自由。

格林认为，这种积极自由包含着幸福美好生活的一切因素，是人们共同向往的；而这种自由的伦理学基础，就是所谓"共同之善"（common good）。"共同之善是人们设想与他人共存的东西，与其他人共享的善，而不管这种善是否适合他们的嗜好。"②作为新黑格尔主义者，格林反对个体主义，主张整体主义，认为事实之间存在着内在联系，各种事物形成一个有机的整体。基于"共同之善"的理论预设，格林认为，在人类社会中，个人与他人之间的相互依存关系决定了个人的善也是与他人的善相互包含的，那么，每一个人所追求的善都相互蕴涵，最终共同构成一个整体的"共同之善"。这意味着，对于某个人是善的东西，对于他人也必须是善的。儒家的"人同此心，心同此理"的"至善"观念，似乎与此有类似之处。既然如此，基于"共同之善"，一个人意识到自己有自由的要求，同时也意识到别人也有同样的自由要求。这让人想起孔子"己欲立而立人，己欲达而达人"③的"推己及人"观念。

进一步说，格林认为，为了实现"共同之善"，个人需要做出必要的牺牲或放弃某些个人的偏好或利益，以确保不会造成对他人实现个人之善的阻碍。因此，他首次提出了"自由的限度"问题，主张以政府干涉式的自由取代放任式的自由。而这样一来，就暗藏了由个人本位向社会本位的偏移倾向，就此而论，格林的思想究竟在多大程度上仍然属于自由主义，抑或埋下了"通往奴役之路"——从国家干预主义到国家主义——的种子，这是值得质疑的。

较之格林，里奥纳德·霍布豪斯（Leonard T. Hobhouse）的新自由主义可能更为允当一些。他重新审视了古典自由主义的自由放任原则，因为他看到了古典自由主义过分突出个人权利和个性而导致的弊端，如自由竞争造成弱肉强食、少数人集中很多财产等，这样一来，平等的缺失使自由受到侵害，个体的自由无法得到保障，因此需要国家的干涉。

---

① 《论语·述而》，《十三经注疏·论语注疏》本，中华书局1980年版。
② Green, *Prolegomemato Ethics*（《伦理学导论》），Oxford, 1883, pp. 232-233.
③ 《论语·雍也》。

在坚守传统自由主义强调个人权利和个性的核心理念的同时，霍布豪斯以"社会有机"和"共同之善"为基础，提出了"社会和谐"的观念，追求经济上的平等，强调利益分配的公平性，主张国家通过税收干涉经济、调控市场，认为国家有义务"创造这样一些经济条件，使身心没有缺陷的正常人能够通过有用的劳动使他自己和他的家庭有食物吃，有房子住和有衣服穿"①。由于这些主张很大程度上与社会主义的诉求比较接近，故而有时又被称为"自由的社会主义"。但他并不是以社会主义来取代自由主义的理想，而是吸收社会主义的某些因素来克服古典自由主义的某些弊端，故属于新自由主义。

而更周全一些的新自由主义者，则是约翰·罗尔斯（John B. Rawls）。罗尔斯的"公平的正义"理论的先行观念是启蒙的"平等"观念，而"自由"是制度正义的结果：没有平等就没有正义的制度，而没有正义的制度也就没有自由。这种"平等"观念贯彻于第一条正义原则中；而第二条正义原则貌似在容纳某种"不平等"，其实不然，它仍然以平等为前提（地位与职位对每个人开放）；与此同时，这种"不平等"应做如下安排，即人们能合理地指望这种不平等对每个人都有利。换言之，罗尔斯正义论的核心课题是利益问题——利益的公平分配问题。这必然指向一种以利益为中心的人性论，也就是说，新自由主义所依据的人性论基础虽然与古典自由主义有明显不同，但依然没有背离人是"以利益为趋向的存在"这一基本前提。显然，这也是与荀子的性恶论相通的。

（三）新古典自由主义（Neo-Liberalism）

但新自由主义对古典自由主义的矫枉过正，尤其是对国家干预的过分强调，也是令人忧虑的。因此，新古典自由主义试图通过向古典自由主义的"复归"，克服前两个阶段的自由主义理论带来的弊端。我们可以弗里德里克·哈耶克（Friedrich August Hayek）作为新古典自由主义的代表，他所建构的"自由秩序原理"可谓是对古典自由主义和新自由主义的"否定之否定"。

---

① 霍布豪斯：《自由主义》，朱曾汶译，商务印书馆1996年版，第80页。

哈耶克思想给人印象最深刻的地方，是高度警惕和激烈批判新自由主义所蕴涵的极权社会主义——国家社会主义倾向，称之为"致命的自负""通往奴役之路"。他强调，真正的、原初意义上的自由，并不是新自由主义者所鼓吹的"积极自由"的种种"自由权项"，因为这些"自由权项"尽管许诺可以实现新的自由和对权力、财富的公正分配，但很可能使人们放弃原始意义上的自由，导致对真正自由的极大伤害，而使人处于奴役状态。因此，在他看来，所谓"积极自由"其实恰恰是一条"通往奴役之路"（the Road to Freedom was in fact the High Road to Servitude）。这对于今天的某些极权主义儒家和某些儒家自由主义者来说是很有警示意义的。

由于"积极（肯定性）自由"潜藏着通往奴役的危险，哈耶克再度强调"消极（否定性）自由"的价值，竭力将"自由"从新自由主义那里的"积极自由"或"新自由"（New Liberty）拉回到"消极""原初"的意义上。他指出，自由就是"一个人不受制于另一个人或另一些人因专断意志而产生的强制状态"①，其最根本的特点就是反对强制（coercion）。尽管在现实政治中，一些人对另一些人施加的强制不可能完全避免，但应当尽可能地使强制减小到最低限度。为此，哈耶克重申："今天很少有人明白，把一切强制权限制在实施公正行为的普遍规则之内，这是古典自由主义的基本原理，我甚至要说，这就是它对自由的定义。"②为了避免极权主义的危险，哈耶克认为，应当以遵循作为普遍原则的"公正行为规则"来促成社会秩序的自发形成。这就是他理想中的健康社会的"自由秩序原理"，它基于古典自由主义的基本人性设定，兹不赘述。

下篇　儒家的自由观念及其人性论基础

以上讨论表明，自由主义与儒学之间其实存在着诸多相通之处。然

---

① 哈耶克：《自由秩序原理》上，邓正来译，上海三联书店1997年版，第4页。
② 哈耶克：《经济、科学与政治》，冯克利译，江苏人民出版社2000年版，第436页。

而长期以来，人们习惯于将儒学与自由主义截然对立起来。这其实是一种错觉，似乎儒家从来就是反对自由主义甚至反对自由的。这种错觉缘自两个方面的误解：

一是以为自由主义是西方古已有之的东西，殊不知自由主义乃是一种现代政治哲学。将古代的中国儒学与现代的西方政治哲学对立起来，是将"古今"对立误识是为了"中西"对立，或者说是有意无意地用"中西对抗"来掩盖"古今之变"，从而拒绝现代政治文明。事实上，作为政治哲学概念的"自由""平等""民主"都是形而下学的范畴，是属于社会规范、社会制度层面的范畴，即儒家所讲的"礼"的范畴；那么，按照孔子"礼有损益"的思想（制度规范随生活方式的转换而历史地变动）、中国正义论"仁→义→礼"的核心结构，自由、平等、民主等正是"现代儒学"的题中应有之义。

另一个误解则是将儒家等同于古代儒家，而不知道居然还有并不反对自由乃至高扬自由旗帜的现代儒家。现代儒家难道不是儒家吗？当然是，而且现代儒家中早就有自由主义儒家，其中最典型的就是张君劢。

（一）现代新儒家的政治自由观：以张君劢为代表

众所周知，张君劢是 20 世纪现代新儒家的代表人物之一，当年在"科玄论战"中以倡导"新宋学"著称；[①]但他的政治哲学却是自由主义、民主主义的，追求"个体自由"是他的价值目标。张君劢认为，中国问题的症结所在，就是个人自由与国家权力的冲突和矛盾：在君主专制下，国民唯唯诺诺，凡事必求诸自古不变的教条，毫无个体自由；而一个国家之健全与否，就在于个体是否得到自由发展。因此，他将"国民之自由发展"视为一个国家最不可缺少的；对于个体自由的尊重和保护，乃是国家政治运作的根本所在，"夫政治之本，要以承认人之人格、个人之自由为旨归"[②]，一切蔑视个体人格、剥夺个人自由之举，都应当在排斥之列。

那么，如何才能使国民自由得到尊重和保护呢？通过考察欧洲现代

[①] 参见黄玉顺《超越知识与价值的紧张——"科学与玄学论战"的哲学问题》，四川人民出版社 2002 年版。

[②] 张君劢：《政治学之改造》，《东方杂志》1924 年第 21 卷第 1 号。

民族国家建立的历史，张君劢指出，唯有通过民约论、国民主权论、个人自由权利论以及政府应征得被统治者同意等议论，推动民主政治运动、宪政运动，来改善国家行政，才能保护和发展个人自由。其中，有无宪法乃是个人自由是否能够得到保障的关键，因此必须要设立宪法，从法律制度上对个人的"生命、自由、财产"等权利加以确认和保护。因此，宪政理想成为他终身不懈的追求。为此，他翻译和介绍了大量外国宪法文献，还亲自拟定了几部很有影响的宪法草案；特别是由他起草设计的"四六宪法"被公认为当时中国最好的一部宪法，他也被公认为"中国宪法之父"。

张君劢还认为，仅以宪法来维系的"自由"是远远不够的，"真正之理性必起于良心上之自由。本此自由以凝成公意，于是为政策，为法律"①。这就将自由问题提升到了哲学形上学的高度。张君劢所创造的"良心自由"这个充满儒家意味的概念，值得我们深入探究。何谓"良心自由"？或许现代新儒家另一位代表人物徐复观的一种说法可以为之诠释："不再是传统和社会支配一个人的生活，而是一个人的良心理性支配自己的生活，这即是所谓'我的自觉'，即是所谓'自作主宰'，即是所谓自由主义。"②由此可见，这种内在的、基于独立人格的"良心自由"不仅仅是张君劢个人的观点，也代表了现代新儒家在自由观念上的一种共识。简言之，"良心自由"意味着：个体的内在的精神自由、意志自由是根本的，而社会层面、政治层面的自由只是其外在的体现。

可惜张君劢没有对此进行系统的理论阐述，而是更多地投入了具体的政治主张和制度设计中。好在同为现代新儒家的熊十力、冯友兰、牟宗三等人在哲学建构上着力良多，他们试图为政治自由提供形上学本体论的证明。

（二）现代新儒家自由观念的人性论基础：以牟宗三为典型

对于现代新儒家来说，为现代政治哲学层面上的自由观念提供形上学根据，是"内圣开出新外王"的问题。对此，熊十力、冯友兰、牟

---

① 郑大华：《张君劢传》，商务印书馆2012年版，第76页。
② 徐复观：《为什么要反对自由主义》，载萧欣义编《儒家政治思想与民主自由人权》，台湾：学生书局1988年版，第291页。

宗三等人各有理论，限于篇幅，这里仅以牟宗三的理论为例。

牟宗三以其"两层存有论"对"自由"做了观念层次上的区分：一种是超越意义上的自由，即意志自由，其根据是具有本体意义的自由意志，而不同于康德的"自由意志"；一种是政治意义上的自由，即对个体权利的维护和落实。前者作为"无执的存有"，是本体，是自由的本质所在，具有形上学的意义，牟宗三称之为先验的"道德良知"；后者则作为"有执的存有"，是末用，是作为自由意志的"道德良知"的外在化的客观形态。他说："吾人须知'精神人格之树立'中的自由（freedom）是精神的、本原的，而其成之政治制度，以及此制度下的出版、言论、结社等自由（liberty），则是些文制的。这些文制是精神自由的客观形态。"①一方面，政治层面的自由必须以先验的"道德良知"为根本依据；而另一方面，内在于人心的"道德良知"（意志自由）也有必要进行外在化和客观化。

为什么必须进行客观化呢？牟宗三认为，儒家的传统，在内在的精神自由、意志自由方面比西方有优势；但在政治自由、政治民主方面则远不及西方，表现在中国的社会治理上"只有治道而无政道"，"有政道之治道是治道之客观形态，无政道之治道是治道之主观形态，即圣贤君相之形态"②。这意味着中国缺乏相应于形上自由的形下政治制度建构。但在现实生活中，这种关乎政治自由的制度建构是必需，"客观实践方面的国家政治法律（近代化的）虽不是最高境界中的事，它是中间架构性的东西，然而在人间实践过程中实现价值上，实现道德理性上，这中间架构性的东西却是不可少的"③。这就是需要由心性的"道统"开出"形式的实有"的"政统"，以此规范政权，维护个体权利。

那么，如何实现由道德良知到政治自由的贯通和过渡呢？牟宗三提出了"良知自我坎陷"。他说："知体明觉不能永停在明觉之感应中，它必须自觉地自我否定（亦曰自我坎陷），转而为'知性'；……它必

---

① 牟宗三：《道德的理想主义》，载《牟宗三先生全集》第9册，台北：联津出版事业有限公司2003年版，第312—313页。

② 牟宗三：《论中国的治道》，载黄克剑、林少敏编《牟宗三集》，群言出版社1993年版，第246页。

③ 牟宗三：《历史哲学》，台湾：学生书局1984年版，第193页。

须经由这一步自我坎陷,它始能充分实现其自己,此即所谓辩证的开显。它经由自我坎陷转为知性,它始能解决那属于人的一切特殊问题,而其道德的心愿亦始能畅达无阻。"①政治自由、政治民主作为社会必不可少的"中间架构",只能依靠道德良知自觉自愿地"暂时先让一步"加以落实,"辩证的开显"出来。

然而,道德良知的意志自由究竟如何"坎陷"出政治自由来,这不仅是牟宗三也是所有现代新儒家都始终未能解决的问题。这就是人们所批评的现代新儒家"内圣开不出新外王"的问题。究其原因,从形而上的本体开出形而下的政治自由,这种"形上—形下"的传统形而上学思维方式必然陷入"先验论困境",因为现实的政治自由并非什么形上本体、先验人性的产物,而是现实生活的要求,即现代性的生活方式的要求。这就需要一种超越"形上—形下"思维方式、"面向生活本身"的思想视域,这种思想视域是原始儒家所具有的,而被后世遮蔽和遗忘了。②

(三) 原始儒家与本源性的自由

孔、孟、荀的原始儒学不仅涉及形而下的政治自由问题、形而上的意志自由问题,更具有"本源性的自由"观念,这使得儒学在自由问题上具有开放性。为了更透彻地阐明自由问题,从而更真切地理解儒家的自由观念,我们提出"形下的自由"(post-metaphysic freedom)、"形上的自由"(metaphysic freedom)和"本源的自由"(source freedom)概念。

形下的自由是指的社会政治层面的自由,它基于现代生活方式所塑造的相对主体性,即是现代社会的个体性的主体性;形上的自由则是指的哲学本体论层面上的自由,它基于作为本体的绝对主体性,通常体现在人性论当中。在这个层面上,可以说,只要有主体观念,必定有某种自由观念,因为自由不外乎主体的自主意识,正如上文所引现代新儒家徐复观所说:"一个人的良心理性支配自己的生活,这即是所谓'我的

---

① 牟宗三:《现象与物自身》,台湾:学生书局1984年版,第122页。
② 参见黄玉顺《面向生活本身的儒学——黄玉顺"生活儒学"自选集》,四川大学出版社2006年版。

自觉'，即是所谓'自作主宰'，即是所谓自由主义。"①说这"即是所谓自由主义"固然不妥，但说这是一种自由观念则是毫无问题的。至于本源性的自由，则是通过追问"主体性本身何以可能"以回溯前主体性的存在而获得的自由，即通过获得新的主体性而获得新的自由境界。所谓"本源"是说的比"主体性""存在者"更优先的"存在"；如果说人性是一种主体性，而主体性是自由的前提，那么，这种存在者化的主体性或人性绝非什么先验的东西，而是源于存在的，即是源于生活的。②这正是原始儒家所固有的观念。

但这并不是说原始儒家已经具有了现代政治哲学的自由观念，因为政治自由的观念源于现代性的政治生活，即源于现代性的生活方式；但原始儒家所具有的本源性的自由观念对于形而上的意志自由和形而下的政治自由都是敞开的，即其本源观念必然在现代性的生活方式下导出政治自由观念。唯其如此，上述现代新儒家的政治自由诉求才是可以理解的。

1. 荀子的性恶论与自由观念

学界有一种较常见的看法，认为在儒家各派中，荀子的性恶论最接近于西方近代启蒙思想，因而荀子的思想最切合于现代社会。确实，荀子的性恶论是与西方自由主义的人性论最切近的；但是，它并没有导出政治自由的观念。这是因为：政治自由的观念是现代性的生活方式的产物，而荀子所面对的却是一种前现代的生活方式——从宗法王权社会向家族皇权社会转型之际的生活方式。

但荀子的人性论却具有一种形上自由的观念。其实，荀子的人性论并不等于性恶论，他还有另外一层人性论，它甚至比性恶论更具有根本的意义。③荀子说："凡以知，人之性也；可以知，物之理也。"④这里与"物理"相对的"人性"本身，并不属于善恶的范畴；不仅如此，在荀

---

① 徐复观：《为什么要反对自由主义》，载萧欣义编《儒家政治思想与民主自由人权》，第291页。
② 参见黄玉顺：《爱与思——生活儒学的观念》，四川大学出版社2006年版，附论二、生活本源论。
③ 参见黄玉顺《荀子的社会正义理论》，《社会科学研究》2012年第3期。
④ 《荀子·解蔽》。

子看来，这种人性具有判断善恶、亦即判断那种关乎群体生存的利害关系的能力，使人能够做出趋利避害的自主自觉的选择，从而不仅成为人类建立礼制而且"涂之人可以为禹"（人皆可能成圣）的先天的内在根据。这无疑是具有形上自由的意义的。

不仅如此，即便就荀子的性恶论而言，也是不可忽视的，甚至具有更其本源的意义，即蕴涵着本源性的自由观念。这是因为：性恶论所导出的"化性起伪"思想，显然意味着主体性的重建；而获得一种新的主体性，显然意味着获得一种新的自由境界。可以设想，当这种思想视域遭遇到现代性的生活方式时，从中引出一种现代性的主体性观念、从而引出一种现代性的政治自由观念就是顺理成章的事情了。事实上，荀子之所以被人们视为更切合于现代性，正由于他对人性的独特理解，亦即把"仁爱"（善）与"利欲"（恶）联系起来：主体性仁爱中的"差等之爱"倾向必然导致利益冲突，这就是"恶"，但这样的"物之理"是人们的"人之性"可以意识到的，这其实并非什么先天的判断，而是一种生活感悟；在这种生活感悟中，生成了一种新的主体性，于是这种主体性仁爱中的"一体之仁"倾向寻求解决利益冲突的路径，即根据正义原则（义）去建构制度规范（礼）。这种"去存在""去生活"的方式无疑就是一种本源自由的体现，即是主体的自我超越；假如荀子"在生活"的际遇、"去生活"的情境是现代性的生活方式，则其主体自由的观念必定会有政治自由的体现。

2. 孟子的性善论与自由观念

孟子思想的进路与荀子的有所不同，但同样具有形上的自由观念和本源的自由观念，这种自由观念同样是向形下的政治自由敞开的。我们甚至可以说，比起荀子来，孟子具有更鲜明的个体自由精神。

我们还是从人性论谈起。众所周知，孟子将至善的"仁义"视为人性的基本内涵，并且设置为具有本体论意义的绝对主体性。如上文所说，这与西方功利主义的自由观念背后的仁爱人性预设是可以相通的。这个占据形上地位的主体，无疑具有形上的自由，也就是说，它是自作主宰的。按照孟子的观念，不自由是由于放失了至善的"本心""茅塞其心"①，而自由的获得则是由于"求其放心"②——找回了放失的本心。这样的自由观念当然不是社会层面的政治自由，但显然也逻辑地蕴涵了政治自由；只不过由于这个自由主体所遭遇的不是现代性的生活方式，而是前现代的社会环境，所以孟子所表现出的自由意志，是宗法社会的或从宗法王权社会向家族皇权社会转型时期的"大人"人格、"大丈夫"精神。

不仅如此，这种精神人格的获得过程蕴涵着本源性的自由观。这涉及对孟子人性论的重新认识。人们常将孟子人性论与宋明理学的人性论混为一谈，以为都是先验论。其实不然，孟子并未直接将"仁义礼智"视为先验的或先天的东西，而是明确地指出了这"四德"的来源或发端，即著名的"四端"——恻隐、羞恶、辞让、是非方面的情感。③四德是"性"（人性），而四端则是"情"，即生活情境中的生活情感。从生活情感的发生到人性的确立，这就是"先立其大者"④，即确立绝对主体性的过程。四端"德性"的获得，意味着一种新的主体性的获得；这个获得过程，是在具体的生活情境之中发生的，这就是本源性的观念，这里显然蕴涵着本源性的自由观念。

3. 孔子思想与本源性的自由观念

孟、荀的根本思想，无疑都是来自孔子的。但孔子并没有明确的形上意义上的人性论：除了一句"性相近也，习相远也"⑤之外，"夫子之言性与天道，不可得而闻也"⑥。换言之，孔子更多的是本源性的、生活情境性的言说。这不仅大异于西方自由主义，也颇异于后世儒学。但唯其如此，孔子的自由观念更集中于本源自由层面；也唯其如此，孔子的自由观对于形上自由和形下自由来说更具有开放性。这是因为：愈是本源性的观念，愈具开放性，亦愈具自由度。所以，李大钊曾指出："孔子于其生存时代之社会，确足为其社会之中枢，确足为其时代之圣哲，其说亦确足以代表其社会其时代之道德。使孔子而生于今日，或更

---

① 《孟子·尽心下》。
② 《孟子·告子上》。
③ 《孟子·公孙丑上》。
④ 《孟子·告子上》。
⑤ 《论语·阳货》。
⑥ 《论语·公冶长》。

创一新学说以适应今之社会,亦未可知。"①这就是说,假如孔子处于现代性的生活方式中,他一定会由其本源性的自由观念中,引申出现代社会的政治自由观念;换句话说,孔子将会是一个"中国自由主义者"。

---

① 李大钊:《自然的伦理与孔子》,原载 1917 年 2 月 4 日《甲寅》日刊(署名"守常");载《李大钊全集》第 1 册,第 246 页。

自由主义儒家何以可能[*]

我这次来浙江大学，属于"顺访"，因为我是到杭州来开两个会，[①]前一个会议结束了，后一个还没到，中间隔几天，我就不往返折腾了，就在杭州待几天吧。董老师是我的老朋友了。[②]今天我来跟大家座谈座谈，不算演讲，只是一个座谈。大家交流一下，我很高兴，因为以前从来没有来浙大交流过。座谈嘛，只是漫谈的形式，我先讲一讲有关"自由主义儒家何以可能"这一话题的一些想法，然后我们可以互动一下，就有关问题做一些商讨。

一

我为什么确定这样一个话题呢？是因为前不久我参加了一个会议，[③]我在会上也谈到了这个问题，就是说，最近这些年，我越来越多地听到这样一种说法，说："黄玉顺是一个自由主义儒家。"当时我在那个会议上做了一番解释。

我不知道大家注意到没有，前不久，台湾地区的李明辉教授对中国

---

[*] 本文是笔者于 2015 年 5 月 20 日在浙江大学的讲座，首发于"共识网"（www.21ccom.net/articles/thought/zhongxi/20150624126072_all.html）。杜阳根据录音整理。

[①] 两个会议：天台山文化当代价值研讨会（2015 年 5 月 16 日—17 日）；历史法学学会年会"家国天下"会议（2015 年 5 月 23 日—24 日）。

[②] 董平：浙江大学哲学系教授，浙江大学中国思想文化研究所所长，浙江省文史研究馆馆员。

[③] 第五次《文史哲》杂志人文高端论坛"儒学与自由主义的对话"（山东，2015 年 5 月 1 日—2 日）。

的大陆新儒家进行了批评,引起了很多反响。[①]有朋友也向我约了稿,但我的那篇文章还没有发出来。他们跟我约稿,说:你也来谈一谈,你怎么回应李明辉吧?李明辉的学术背景,大致来讲,他是牟宗三先生的弟子,这是第一个特点。而且在牟宗三的弟子当中,他和林安梧很不同,林安梧在一定程度上对他的老师牟宗三先生有批评,想要超越,提出"后新儒学"什么的,而在牟门弟子当中,李明辉是属于护教的,这是第二个特点。我写那篇约稿文章的时候就说了:李明辉的文章,我以前从来没读过,但他这次对大陆新儒家的批评,我是比较赞同的。赞同什么呢?李明辉对于牟宗三先生的护教,我是不太感兴趣的;我比较赞同的,是李明辉在形下学的层面上对大陆新儒家的批评,我觉得是可取的。可取之处就在于——我最近连续发表的一些文章也谈了这种看法:虽然我自己也是大陆新儒家的一员,但是我跟他们很不同,大陆新儒家有一些非常危险的倾向,需要进行反省和批判。仅仅在形下学、政治哲学的层面上,李明辉的立场我是比较赞同的。恐怕向我约稿的人没想到我会这样来谈这个问题,他们可能本来是希望我把李明辉批一通。但他们可能很失望,我没批他。但这仅仅是在形下学的层面上讲的,就像我刚才讲的,最近这几年,越来越多的儒家内部的朋友说,我在今天的大陆新儒家里面是比较另类的。这是因为:今天的大陆新儒家,至少是其中的多数人,或多或少地倾向这样一种思潮,即儒家原教旨主义。我在一篇文章里引用过鲁迅先生的说法:"帮忙与帮闲"[②],实则是帮凶。我认为,当今的大陆新儒家,至少是其主流,就是"帮忙与帮闲"这样一种状态。我对此是极其不满的,所以我对他们有一些批评。我自己呢,大家认为我跟他们很不同,最近这几年越来越多的人说这件事,给我贴上一个标签"自由主义儒家",也就是说,是大陆新儒家中比较另类的,是捍卫自由主义立场的。我当时做了一个简单的解释,申明这个标签我是否能够接受,在什么意义上能够接受。

近十多年来,我一直在做一个工作,就是对从古至今的整个儒学进

[①] 李明辉:《我不认同"大陆新儒家"》,共识网:www. 21ccom. net/articles/thought/zhongxi/20150126119523_ all. html。

[②] 鲁迅:《帮忙文学与帮闲文学》,载《鲁迅全集》第七卷《集外集拾遗》,人民文学出版社1981年版。

行重新诠释，这就是所谓的"生活儒学"①，我把这看作儒学的现代理论形态的建构。我当时在那个会议上解释说，我所建构的"生活儒学"，涉及三大观念层级。就儒学本身来讲，它不仅是政治哲学层面上的问题，而是一个博大精深的思想系统。按我的划分，人类所有的思想观念，都可以分为三大观念层级；我们现在讨论的"自由主义"，只是其中的形下学层级的问题。但是儒学还有形上的层级；而且按照我的生活儒学的观念来讲，还有一个更加本源的层级。这是一种我自己非常重视的维度，就是对整个人类轴心期以来的基本观念模式的突破。这两千年来，古今中外的哲学（包括西方的哲学）有一个基本模式，就是"形上—形下"的架构。我们以一种形上学的建构，来为形下学的知识论、伦理学或政治哲学奠基，这是基本的观念架构。而生活儒学是要超越这一架构，提出一种更加本源的思想视域，于是就形成三个层级的观念架构。自由主义儒家或者儒家自由主义，仅仅属于这三大层级中的一个层级，也就是形下学这个层级；而且它还不是形下学层级的全部。一般来讲，形下学可以分为两大块：一块是关乎自然界的问题的，也就是知识论；另外一块则是关乎人类社会、人际关系、人伦问题的，就是广义的伦理学，我们现在谈论的自由主义就是属于这一块的问题，也就是生活儒学三大层级当中的形下学之中的一个方面而已。这就是刚刚董老师介绍的、我最近这几年来在做的一个基本工作，就是"中国正义论"的建构。②所谓中国正义论的建构，就是对儒家的形下学当中的伦理学这一块进行一种重建。这种重建，在中国正义论中也有一个独特的角度，就是关心人类群体生存的秩序建构，简单来讲，就是"制度伦理"问题。制度伦理问题也是这些年来的学界——包括西哲界、世界政治学界——很重要的新兴领域，是一个很重要的话题。所以，我也对我最近这几年建构的"中国正义论"从另外一个角度来命名，即"中国古典

---

① 关于生活儒学，参见黄玉顺《面向生活本身的儒学——黄玉顺"生活儒学"自选集》，四川大学出版社 2006 年版；《爱与思——生活儒学的观念》，四川大学出版社 2006 年版；《儒家思想与当代生活——"生活儒学"论集》，光明日报出版社 2009 年版；《儒学与生活——"生活儒学"论稿》，四川大学出版社 2009 年版；《生活儒学讲录》，安徽人民出版社 2012 年版。

② 关于"中国正义论"，参见黄玉顺《中国正义论的重建——儒家制度伦理学的当代阐释》，安徽人民出版社 2013 年版；《中国正义论的形成——周孔孟荀的制度伦理学传统》，东方出版社 2015 年版。

制度伦理学"。

中国正义论或中国古典制度伦理学，并不是直接面对当下的中国走向现代化或者走向现代性的问题，而是重新阐释儒学在形下层级上的一套原理，这套原理意在解释古今中外所有的群体生存秩序建构的问题，也就是形下的制度伦理问题。所以，它并不仅仅是现代政治哲学。实际上，最近两年别人之所以给我贴上标签，说我是"自由主义儒家"，是因为从去年开始，我进一步演绎，把"中国正义论"这个适用于古今中外的建构，应用于当下的中国，也就是正在发生现代性转型的中国，讨论其制度建构问题，这个时候才涉及了所谓"自由主义"问题。所以，回应大家给我贴的这么一个标签，我会说："如果仅仅在儒学的制度伦理学层面，而且是面对现代性问题的时候，你叫我'自由主义儒家'，我是承认的，但也仅此而已。"这是我首先要做的一个背景性的交代。

二

"自由主义"这个概念，是一个政治哲学的概念，是一个形下学的概念。我不知道你们平时读书、研究学问是不是"两耳不闻窗外事，一心只读圣贤书"这种状态。儒学本身是一门入世的学问，它是一种积极关注现实问题的学问。反正我自己做学问就是这样做的，哪怕你看我的文章写得很抽象、很学术化、很玄，但其实我脑子里的问题都是现实的问题。这就是孔子讲的"为己之学"，是切己的事情。对于我们中国来讲，现在处于一个很重要的历史时刻。从近代以来，中国人就面临一个基本的问题，就是"中国向何处去"的问题，一般把它概括为"中国问题"。这个问题一直到今天仍然是悬而未决的。最近这两天，我看到一些朋友发的消息，谈的问题是：中国当年加入 WTO 时，鉴于中国情况比较特殊，世贸组织给中国 15 年的缓冲期；这个缓冲期 7 月份就到期了，这可能会对中国现有秩序造成巨大的冲击，而大家可能还没意识到。这种冲击是，世贸组织所制定的那一套游戏规则，是基于西方现代性的秩序安排的，中国加入其中，是有一系列的承诺的，这些承诺原来说是缓冲一下，现在要到期了，中国就应该履行这些承诺。这些承诺不得了啊，可能会影响我们在座的每一位的日常生活，这还是小事；可能还会影响整个中国的经济、政治的问题，这是很大的问题。这是什么问题呢？就是说，整个"中国向何处去"的问题还是悬而未决的，中国未来到底会向哪个方向走，在经济、政治、文化等各个方面都应当引起我们的思考。整个的现代性的制度安排，这一形下学的问题，它在学理层面上的系统表达，就是自由主义。所以，我们今天的中国，不仅仅是儒学界，也不仅仅是哲学界、学术界、思想界，整个中国都面临着如何面对自由主义理念的问题，这密切关系到我们中国向何处去的问题。

最近两年，我对我们儒家内部的大陆新儒家有一些批评，就在于大陆新儒家的主流，或者说其中一些人，尽管我们都是朋友，但我也这样讲：你们这套东西，对中国很危险！你搞一套原教旨主义的东西，你想把中国带向哪里？只有两种可能性：一种是我们回到前现代的生活方式，也就是儒家原教旨主义。另外一种可能性就是：回到过去是不可能的，既然是回不去的，那就会有另一种导向，把中国导向一种更加危险的状态：作为现代性的怪胎的极权主义——totalitarianism。这就是大陆新儒家内部的一些人、我的一些朋友们在做的事情。我不知道你们看过阿伦特的《极权主义的起源》或者哈耶克的《通往奴役之路》没有？[1]这就是我刚才讲的"帮闲"与"帮凶"的问题。所以，在这个意义上，我会说：我宁愿选择一种自由主义的价值取向。当然，我刚才也讲了，我们这里谈论的仅仅是在儒学的形下学层面上的问题，而且仅仅是在面对现代性问题的这一领域时，我宁愿选择这一立场。否则，你想把中国带到哪里去？我们重新回到农耕社会去吗？但是，如果我说每一个中国人都不愿意接受，这就很难说。有一种说法：有的人是装睡着了，有的人是真睡着了。我发现，今天真睡着了的人还真多！当我们的民族主义情绪演变为民粹主义的时候，它就成了极权主义的社会基础。这是很严重的问题。这个话题我就不展开谈了。

---

[1] 阿伦特：《极权主义的起源》，林骧华译，生活·读书·新知三联书店2008年版；哈耶克：《通往奴役之路》（修订版），王明毅、冯兴元等译，中国社会科学出版社1997年版。

三

我今天讲"自由主义儒家何以可能",大家注意这个问题的问法,就是说:我没说自由主义儒家"是否可能"。"何以可能"意味着它已经是事实了,我们是在追问:为什么会这样?我问"何以可能"意味着:在一定意义上,我们已经承认,儒学在一定范围内,或者说在儒家某些人那里,已经与作为现代政治文明理念的自由主义接榫了。我举两个例子。现代新儒家里,有两个人是最典型的自由主义儒家,算是我们的前辈了。第一个是徐复观。徐复观这个人,他的一整套形上学的理论,我们暂且不论,但是我们可以肯定一点:在形下学、政治层面上,他是认同作为现代文明价值的自由主义的基本理念的。[①]我再举一个例子,是我当年在做博士论文的时候研究的对象:"科玄论战"的一个主角——张君劢。[②]张君劢是自由主义儒家的一个非常典型的代表。张君劢这个人,他在儒学形上学这个层面上的建构,一般叫作"新宋学",他跟西方哲学联系比较多的就是与德国生命哲学的对话;而在形下学、政治哲学层面上,他是一个典型的自由主义者,主张儒家宪政。到目前为止,有一部分学者认为,我们迄今最好的一部宪法就是"四六宪法",那就是张君劢主持制定的。如果让我来评定的话,尽管比较而言,它是迄今为止最好的宪法,但它其实还是很不足的。张君劢的自由主义,是倾向于新自由主义的。

自由主义经过三个阶段(我现在仅仅就西方的自由主义来讲):一个是古典自由主义,也就是启蒙时代的自由主义;接下来是新自由主义(New Liberalism);第三个阶段,现在学界很糊涂,也把它翻译成"新自由主义"。在英文里有两个"新",一个是"New",一个是"Neo"。我现在写文章,把"Neo-"这个翻译成"新古典自由主义"(Neo-Liberalism),以示区别,因为这两个阶段的自由主义的立场是迥然不同的。

[①] 徐复观还于1949年在香港创办了著名的自由主义刊物《民主评论》,并担任主编。
[②] 参见黄玉顺《超越知识与价值的紧张——"科学与玄学论战"的哲学问题》,四川人民出版社2002年版。

哈耶克就属于新古典自由主义，张君劢就属于新自由主义。新自由主义的正义论的代表，就是罗尔斯的正义论。①新自由主义认为，第一阶段的古典自由主义太过自由放任了，会造成一些问题，于是他们想加以矫正，他们强调政府干预，但是他们没有认识到，这恰恰可能违背自由主义的核心原则，因为自由主义在政治概念上的"自由"，就是"right"和"power"之间的界限，也就是公民个人的权利和政府、国家的公共权力之间的界限。另外，按照自由主义的基本理念，公共权力是由前者——公民的授权，而且其目的是保护前者。如果违背这一原则，就不再是现代自由主义的理念了。所以，哈耶克这样的自由主义者才会说：新自由主义会导致极权主义，包括斯大林那种"左"的极权主义和希特勒那种纳粹的极权主义。纳粹主义是直接从社会主义发展出来的，叫"国家社会主义"（Nationaler Sozialismus），纳粹党叫"国社党"，这是很危险的东西。

我们今天依然面临这样一个应该思考清楚的问题：中国向何处去的问题。现代新儒家，像徐复观、张君劢，还有很多人，甚至包括牟宗三，他们讲"内圣开出新外王"，"外王"就是民主与科学。"民主与科学"这个表达其实还是不准确的，"民主"是一种工具性的制度安排而已；其实是人权的问题，自由的问题。陈独秀当年发表《新青年》的发刊词，讲的就是"人权"问题。②自由主义儒家或者自由主义儒学，其实不是"是否"可能的问题，它已经是一种现实了，甚至已经成为一种历史事实了，是值得我们去研究的：自由主义儒家"何以"可能呢？一般人脑子里想到"儒家"或者"儒学"的时候，就会想到"君君、臣臣、父父、子子"那一套。按这种想法，那现代新儒家还算不算儒家呢？然而大家公认，他们确实就是儒家。所以，一般人脑子里的那个"儒学"，其实不是儒学的全部。

所以，下面我想着重讲两个方面，以回答我的题目"自由主义儒家何以可能"的问题：一个方面，我从中国历史的发展来讲，这是一个历史哲学的问题；另外一方面，我再讲儒家是怎样看待这种历史发展问题

---

① 罗尔斯：《正义论》，何怀宏等译，中国社会科学出版社1988年版。
② 陈独秀：《敬告青年》，原载《青年杂志》1915年9月15日创刊号。

的。我想说的是：我所讲的"儒学"，不是一般人脑子里的那种"儒学"。这也是我这些年在做的工作。

四

我先讲第一个大问题，我们反思中国的历史与现实。你们从教科书里面学到的看法：曾经是原始社会，后来发展到奴隶社会，之后是封建社会……这么一套历史框架，现在学界一般不这样谈问题了。举个例子来讲，我们的封建社会是在秦始皇之前，那才叫作"封建"；秦始皇之后就不是"封建"社会了。西方确实是这样的：他们在建构现代性国家之前的中世纪，那确实是封建状态，例如德国，德意志帝国建立之前就是封建状态。但这不是中国的情况。

我们应该怎么来认识中国社会？需要重新建立一套历史哲学。我有我自己的一套对于中国历史的解读，旁征博引，注重历史事实。简单来讲，中国的历史，除了有文献记载之前的那个更早的时期我们不清楚以外，我们能弄明白的历史，其实是三个历史阶段。其中第三个阶段，其实还没到来，我们正在努力；或者说我们是否在往这个方向走也还不知道，这就是所谓"中国向何处去"的问题。

夏、商、周的时代，我把它叫作"王权时代"。那是真正的"封建"时代。封建时代的标志是很多的，比如说生产资料的所有制，"溥天之下，莫非王土"[①]，那就是土地公有制。春秋战国时代有一个很重要的历史转型，就是土地私有化，出现了所谓的"地主"。从两千年前秦始皇建立秦朝，一直到中华人民共和国建立之前，土地是私有的，才有所谓的地主和农民的阶级斗争。我们现在到底是公有制、还是私有制呢？这是一个比较复杂的问题。我们曾经搞过大而全的公有制，结果事实证明是失败的。于是我们修修补补地引进了部分的私有制、部分的市场化，现在叫作"混合经济"。混合经济走到今天，我们的GDP不断下

[①] 出自《诗经·小雅·谷风之什·北山》，见《十三经注疏·毛诗正义》，中华书局1980年版。

降，从14%降到7%，还不一定保得住，于是我们走到了改革的十字路口，下一步怎么办还不知道。这个问题另论。

从秦始皇一直到明清时期，我把它叫作"皇权时代"。这是专制主义的时代，就是中华帝国。我们作为中国人，其实最值得骄傲的，反倒是我们作为帝国的臣民的时候，那才是最强大、最文明、最繁荣的国度。至于中华帝国的历史内部怎么划分，今天可能没机会谈这个问题了，我有一篇文章谈过这个问题。①

接下来是"民权时代"。民权时代在哪里？我们还不知道。但是我本人相信，这是我们的"走向未来"。

这三大时代中间，有两个转型时期。第一个转型时期，我们知道，是中国第一次社会大转型，那就是春秋战国时期；伴随着这次转型的，就是中国第一次观念大转型，才出现了"诸子百家""百家争鸣"，这就是中国的"轴心期"。现在你我身处其中的，是第二次社会大转型，有人把它叫作"新轴心期"。我们现在是新一轮的百家争鸣，这已经有一两百年了，还是没有一个结果，但总归会有一个结果的。

那么，社会转型是如何发生的？我简单讲一下我的基本的历史哲学的观念：人类的社会生活方式的转型，导致了社会形态的转型；社会形态的转型，导致了社会主体的转型；社会主体的转型，导致了整个制度安排的转型。

我们的第一个时代——王权时代，它的制度安排是宗法制度。你们读过"四书"之一的《大学》吧？《大学》的逻辑看起来是很奇怪的：修身—齐家—治国—平天下。这个逻辑就是说：要把天下搞定，首先得把国家治理好；要国家治理好，首先得把家治好；家搞得好不好，取决于你这个人的修养怎么样。反过来也是一样的：你把人做好了，就能把家搞好；家搞好了，国家就能搞好；国家搞好了，天下就搞定了。我最近做了一个报告，专门讲这个问题：《大学》这个逻辑在今天还成立吗？在什么意义上不能成立，又在什么意义上可以成立？比如我，黄玉顺这个人，我把修身搞好，这我可以经过努力做到；然后我的家就能治

---

① 参见黄玉顺《论"重写儒学史"与"儒学现代化版本"问题》，《现代哲学》2015年第3期。

好了吗？好像还可以。我把家治好了，就能把中国搞好了吗？我就是总理恐怕也搞不好。我把中国治理好了，世界就搞定了吗？我就是联合国秘书长恐怕也搞不好。所以就有一个问题：《大学》这个逻辑是如何能够成立的？

其实很简单，你看看西周嘛，就是所谓的"家国天下同构"。天下就是他们姓姬的大宗族的血缘系统，就是一个宗法大家庭。所谓"治国"是"平天下"的前提，这个"国"首先是周国，天下之大宗，然后是其他诸侯国，但都是姬姓王族，其实就是他们姬姓的宗族大家庭。所以《大学》这个逻辑在当时是成立的。①

但到了春秋战国时代，这个宗族制的系统被打破了，因为生活方式变了，所以整个礼法制度也要变；变的方向，就是通过春秋战国的兼并战争而走向政治大一统。你不去争，就只能被别人灭掉。为什么从儒家内部发展出了荀子，又从荀子发展出了"专制制度的总设计师"韩非子？这是有历史逻辑在其中的：我们走向中华帝国的时代。原来的王权时代，社会主体是宗族；到了秦汉以后，帝国时代的社会主体是家族。秦汉以来的两千多年，并不是阶级斗争的历史，而是各大家族斗争的历史。

不论宗族还是家族，前现代社会的主体是没有个体性的。西方其实也是这样的。家族的荣誉高于一切；每一个人，作为一个个体，是不能够独立存在的，是没有独立价值的；每一个人都随时准备为家族的荣誉而牺牲自己，例如家族复仇。罗密欧与朱丽叶的故事说明了什么？就是前现代性和现代性的冲突，家族主体性和个体主体性的冲突；两个时代的不同主体性之间的冲突，形成了伦理上的严重冲突。

我们今天正在进行第二次社会大转型，社会主体也在发生转变。这个逻辑也是非常简单的：现代化必然伴随着城市化，城市化必然伴随着市民生活方式，市民生活方式必然伴随着市民社会的产生和市民观念的出现。所谓"走向现代性"，最简单的现象，比如说，你们大家毕业以后，是不是能够买得起房子？这就是现代化伴随的城市化问题，也就是

---

① 至于《大学》"修齐治平"逻辑在皇权时代和民权时代能否成立，那是另须专门讨论的课题。

现代性的生活方式的问题。

这个过程，不论在西方还是在中国，都发生得很早。在西方，文艺复兴是在商业最发达的城市社会佛罗伦萨。在中国，这个过程也早就发生了，我把它叫作"内生现代性"。很多人以为现代化是西方强加给我们的，这就大错特错了，因为这不能解释：为什么西方列强还没有侵入中国之前，中国儒家内部就发生了像黄宗羲那样的对君主专制的批判，就发生了像戴震那样的对"以理杀人"的批判？这是儒家内部的事情，与西方的侵入毫无关系。那是因为当时中国城市的发达、市民生活方式的出现。比如晚明社会的城市，要比佛罗伦萨发达多了。现在有统计研究，当时全世界最繁荣的城市都在中国。所以，这个逻辑是非常简单的：现代化伴随着城市化，城市化伴随着市民生活方式，伴随着市民的观念。

这就是自由主义儒家的生活渊源和社会基础。所以，我 2014 年办了一个会议，主题就是"重写儒学史"。①现在写的儒学史，完全遮蔽了这些东西，完全遮蔽了生活，完全是在进行概念游戏，所书写的是假的历史，是哲学家在那儿拍脑袋想出来的东西。所谓"宋明理学"以来，真正的儒学史是中国的内生现代性导致的儒学史。儒学的自我转换早就开始了，只是后来不断地被外族的入侵所打断。三次大的外族入侵——元代、清代和近现代的，不断地打断这个过程。这就是李泽厚所讲的"救亡压倒启蒙"，结果是内生现代性的观念转型不能自我完成。这是我们认识中国历史的一个基本的框架。

现代性的生活方式所产生的是个体性的观念，就是 individualism——个体主义。这也反映在文学作品中。比如冯梦龙的"三言""二拍"②，就相当于莎士比亚的作品，都是那个时代的现代性观念的建构。举例来说，那里面有很多爱情故事，那么，什么是"爱情？"爱情是两个独立自主的、单子性的个体之间的事情。前现代的家族社会、宗

---

① 儒学前沿问题高端论坛 2014："重写儒学史"与"儒学现代化版本"问题学术研讨会（山东大学 2014 年 12 月 13 日—14 日）。参见许嘉璐主编《重写儒学史——"儒学现代化版本"问题》，人民出版社 2015 年版。

② "三言""二拍"：明代传奇短篇小说集及拟话本集。"三言"指冯梦龙所编的《喻世明言》《警世通言》和《醒世恒言》；"二拍"指凌濛初所编的《初刻拍案惊奇》和《二刻拍案惊奇》。冯梦龙、凌濛初：《三言二拍》，中国戏剧出版社 2008 年版。

族社会是没有"爱情"观念的，不可能有，因为那时候还没有这样的个体性。冯梦龙还有一本《情史》，里面专门有一编《情外类》是讲同性恋的，但不完全是现代意义上的爱情和同性恋，而有前现代的情况。①我这是举例来说明，现代性的个体主体性，最突出的一种表现，是在爱情、婚姻、家庭这些问题上。

总之，前现代社会，在王权时代，宗族家庭是社会主体；在帝国时代，社会主体是家族家庭；而现代社会的社会主体并不是现代的核心家庭，而是个体。

以上就是我讲的第一个大问题：自由主义儒家的历史背景和现实基础。

五

我现在讲第二个大问题：以上这些历史和现实情况，怎么可以和儒学联系起来呢？

我首先讲一下最近余英时讲的"死亡之吻"的问题。关于余英时这个人，以前我在川大教书的时候，我跟我的学生讲：我从来不读余英时的书。结果他们也就不读。但后来我发现这是不完全对的。余英时的书，是汉学（sinology）的思维方式，是东方主义（orientalism）的东西，在这个意义上，我说不读他的书还是对的。但是余英时还有一个很著名的说法：今天的儒家成了一个"游魂"②。意思是说：儒学是一种精神状态——"魂"，它原来在前现代社会，从汉武帝开始，是依附于帝国的制度的，就像干春松讲的"儒家的制度化""制度的儒家化"③；但是，中国社会现代转型以后，那一套制度性的东西，包括家族制度、皇权制度，全被推翻了，儒学就成了"游魂"，就是"魂不附体"了。"游魂"毕竟灵魂还没有死，可以重新投胎啊。最近余英时批评大陆新儒家，说他们把自己搞得"魂"都没了：与政治权力结合，是"死亡

---

① 冯梦龙编：《情史》，春风文艺出版社1986年版。
② 余英时：《现代儒学的困境》，载《现代儒学论》，上海人民出版社1998年版。
③ 干春松：《制度儒学》，上海人民出版社2006年版，第3—4页。

之吻"。余英时这个说法当然有一定的道理，但他并不真正理解儒家。

儒学关心的是"礼"的问题。什么叫"礼"？你们读"十三经"的《周礼》，它是对整个中国这个群体、这个社会共同体（community）的一整套制度建构、制度伦理，我把它叫作"社会规范建构及其制度安排"。人类群体生活是需要秩序的，于是就要制定一套规范，这些规范有的可以是制度化的。《周礼》就是做这件事的。[①] 中国传统话语里的"礼"，最广义、最基本的含义就是这个意思：举凡人类群体生活的一套社会规范建构及其制度安排，就叫作"礼"。我们平常讲的"礼"只是指的"礼仪"，这也没错，但礼仪其实是表面的，礼仪是"礼制"即制度的形式化体现。礼仪体现的是一种人际关系，例如谁应该站哪儿、谁应该坐哪儿、谁应该先发言等等，体现的是一套社会关系。礼制又是"礼义"的体现，这个问题，我待会儿再说。我这里再强调一下第一层意思：所谓"礼"就是整个一套社会规范建构及其制度安排，即群体生存秩序。这是儒家真正关注的东西。

但是，"礼"我们可以从两个方面来看。一方面，我们可以说，只要是群体性的生活，就一定有社会规范、社会制度，否则就是乌合之众。在这个意义上，人类永远需要礼，"礼"是一个永恒的范畴。所以孔子强调"不学礼，无以立"，"克己复礼"[②]。通俗地讲，一个人在一个群体里生活，不遵守"游戏规则"是不行的，是立不住脚的。但是，一般人就这么理解孔子讲的"礼"，其实是片面的。大家试想一下，是不是所有的规范、制度、规则都要遵守？当然不是。比如不合理的聘用合同。

我这几年研究正义论，区分了两个"正义"概念。一个"正义"概念是说的"行为正义"，就是我刚才讲的孔子所说的"礼"的第一层含义，也就是说，我们判断一个人的行为是否正义，就是看他是否遵守现行的、既有的社会规范，不符合规范的行为就是不正当的行为。但是，行为正义问题并不是正义论研究的问题。正义论研究的是另外一个"正义"概念——"制度正义"。我们之所以要遵守一套社会规范及其

[①] 参见黄玉顺《"周礼"现代价值究竟何在——〈周礼〉社会正义观念诠释》，《学术界》2011年第6期。

[②] 见《论语》之《季氏》《颜渊》。

制度，是因为我们认同它是正当的、适宜的；否则，我们就不应该遵守它。不难发现，人类社会发展的历史，就是社会规范及其制度不断变革的历史。改革开放三十多年，也是社会规范及其制度不断变革的过程。刚才我讲，在王权时代，我们有一套宗法制度。我有一次做报告，我问女同学：周礼有一条制度规范"诸侯一娶九女"，你们答不答应？这是当时的一种社会规范，是王权时代的一种制度安排。帝国时代又是另外一套。你看"汉承秦制"，一直到汉武帝采纳董仲舒的意见"罢黜百家，独尊儒术"，董仲舒的那套思想是和"周礼"根本不同的，是专制帝国的一套制度安排。最后完成这套制度安排的是什么呢？是《白虎通义》，具体提出"三纲"——这是帝国时代的核心制度。这与"三代"——夏商周时代是不同的。三代是贵族的集体领导，非常像柏拉图的 republic——理想国，不是强调"乾纲独断"，而是"实君共和"。强调独断的是秦汉以后的专制大一统。这样一套制度建构，在什么意义上是正当的、适宜的呢？这是可以充分论证的，我在这里就不展开了。而到了辛亥革命甚至辛亥革命之前，又发生了这样的事情：我们认为这套制度已经不正当、不适宜了，它失去了正义性。于是我们开始探索，探索了多种制度。

我刚才讲，有两个"正义"概念。一个是说的一个人的行为是否符合现存的制度规范，这是"行为正义"问题。这不是正义论研究的问题。正义论研究的是"制度正义"的问题：这套制度规范本身是否正义、是否正当、是否适宜。这就是孔子讲的"礼"的另一层意思。孔子讲，夏、商、周三代之间的礼是不同的："殷因于夏礼，所损益可知也；周因于殷礼，所损益可知也；其或继周者，虽百代可知也。"[1]我把孔子这个思想概括为"礼有损益"，就是说，社会规范及其制度是会改变的，而且在某些时候是必须改变的。礼是随社会生活方式的转换而转变的。所以，孔子绝不是一个保守主义者，他恰恰是一个革命者。

那么，接下来的问题是：如果生活方式、社会形态发生了转换，制度安排也要重新建构，那么，这种建构的价值尺度是什么？那就是我讲的中国正义论的"正义原则"，也就是孟子讲的"仁义礼智"中的

---

[1] 《论语·为政》。

"义"。简单来讲，我们之所以要选择如此这般的一套社会规范及其制度，是因为我们认为它是正义的、正当的、适宜的。关于正义原则，还可以更详尽地分析，如果你们有兴趣，可以看我关于正义论的基本原理的系列文章。

今天，中国社会面临着向现代性的转型。所谓现代性，根本上就是现代生活方式。在现代生活方式下，作为社会基础，社会主体不再是宗族家庭，也不再是家族家庭，甚至也不是今天的核心家庭，而是个体。这个时代，就是个体的时代。所以，我们今天的法律在各个方面，比如夫妻之间，都规定了各自独立自主的权利，包括政治权利。古希腊、古罗马就有民主制度，但那不是今天的民主制度，而是一个家族一票，是由家长代理的。今天不是这样的。一个核心家庭，有父母和孩子，孩子未成年的话，就是父母一人一票，丈夫投给奥巴马，妻子可以投给小布什，双方都是独立自主的个体。经济上也是这样，各自在不同的单位，领取独立的工资；而且婚前、婚后的财产都分得很清楚。如果孩子成年了，他或她也是这样的一个独立自主的个体。这就是现代性的生活方式的基本特点。所以，今天的一些儒者试图重建"家庭伦理本位"，其实是逆历史潮流而动的，而且是危险的。

那么，在政治哲学上，这一套东西的核心理念就是：自由。自由是现代社会的独立个体的权利，就是 human rights。自由的第一个要点就在于：它是基于个体性的。如果有人告诉你，民族解放是一种自由，你不要被他忽悠，这是"自由"概念的滥用，这不是自由问题，政治自由所讲的"自由"不是这个概念。自由的要领是：整个社会的规范建构及其制度安排，其目的就是维护 human rights。现代政治哲学的"自由"，最核心的理念是：公民个体的权利免于政府的侵害；政府的目的就是保护公民个体的权利。我们之所以建立国家、选举政府，是为了维护我们的权利；因此，如果这个国家政府违背了这种权利，那就意味着改选，按照孟子的说法，那就是"变置"①。

因此，作为儒者，根据我刚才讲的儒学的原理，那么，你生活在一个现代性的社会中，你的政治选择是什么？在一篇文章的最后，我说了

---

① 《孟子·尽心下》。

一句话："如果孔子生在今天，他一定是一个自由主义者。"这就是我的基本判断。

孔子怎样解构道德
——儒家道德哲学纲要*

古有"以理杀人"①，今则有"以道德杀人"。并不是说社会不应该有道德，而是说必须追问：究竟应当有怎样的道德？以"道德"杀人者，其所谓"道德"云云，实为人性之桎梏，自由之枷锁，而非现代人应有的道德。尤可叹者，以"道德"杀人者往往还打着"孔子"的旗号。故有必要正本清源：何谓"道德"？孔子究竟如何看待道德？

读者一看到本文标题"孔子解构道德"，或许会感到诧异：怎么会！孔子难道不是主张道德至上的吗？这不是儒学常识吗？本文正是要矫正这种"常识"，还原儒家道德哲学的真相，以揭穿"以道德杀人"的本质。而所谓"解构"（deconstruction）并非彻底否定，而是破除迷信，理解其"何以可能"，以便还原、重建。这是当代哲学"解构"一词的本义。简言之，一个社会的道德体系，源于这个社会形态的基本生活方式；因此，当基本生活方式发生时代转换之际，这个道德体系就面临着"解构→还原→重建"的问题。

一 儒家"道德"的语义分析

现代汉语"道德"这个词，或其简化用法"德"，诸如德性、德行、有德、无德、德才兼备、以德治国、德治等，使用频率极高，方方

---

* 原载《学术界》2015 年第 11 期。
① 戴震：《与某书》，《孟子字义疏证》，中华书局 1982 年版。

面面的人都喜欢拿它说事，用以标榜自我，臧否人物。然而首先必须指明：这是现代汉语的"道德"概念，它所对应的西语就是"morality"或"moral"。这也是本文要讨论的"道德"概念。

人们正是在这样的语义下讨论儒家的"道德"观念。例如牟宗三的现代新儒家哲学，即"道德底形上学"（metaphysic of morals）与"道德的形上学"（moral metaphysics），就是这种"道德"概念的一种典型。①然而，这样的"道德"与古代儒家所说的"道德"或"道—德"并不是一回事，正如韩愈所说："其所谓'道'，非吾所谓'道'也；其所谓'德'，非吾所谓'德'也。"②人们之所以误解孔子和儒家的道德观念，一个重要原因就是将现代汉语的"道德"和孔子及儒家所说的"道德"混为一谈。

说到汉语"道德"二字的最初连用，很容易想到《道德经》，即《老子》。然而《老子》称《道德经》始于汉代，该书正文亦无"道德"连用之例。③在道家文本中，"道德"连用最初见于《庄子》，其内涵也绝不是现代汉语的"道德"概念，毋宁是对道德的否定。至于儒家文献中"道德"连用的例证，则最早出现于《荀子》文本中。例如：

> 君子言有坛宇，行有防表，道有一隆。言道德（杨倞注：此处"道德"乃"政治"之讹）之求，不下于安存；言志意之求，不下于上；言道德之求，不二后王。道过三代谓之荡，法二后王谓之不雅。④

这里有几点是值得注意的：

（1）"道德"显然不是一个单词，而是"道"与"德"两个词的短语。其上下文"道有一隆""道过三代"皆单称"道"，可以为证。这其实是中国古代哲学通行的"道→德"架构，即"形上→形下"的

---

① 牟宗三：《心体与性体》，引自《道德理想主义的重建——牟宗三新儒学论著辑要》，郑家栋编，中国广播电视出版社1992年版，第229页。
② 韩愈：《原道》，见《韩昌黎文集校注》，马其昶校注，上海古籍出版社1986年版。
③ 《老子》，王弼本，《王弼集校释》，楼宇烈校释，中华书局1980年版。
④ 《荀子·儒效》，王先谦《荀子集解》，《新编诸子集成》本，中华书局1988年版。

架构。其中唯有"德"略相当于现代汉语的"道德",即指道德规范或社会伦理规范;而"道",尽管荀子哲学的形而上学色彩不浓,但仍然是比"德"更具形上意义的范畴,即属"形上→形下"的架构。

(2) 此处"德"显然指"法",故"道德之求,不二后王"与下文"道过三代""法二后王"相对应,即"德"与"法"相对应。此"法"或"德"就是上文的"言有坛宇,行有防表",即言行的规范。王念孙注:"'言有坛宇'犹曰'言有界域'。"杨倞注:"'行有防表'谓有标准也。""界域""标准"都是说的言行的准则,即"修身、正行、积礼义、尊道德"①的伦理规范。此处的"道德"即"道→德",而其落脚点在"德",即"修身正行"的行为规范。由此可见,荀子的"道德"这个短语,有时是说的"道→德"观念架构;有时的重心则在"德",即是与现代汉语"道德"一致的概念。

在儒家话语中,这种行为规范属于广义的"礼"范畴,即荀子常称的"礼法"。区别在于:"礼法"或"礼"是外在的社会规范,而"德"则是对这种规范的内在认同。所以,"法""礼"或"礼法"与"德"的关系,其实就是现代汉语"伦理"(ethic)与"道德"(morality)的关系,即伦理是外在的社会规范,道德则是对这种规范的内在认同。

(3) 荀子主张,道德规范的建构应当"不二后王",即他常讲的"法后王";杨倞注称,这是注重"当时之所切宜施行之事"。这就涉及荀子"道→德"理论体系的整体了。

荀子时而讲"法后王",时而讲"法先王",似乎自相矛盾,其实不然:凡讲"法后王",都只是从"德"或"礼法"层面来讲的,是讲的"当时所宜施行之事",即是当时社会应有的规范建构,荀子当时所面对的是从王权封建社会向皇权专制社会的转型;凡讲"法先王",则是从"道"或"道→德"的层面来讲的,即是从原理上来讲的。荀子所谓"道",是指的儒家伦理学的一整套原理:"道者,非天之道,非地之道,人之所以道也,君子之所道也。"②这套原理是"仁→利→义→

---

① 《荀子·议兵》。
② 《荀子·儒效》。

礼"的理论体系,即他在追溯性表达"礼乐则修,分义则明,举错则时,爱利则形……夫是之谓道德之威"①之中所说的"道德"。② "德"或"礼法"与这套原理"道"或"道→德"之间的关系,犹如《庄子》所说的"迹"与"所以迹"的关系。③

总之,"德"大致对应现代汉语的"道德"(morality),是指的对社会规范的内在认同;而其前提是社会规范的存在,即所谓"伦理"(ethic)。于是,我们可以给现代汉语的"道德"下一个定义:所谓道德,就是遵行并认同既有的伦理或社会规范。显然,仅仅遵守规则是不够的,因为他或她可能心里并不认同这些规范,而只是害怕遭到谴责或惩罚才遵行之,即孔子讲的"免而无耻"④。所以,道德往往需要通过教化或说教来进行灌输,使人认同;而将道德形而上学化就是教化或说教的一种传统方式。

这就表明,"道德"是一个形而下的概念。古今中外不少哲学家、宗教家力图寻求道德在人性论、本体论上的形而上学根据;但无论如何,道德本身并不是形而上的东西,而只是形而下的东西。撇开那些玄之又玄的理论,生活实情是很简单明了的:如何判断一个人是不是"道德"的?就看这个人是不是遵行并认同既有的社会规范。如此而已。

二 孔子"德"的道德含义

荀子的"德"概念大致与孔子一致,即"德"是一个形而下的概念,是指的对社会规范的认同与遵行。孔子的"德"概念尽管并不完全是今天的"道德"概念(详下),但仍不是形而上学的概念。然而,孔子之后,思孟学派以来,尤其是在宋明理学那里,"德"被形而上学化,形成了"德性→德目"的模式,即"形上→形下"的模式。所谓

---

① 《荀子·强国》。
② 参见黄玉顺《荀子的社会正义理论》,《社会科学研究》2012年第3期;《中国社会科学文摘》2012年第8期转载。
③ 《庄子·天运》,王先谦《庄子集解》,《诸子集成》本,中华书局1957年版。
④ 《论语·为政》,《十三经注疏·论语注疏》,中华书局1980年影印本。

"德性"是说的至善的人性，它既是相对的主体性，即人的先天的或先验的本性；又是绝对的主体性，即宇宙的本体、形而上者。这种本性是从"天"那里"得"来的，即《中庸》所谓"天命之谓性"①，故称"德性"（德者得也：acquirement）。而所谓"德目"则是说的道德条目，即社会规范的具体条款，它们是德性在形而下的层级上的具体体现。这种"德性→德目"的架构也是典型的"形上→形下"模式，但未必是孔子的思想。

（一）"德性"的解构："习与性成"

众所周知，孔子并无形而上学的"德性"概念。在孔子那里，"德"与"性"是分别使用的。而且孔子极少谈"性"，所以子贡感叹："夫子之言性与天道，不可得而闻也。"②并不是说孔子、儒家不讲人性，而是说不同的儒家学派对人性有颇为不同的看法；许多看法未必切合孔子的思想。

据《论语》载，孔子谈"性"只有一例："性相近也，习相远也。"③是将"性"与"习"联系起来。但后儒对这种联系的理解却大相径庭。例如，孟子认为，"性"是先天的善的本性，而"习"可能正是对这种"性"的背离；而荀子则相反，认为"性"是先天的恶的本性，而"习"则是对这种"性"的人为矫正，即"伪"④。两种看法都将"性"与"习"对立起来；而王船山则认为"性"与"习"是一致的。如果我们不承认先验论或先天论，那么，王船山的人性论可能更切合于孔子的原意。他通过解释《尚书·太甲》的命题"习与性成"⑤，指出"性"乃"日生而日成之"⑥，即"性"是在日常生活中生成而变化的。

按王船山的理解，那么，孔子所说的"性近习远"是说：人们的"天性"固然本来是差不多的（孟子也有这种观念，如《尽心上》所说

---

① 《礼记》，《十三经注疏·礼记正义》，中华书局1980年影印本。
② 《论语·公冶长》。
③ 《论语·阳货》。
④ 《荀子·性恶》。
⑤ 《尚书》，《十三经注疏·尚书正义》，中华书局1980年影印本。
⑥ 王夫之：《尚书引义·太甲二》，中华书局1976年版。

的"形色，天性也")①；但人们在生活中养成的"习性"却存在着巨大差异。显然，这里的"人性"概念涵盖了天性和习性，所以，人性并不是一成不变的，而是在生活中"日生日成"的。据此，孔子"性近习远"那句话可译为："人性本来大致一样；但人性亦随生活习俗之不同而相去甚远。"

这就涉及"德"，即"得"（acquirement）的问题了。"德"与"得"是同源词，"德性"是说的这个问题："性"是从哪儿"得"来的？这至少有两种解释：其一，按王船山的解释，人性得自生活习俗。这也正如许慎的说法："得：行有所得也。"②其二，按心学的先验解释，"德性"得自"天道"。

表面看来，后者似乎更符合孔子的观点，因为孔子说"天生德于予"③，明确指出了"德"是"天生"的。然而问题在于："天"是什么意思？汉语的"天"实在是一个含义异常丰富的词语，无法给出一个定义。如果一定要找到这些复杂含义之间的一个共同点，那恐怕就是《庄子·天地》所说的"无为为之之谓天"。所谓"无为为之"，就是自然而然。据此，生而有之的天性固然是自然而然的"天"，然而在生活中养成的习性同样是自然而然的"天"。

孔子一如其常，没有给"天"下一个简单化的定义。他关于"天"的一些说法给人一种印象，似乎"天"是有人格意志的东西。其实不然，孔子说："天何言哉？四时行焉，百物生焉，天何言哉！"④这显然正是"无为为之"的意思：四时行，百物生，一切都是如此地自然而然、不假安排。

所以，显然不能将孔子所说的"天生德于予"简单化地理解为后儒那种先天的或先验的所谓"德性"。如果一定要用"德"来讲"性"，那么，下文将会说明：孔子之所谓"德"，乃是"得"之于"行"，即生活中的践行，也就是"习"，亦即"德行"的概念。《论语》开篇就讲"学而时习之"，绝非偶然："德"或"性"在"时习"

---

① 《孟子》，《十三经注疏·孟子注疏》，中华书局1980年影印本。
② 许慎：《说文解字·彳部》（大徐本），（宋）徐铉等校定，中华书局1963年版。
③ 《论语·述而》。
④ 《论语·阳货》。

之中"习相远"。

那么，孔子所说的"德"到底具有怎样的内涵？

（二）孔子之"德"的道德含义："知礼—好礼"

孔子常提到"德"，仍然没有什么定义，甚至很少有那种带有一定解释性的论述。这是因为：在他与人的对话中，对话双方关于"德"的含义已有共同的语义预设（semantic presupposition）①，即知道对方在谈什么问题，无须解释。我们这里选择孔子关于"德"的那种多多少少隐含着某种解释性的言论，加以分析。

1. "德"并不是"德性"概念

孔子说过："中庸之为德也，其至矣乎！"②这里谈到"中庸"是一种"德"，容易误解。因此，必须明确：绝不能将孔子所讲的"中庸"等同于《礼记·中庸》所谓的"中庸"。（1）后者是形而上学化的"中庸之道"，即一种"道"；而孔子讲的是"中庸之德"，即一种"德"。（2）后者所谓"中"即其开篇所说的"天命之谓性"，亦即上文已讨论过的形而上学的"德性"观念；而孔子所说的"中庸之德"作为道德概念，显然只是将"中庸"视为一条"德目"，即注疏所说的："中，谓中和；庸，常也。……言中和可常行之德也。"

2. "德"是形下概念

孔子曾说："志于道，据于德；依于仁，游于艺。"③这里的"志于道，据于德"，显然正是上文谈过的"道→德"的观念架构。这就是说，"德"并不是一个形而上的范畴，而是一个形而下的概念。注疏的解释虽有太多的过度诠释，但有的说法还是可取的，例如："在心为德，施之为行。""施之为行"意味着"德"关乎行为规范；"在心为德"是说"德"是心中对行为规范的内在认同。

3. 道德之"德"

孔子所说的"德"到底是什么意思？

---

① 参见 Bussmann、Yule《预设的概念》，黄玉顺译，载《儒教问题研究》，人民出版社 2012 年版。
② 《论语·雍也》。
③ 《论语·述而》。

子曰："道（导）之以政，齐之以刑，民免而无耻；道（导）之以德，齐之以礼，有耻且格。"①

邢昺疏云："德，谓道德；格，正也。言君上化民，必以道德；民或未从化，则制礼以齐整，使民知有礼则安，失礼则耻。"这里的"道德"显然不是"道→德"，而是对孔子所讲的"德"的解释，也就是"德"。"格"之为"正"，是对行为的匡正，显然是指的行为规范，这是"齐之以礼"的事情，即是建构社会规范的问题。

孔子将"德"与"政"相对而言，而与"礼"相提并论。"政"指治理，是对臣民而言，对于国君来说则是外在的；而"德"对于国君来说却是内在的。"德"是内在的，而"礼"（社会规范）是外在的，这正是上文讲过的：道德是对外在社会规范的内在认同。这就表明：孔子所讲的"德"大致就是现代汉语"道德"的含义。

4. 道德即"知礼"且"好礼"

孔子所说的"德"尽管与"礼"在同一层面上，即都是形而下的概念，但"德"并不就是"礼"。上文说过，"礼"是外在的社会规范，而"德"是对社会规范的内在认同；这两者正好对应于孔子所讲的"知礼"而且"好礼"。

"知礼"是说的遵行外在的社会规范：

子入太庙，每事问。或曰："孰谓邹人之子知礼乎？入太庙，每事问。"子闻之，曰："是礼也。"②

或曰："……然则管仲知礼乎？"曰："邦君树塞门，管氏亦树塞门；邦君为两君之好，有反坫，管氏亦有反坫。管氏而知礼，孰不知礼！"③

---

① 《论语·为政》。
② 《论语·八佾》。
③ 同上。

不知礼，无以立也。①

"好礼"是说的对于社会规范不仅遵行，而且发自内心地认同：

子贡问曰："贫而无谄，富而无骄，何如？"子曰："可也。未若贫而乐道、富而好礼者也。"②

子曰："……上好礼，则民莫敢不敬……"③

子曰："上好礼，则民易使也。"④

这样的"好礼"，当然也就意味着"好德"，所以，孔子曾感叹道："已矣乎！吾未见好德如好色者也。"⑤

5. 所谓"德目"

后世所谓"德目"，即道德条目，也就是社会规范的条款，即"礼"的具体内容。要注意的是，《论语》中所谓"目"不是这个意思："颜渊问仁。子曰：'克己复礼为仁。……'颜渊曰：'请问其目。'子曰：'非礼勿视，非礼勿听，非礼勿言，非礼勿动。'"⑥颜渊所问的"目"并不是指的道德条目。道德条目是指的社会规范的具体条款，那是非常多的。例如：

子曰："居处恭，执事敬，与人忠，虽之夷狄，不可弃也。"⑦

子张问仁于孔子。孔子曰："能行五者于天下，为仁矣。"请问之。曰："恭、宽、信、敏、惠。恭则不侮，宽则得众，信则人任

---

① 《论语·尧曰》。
② 《论语·学而》。
③ 《论语·子路》。
④ 《论语·宪问》。
⑤ 《论语·卫灵公》。
⑥ 《论语·颜渊》。
⑦ 《论语·子路》。

焉，敏则有功，惠则足以使人。"①

子贡曰："夫子温、良、恭、俭、让以得之。"②

这里提及的恭、敬、忠、宽、信、敏、惠、温、良、让等，均属社会规范的"德目"。须注意的是：这些道德条目绝不能与"仁、义、礼、智"混为一谈，它们并不在一个层面上。"礼"涵盖所有这些道德规范；而"仁""义""智"既然不属于"礼"，显然也就不是道德条目。人们常将"仁义礼智"视为道德，例如朱熹所谓"四德"③，大谬不然。实际上，"仁、义、礼、智"并不属于"德"的范畴，而是上文讨论过的"道→德"范畴，亦即儒家伦理学的一整套原理。如果暂时撇开"智"的问题，则其关系如下表：

道				
仁 （仁爱精神）	义 （正义原则）	礼 （社会规范）		
^	^	恭、敬、忠、宽、信、敏、惠、温、良、让…… （外在规范）		德 （道德） （内在认同）

这就是说，"道"是统摄一切的，其原理的核心结构就是"仁→义→礼"；而"德"，亦即现代汉语的"道德"，只是说的对"礼"即社会规范的内在认同。

三 道德的解构

既然道德（morality）是对社会规范的认同，那么，社会规范就是

---

① 《论语·阳货》。
② 《论语·学而》。
③ 朱熹：《周易本义·乾文言传》，上海古籍出版社1987年版。

道德的前提。社会规范（social norms）也称"行为规范"，就是一个共同体中的人们共同遵行的一套行为规则，犹如今天常说的"游戏规则"。这套规范，其实就是所谓"伦理"（ethics）。人们常说"伦理道德"，却从来没有把"伦理"与"道德"的关系讲清楚。其实，所谓伦理，就是关于人际关系的一套行为规范，儒家谓之"礼"；而所谓道德，则是对这套社会规范的认同与遵行，儒家谓之"德"。因此，对"礼"——社会规范的解构，也就意味着对"德"——道德的解构。那么，孔子究竟怎样解构社会规范，从而解构道德？

（一）道德并非先验之物："德行"概念

首先，正如上文所指出的，孔子并不认为道德是先验的东西。《论语》记载：

> 德行：颜渊、闵子骞、冉伯牛、仲弓；言语：宰我、子贡；政事：冉有、季路；文学：子游、子夏。①

作为"孔门四科"之一的"德行"，将"德"与"行"联系起来，正是上文谈过的道理："德"乃"行有所得"，也就是说，道德乃是在生活实践中养成的，而不是什么先验的或先天的东西。

关于"孔门四科"，《论语·述而》记载："子以四教：文、行、忠、信。"邢昺解释："行谓德行，在心为德，施之为行。"这个解释不无道理，但也失之偏颇，只谈到了"德"是"行"的前提这一层意思。其实，对于"德"来说，"行"具有双重意义：既是道德的前提，即道德"得"之于"行"（此"行"读 xìng，"德行"即是"德性"）；亦是道德的践行，即道德"施"之于"行"（此"行"读 xíng，"德行"是指道德行为）。这就是说，道德既源于生活，亦归于生活。

（二）道德并非不可逾越："至德"概念

子夏说："大德不逾闲，小德出入可也。"②其实，这与孔子的看法

---

① 《论语·先进》。
② 《论语·子张》。

并不一致。在孔子看来,即使"大德"也未必不可逾越,因为没有任何社会规范具有永恒的绝对价值。

举例来说,孔子曾赞叹道:"泰伯,其可谓至德也已矣!三以天下让,民无得而称焉。"①这里讨论的是泰伯让位之事,其重大意义,人们尚未注意。泰伯乃是长子,按照嫡长子继承制,他继位乃是理所当然的,这正是关乎国家大事的"大德";而他的让位,意味着背离了嫡长子继承制,这在当时反而是不道德的,人们可以指责他不负责任,更缺乏担当精神。然而,孔子却许之以"至德"。

显然,在孔子看来,嫡长子继承制未必不可逾越;存在着比社会规范及其制度(礼)更根本的原则。根据孔子的正义论,我们知道,那就是正义原则(义)。②在孔子心目中,如果说,对社会规范(礼)的认同是"德"(道德),那么,对正义原则(义)的坚持则是更高的"至德"。"至德"(the best acquirement)显然比道德,包括子夏所谓"大德"更高、更具根本意义。这也是孔子对道德的一种解构。

这不禁让人想起荀子的著名命题:"从道不从君,从义不从父。"③在当时的父权宗法社会条件下,"从君""从父"固然是道德行为;但当"君""父"的行为与"道""义"发生冲突时,唯有"从道""从义"才是正义的"道义"行为,这就是孔子所说的"至德"。显然,"至德"不是一般的道德概念,毋宁是对道德的一种扬弃。

这表明,在孔子那里,"德"有两种用法:有时是指的道德(morality);有时则是指的"至德",亦即"道义",或"道","道→德",涵盖了以"仁→义→礼"为核心结构的一整套原理。在孔子看来,这套原理是永恒的道理;而具体的道德体系则是可以改变的。

(三)道德体系的变革:"损益"概念

关于道德体系的变革,孔子提出了"礼有损益"的重要思想:

> 子张问:"十世可知也?"子曰:"殷因于夏礼,所损益,可知

---

① 《论语·泰伯》。
② 参见黄玉顺《孔子的正义论》,《中国社会科学院研究生院学报》2010年第2期。
③ 《荀子·子道》。

也；周因于殷礼，所损益，可知也；其或继周者，虽百世，可知也。"①

这里，孔子明确指出：夏、商、周三代的礼制是不同的；将来百代之间的礼制也将会是不同的。所谓"损益"，就是在既有的社会规范系统、道德体系的基础上，去掉一些旧的规范（损），增添一些新的规范（益）；其结果就是形成了一套新的社会规范系统、道德体系。这就是孔子对"礼"（社会规范）、"德"（道德体系）的解构。显然，在孔子心目中，没有任何社会规范、社会制度、道德体系具有永恒的存在价值。

问题在于："礼""德"为什么要变革？那是因为：社会规范的本源乃是生活，即社会共同体的基本生活方式。不同时代的生活方式，要求不同的社会规范、道德体系，诸如：王权社会（夏商西周）宗族生活方式的宗族主义伦理；皇权社会（自秦至清）家族生活方式的家族主义伦理；现代社会的市民生活方式的公民伦理。正是由于主张对不同时代之"礼"进行"损益"变革，孔子才成为"圣之时者"②，即是特别具有时代精神的圣人。

如今有一种普遍的看法，认为今天是"道德沦丧"。所谓"沦丧"的意思是：我们曾经有一套很好的道德，而现在丧失了。于是，一些人主张恢复传统道德，乃至于主张恢复"三纲"——君为臣纲、父为子纲、夫为妻纲的道德规范。这不仅是极为危险的倾向，而且也是根本就不懂得孔子的道德哲学原理的表现。我们现在面临的问题，不是既有的道德体系"沦丧"了，因为这种"沦丧"不仅不可抗拒，而且理所当然；而是旧的前现代的道德体系被解构以后，新的现代性的道德体系尚未建构起来。我们真正沦丧了的不是"德"，而是"道"。

---

① 《论语·为政》。
② 《孟子·万章下》。

四　道德的还原与重建

那么，社会规范及其制度怎样变革？道德体系被解构以后，怎样还原和重建？

（一）道德体系变革的价值原则：正义

从孔子开始，儒家提出了一套伦理学原理，其核心是"义→礼"理论结构，即"正义原则→社会规范及其制度"的结构，也就是孔子明确指出的"义以为质，礼以行之"[①]。[②]因此，道德的根据是"义"，即社会正义论中的正义原则。面对旧时代的"礼坏乐崩"，需要新时代的"制礼作乐"；这种"制作"的价值尺度，就是正义原则。

孔子曾经表示："德之不修，学之不讲，闻义不能徙，不善不能改，是吾忧也。"[③]这里有两点很值得注意：

（1）"德"需要"修"，即道德乃是由"修"而"得"来的。这也就是上文讲过的"德行"在生活实践中养成。此即道德的"还原"（reduction）。生活方式的时代转换，意味着社会规范系统、道德体系需要进行时代转换。

（2）"修德"意味着在"讲学"中"闻义""徙义"，从而"改善"。改善什么？改善道德境界；而为此则首先必须改善社会规范及其制度。如何改善？不是认同既有的"礼"即社会规范本身，而是坚持"礼"背后的"义"，即正义原则。所以，孔子说："徙义，崇德也。"[④]这正是儒家伦理学的"义→礼"理论结构的体现。

这里所说的"崇德"之"德"，显然不是通常的道德概念，而是上文谈到的孔子提出的"至德"。"崇德"并非"崇尚道德"，而是崇尚"道义"，从而"徙义"。所谓"崇德"也叫"尚德"：

---

① 《论语·卫灵公》。
② 参见黄玉顺《中国正义论的形成——周孔孟荀的制度伦理学传统》，东方出版社2015年版。
③ 《论语·述而》。
④ 《论语·颜渊》。

南宫适问于孔子曰："羿善射，奡荡舟，俱不得其死然；禹稷躬稼，而有天下。"夫子不答。南宫适出。子曰："君子哉若人！尚德哉若人！"①

孔子之所以赞扬南宫适"尚德"，正如何晏注、邢昺疏正确地指出的：这是"贱不义而贵有德"。疏云："贱奡、羿之不义，贵禹、稷之有德。"显然，在孔子心目中，"尚德"并非崇尚"礼"——既有的社会规范，而是崇尚"义"——正义原则。

根据孔子的伦理学——正义论的原理，社会规范系统、道德体系的变革，其价值根据是正义原则，包括以下两条原则：

（1）适宜性原则。为什么社会规范及其制度、道德体系需要变革？是因为既有的旧的社会规范及其制度、旧的道德体系已经不适合于当下的基本生活方式，例如君主专制时代的道德体系已经不适合于现代的基本生活方式；社会基本生活方式发生了转换，"礼""德"就需要通过"损益"来加以变革。举个简单的例子：陌生男女见面握手，这在"男女授受不亲"②的时代是很不道德的行为，然而今天谁会认为它不道德？

（2）正当性原则。在孔子、儒家的思想中，社会规范系统、道德体系的变更，必须出于仁爱情感的动机；否则，其变更就是不正当的。这其实也就是儒家"仁→义"的观念结构。

（二）道德体系变革的根本精神：仁爱

儒家伦理学的核心原理不仅是"义→礼"，而是"仁→义→礼"，其根本精神就是仁爱。《孟子》开宗明义就讲"仁义而已"③，其实，更透彻地讲，可谓"仁而已"，正如程颢所说："义礼智信皆仁也。"④这就是说，儒家伦理的根本精神就是仁爱。

关于仁爱与"德"的关系，据《论语》载："或曰：'以德报怨，

---

① 《论语·宪问》。
② 《孟子·离娄上》。
③ 《孟子·梁惠王上》。
④ 程颢：《识仁篇》，载《二程集》，中华书局1981年版。

何如?'子曰:'何以报德?以直报怨,以德报德。'"①孔子这番议论,根本上乃是对仁爱精神的揭示。何晏注:"德,恩惠之德。"邢昺疏:"以恩德报德也。"所谓"恩""恩惠",即是仁爱,故有"恩爱""惠爱"之说。正如《说文解字》的解释:"恩:惠也"(心部);"惠:仁也"(叀部)。孔子的意思是,不论对于怨,还是对于德,皆报之以仁爱。

但这里有两点需要注意:

(1)孔子所说的"以德报德",何晏所说的"恩惠之德",邢昺所说的"恩德",都不是说的道德,因为:道德是对社会规范,即"礼"的认同;而根据"仁→义→礼"的结构,仁爱并不属于"礼"的范畴,而是比"礼"甚至比"义"更为根本的精神。显然,孔子"以德报德"之所谓"德",乃是上文谈过的"至德",而非道德概念。

(2)关于"仁爱"观念,存在着一种严重的误解,以为儒家的仁爱基于血亲伦理,以亲疏关系为转移,主张"爱有差等",反对"爱无差等"②。诚然,儒家承认这样的差等之爱,如孟子讲:"君子之于物也,爱之而弗仁;于民也,仁之而弗亲。亲亲而仁民,仁民而爱物。"③但是,儒家所说的仁爱不仅有"差等之爱"的一面,更有"一体之仁"、一视同仁的一面。不仅如此,在伦理学上,儒家认为,社会规范建构的根本精神并非差等之爱,而是一体之仁,这就是儒家正义论中的正当性原则的基本内涵。为此,孔子明确指出:"夫仁者,己欲立而立人,己欲达而达人"④;"己所不欲,勿施于人"⑤。这种一视同仁的仁爱观念,其实就是"博爱";但并不是西语汉译的"博爱"(fraternity)(应当译作"兄弟情谊"),而是儒家的"博爱"(应当译作"universal love"),即韩愈所说的"博爱之谓仁"⑥。

---

① 《论语·宪问》。
② 《孟子·滕文公上》。
③ 《孟子·尽心上》。
④ 《论语·雍也》。
⑤ 《论语·颜渊》。
⑥ 韩愈:《原道》,载《韩昌黎文集校注》,马其昶校注,上海古籍出版社1986年版。

(三) 原教旨的道德观：乡原

以上讨论表明，在孔子心目中，显然有两种不同意义的"德"（acquirement）：一种是上文所说的现代汉语的"道德"（morality），即是对既有的社会规范的认同与遵行，并不追问道德规范背后的正义原理之"道"，可谓"无道之德"（the acquirement without Tao）；另一种则是孔子所说的"崇德""尚德"之"德"，要追问既有道德背后之"道"，即追溯到"仁→义→礼"的原理，可谓"有道之德"（the acquirement with Tao），这就是上文谈到的比一般道德甚至"大德"更高的"至德"。

因此，在孔子看来，有德并不意味着就是君子，因为：不仅君子有其"德"，小人亦有其"德"。他说："君子之德，风；小人之德，草。草上之风，必偃。"①试想：假如既有的社会规范及其制度本身就是不正义的，或者曾经是正义的，而现在不再正义了，而人们却还认同而遵行，那么，这不正是"小人之德""无道之德"吗？

小人之德、无道之德的一种表现，就是孔子所说的"乡原"。他说："乡原，德之贼也！"②那么，何为"乡原"？孟子曾有明确的解释：

> 同乎流俗，合乎污世；居之似忠信，行之似廉洁；众皆悦之；自以为是，而不可与入尧舜之道，故曰"德之贼"也。孔子曰："……恶乡原，恐其乱德也。"君子反经而已矣。经正，则庶民兴；庶民兴，斯无邪慝矣。③

所谓"流俗""污世"，当然是指的污浊的社会现实，包括不正义的社会规范和制度。一个人在这种世道里居然表现出"忠信"，这并不是有德的表现，倒恰恰是"德之贼"，即是在"乱德"，是对道义的背叛。事实上，这正是以"理"杀人、以"道德"杀人的本质。所以，不难发现："真道学"往往比"伪道学"更可怕。

---

① 《论语·颜渊》。
② 《论语·阳货》。
③ 《孟子·尽心下》。

真正有德之人，该做的事情乃是"反经"。所谓"反经"，就是返回比道德规范、社会规范（礼）更优先的仁爱精神、正义原则（义），以便重建社会规范及其制度，改造社会。①这种"反经"就是"反本"。例如，孟子曾说：

> 王欲行之，则盍反其本矣：五亩之宅，树之以桑，五十者可以衣帛矣；鸡豚狗彘之畜，无失其时，七十者可以食肉矣；百亩之田，勿夺其时，数口之家可以无饥矣；谨庠序之教，申之以孝悌之义，颁白者不负戴于道路矣。②

一言以蔽之，这个"本"就是能够"制民之产"的"仁政"③。按照儒家道德哲学原理，所谓"德治"绝非用道德说教来统治人民，而是以"至德"来治理国家，即孟子所说的"反经"与"反本"。

总而言之，儒家道德哲学是要回答"道德何以可能"的问题，其原理是：根据一视同仁的仁爱精神，按照正当性、适宜性的正义原则，顺应时代的基本生活方式，选择或建构新的社会规范和制度，从而建立新的道德体系。显而易见，我们今天所面临的时代课题是：建构新的、现代性的社会规范及其制度，从而建立新的、现代性的道德体系。

---

① 参见黄玉顺《中国正义论的形成——周孔孟荀的制度伦理学传统》，东方出版社 2015 年版，第六章第一节，"二、'权'对'经'的优先性"，第266—268页。
② 《孟子·梁惠王上》。
③ 同上。

国民政治儒学
——儒家政治哲学的现代转型[*]

儒学,乃至中国诸子百家的学术,向来与政治有密切的关系,甚至可以说其宗旨就是政治,这正如司马谈所说:"夫阴阳、儒、墨、名、法、道德,此务为治者也。"[①]这就是说,儒学尽管远不仅仅是政治哲学,但其出发点与落脚点无疑是政治。然而尽管古今中外关于儒家政治哲学的研究成果可谓汗牛充栋,但迄今为止,仍然不敢说已经对儒家政治哲学有了透彻的理解。唯其如此,前现代的"制度儒学"解体之后,在现代性的政治生活中,面对当今社会、当今世界的政治问题,儒家难免进退失据的尴尬。为此,本文尝试在中国社会发展史的视野中、儒学史的背景下,通过阐明儒家政治哲学的基本原理,探索儒家现代政治哲学的基本特征,姑名之曰"国民政治儒学"[②]。

一 国民政治儒学的社会发展史视野:
中国历史的分期

儒学的基本特征之一,就是"与时偕行"[③];孔子之为圣人,乃是"圣之时者"[④]。这首先要求我们认清所谓"时",即历史时代;否则,就无法理解儒家政治哲学及其现代转型。而如今学界已有共识:"原始

---

[*] 原载《东岳论丛》2015年第11期。
[①] 司马谈:《论六家要旨》,载司马迁《史记·太史公自序》,中华书局1982年版。
[②] "国民政治儒学"是"中国正义论"的现代性落实,而"中国正义论"是"生活儒学"当中的形下层级的制度伦理学建构,即是儒家政治哲学的一般原理。
[③] 《周易·损象传》,《十三经注疏·周易正义》本,中华书局1980年版。
[④] 《孟子·万章下》,《十三经注疏·孟子注疏》本,中华书局1980年版。

社会→奴隶社会→封建社会……"这样的历史分期模式并不符合中国社会历史的实际。这就需要一种新的历史分期体系。

近年来,笔者提出了这样一种中国社会历史分期:王权列国时代(夏商西周)→ 第一次社会大转型(春秋战国)→ 皇权帝国时代(自秦至清)→ 第二次社会大转型(近现当代)→ 民权国族时代。①略述如下:

时代 特征	王权列国时代	皇权帝国时代	民权国族时代
社会形态	宗族社会	家族社会	国民社会
生活方式	宗族生活	家族生活	市民生活
所有制	土地公有制	土地私有制	混合所有制
家庭形态	宗族家庭	家族家庭	核心家庭
社会主体	宗族	家族	个体
政治体制	王权政治	皇权政治	民权政治
主权者	王族	皇族	公民
治理方式	贵族共和	宰辅制度	代议制度
国际秩序	王国—列国封建体系	帝国—藩国朝贡体系	国族—国族交往体系
核心价值观	宗族宗法观念	家族宗法观念	人权观念

(一) 王权列国时代的宗族社会

中国有史可稽的最早的社会形态是夏商周"三代"的宗族社会,在政治上就是王权时代。这里简要描述如下:(1)生活方式:农耕社会的宗族生活。以宗族为生产单位的"男耕女织"是其典型的写照。据《孟子》载,贵族尽管是"劳心者治人"②,但其劳心治人的一项重要工作就是组织管理农耕,例如:"天子适诸侯曰巡狩,诸侯朝于天子曰述职",就是天子视察、诸侯汇报是否"土地辟,田野治"或者"土地荒

---

① "国族"(nation)乃是现代意义的"国家"(modern state),旧译"民族国家",很容易与前现代的"民族"(ethnic / nationality)概念和普遍性的古今通用的"国家"(state)概念相混淆。
② 《孟子·滕文公上》。

芒",以便"春省耕而补不足,秋省敛而助不给"。① (2) 基本所有制:土地公有制。此即《诗经》所谓"溥天之下,莫非王土"②。这种"公有"实质上是王室宗族内部的"共有";诸侯只有所封土地的使用权、管理权、经营权,而没有所有权,所以随时可被褫夺。(3) 家庭形态:宗族家庭。这是以父系血缘为纽带的宗法系统,整个"天下"都隶属于这个"大家",此即所谓"天下一家"的原始含义,所以,列国之间的斗争是"兄弟阋于墙"③。(4) 社会主体:宗族。所谓宗族,就是父系血缘家庭,即所谓"父之党为宗族"④。(5) 政治体制:王权政治。诸侯的政治权力来源于王权(受封)、服从于王权(尊王)。所谓"《春秋》尊王"即源于此。⑤ (6) 政治主权者:王族及诸侯宗族。事实上,天下诸侯全部主权皆归于王族,而体现为王权,所以,天子有权干预诸侯国家内部事务。(7) 治理方式:贵族共和。这种治理方式并非后来皇权"乾纲独断"的"专制"。所谓"共和"并不仅是"周召共和"那样的"虚君共和"⑥,常态的治理方式可谓"实君共和",即天子与诸侯、卿大夫之间的某种程度的分权制衡,类似柏拉图所谓"共和国"(republic)(即汉译"理想国")。(8) 国际秩序:王国—列国封建体系。这是由一个宗主国与若干诸侯国构成的"天下"秩序。自天子至诸侯大夫等构成大宗与小宗:"天子建国,则诸侯于国为大宗,对天子言则为小宗";"诸侯立家,则卿于家为大宗,对诸侯则为小宗";"卿置侧室,大夫二宗,士之隶子弟等,皆可推而著见也"。⑦这种宗法体系基于父系血缘关系,形成"家—国—天下"同构的秩序,所以才有《大学》"家齐而后国治,国治而后天下平"的逻辑。⑧ (9) 核

---

① 《孟子·告子下》。
② 出自《诗经·小雅·谷风之什·北山》,《十三经注疏·毛诗正义》,中华书局1980年版。
③ 《诗经·小雅·常棣》。
④ 《尔雅·释亲》,《十三经注疏·尔雅注疏》,中华书局1980年版。
⑤ 宋代孙复作《春秋尊王发微》,然而其所"发"之"微"(微言大义)实质上并不是王权列国时代的"尊王",而是皇权帝国时代的"尊皇"。孙复:《春秋尊王发微》,方韬点校,载《儒藏》精华编第92册,北京大学出版社2014年版。
⑥ 参见黄玉顺《制度文明是社会稳定的保障——孔子的"诸夏无君"论》,《学术界》2014年第9期。
⑦ (清)陈立:《白虎通疏证·封公侯·论为人后》,中华书局1994年版。
⑧ 《礼记》,《十三经注疏·礼记正义》本,中华书局1980年版。

心价值观念：宗族宗法观念。

中国社会的第一次大转型，是从王权时代的宗族社会转向皇权时代的家族社会。这里特别要注意区分"宗族"和"家族"：早期宗族社会的宗族（clan family）直接来源于原始的氏族部落（clan tribe）；而后来家族社会的家族（home family）则是宗族的转化形式。两者尽管都有"宗法"（patriarchal clan system），即以父系血缘为纽带、按嫡庶关系与亲疏关系来组织与治理社会的制度；然而秦汉以来，废封建，行郡县，郡县府道及藩属国的设置不再按宗法血缘关系来安排，于是"封建废而大宗之法不行，则小宗亦无据依而起，于是宗子遂易为族长"①，族长所管理的不再是宗族，而是家族。宗族的象征就是祖庙"宗庙"。宗族王权时代，天子、诸侯、卿大夫、士都有宗庙，"天子七庙，诸侯五庙，大夫三庙，士一庙"②；而到了家族皇权时代，宗庙则成为皇族独有的象征，士大夫不敢有宗庙。司马光说："先王之制，自天子至官师皆有庙。……及秦……务尊君卑臣，于是天子之外，无敢营宗庙者。汉世公卿贵人，多建祠堂于墓所……庙制遂绝。"③但这种社会转型当中的最深刻的转变，则是土地公有制向土地私有制的转变。

（二）皇权帝国时代的家族社会

中国继宗族社会而兴起的社会形态是自秦代至清代的家族社会，在政治上是皇权时代。简要描述如下：（1）生活方式：农耕社会的家族生活。这是家族帝国时代的主要生活方式，所谓"聚族而居"就是这种生活方式的概括，这与宗族时代的"天下一家""天下一宗"不同。（2）基本所有制：土地私有制。春秋战国时期，伴随着土地私有化的是地主阶级、农民阶级的出现。（3）家庭形态：家族家庭。那个时代，家族利益、家族荣誉高于一切，所谓"父要子亡，子不得不亡"实基于此。（4）社会主体：家族。这种现象始于春秋战国时期大夫之"家"

---

① （清）刘大櫆：《方氏支祠碑记》，见《刘大櫆集》，上海古籍出版社1990年版。
② 《礼记·王制》。
③ 司马光：《文潞公家庙碑记》，载《温国文正公文集》第七十九卷，《四部丛刊初编》本，上海：商务印书馆1929年版。

的日渐强势,孔子所讲的"陪臣执国命"①即是说的这种现象。②帝国时代所谓"士族""寒族""世族"等,都是说的这样的家族。汉代以来,士族强势;自北魏孝文帝,世族兴起;唐代以来,士族复盛,同时,科举制度使寒族也得以崛起。整个帝国时代最重要的政治斗争并非所谓"阶级斗争",而是各大家族之间的斗争。(5) 政治体制:皇权政治。此即所谓"专制"(autocracy)。(6) 政治主权者:皇族。在西方,"sovereignty"(主权)这个词语的本义是指的君权,但这种"君"不一定是皇帝,更多的是指的作为后来国族(民族国家)前身的封建国家的君主;而在中华帝国时代,则是作为帝国之君的皇帝。更确切地讲,皇权时代的主权并不属于皇帝个人,而是属于皇族这个家族,皇帝只是皇族的代表而已。(7) 治理方式:宰辅制度。③这也表明,所谓"专制"其实并不绝对。(8) 国际秩序:帝国—藩国朝贡体系。这是由一个宗主国与若干藩属国构成的"天下"秩序。但这种秩序并不是王权封建时代那样的基于宗法血缘的"家—国—天下"结构。(9) 核心价值观念:家族宗法观念。家族时代在一定程度上继承了宗族时代的宗法观念。甚至其政治伦理也基于宗法伦理,即所谓"以孝治天下"④。故《孝经》主题为"移孝作忠"⑤;作为皇帝的唐玄宗李隆基对这个主题极为激赏,亲撰《孝经注》彰显之。⑥然而恰恰是这个"移"字表明,到了帝国时代,"忠"与"孝"之间已没有直接的血缘关联。后世所谓"忠孝难两全"就是说的这种情况:对自己家族的"孝"和对皇室家族的"忠",往往会发生矛盾冲突。

历史学上所谓的近代、现代、当代,均属中国社会的第二次大转型:由皇权时代的家族社会转向民权时代的国民社会,由前现代的社会

---

① 《论语·季氏》,《十三经注疏·论语注疏》本,中华书局1980年版。
② 所谓"陪臣"是一个相对性的概念,可指诸侯(对于天子)、大夫(对于诸侯)、大夫的家臣。
③ "宰辅"有狭义与广义之分:狭义的特指皇权时代的宰相;广义的可扩展至王权时代,例如王符《潜夫论·本政》说"周公之为宰辅也"。王符:《潜夫论》,载汪继培《潜夫论笺》,中华书局1979年版。
④ "以孝治天下"并非始于晋朝,乃始于汉代,并贯穿于整个帝国时代。
⑤ 《孝经·士章》:"以孝事君则忠。"注云:"移事父孝以事于君,则为忠矣。"唐玄宗《孝经序》:"君子之事亲孝,故忠可移于君。"《十三经注疏·孝经注疏》本,中华书局1980年版。
⑥ 《唐会要·修撰》卷36,王溥整理,上海古籍出版社2006年版。

转向现代性的社会。这个转变过程尚未完成，今天的我们仍然身处其中。伴随着这次社会转型的是思想观念的再次大转型，即新一轮的"百家争鸣"，学者谓之"新轴心期"，我称之为"再创时代"①。

（三）民权国族时代的国民社会

首先提请注意：这里提出的"国民社会"与政治学中所谓"公民社会"并不是一个概念。在现代政治哲学中，"公民社会"（civil society）（或译"市民社会"）是指的独立于政府（国家权力）和企业（经济实体）之外的社会领域，即指非强制性、非营利性的社会组织，诸如非政府组织（NGO）、社区组织、专业协会、工会、慈善团体等；公民社会的存在乃是现代文明社会的一个基本标志，极权主义国家没有公民社会的独立存在。而我们这里所谈的"国民社会"（civic society）则是指的一种社会历史形态，它与"现代社会"概念在外延上重合，唯其意在侧重揭示其社会主体是国民，而不是宗族或家族。

中国社会正在发生的转型，其所指向的社会形态就是国民社会，在政治上则是民权时代。简要描述如下：（1）生活方式：工商社会的市民生活。有一点是必须强调的：现代化伴随着城市化，传统意义的农村不可避免地趋向消亡，市民生活方式成为主要的生活方式。（2）所有制：以私有制为主体的混合所有制。这主要体现在发达国家。（3）家庭形态：核心家庭。在现代社会中，伴随着主导的核心家庭（nuclear family），呈现出家庭形态的多元化现象。（4）社会主体：个体。这一点是尤须注意的：现代社会的主体绝非家庭，而是个人，这体现为由法律所保障的个人之独立于家庭的经济权利和政治权利等。简言之，现代性的社会绝非集体主义的社会，而是个体主义的社会。（5）政治体制：民主政治。尽管不同国家的民主政治的具体模式有所不同，但都属于现代民主政治体制。（6）政治主权者：公民。这里尤须注意：所谓"国家主权"（national sovereignty）其实最终源于公民授权。（7）治理方式：代议制度。这是现代民主政治的普遍形式。（8）国际秩序：国族—国

---

① 参见黄玉顺《生活儒学导论》，载《面向生活本身的儒学——黄玉顺"生活儒学"自选集》，四川大学出版社2006年版，第40页。

族交往体系。从理论上来讲，国族之间平等；但实际上，这种国际秩序往往带有现代帝国主义色彩，即是一个或少数强势的国族国家在主导着世界秩序。(9) 核心价值观念：人权观念。"人权"（human rights）概念实质上指个人的权利，即是个体主义的观念，所以也表达为"personal right"；这个概念的首要的、核心的观念就是个人的"自由"，其关键是划分"群己权界"①，特别是"权力"（power）与"权利"（right）之间的分界。

二 国民政治儒学的儒学史背景：儒家政治哲学的历史形态

与上述社会时代的历史变迁相一致，儒家政治哲学具有不同的历史形态：

（一）王权时代的儒家政治哲学：王国政治儒学

诚然，王权时代，即夏商西周时代，还没有所谓"儒学"，但此所谓"儒学"只是说的一个思想学术派别，它确实是在春秋末期才由孔子创立；然而儒学作为一种更宏大意义的文化传统，并非始于孔子，至迟可追溯到周公。这就是为什么孔子自称"述而不作"、总须"梦见周公"的缘由。②因此，儒学古称"周孔之道"。在这个意义上，王权时代的儒家政治哲学以周公的政治儒学为代表，不妨称为"王国政治儒学"。

周公的政治儒学应当分为两个层面去看：一个是儒家政治哲学的一般原理的层面，他初步建立起了儒家的一套"仁→义→礼"的社会正义论，已有专文讨论，兹不赘述；③另一个则是应对宗族王权时代的当下社会政治问题的层面，这也就是传统所谓"周公制礼作乐"。所谓

---

① 严复：《群己权界论》，上海三联书店 2009 年版。此书是约翰·穆勒（John Stuart Mill）《论自由》（On Liberty）的汉译本，由上海商务印书馆初版于 1903 年。
② 《论语·述而》。
③ 参见黄玉顺《"民本"的"人民主权"实质及其正义原则——周公政治哲学的解读》，《河北学刊》2010 年第 3 期；人大复印资料《中国哲学》2010 年第 7 期全文转载。

"制礼",就是根据上述一般原理,制定王权时代宗族社会的社会规范及其制度。尽管传世《周礼》未必周公亲作,其所记叙的内容也未必是西周制度的史实,但其所载的那些社会制度规范确实保留了西周制度的一些内容,这种西周制度,与秦汉以来的王权帝国制度是大不相同的。①

这里顺便谈谈"王道"这个如今在儒学界颇为时髦的概念。按照中国传统的名实相副的原则,我们可以问:这里所谓"王"究竟是指的什么呢?肯定不是秦汉以来的皇权帝国时代的"王",因为这种"王"并非天下宗主,他们根本没有资格去行什么"王道"。那么,是指的王权时代的"王"吗?若是如此,他当然有资格行"王道",但这样的"王道"是指的王权时代的封建社会制度规范,自然不能适用于现代性的社会。现代的儒家,为什么非要用"王道"这样的名不副实、容易导致复古误解的名目呢?!

(二) 第一次转型期的儒家政治哲学

事实上,"王道"的观念产生于王权衰落的春秋战国时期,其语境是当时的"王霸之辨"。而我们注意到,孟子并不尊崇西周王室的正统地位,而是到处劝人称王,实质上是称霸,尽管其称霸的途径是通过"仁政"。不仅孟子,孔子也是赞赏霸道的,例如称赞"管仲相桓公,霸诸侯,一匡天下",从而赞叹管仲"如其仁!如其仁!"②这其实是当时的社会历史大趋势,即从王权社会向皇权社会转变。纵观整个战国时期的儒家政治哲学的发展过程,其实就是逐步往这个方向走的。

这个时期的儒家政治哲学,荀子集其大成,这不消说。荀子不仅"继往",而且"开来",开出了以韩非为代表的法家。韩非其人,可谓"皇权专制的总设计师";他的政治哲学,就是皇权帝国的政治哲学。但如果以为韩非的思想跟儒家毫无关系,那就既不符合韩非的师承关系的实际,也不符合韩非本人的思想实际了。在这个问题上,汉儒倒是看得比较清楚:"法家者流,盖出于理官,信赏必罚,以辅礼制。《易》

---

① 参见黄玉顺《"周礼"现代价值究竟何在——〈周礼〉社会正义观念诠释》,《学术界》2011年第6期。
② 《论语·宪问》。

曰'先王以明罚饬法',此其所长也。及刻者为之,则无教化,去仁爱,专任刑法而欲以致治,至于残害至亲,伤恩薄厚。"①这就是说,法家本来是"辅礼制"的,不仅韩非,其他法家,例如商鞅亦然;②只是其中有些人走得太偏了,以至于"去仁爱",背弃了儒学的根本。但无论如何,法家在一定意义上是与儒家一致的。

(三) 皇权时代的儒家政治哲学:帝国政治儒学

所以,人们称汉代乃至整个皇权帝国时代所奉行的意识形态是"阳儒阴法",这种说法尽管不无道理,但其前提却是把法家和儒家截然对立起来了。然而,"汉承秦制",乃至自秦代至清代的整个中华帝国在本质上都是"秦制",而所谓"秦制"是什么呢?就是秦始皇所开创的皇权专制的帝国政治制度。而无可辩驳的是,这个制度获得了儒家的支持和论证,这一系列论证是在汉儒手上完成的,即一方面是"制度的儒家化",另一方面是"儒家的制度化"③,儒学与法家所倡导的皇权专制制度捆绑在一起。换句话说,韩非的皇权专制的制度设计不仅获得了秦始皇的青睐,还获得了后来儒家的普遍支持,怎么能把法家和儒家截然对立起来呢?所以,从汉代到清代的儒学,其主流均可谓"帝国儒学"。这其实是那个时代的生活方式的要求,儒家"顺天应人",顺应了时代要求。

(四) 第二次转型期的儒家政治哲学

然而这也意味着:如果时代变了,生活方式变了,儒学还得自我变革。果然,宋明以来,中国社会开始了第二次大转型,即由前现代的生活方式转向现代性的生活方式,工商发展,城市繁荣,出现了市民生活方式,这就是中国"内生现代性"(inherent modernity)的土壤。整个帝国时代,以"盛唐"为分界,此前是上升期,此后是衰落期。此所谓"衰落"是指的帝国的衰落(尽管其间也有一些"中兴");而就现代

---

① 班固:《汉书·艺文志·诸子略》,中华书局1962年版。
② 参见黄玉顺《仁爱以制礼,正义以变法:从〈商君书〉看法家的儒家思想渊源及其变异》,《哲学动态》2010年第5期。
③ 干春松:《制度儒学》,上海人民出版社2006年版,第3—4页。

性因素的成长来看，却正是生长期。与此相应的，便是儒学自身的再次转型，即开始产生具有现代性因素的儒学，我对此已经有文章加以论述。①儒学的现代转型，至迟在阳明后学中就已出现了，例如我所经常提到的以王艮为代表的泰州学派。这类儒学在政治哲学上的体现，最典型的就是黄宗羲的政治儒学，尤其是他对君主专制的帝国制度的反思与批判，认为"为天下之大害者，君而已矣"②。可惜中国社会的第二次大转型及其伴随的儒学现代转型实在太漫长、太坎坷了！

（五）民权时代的儒家政治哲学：国民政治儒学

尽管漫长而坎坷，但儒学现代转型的历史进程毕竟并没有停止，而且在逐步深入。最近的高峰，就是经过新文化运动洗礼而兴起的20世纪"现代新儒家"。——老实说，至少在政治哲学层面上，今天的所谓"大陆新儒家"实在不能望其项背，甚至出现某些逆流，前景堪忧。

现代新儒家的现代政治哲学，最突出的无疑是张君劢的学术。张君劢的政治儒学，可以说是某种类似新自由主义（New Liberalism）的思想、某种社会主义的观念、某种民族主义的情结与他在儒学方面的"新宋学"相结合的结果。张君劢的政治儒学尽管存在着种种问题，但他毕竟无愧为"中国宪法之父"。作为儒家政治哲学的一种现代形态，张君劢的政治儒学可以归入"国民政治儒学"的范畴；换言之，国民政治儒学在某种程度上已经是一种历史事实，不仅张君劢，还有徐复观等其他儒家学者。但这里也应当指出：在儒学与现代政治哲学的深度融通上，张君劢等人还做得远远不够，在这个意义上，可以说"国民政治儒学"还是一种尚待建构的理论。

三 国民政治儒学的儒学原理依据

儒家政治哲学尽管历经上节所论的时代转换，但正所谓"万变不离

---

① 黄玉顺：《论"重写儒学史"与"儒学现代化版本"问题》，《现代哲学》2015年第3期。
② 黄宗羲：《明夷待访录·原君》，中华书局2011年版。

其宗",那么,这种一以贯之的东西是什么呢?那就是《孟子》开宗明义所讲的"仁义而已"①。这就是我们这里要讨论的"儒学原理"问题。

所谓"政治",就是在特定的制度安排下的公共活动。凡是涉及公共事务的社会活动,均属政治;而公共事务(public matters)与私人事务(private matters)的分界,是由社会制度来确定和保障的。所以,政治哲学的首要议题就是制度安排问题;而这个问题所属的学科领域,就是正义论(theory of justice)。例如罗尔斯(John Rawls)的《正义论》(A Theory of Justice)就是一部政治哲学著作,他开宗明义讲:"正义是社会制度的首要价值,正像真理是思想体系的首要价值一样。"②

当然,罗尔斯的正义论其实只是西方现代正义理论,即仅仅是针对现代性的生活方式下的制度安排问题的,并不具有普遍的理论意义③。普遍的正义理论,能够解释古今中外所有一切社会制度安排问题。例如儒家的正义论——"中国正义论"④,旨在提供一套用以解释不同历史时代的社会制度安排及其时代转换的原理。

社会制度的时代转换,孔子称作"礼"之"损益"⑤。所谓"礼",就是一个社会共同体的一整套的社会规范建构及其制度安排,诸如王权时代的封建列国制度、皇权时代的专制帝国制度、民权时代的自由民主制度。这样的制度规范系统实体,叫作"礼制";其外在的仪式性表现形式,叫作"礼仪";而其背后的价值尺度,则叫作"礼义"(这里的"礼义"不是说的并列的"礼"和"义",而是说的"礼之义")。

所谓"礼义",其实就是正义论中的正义原则(principle of justice)。这是因为这样一个逻辑:我们根据什么来建构或选择社会规范、社会制度?或者说,建构或选择制度规范的价值根据是什么?那就是"义",亦即正义原则。所以,儒家正义论的最核心的理论结构就是"义→礼"

---

① 《孟子·梁惠王上》。
② 罗尔斯:《正义论》,何怀宏等译,中国社会科学出版社1988年版,第3页。
③ 参见黄玉顺《作为基础伦理学的正义论——罗尔斯正义论批判》,《社会科学战线》2013年第8期。
④ 关于"中国正义论",参见黄玉顺《中国正义论的重建——儒家制度伦理学的当代阐释》,安徽人民出版社2013年版;《中国正义论的形成——周孔孟荀的制度伦理学传统》,东方出版社2015年版。
⑤ 《论语·为政》。

（正义原则→社会制度），亦即孔子所说的"义以为质，礼以行之"①。历史地变动的是"礼"（社会规范及其制度）；而这种变动所根据的恰恰是不变的"义"（正义原则）。

问题在于：社会规范及其制度为什么需要转变？中国人为什么要从王权制度转变为皇权制度，进而要从皇权制度转变为民权制度？答案是：生活方式的转变。从王权制度转变为皇权制度，是因为从宗族生活方式转变为了家族生活方式；从皇权制度转变为民权制度，是因为从家族生活方式转变为了市民生活方式。这些问题，本文第一节已经讨论过了。

所以，儒家正义论的正义原则之一就是"适宜性原则"，即社会规范及其制度必须适应于一个时代的基本生活方式。这也正是汉语"义"字的一个基本含义："义者，宜也。"②我们之所以建构或选择某种制度，是因为我们判定这种制度是适宜的、适当的、恰当的等，即适应于当下的基本生活方式。

儒家正义论的另一条正义原则是"正当性原则"，即社会规范及其制度必须是正当的。这是汉语"义"的另一个基本含义，即"正"，恰如孟子所说的"义，人之正路也"③。我们之所以建构或选择某种制度，是因为我们判定这种制度是正当的。那么，何谓正当？在儒家思想中，这一点是非常明确的：仁即正，不仁即不正。故孟子说："仁者如射，射者正己而后发"④；"爱人不亲，反其仁……行有不得者，皆反求诸己；其身正，而天下归之"⑤。这就叫作"居仁由义"："仁，人之安宅也；义，人之正路也。旷安宅而弗居，舍正路而不由，哀哉！"⑥这也就是"仁→义"的理论结构，所以孟子才说：儒家的政治，不过"仁义而已"⑦。

---

① 《论语·卫灵公》。
② 《礼记·中庸》。
③ 《孟子·离娄上》。
④ 《孟子·公孙丑上》。
⑤ 《孟子·离娄上》。
⑥ 同上。
⑦ 《孟子·梁惠王上》。

要注意的是：这里所说的"仁爱"不是所谓"差等之爱"①，而是"一体之仁"②，亦即博爱。"博爱"本是儒家的话语，如韩愈所讲的"博爱之谓仁"③；后来用以翻译西语的"fraternity"，以致久假不归。儒家所谓"博爱"不是"fraternity"（兄弟情谊），而是普遍之爱（universal love）；这种本真情感作为"一体之仁"，是对"差等之爱"的超越，这就是正当性原则的要求。

这样一来，我们就得到了儒家正义论的核心理论结构，即仁→义→礼。换言之，这个理论结构是：仁爱精神→正义原则→社会制度。对于儒家来说，"仁→义→礼"是一套普遍的原理，其中"仁"与"义"作为根本的精神与原则乃是不变的，而"礼"作为具体的社会规范与社会制度则是历史地变动的。总起来说，儒家政治哲学原理，即儒家正义论的基本内容就是：出于博爱的动机（正当性），根据生活方式的实情（适宜性），来选择或建构社会规范及其制度。

由此可见，促使社会制度变革的基本原因，乃是生活方式的转变。

四　国民政治儒学的基本特征

对于政治哲学来说，在生活方式的转变所导致的一系列转变中，最关键的是社会主体的转变、政治主体的转变，例如从王室宗族转变为皇室家族，进而从皇室家族转变为个体公民。在现代性的生活方式之下，作为社会主体的个人、政治主体的公民，就是我们这里所讲的"国民"。

（一）国民的概念

中国近代最早提出一套比较系统的国民政治理论的是梁启超；④上面

---

① 见《孟子·滕文公上》孟子与墨家夷子的辩论。
② 王守仁：《大学问》，载《王阳明全集》，吴光等编校，上海古籍出版社1992年版。
③ 韩愈：《原道》，载《韩昌黎文集校注》，马其昶校注，上海古籍出版社1986年版。
④ 参见李德成《梁启超国民政治论》，《西安电子科技大学学报》（社会科学版）2005年第4期。

谈到的张君劢就是他的传人。梁启超是这样界定"国民"的："国民者，以国为人民公产之称也。……以一国之民，治一国之事，定一国之法，谋一国之利，捍一国之患，其民不可得而侮，其国不可得而亡，是之谓国民。"①又说："有国家思想，能自布政治者，谓之国民。"②仔细体味这样的"国民"概念，不难发现它同时含有两层意谓：一层意谓是集合性概念，对应于"nation"（全体国民），这个英文词还可以翻译为"国家"或"民族"；而另一层意谓则是个体性概念，对应于"citizen"（公民）或"civilian"（市民）等。

这与梁启超及近代诸贤引进现代"国家"概念有关。他们用汉语"国"去翻译"nation"，一方面继承了汉语"国"的古代意义，另一方面又赋予了现代性意义。

就古代意义论，"国"有两个基本含义：一指城市，即与"野"相对，例如"国人"与"野人"的划分。作为城市的"国"又称"邑"，许慎说："邑：国也。"③《甲骨文字典》说："国"字的"囗象城郭之形。"④二指政治实体，此即所谓"国家"（state），如许慎讲："国：邦也。"⑤ "国"的同源字"或"，许慎解释："或：邦也。从口、从戈，以守一。"⑥这里的"戈"意味着武装守卫国境；而"囗"则兼有城郭和国境的含义。

赋予这两个基本含义以现代性，就是：作为现代国家的"国族"（nation）（通常译为"民族国家"）；而现代化进程伴随着城市化过程，所以"公民"本义是指"市民"。然而无论如何，汉语"国"或"国家""国民"更具集合的整体主义色彩。例如"国民党"通常译为"nationalist party"，即取义于"nation"，带有整体主义、集体主义色彩，换言之，即带有"民族主义"或者说"国家主义"色彩（这两者是同一个词 nationalism）。梁启超还提到"人民"的概念，其实这个概念也带有整体主义或集体主义色彩，因为它是一个集合概念，对应于"peo-

---

① 梁启超：《梁启超选集》，上海人民出版社1984年版，第217—218页。
② 梁启超：《新民说》，辽宁人民出版社1994年版，第68页。
③ 许慎：《说文解字·邑部》，大徐本，中华书局1963年版。
④ 徐中舒：《甲骨文字典》，四川辞书出版社1998年版。
⑤ 许慎：《说文解字·囗部》。
⑥ 许慎：《说文解字·戈部》。

ple",而"people"这个词不具有个体的"公民"和"市民"的意谓,故不能翻译为我们这里所说的"国民"。

问题的关键,在于理解"国民"概念的两层意谓之间的关系,即集合性的"nation"(国族、民族国家)和个体性的"citizen"(市民、公民)或"civilian"(市民、平民)之间的关系。以集合性观念优先,那是所有一切前现代的政治观念的一个基本特征;而这也就意味着,现代性的政治观念的对应特征,乃是以个体性观念优先。这就是说,在"国民"这个合成词中,"民"优先于"国";在"人民"这个合成词中,"人"优先于"民",而这个"人",乃是个体性的公民。这就是本文所提出的"国民"概念。梁启超的第二个界定"有国家思想,能自布政治",更为接近于这样的"国民"概念:有国家观念的人是指的公民个人;能政治自主的人同样是指的公民个人。

(二)国民政治的基本内涵

我们所谓"国民政治"(civic politics),其实也就是现代性的政治;这种政治渊源于现代性的生活方式,以作为现代社会主体的国民为政治主体。如果套用林肯《葛底斯堡演讲》(the Gettysburg Address)"民有、民治、民享"的说法,那么,"国民政治"不是说的林肯所谓"the government of the people, by the people and for the people",而是说的"the politics of the citizens, by the citizens and for the citizens",即是"国民所有,国民所治,国民所享"。这可以称为一种新的"三民主义"(the three doctrines of civic politics)。

1. 国民所有:国民掌握权力

这是"三民"的根本所在:一切公共权力属于国民。这就是说,一切政治权力,包括制宪权、立法权、行政权、司法权、对外主权等,都是国民的权力。这与前现代的政治主体是不同的,即掌握公共权力的不再是王室宗族、皇室家族。这就是"民主"的第一层含义:国民主权(civic sovereignty)。

2. 国民所治:国民治理国家

这是上述"国民所有"的保障,即是"国民掌握权力"的实现:由国民来行使上述公共权力。没有"国民所治",所谓"国民所有"就会落空。这就是"民主"的第二层含义：国民治权（civic governing）。

当然，国民治理国家并不意味着一切公共事务都由全体国民亲力亲为，因为那是不可操作的；所以需要建立国家机关（state organs），包括权力机关、行政机关、审判机关、检察机关及军事机关等。换句话说，国民治理国家基本上是间接治理，尽管也不完全排除在特定情况下的直接治理。但这种间接治理之所以仍然属于国民治理，乃在于一切国家机关及其政治活动都来自国民的授权，这就根本区别于王权政治和皇权政治的国家治理。实现这种授权的根本制度设计，众所周知，就是民主选举制度。

3. 国民所享：国民享有利益

这是"国民所治"的目的所在；换言之，一切政治活动都以国民的利益为目的。谈到"利益"（interests），这就涉及了"权利"（rights）的概念。显而易见，权利必定是落实在个体身上的，所以上文曾谈到，"人权"实质上是指的国民个人的权利。因此，"国民所享"所涉及的不仅是"民生""福利"问题，而首先是个人"自由"问题，亦即严复所说的"群己权界"问题：其所谓"权"包括权利和权力；其所谓"己"当然是说的国民个人；但其所谓"群"却不是说的国民群体，而是说的公共权力。说到底，自由的问题就是国民个人的权利与国家的公共权力之间的关系问题。政治哲学的核心问题归结为"权利"与"权力"的关系问题："国民所有""国民所治"意味着国民的权利（包括权力）决定着国家的公共权力；而"国民所享"则意味着公共权力的目的所在就是国民的权利。这是所谓"积极自由"的应有之义。而"权界"所强调的则是问题的另一方面，即所谓"消极自由"，亦即公共权力和私人权利的分界，公共权力不得侵犯私人权利。

这"三民"不免令人想起儒家的"民本"传统。所谓"民本"，即以民为本，实际上有两个不同层面的意义。（1）"民本"的一层意义是就前现代的王权或皇权而言的，其典型是"载舟覆舟"的比喻。《荀子·王制》："君者，舟也；庶人者，水也。水则载舟，水则覆舟。"[①]显然，这里的"水"不是目的，"舟"才是目的；在以王室宗族或皇室家

[①] 《荀子》，王先谦《荀子集解》，《新编诸子集成》本，中华书局1988年版。

族为政治主体的时代，"民"不是目的，而只是"行舟"的手段，"君"才是目的。这种意义的"民本"，见于《尚书·五子之歌》："民惟邦本，本固邦宁。"①在这个意义上，绝不能将"民本"讲成民主。（2）但"民本"还有另一层更深层而普遍的意义，涵盖了上述第一层意义的"民本"和现代"民主"的观念，即是以人民为目的；②具体到现代性的国民政治儒学，"民本"意味着以国民为目的。

综上所述，国民政治儒学乃是儒家政治哲学的现代形态，它是中国社会历史发展、现代转型的时代产物。

---

① 《尚书》，《十三经注疏·尚书正义》，中华书局1980年版。
② 参见黄玉顺《"民本"的"人民主权"实质及其正义原则——周公政治哲学的解读》，《河北学刊》2010年第3期。

第三编

访谈

黄玉顺近期研究介绍[*]

《中国社会科学报》

黄玉顺：男，1957年生，成都人。中国社会科学院哲学博士。当代中国"儒学复兴运动"代表人物之一。当今儒学重要学派"生活儒学"的创立者；易学重大成果"易经古歌"的发现者、系统诠释者；哲学最新研究领域"儒学与现象学比较研究"的开拓者之一；中国政治哲学最新研究领域"中国正义论"的提出者。现任：山东大学儒学高等研究院副院长、教授、博士生导师；四川大学博士生导师；国际儒学联合会理事、中国哲学史学会理事、中华孔子学会理事；中国社会科学院儒教研究中心学术委员、中国人民大学孔子研究院学术委员、四川大学国际儒学研究院学术委员会副主任。研究领域：中国哲学·儒家哲学；中西比较哲学·儒学与现象学比较研究；中国伦理学及政治哲学。

发表学术论文一百五十多篇。出版学术著作：《易经古歌考释》（1995）、《超越知识与价值的紧张——"科学与玄学论战"的哲学问题》（2002）、《面向生活本身的儒学——黄玉顺"生活儒学"自选集》（2006）、《爱与思——生活儒学的观念》（2006）、《儒学与生活——"生活儒学"论稿》（2009）、《儒家思想与当代生活——"生活儒学"论集》（2009）。

近期关注和思考的问题，主要是"中国正义论"的建构。所谓"中国正义论"，也就是关于正义问题的中国理论。鉴于无论国际，还是国内，正义问题都不仅是理论上而且是社会上的热点之一，然而随处可见的情景却是：人们总是言说着西方的正义话语，传达着西方的正义

---

[*] 原载《中国社会科学报》2011年5月17日专栏"哲学界·人"。

观念，表达着西方的正义立场；不仅正义问题的解决方式是西方的，甚至问题的提出方式本身也是西方的。换言之，处处只见"西方正义论"，而不见"中国正义论"。但事实上，正义理论从来就是中国学术传统，尤其儒学的一个基本主题，那就是关于"义"的理论传统。汉语中与西语"justice"（正义）相对应的就是"义"，荀子多次明确谓之"正义"。汉语"义"与西语"justice"之间既存在着可对应性，故可以比较；亦存在着非等同性，故值得比较。关于正义问题，以儒家为主干的中国传统学术拥有博大精深的理论建构。然而由于种种原因，这个源远流长的伟大传统竟被遗忘了。其后果是严重的。为今之计，当务之急是重建"中国正义论"。

正在进行的研究项目：（1）教育部人文社会科学研究项目"中国正义论传统的现代性研究"（08JA720020）：旨在纵向（历时）地研究以孔、孟、荀为代表的原始儒学的社会正义理论的渊源关系。（2）国家社会科学基金项目"中国古典制度伦理学研究"（10BZX032）：旨在横向（共时）地研究以儒学为代表的中国正义论——古典的制度伦理学思想的基本的理论结构。

走近生活儒学

——黄玉顺先生访谈录*

《孔子文化》/ 巩宝平

编者按：在第四届世界儒学大会期间，《孔子文化》编辑部有幸采访黄玉顺先生，并邀我院邱文元老师一起谈学论道，收益颇多，现将访谈公诸同好。另，从约稿、座谈至成稿，始终得到我院领导的大力支持，特此致谢。

《孔子文化》：您好，黄先生。非常感谢您接受《孔子文化》编辑部的采访。众所周知，您在儒学研究方面著作颇丰，成就显著，建构了独特的思想体系。而您当初博士论文做的是有关近代"科玄之争"的问题，能否就此一谈？

黄先生："科玄之争"是我的博士论文研究的主要问题。当时我跟着中国社会科学院蒙培元先生读博士。其间，方克立先生（时为中国社会科学院研究生院院长）开了一门课，叫"中国近现代哲学"，我也选了这门课。课上每次都要以一个主题进行讨论，有一次是"科玄论战"，方先生让我谈一谈。谈完以后，过了一段时间，我把自己的文章做了进一步的修改，以题为《"科玄之争"再评价》的论文发表在1999年第1期的《中国哲学史》上。后来蒙先生和我讨论博士论文开题的事情，就建议我以"科玄之争"为论文题目，我觉得也可以，就以此去做自己的博士论文。

《孔子文化》："科玄之争"作为中国现代文化史上的一个重要的文

---

* 原载曲阜师范大学孔子文化学院《孔子文化》2011年第2期（总第13期）。

化事件，您做何评价？

黄先生：先说一下"科玄之争"的背景。它发生在五四新文化运动期间。按我的理解，五四新文化运动前后持续了八年，从1915年《新青年》创刊到1923年"科玄论战"结束。科玄论战的重要意义在于，它意味着新文化运动的结束。科玄论战之前，知识分子一窝蜂地一边倒——西化，论战之后正式分成几个阵营、三个派别。一个是马克思主义，那时候叫"唯物史观派"，以陈独秀、瞿秋白、邓中夏为代表，主张唯物史观；另一派是自由主义西化派，即以丁文江、胡适、吴稚晖等为主将的科学派，主张自由主义，主张"全盘西化"。还有一派，就是所谓"文化保守主义"，主要是以张君劢为代表的现代新儒家，主张立足于中国传统的固有文化，重塑传统文化的内涵，以企求传统文化的发展。科玄论战有一个很大的成果，就是标志着现代新儒家正式走上历史舞台。科玄论战所牵扯的问题确实很多，仅就人们已经着墨甚多的重大问题来说，就有关于中国文化与西方文化的比较问题，关于物质文明与精神文明的关系问题，关于现代化道路的战略问题（资本主义还是社会主义），关于张君劢思想体系的评价问题，等等。同时，作为"科玄论战"主角的张君劢以现代新儒家的代表的身份第一次走上了历史舞台。张君劢的文化立场虽然是中国的，但是他的西学功底是很深的，只是现在对张君劢的研究还很薄弱。科玄论战的一个意义就在于中国现代以来的三足鼎立的思想文化格局是在那时候奠定的。对于这个问题，我想强调的有两个方面：一是"科玄论战"的重要性在于论战对之后中国思想文化格局的影响，直到现在我们还没有逃脱这种影响；二是"科玄之争"所论争的问题直到现在我们也没有解决。

《孔子文化》：后来您的研究领域转到儒家哲学上来，特别是您的"生活儒学"理念，自从提出以来，在学术界引起了很大的反响，其中误解也很多。在学理上，您是在批判吸收了胡塞尔、海德格尔思想的基础之上构建自己的"生活儒学"理念的，但是一些人误解您是用现象学的方法来研究儒学，对此您是怎样看的？

黄：嗯，学术界对"生活儒学"的误解是很大的。很多人对我提出的"生活儒学"的理念有很多误解，误解在哪里呢？他们像误解牟宗三一样误解我。他们简单地认为牟宗三只是借助康德哲学来解释儒学，其实事情远没有那么简单，除非你没有读过牟宗三的书。当然，牟宗三在很大程度上是借用了康德的很多资源，但是他对康德也有一种超越，特别是在"智的直觉"这一问题上，这一概念是牟宗三以儒家心性论会通康德哲学而提出的命题。我的生活儒学更是如此，那是儒学与现象学之间平等对话的结果。如果儒学要成为当今时代的一种思想，就意味着必须要与当今最前沿的思想对话。比如说，在宋代，儒学的复兴是在和当时的"西学"（佛学）的对话中产生的。如果儒学不能与佛学进行对话，就不会有宋明理学。同样的道理，儒学如果要在今天复兴，它必须有这种能力和今天的"西学"、今天的一种最前沿的异质文化进行平等的对话。我特别想强调这一点。如果有人认为生活儒学不是儒学的话，我们也可以说宋明理学也不是儒学了，这是同一个道理。这是儒学与现象学进行的一种平等对话，而不是儒学与现象学的结合，就像苏格拉底所说的那样，真理在对话中呈现。很多对我的"生活儒学"理解很肤浅的人，对此误解很深，他们完全没有看到我是一直在批判海德格尔的，这就是对话，一种批判性的审视。所以，我想强调的是：生活儒学不是借鉴了现象学来研究儒学，而是通过儒学与现象学的平等对话来显现出真理。而且我想再一次强调：儒学之所以能在宋代复兴，是因为其达到能和佛学对话的水平；我们今天也面临这种情况，如果儒学不能和西学进行平等的对话，也就没有什么复兴了，没有达到这种思想水平，复兴只是表面的热闹、假象。

《孔子文化》：海德格尔作为20世纪影响最大的哲学家之一，实现了西方哲学的转向，其《存在与时间》在20世纪80年代翻译成中文以来，其存在主义哲学思想在大陆风靡一时。您刚才谈到对海德格尔的批判，您能具体谈谈对海德格尔是怎样批判的吗？

黄先生：不知道大家对海德格尔有没有了解，我谈一点吧。我对海德格尔有一个根本性批判，这是一种釜底抽薪式的批判：我揭示了他全部思想的基本矛盾。以海德格尔的观点来看，存在者之所以可能，是因为存在先行于并且给出了存在者，这是海德格尔的一个很伟大的基本观念，他因此成为20世纪最深邃的思想家；但同时他又说，存在本身是不可通达的，除非有一种特殊的存在者——此在，也就是人这样一种特殊的存在者，唯有通过此在的生存才可以通达存在本身；于是，存在本身就有了一个存在者的前提，这样一来，海德格尔就陷入了自我悖谬。人虽然是一种特殊的存在者，但人依旧是一种存在者。这就意味着海德格尔把自己刚才所想要达到的视域给推翻了。这是他思想中最根本的一个矛盾。后期的海德格尔也意识到这个问题了，所以才发生了转向。我就是基于此而对他进行批判的。

《孔子文化》：您刚才谈到牟宗三先生。您如何看待生活儒学与牟宗三先生新儒学之间的关系？进一步说，生活儒学作为一种思想建构，与其他中西哲学（尤其是海德格尔哲学）的关系如何理解？

黄：生活儒学和牟宗三儒学有根本区别；不仅仅是和牟宗三有区别，而且和所有哲学都有这种根本区别。从轴心期以后，所有林林总总的哲学有一个共同点，就是我们面对的万物、存在者都是形而下者，中西的哲学家两千年来就是思考这个问题：这些众多的形而下存在者是怎么可能的？他们全部都在思考这个问题，于是找到一种唯一者，叫作形而上存在者，用它来奠定这些形而下存在者的存在基础。所以，全部的哲学就形成一种这样的架构，即是形而上与形而下的架构，用形而上者来说明形而下者。生活儒学与其他哲学的区别就是海德格尔所试图达到的"存在"视域，然而海氏却不透彻，这也是我批判他的地方。但是海德格尔毕竟第一次走出了这一步。在他那里，无论是形而上者还是形而下者都是存在者，那么，当我们问"存在者何以可能"，我们该怎么回答？这意思是说，如果仅仅用形而上者去解释形而下者是怎么可能的，其实还停留在存在者领域；借用老子的话说，形而上者和形而下者作为存在者都是"有"，而不是"无"。"无"不是佛家讲的"空"，而是最实在的。生活儒学和海德格尔相通的地方就在于这种"存在"和"存在者"的区别。但海德格尔的思想自身是有矛盾的，刚才谈了我对他的批判，再强调一下。按照海德格尔提出的"存在论区分"，任何存在者，包括上帝、本体，以及形下的种种一切，都是由"存在"或"无"给出的，因此，"存在""无"是最优先的；但是，他自己推翻了这一点。在《存在与时间》里，他有一个命题，即"存在总是存在者的存在"；因此，在他看来，要追寻存在本身，必须通过一个特殊的存在者——"此在"，也就是人。但是，人虽然是一种特殊的存在者，但毕竟还是一个存在者。这意味着海德格尔把自己刚才所想要达到的视域给推翻掉了，他并没有真正通达存在。这是海德格尔最根本的一个矛盾。我可以自负地讲，研究海德格尔的专家都没意识到这个问题。

邱老师：我觉得您那个"生活儒学"有没有这种嫌疑呢？就是有没有一种还原论的嫌疑，即是悬搁了一切形而上学、存在者的言说，留下了只是海德格尔留下的不可言说而还要言说的"存在"，存在者都被遮蔽了。

黄先生：这不是"悬搁"，我还没有谈到这个问题。"悬搁"是胡塞尔的概念。我是从海德格尔谈起的。我把这个思路清晰地展示出来、但尽量简单地说出来吧。我首先揭示了海德格尔的自相矛盾之处，他其实对自己所想要达到的"存在"思想视域进行了自我否定。但是这个思想视域是很宝贵的。海德格尔说，必须通过一种特殊的存在者"此在"才能追问"存在"。"此在"的存在是什么？是"生存"。所以，海德格尔前期有两个关键词："存在"和"生存"。在海氏那儿，他对两者做了区分，"生存"只是此在的存在方式，而不是"存在"本身。然后他用"此在"来沟通这两者，我们只有通过"此在"通达存在本身。这就陷入了我上面讲的那种自相矛盾。而在我看来，实际上只有"生存"，而且是不以"此在"为前提的"生存"，才和我们的"生活"直接相关，这也就是"存在"。生活即是纯粹存在、纯粹生存，而"此在"倒是由这种纯粹生存或者纯粹存在给出的，也就是由生活给出的。这种"给出"恰恰不是"悬搁"此在、存在者，而是阐明存在者是何以可能的。其实，这种思想视域，儒家早就有，而且比海德格尔说得更透彻，没有海氏那种矛盾。我举个例子吧。《中庸》有一个命题，它是从肯定性的表达和否定性的表达两个方面来谈的。否定性的表达是："不诚无物。"首先，什么是"诚"呢？"诚"显然不是"物"，即不是存在者，因为如果没有诚就没有任何存在者、没有任何物，所以诚就不是一个物、存在者。诚就是爱，而爱不是一个东西。其次，所有的物都是诚生成的。刚才是一种否定性表达，而肯定性的表达是："诚者非自成己而已也，所以成物也。""成己"意味着人的主体性是由诚给出的；"成物"是说主体所面对的对象也是由诚所给出的。这就给出了一个"主—客"架构，一切存在者都由此得到说明。而这种"主—客"架构是出自生活情感本源的。

邱老师：您是用道家的观点来阐释"无"的吗？

黄：其实，道家和儒家的观念在某些方面是非常相通的。道家有"无"的观念，儒家同样有"无"的观念。从刚才《中庸》的例子来看，两家就是非常相通的，只是语言表达方式不太一样。进一步说，其实，所谓"道家""儒家"之类的划分，都是汉儒搞出来的"十家九流"的观念框架而已。

邱老师：我从西方哲学史上讲，海德格尔讲存在，归结到一种特殊的存在者——此在，这其实是一种个人主义的形而上学，此在仍然是一个存在者。

黄：嗯，你说的没错！海德格尔也意识到这个问题了，所以后期才发生了转向，后期就不再谈此在的生存了。咱们不谈海德格尔了吧，再谈就成了海德格尔专题了。（听众皆会心而笑）

《孔子文化》：好。那我们回到主题，谈您一直研究、倡导的"生活儒学"。台湾地区学者龚鹏程先生也曾提出过类似的概念，如"生活的儒学"，您如何看待你们两位彼此之间的区别？

黄：我的"生活儒学"和他的"生活的儒学"完全不一样。我做的是思想，而他做的是普及方面的事情。这个问题，我也向安乐哲（Roger Ames）先生解释过。我是从两个方面向他阐释的。从字面上说，龚鹏程先生的"生活的儒学"，翻译成英文叫作"Confucianism of life"，而我的生活儒学则应该翻译成"Life Confucianism"。安乐哲先生很理解这种翻译方式。从实质上说，他的"生活的儒学"是说把一种既有的、现成地摆在面前的儒学应用到生活当中去，把它生活化、通俗化、实践化、普及化；而我的"生活儒学"是建构儒学的一种当代思想理论形态。这种当代儒学形态，是在当代生活的本源上，重新理解儒学的形而上与形而下的关系,包括三个基本的观念层级:(1)本源的思考,即关于一切存在者(包括形而下者、形而上者)的本源在哪里的思考,也是关于儒学本身的思想本源究竟在哪里的思考。在我的"生活儒学"中,生活是一切存在者的大本大源,当然也是儒学本身的大本大源。(2)形而上学的思考。这一层级要求在生活本源上重建儒家的形而上学。(3)形而下学的思考。这一层级不是关于"存在者整体"的形而上学构造,而是关于某个"存在者领域"的思想构造,主要包括重建伦理学、重建知识论。以上三个层级是生活儒学思想的整体性构架。尤其是其中的第一个层级,这是"生活儒学"不同于"生活的儒学"的关键之所在。

《孔子文化》:嗯,两者虽然只有一字之差,其实有着本质的区别,如果不能细察,往往望文生义,难免混淆。说到区别,您对儒家仁爱思想有过集中的论述,那么,它和基督教爱的观念有何差异?

黄:好的。其实,中西在"爱"的观念上差别很大。有人开玩笑说,黄玉顺有一句名言,常被人引用:"人天然是儒家。"儒家讲爱,基督教也讲爱。那么,能不能说"人天然是基督徒"呢?我说:不能这样讲。为什么呢?因为基督教与儒家所讲的"爱"是不同的。我有一系列文章谈过这个问题。基督教的"爱",马克斯·舍勒讲得最为透彻,那就是他的情感现象学。我做过情感现象学与儒学的专题比较研究。简单地说一下。基督教所说的"爱"是上帝之爱,上帝的爱保证了一切;而上帝之爱的前提是上帝的存在。可是,上帝早就被康德、尼采解构了。如果上帝被解构了,人也就没有爱了。儒家讲的"爱"是不同的。儒家的爱就是"仁",而这种"仁"的观念包括三个基本层级:一是本源之仁,乃是原初的真切的生活情感的存在,这是存在的直接显现,是前存在者化、前对象化、前概念化的事情。仁爱之为所有一切的大本大源,乃是在这个层级上而言的。二是形下之仁,则是被理解为道德情感甚至道德原则的那种形而下者的存在方式,那是某种相对主体性的事情。三是形上之仁,则又是更进一步被理解为本体之"性",甚或类似"上帝之爱"的那种形而上者的存在方式,即是某种绝对主体性的事情。正是儒家仁爱的这种丰富层级,使儒家仁爱的关怀更加展现了爱的深层内涵。所以，儒家的仁爱情怀有别于基督教的上帝之爱。

《孔子文化》：您提出要"重建形而上学"，且认为"形而上学的本体观念既非经验的假设，亦非先验的预设，而是在生活中获得的一种对存在者整体的领悟而已"，您能谈谈怎样在生活领悟中实现对存在者的整体把握？

黄：这个问题非常好。我现在还没有正式开始进行形而上学的重建工作，这里只简单谈一下。人们都在寻找一个形而上者，但是，我们发现，不同民族、不同时代、不同文化的人们，对形而上者的理解是不同的，这说明了这种形而上者与他们各自的生活密切相关，形而上者是由生活给出的。正因为生活领悟的不同，才会有不同时代人对形而上者的不同的界定，否则那就是不可理解的。你只能从生活中领悟到一种东西。至于从生活领悟到形成一种形而上者的设定，这种过程是很复杂的，你可以从我的第一部自选集《面向生活本身的儒学》里找到相关的文章读一读，尤其是《"生活儒学"答问》那一篇。

《孔子文化》：嗯，以后我们一定会拜读。您认为现代新儒家仍然"无本无源"，没有回到大本大源上去，大本大源就是"生活"，而且生活的本源结构就是"在生活并且去生活"，请您就此论题做些具体的展开吧。

黄：我对此阐释得是比较少的。其实也很简单，我简单地勾画一个过程。生活的这种本源结构可以说明一切，只要你能把它恰当地展开。每个人的主体性，一个人成为如此这般的"所是"，这是怎么可能的呢？是由生活给出的。这就叫"在生活"。这里，生活先行于主体性。"在生活"生成了、给出了你这么一个主体性；而你一旦有了主体性之后，你就会有自觉的行为，你会"去生活"——去改造"自己的"生活。于是你会发现：我们所有的事情，都可以涵盖在这个结构当中——"在生活并且去生活"。要充分理解这一内涵，需要我们认真理解"在生活"与"去生活"之间的关系。其中"在生活"强调作为存在者的主体是在生活存在中获得主体性，孟子所说的"此天之所与我者"其实就是这个意思；而"去生活"则注重主体性存在者应该回馈生活，这也就是"尽心""知性"就能"知天""知命"、而"存心""养性"就是"事天"的意思。总之，正如我以前谈到的一样：一切的一切都源于生活而归于生活、出于生活而入于生活。

《孔子文化》：看来把握生活这个大本源，就是"生活儒学"的关键。您最近正在做"中国正义论"的研究，从周公、孔子、孟子、荀子那里汲取资源，构建"中国正义论"，这条思路是如何形成和展开的？

黄：其实，"中国正义论"刚提出来的时候，误解也是很大的。我就简单谈谈构建中国正义论的思路。任何一个群体构建一种制度的时候，必定是要有一个标准的。简单地说，我们为什么要选择这样一种制度，而不是那种制度？我们一定是觉得这种制度"好""正当""适宜"。所有这些语义，西方用"justice"来表示，我们汉语用"义"来表示。在我看来，所有这些语义，大概可以分为两个方面，就是"正当"与"适宜"。在做了大量的考证性工作以后，我提出了两条正义原则——正当性原则和适宜性原则。前者是由仁爱保证的，而后者是具体历史时代的生活方式所要求的。我个人认为，这两条原则就是如何构建儒家的"礼"的内在根据。这两条原则是缺一不可的。我做了比较全面的论证。以上就是我的大体思路。

《孔子文化》：嗯。中国发展到现在也面临着一些棘手的问题，政府也越来越重视公平与正义的问题。因为只有基于公平与正义的基础之上的社会才是真正的和谐社会。如果一个社会失去了公平与正义，那么这个社会也不可能是和谐的。黄先生的"中国正义论"研究在当下是很有意义的。再次感谢您拨冗接受我们的采访。衷心祝愿您工作愉快、身体健康！

儒学与生活
——黄玉顺教授访谈录[*]

《励学》／杨　虎

杨：黄老师，您好！在当今的中国现代性思想建构中，您的生活儒学产生了广泛的影响。而"生活儒学"这样一个标识，有两个关键词："生活"和"儒学"。所以，我们的访谈就围绕着"儒学与生活"进行吧。我们现在已经读到黄老师的很多关于生活儒学的著述，以及很多学者的评论、讨论，也包括好几篇访谈。那么，我可否这样来理解：生活儒学就是当下生活的儒学表达？

黄：可以这么说。我还有一种说法，是多次谈到过的：生活儒学就是"现代性诉求的民族性表达"。这里首先就是当下的生活。刚才你一上来就提到"当前的中国现代性思想建构"，你这个判断大致不差，生活儒学是一种"现代性思想建构"；或者更准确地说，生活儒学是关于现代性的生活方式的一种儒家思想建构。这里的关键是"现代性"——现代性的生活方式。因此，你也知道，我的生活儒学与现今流行的许多儒学都是截然不同的。当代中国人的生活方式是什么？一言以蔽之：走向现代性。但是，当前一些儒家有一种相当普遍的倾向，他们把儒学与现代性对立起来，排斥现代价值，否定现代文明，要让中国人退回到那种前现代的生活方式中去，回到"五四"之前的、农业社会的、专制帝国的生活方式。我对此很忧虑！所以，不久前《中国社会科学报》采访我，我谈道："假如儒家就是那样的'原教旨'的东西，我宁愿在此声明'我不是儒家'。"

---

[*] 首刊于山东大学儒学高等研究院《励学》2014年第2期；载《当代儒学》第8辑，广西师范大学出版社2015年版。

说到"现代性",许多人会引证后现代主义对现代性的反思。一些儒家也说:你瞧,连西方人都在批判现代性,可见现代性不是什么好东西!所以,我在这里特别指出几点:第一,西方后现代主义是站在后现代的立场上反思现代性,而一些儒家却是站在前现代的立场上反对现代性,后者是站在古代文化的立场上来反对现代文明,这两者是根本不同的。第二,我已经讲过,后现代主义其实并未超越现代性、启蒙理念,恰恰相反,他们是感到迄今为止的现代化未能真正兑现启蒙承诺——人的解放,所以才反思。在这个问题上,我赞同哈贝马斯的立场。第三,我已经一再指出:走向现代性,这是谁也无法抗拒的世界潮流、历史大趋势、人类文明的走向,那么,一个简明的逻辑就是:你如果坚持将儒学与前现代的宗法制度、家族制度甚至专制制度之类的东西捆绑在一起,那就无异于宣告儒学必定灭亡。

杨:那么,能不能说,生活儒学是一种现代主义的理论?

黄:也不能这样说。这个问题,我也已经讲过:要区分"现代性"和"现代主义"。现代主义是一种观念形态,它是基于某种特定的思想视域、思维方式的理论,这种思维方式,我已经批判过;而现代性则是一种生活方式。现代主义只是关于现代性的生活方式的一种观念形态、思想理论,但也只是诸多思想理论之一而已;关于现代性的生活方式,还有许多不同的思想理论,生活儒学也是其中之一。

进一步说,生活儒学所说的"生活"也不仅仅指现代性的生活,而是涵盖古今中外一切生活方式的生活。这是生活儒学所不同于现代主义的思想视域。所以我总是说:"生活即是存在,生活之外别无存在。"现代性的生活方式不过是生活的一种显现样态而已,只是生活之流的一个河段。我想要强调的一点是:生活儒学的思想视域不是"现代性",当然更不是"前现代性",甚至也不是"后现代性",而是"当代性",或者叫作"当下性"。所以,我把自己的思想方法叫作"当代主义",我在很多地方都谈到过。生活儒学既要超越前现代主义和后现代主义,也要超越现代主义,回到真正的"大本大源"——生活。在我看来,孔孟儒学就是这样的思想视域。所以,我才把自己的思想理论标志为"生活儒学",即是一种儒学。

这就是说，生活儒学不是"基于"现代性的，而是"阐明"现代性的。生活儒学意在阐明这个问题：现代性是何以可能的？而现今的许多儒学，却是基于现代性、现代主义的，甚至是基于前现代性、前现代主义的。我们知道，20世纪兴起的现代新儒学就是现代主义的，他们的基本视域就是现代性。这当然比目前的一些儒学好，后者甚至往往是前现代性、前现代主义的。但是，现代新儒家的思维方式也不足以阐明"现代性何以可能"这样的问题，更不用说目前的一些反现代性的儒学了。

我们现在处于中国社会历史的第二次大转型之中，这种转型的大趋势就是：由前现代的生活方式转向现代性的生活方式。中国第一次社会大转型是春秋战国时期从王权社会转向皇权社会，而这一次社会大转型则是近代以来从皇权社会转向民权社会。这种转型的一个基本方向，其实就是要建构一个基于民权的现代性的民族国家，这就要求在社会生活领域中有一整套新的社会规范建构及其制度安排，需要重新"制礼作乐"。但这一整套新的制度规范，首先要建立在人们观念上的普遍认同和共同选择上。这就需要中国式的"启蒙运动"。为此，儒家必须自觉地自我变革，然后积极投身于启蒙。对于儒家来说，这种自我启蒙既是"救国"，也是"自救"。儒家这种启蒙其实从黄宗羲、戴震就开始了，可惜不断被打断。李泽厚讲，抗战及其前后是"救亡压倒启蒙"；而今天，在我看来则是"强国压倒启蒙"。结果是非常令人遗憾的：当前的一些儒家反其道而行之，竭力宣扬一套反启蒙、反现代性的观念，宣扬古代传统的、农耕社会的观念，诸如家族观念、宗法观念、帝王观念、臣民观念、男权观念等。这在所谓"读经运动"、形形色色的"国学班"中表现得尤为显著。最近出现的"女德班"，就是一个典型事件。

这里我特别想强调的是个体性的观念，因为现今许多儒者还在鼓吹家族主义、集体主义、集权主义甚至极权主义。其实，个体性的观念并不是所谓"西方"强加给我们的，而是由现代性的生活方式决定的。中国人正在"走向"的现代性的生活方式，必然是与家族主义、集体主义等前现代主义格格不入的。现代性的生活方式必然催生现代性的思想观念，而这些思想观念必然会导向现实的社会规范建构及其制度安排，谁也抗拒不了，问题只是时间的早晚而已。生活儒学就是要阐明这些观念是何以可能的,它们是如何成为现实或将会如何成为现实的。

这就需要一种彻底的、透彻的思想视域、思想方法。生活儒学意在揭示这种思想方法。这就是我常说的,我们的生活方式决定了我们的观念,决定了我们是如此这般的存在者。生活儒学的表达就是:"在生活并且去生活"。"在生活"是说,首先是生活方式决定了我们的思想观念,决定了我们成为如此这般的主体;然后,这种特定的主体才能去改变自己的生活,即"去生活"。譬如个体性,它不是一个抽象的概念,它是很具体的、活生生的现实:它就是我们的生活方式,或者说正在成为我们的生活方式。

所以,你说生活儒学就是"当下生活的儒学表达",这是可以的。

杨:既然生活儒学植根于当下生活,而且尤其是中国当下的生活方式,那么,这对您个人而言意味着什么?或者说,您的生活经历与你提出这套思想有没有关系?

黄:呵呵!你这个问题的提法本身就已经说出了答案。我有一篇文章,就涉及怎么去理解一个人的问题。这就是孟子讲的"论世知人":"颂其诗,读其书,不知其人,可乎?是以论其世也。"譬如,怎么理解我黄玉顺这个人?首先,你要读我的书;但这还不够,还需要了解我这个人;为此,就还需要了解我的生活际遇、我所处的这个时代的生活方式。我是1957年出生于成都的一个贫民窟中的。我自己也经常反省:这么一个贫民窟,怎么会出现了我黄玉顺这么一个人?呵呵,这当然不是说的什么"舜发于畎亩之中,傅说举于版筑之间",也不是说的什么"舜之居深山之中……及其闻一善言,见一善行,若决江河,沛然莫之能御"。我只是一介书生而已。不过,我有自己的特定的个人生活际遇,而这种生活际遇的更大生活背景就是这三十多年来中国社会的急剧变化。中国人这三十多年的生活方式的激变,令人眼花缭乱,很难概括,诸多"模式""道路""共识"之类的概括都显得很浅薄。这让我想起《易传》的一个说法:"唯变所适"。颇有意思的是,西方哲学努力从变动不居的现象背后去寻找一个不变的本质、本体,而中国的周易哲学所找到的却是"神无方而易无体"的"变"本身。这种生活方式的激变导致人们思想观念的激变。不过,我从这种难以概括的激变中领悟到的，还是有某种确定性的，那就是"走向现代性"。这当然和我个人的生活际遇密切相关。所以，讲出这样一套"生活儒学"的黄玉顺这个人，他是从"当下生活"中生成的。这意味着什么呢？说得玄一点，生活儒学的建构是生活的一种"自己如此"，也就是汉语本义上的所谓"自然"。生活儒学其实是我的生活的一种自我诠释。这大概就是孔子讲的"为己之学"的意思吧。

杨：呵呵！这确实有点玄。不管怎么说，您有自己的具体的生活际遇。比如说，您曾经去中国社会科学院师从蒙培元先生。您怎么看蒙先生对您思想上的影响？

黄：不光是蒙先生。蒙先生是冯友兰先生的亲炙弟子。从体制上来讲，冯先生正式的学生只有两位，那就是他在"文革"前招收过两个研究生，其中之一就是蒙先生。我曾经提到过，我是继两位先生之后"接着讲"的。当然，作为我的博士导师，蒙先生对我的影响更直接。几天前我去拜望蒙先生，历数他当年对我的种种耳提面命，他夸我记性好，那些具体情境记得这么清楚，呵呵！蒙先生有很多思想创见，其中最重要的，我认为是他的代表作《情感与理性》所提出的观点："人是情感的存在"；"儒学是一种情感哲学"。所以，学者称他的思想为"情感儒学"。他打破了传统儒家形上学的"性→情"模式，回归了孔孟原典儒学的"情→性"观念。我继承和发展了这种情感观念，而称之为"生活情感"。这也是我归宗儒家的缘由所在。

杨：所以，种种因缘决定了您必然以"儒学"为标识，而不是以道家或者佛教，更不是以基督教来标识您的思想？

黄：可以这么说。儒学是讲爱的情感，讲仁爱。我曾经说过："只有爱能拯救我们。"有人曾质疑我这个说法：讲爱的不一定就是儒学啊，基督教也讲爱，佛教也讲慈悲，道家《老子》也讲"慈"。我说：只有儒学所讲的爱才是最本源的，即只有儒学才通过爱的观念来阐明一切，阐明万事万物何以可能。这也正是蒙先生思想的一个基本特征。

杨：看起来，您的生活儒学建构是有其必然性的：是因为您个人的生活际遇和生活领悟。是当下生活铸就了生活儒学。那么，儒学与生活的关系是不是可以这样来理解：生活不是为了儒学，而儒学是为了生活？

黄：没错！我说过这样的话："生活不是为儒学而存在的，儒学倒是为生活而存在的。"我这样说，是有现实针对性的，主要是针对现今的一些儒者：他们所想、所做的，不是如何"为人民服务"，而是高高在上地"教化"老百姓。有一些搞"儒教"的朋友，总喜欢摆出一副先知先觉的模样，教训别人。所以，我强调：生活不是为儒学服务的，儒学却是为生活服务的。这个观念在今天具有特别重要的意义。在今天这个儒学"魂不附体""花果飘零"的时代，儒者应当首先考虑的是怎么为这个时代服务，"为人民服务"，而不是一天到晚想着怎么让人跟着你儒学走。必须要有这番思维方式的转换，这是至关重要的。我做生活儒学的研究，就是这么一种态度：不是为了儒学，而是为了生活。

杨：是的。儒学必须为当下生活服务，必须直面时代问题。您最近几年正在做的"中国正义论"的重建工作，就是出于这样的考虑吧？

黄：确实，重建中国正义论是现实生活的迫切要求。这可以从两个方面来看：从民族国家内部看，正义问题不仅仅是中国当下面临的问题，也是当今世界各国普遍面临的问题。就世界范围来说，虽然很多发达国家在现代性制度安排上比较健全和成熟，但他们的社会中同样存在着各种各样的不正义现象，有些还相当严重。例如，美国2011年爆发了"99%"的人对"1%"的人的轰轰烈烈的"占领华尔街"运动。这场运动的意义已经超出了金融层面、经济层面，牵涉到美国社会政治层面的社会规范及其制度安排问题。就中国来说，也不乏不公平、不公正的例子。因此，改变相关制度规范就成了人们普遍关注的问题。再从国际关系看，现行的国际经济政治秩序在很大程度上可以说是不正义的，必须加以改变。这些都是正义论所要讨论的问题。这不正是儒家应当加以密切关注的重大课题吗？

当然，我所提出的中国正义论，不仅仅是针对现实问题的，它具有"普适"的意义。因为正义问题乃是人类社会永恒的问题，所以，中国正义论是想找出一套适用于古今中外一切制度规范建构的普遍原理。有朋友问我：你为什么不像蒋庆那样，具体地设计一套现实的制度方案？我的回答是：我是一个哲学家，而不是仅仅关注现实问题的政治家，我要做的工作就是研究政治哲学的普遍原理；至于现实问题的解决方案，那是可以根据当下生活方式的条件，从普遍原理中推演出来的。

还有一点需要谈一谈。有人说：黄玉顺现在不搞生活儒学了，转而搞正义论了。呵呵！这是一种误解。其实，中国正义论不过是生活儒学的一个层级当中的一个侧面的展开而已，具体来说，就是"形而下学"层级的伦理学这个侧面。简单说，中国正义论是生活儒学的一部分。就生活儒学的建构来说，前些年，我主要致力于这个思想系统的整体，特别是其中最本源的"生活—存在"思想视域的揭示，因为这个思想视域已经被遮蔽了两千年，人们理解起来非常困难；而这项工作完成之后，这几年，我把注意力放在了其中的"形而下学的重建"上，尤其是制度伦理学问题，这是因为如上所说的：这个问题乃是现实生活的迫切要求。

杨：您的"中国正义论"已经产生了较大的影响，但同时也受到了一些批评。据我的观察，批评来自两个方面：一方面是一些民间人士的批评，待会儿再说；另一方面是学界的批评，主要是儒学界的批评。

黄：呵呵！我是腹背受敌啊！儒学界的一些朋友不仅批评中国正义论，而且批评整个的生活儒学。有人说：这还是儒学吗？这不像儒学了啊！我能理解他们的疑惑。在他们心目中，儒学的标准其实是孔孟之后的儒学——帝国时代的儒学，特别是宋明理学，尤其是程朱理学、阳明心学。这是可以理解的：宋明理学研究长期以来一直是所谓"中国哲学史"这个学科领域的主流。而在我这里，宋明理学恰恰是要"解构"的，因为这种儒学是帝国时代、皇权时代的生活方式的产物，所要解决的是那个时代的问题，而且在思想方法上遮蔽了"生活—存在"的大本大源。我要回归的是孔孟的儒学，或者说是孔、孟、荀的儒学，而且不是简单地重复他们的现成结论，而是揭示他们所揭示却被后人遗忘了的"原理"，从而面对我们的当下生活，解决我们所面临的时代问题。

杨：另外一个方面的批评是来自民间的，主要是一些反儒人士的批评。譬如最近网上有人认为,您的生活儒学、中国正义论是为皇权专制服务的。[①]您怎么看这个问题?

黄:呵呵!我能理解这样的批评,甚至在一定程度上赞同这种批评。为什么呢?因为他们的逻辑是这样的:只要是儒学,就一定是为皇权专制服务的;因此,生活儒学、中国正义论想来也必定是为皇权专制服务的。所以,他们一看见"儒学"二字就生气!这其实不是他们的问题,而是我们自己的问题——是儒者自己的问题:是你自己给别人造成了这么一种印象嘛!可悲可叹的是:今天仍然有不少的儒者甚至越来越多的儒者在做这样的事情:把儒学搞得面目可憎。

所以,但凡有反儒人士批评我的时候,我的反应是两点:第一,表示理解;第二,我敢肯定,他们一定没有认真地读过我的生活儒学和中国正义论,因为我的思想并不是他们心目中的那种"儒学"。也正因为如此,我才腹背受敌,儒家内部也有人批评我,把生活儒学看作离经叛道的东西。

当然,反儒人士对儒学也是有很大误解的,他们对儒学的整体情况并不了解,在他们心目中,儒学的形象就是"五四"所批判的那种"以理杀人"的专制主义。他们不知道,比如说:黄宗羲是批判皇权专制的,难道不是儒学吗?现代新儒家是主张民主与科学的,难道不也是儒学吗?儒学是"与时偕行"的,是"常新"的。孔子就是"圣之时者",而不是"原教旨主义者"。所以,我讲过一句话:"儒家没有新的,儒学是常新的。"意思是说,儒学作为儒家在面对现实问题时所建构的思想理论形态,并不是一成不变的,所以才有先秦儒学、汉唐儒学、宋明儒学、现代新儒学、当代儒学等的区别。中国正义论所揭示的正义原则之一,就是"适宜性原则",它要求制度规范设计必须适应那个时代的社会生活方式。而且,即使是在同一时代,儒学也并不是铁板一块。就以今日儒学界的情况看,简要地讲,也有马克思主义儒家、自由主义儒家、原教旨主义儒家,如此等等,热闹得很。

我最近发给朋友一封短信,说:"今日以'儒'自命者,何其多也!

[①] 参见丁礼庭《中西文化研究的基本原则——与黄玉顺的"中国正义论"商榷》,"爱思想"网:www.aisixiang.com/data/67511.html。

殊不知儒有四等：有君子儒，有犬儒，有腐儒，有小人儒。子曰：'汝为君子儒，无为小人儒。'"什么是小人儒？"你懂的"，呵呵！有一个说法，我觉得很有意思：有真睡着了的人，有装睡着了的人；你可以唤醒真睡着了的人，却无法唤醒装睡着了的人。小人儒就是装睡着了的人。真睡着了，可怜；装睡着了，可恶！但他们却往往能够大行其道！在这个意义上，反儒人士的批评是有道理的。

杨：您刚才提到自由主义儒家。儒家也讲自由吗？您的生活儒学与自由之间是什么关系？

黄：有一次，谢文郁教授对我说：你是自由主义儒家。我说，我在一定意义上接受这个评论，但也不全然。我的意思是：主张"自由"并不等于"自由主义"。谁不向往自由啊？严格来说，"自由主义"是指的西方政治哲学的一个派别或者若干派别；即使最广义的"自由主义"，也远远不能涵盖所有向往自由的人们的思想。就以中国目前的情况来说，确实存在着自由主义儒家，但这并能涵盖所有主张自由的儒家。

不仅如此，我有我自己对"自由"的理解。首先，我并不以"自由"作为自己的"主义"。我的"主义"是仁爱。其次，在我看来，有形下的自由，有形上的自由，还有本源的自由。形下的自由是指的社会层面的自由、政治自由。作为一种政治哲学的自由主义所主张的就是这样的自由，实际上是讲的人权、公民权利问题。形上的自由，例如康德所讲的"自由意志"，是把上述那种形下的相对主体性提升为一种形上的绝对主体性，是要为社会自由、政治自由提供一个形而上学的基础。而本源的自由，则是本真的"不自由"。

有两种不自由：一种是"非本真的不自由"。这是在政治哲学层面上讲的"自由"概念。我们要摆脱这种不自由状态，这就是西语"free from…"的语义结构——"免于……"，例如罗斯福所讲的"四大自由"中的"freedom from want"（免于匮乏）和"freedom from fear"（免于恐惧）。另一种则是"本真的不自由"，通俗地说，这是一种"情不自禁"的情境。比如，我爱一个人，我就对这个人负有责任和义务，而且我并不想"免于"这种责任和义务，我并不想从这种爱的关系中

"摆脱"出来,这就叫作"情不自禁"。这也可以叫作一种"不由自主",这似乎正好跟"自由"相反,因为自由恰恰意味着自主。自由是以主体性为前提的:自由是主体的自由。而这种"情不自禁""不由自主"却似乎意味着主体放弃了自己的主体性,这就是"不自由";然而这种放弃却是出自本真情感的,这就是"本真的不自由"。在我看来,孔子讲的"从心所欲不逾矩"就是这个意思。

但这种"本真的不自由"其实也是一种自由,而且是最高境界的自由,犹如庄子讲的"吾丧我"。最近郭萍问我一个问题,我觉得是相当深刻的。她问:如果说,自由的前提是主体性,而同时你又说,最高的境界是超越主体性的,那么,在已超越了主体性的境界中,还有自由吗?我的回答是:一方面,在这种情境中,我放弃了自己的旧的主体性;然而另一方面,正是这样的放弃,敞开了让我获得了一种新的主体性的可能;就放弃旧的主体性而论,这是不自由,然而就获得新的主体性而论,这恰恰是自由,或者说是自由的大本大源所在。

我刚才讲的三个层级的自由观念,在生活儒学中都有。我经常讲:什么是哲学?什么是儒学?就是敞开一个可能世界,从而获得一种可能生活。这就是说:儒学不是为了让我们受到奴役,而是为了让我们获得自由。

从"生活儒学"到"中国正义论"
——黄玉顺先生访谈录*

《新诸子论坛》／宋大琦

1. 黄先生好！好久不见您的消息和动态，你的"生活儒学"研究状况怎么样了？

答：您好！呵呵！您说的好久不见我的消息和动态，大概是指的我在网络上的活动吧？确实，我已经有较长一段时间没有参与网络上的活动了。例如，由"原道"网站和"孔子2000"网站合办的著名的"儒学联合论坛"，在网络上影响很大，我以前经常在上面发表言论，发帖或者跟帖，现在已经好久没有登录过了。主要是因为太忙。我2010年从四川大学哲学系调到山东大学儒学高等研究院，这几年行政事务性的工作太多。不过，我本人的学术研究虽然受到了一定的影响，但还是在进行。呵呵！我的消息和动态还是经常出现的，但主要是以正式的期刊论文发表和著作出版的形式，所以喜欢网络活动的朋友可能不怎么了解。比如您所提到的"生活儒学"研究状况，到目前为止，冠以"生活儒学"之名的著作已经出版了5本：一本是专著《爱与思——生活儒学的观念》（这本书即将在美国出版英文版，译者已经申报成功了国家外译项目）；另外四本是论文集《面向生活本身的儒学——黄玉顺"生活儒学"自选集》《儒家思想与当代生活——"生活儒学"论集》《儒学与生活——"生活儒学"论稿》《生活儒学讲录》。[①]此外，还出

---

* 访谈人：宋大琦，中国社科院哲学博士后、《新诸子论坛》执行编委。原载《当代儒学》第6辑，广西师范大学出版社2014年版；首发于网刊《新诸子论坛》2014年3月号（总第11期），题为《黄玉顺：从"生活儒学"到"中国正义论"》。

[①] 黄玉顺：《爱与思——生活儒学的观念》，四川人民出版社2006年版；《面向生活本身的儒学——黄玉顺"生活儒学"自选集》，四川人民出版社2006年版；《儒家思想与当代生活——"生活儒学"论集》，光明日报出版社2009年版；《儒学与生活——"生活儒学"论稿》，四川大学出版社2009年版；《生活儒学讲录》，安徽人民出版社2012年版。

版了一本文集《儒教问题研究》。①另外，我的一本旧著《易经古歌考释》也要出修订版了。②

2. 我的看法，您的"生活儒学"理论是目前最深刻的思想体系之一，但人们还不太能够理解。您能给《新诸子论坛》的读者梳理一下"生活儒学"的基本思路和理论吗？

答：呵呵！好大的题目！刚才我说到，我的一系列论文，在结集出版的时候，都冠以"生活儒学"之名。事实上，这些论文以及最近两年发表的一些尚未结集的论文，所涉及的问题范围是非常广泛的，并不仅仅是所谓"儒学研究"。这就意味着，在某种意义上，"生活儒学"是一种方法论，或者用我的话来说，是一种"思想视域"，许多问题都可以放到"生活儒学"的思想视域下来审视。有一种老套的说法：哲学是世界观和方法论。我的理解，所谓"方法论"，是说的看待世界的一种方式；用这种方式看待世界的结果，就是所谓"世界观"。我有一种说法：世界如何，取决于世界观如何；而世界观如何，取决于如何观世界。在我看来，哲学与科学的最大区别是：科学是有自己的特定研究对象领域的，而哲学则没有固定对象。哲学无所不思。哲学就是给出一个可能世界，人们由此获得一种可能生活。生活儒学的宗旨也在这里。

3. 我注意到，您不断地提到"哲学"这个词语。确实，当今儒学的几个流派，您的生活儒学是最有哲学特色的。但也正因为如此，据我所知，有人批评"生活儒学"不是儒学，而是一种哲学。这就涉及这样的问题：儒家的基本学问形态是不是一种哲学？或者说，哲学在儒学中具有怎样的地位和意义？甚至，"生活儒学"还是儒学吗？

答：我知道有这样的批评。最典型的是陈明曾经批评我是"哲学帝国主义"，呵呵！这涉及怎样理解和使用"哲学"这个词语的问题。十

---

① 黄玉顺：《儒教问题研究》，人民出版社 2012 年版。
② 黄玉顺：《易经古歌考释》，巴蜀书社 1995 年 3 月第 1 版；修订版，上海古籍出版社 2014 年版。

多年前，发生过一场关于"中国哲学的合法性"问题的大讨论，其中一派观点就认为中国根本没有哲学，没有所谓"中国哲学"，只有"（西方）哲学在中国"。我后来写过一篇文章，也是讨论这个问题的。①

我这篇文章使用的是狭义的"哲学"概念，是指的以本体论为核心内容的形而上学。说到"形而上学"，关于中国有没有哲学的问题，与我曾经谈过的中国有没有形而上学的问题是一致的。那是中国人民大学的张志伟教授和我之间的一场争论。他认为，形而上学是西方特有的东西，即 metaphysics，出自以亚里士多德为代表的西方哲学传统；中国没有形而上学。我当时曾打过一个比方：中国当然没有"vitamin"（维他命）这个词语，但怎么能由此证明中国从来没有维生素呢？当我们用《易传》关于"形而上者"之"学"去翻译"metaphysics"，并且大家认同这个翻译的时候，就意味着大家承认中国从来就有自己的形而上学。②"哲学"的问题也是一样的道理。当然，这是狭义的"哲学"概念。

广义的"哲学"概念更是如此。例如，海德格尔宣称"哲学的终结"，但人们仍然可以称他的思想为"海德格尔哲学"；后现代主义致力于解构哲学，但人们仍然可以称之为"后现代主义哲学"；如此等等。我比较倾向于胡适的"哲学"定义："凡研究人生切要的问题从根本上着想，要寻一个根本的解决：这种学问叫做哲学。"③古今中外的哲学都是如此，儒学亦不外乎如此：研究人生切要的问题从根本上着想，要寻一个根本的解决。儒家这种"从根本上着想""根本解决"，就是用仁爱来阐明一切。生活儒学亦然：用最原初、最本真的仁爱情感来阐明一切；这种仁爱情感作为生活情感，乃是生活的最原初、最本真的显现。所以，生活儒学的一个最基本的命题是：生活即是存在，生活之外

---

① 参见黄玉顺《追溯哲学的源头活水——"中国哲学的合法性"问题再讨论》，《四川大学学报》2011 年第 4 期。

② 参见张志伟《关于海德格尔与中国哲学之间关系的几点思考——对黄玉顺〈生活儒学导论〉的批评》，《四川大学学报》2005 年第 4 期；黄玉顺：《论生活儒学与海德格尔思想——答张志伟教授》，《四川大学学报》2005 年第 4 期。两文均由人大复印资料《外国哲学》2005 年第 12 期全文转载。

③ 胡适：《中国哲学史大纲》卷上，商务印书馆 1919 年版，第 1 页。

别无存在。

我将"生活"视为本源的视域，有人因此认为"生活儒学"其实并非儒学。这又涉及怎样理解儒学的问题。这不禁使我想到程颢的话："吾学虽有所受，'天理'二字却是自家体贴出来。"①程子当年拈出"天理"、建构"理学"，但后来一直有人质疑：这还是不是儒学？孔子那里根本没有"天理"概念啊。不少人甚至认为，理学其实是一种佛学。其实，这类质疑都是由于不懂得一个道理，我经常说：儒家没有新的，儒学是常新的。汉代经学、宋明理学以至于现代新儒学，无非儒学的不同理论形态。我们也经常看到有人批评现代新儒学不是儒学，例如批评牟宗三的思想不是儒学，因为他牵涉了康德哲学；批评梁漱溟的思想不是儒学，因为他牵涉了佛学，甚至柏格森哲学；这就犹如有人批评我的思想不是儒学，因为我牵涉了海德格尔哲学。

4. 您刚才两次提到海德格尔。据我所知，对您的"生活儒学"还有一种批评，认为您是借助海德格尔现象学引入问题意识，这并不是儒家的思想传统。

答：确有这种批评。也有人这样批评张祥龙。我刚才说了，这就正如不断有人批评宋明理学不是儒学，而是佛学，批评现代新儒学不是儒学，而是西学。说到"西学"，我经常向我的学生强调：儒学在历史上的两次复兴，都与"西学"有关。一次是宋明理学的兴起，与"西天取经"意义上的"西学"——佛学有关；另一次是现代新儒学的兴起，与"西学东渐"意义上的"西学"——欧美学术有关。不仅"西学"，儒学在历史上一次又一次的复兴，都与道家等诸子百家思想有关。例如董仲舒的儒学，就与名家、阴阳家等学术密切相关。儒家从来不是故步自封的，而是开放的。我当年师从蒙培元先生攻读博士学位，他给我上的第一课，就是谆谆教诲我：保持一颗开放的心灵。从康有为开始，近代、现代、当代的儒学，无不与西学有深度关涉。

当然，这还只是表面的现象观察。问题的实质还是"思想视域"问题。我注意到，今天的某些儒者有一种常见的思维模式：中西对立。在

---

① 《二程外书》卷十二。

这种思维模式下，他们的问题意识只是"中国问题"，而不是"人的问题"。他们有一种很常见的心态：你西学无论怎么好，也只能解决西方的问题，不能解决中国的问题；解决中国的问题还得靠儒学，或者说，儒学是解决中国问题的。大路朝天，各走半边。这种思维模式的结果，我概括为"中国文化特殊论""儒学特殊论"，儒学被理解为一种地域性的、特殊性的知识，没有普遍性、普适性。但这绝不是哲学家的问题意识，也不是儒家应有的问题意识。哲学的问题意识是人的问题。正如西方哲学的问题意识不是西方的问题而是人类的问题，中国哲学、儒学的问题意识同样不是中国的问题而是人类的问题。孟子说："仁也者，人也。"①孔子的问题意识绝非"鲁国问题"，而是"人"的问题，是"天下"的问题。在全球化的今天，这一点尤为重要。

为此，儒学的发展需要综合的思想资源。今日儒学的发展，亟须走出中西对立的思维模式，走出"中国文化特殊论""儒学特殊论"。中西思想之间需要对话，需要互相诠释。这种对话、诠释不是主体性的，甚至不是"主体间"的，因为：通过对话、诠释，中学、西学双方都会获得某种新的主体性，都会在某种程度上改变自身。对话与诠释生成了某种主体性，在这种意义上，对话与诠释是前主体性的，具有存在论的意义。因此，哲学家思考问题的方式，不会以任何学派的立场作为判断真理的尺度，无论那是西学的，还是中学的，是现象学的，还是儒学的。生活儒学也是在与现象学的对话中生成的，正如宋明理学是在与佛家和道家的对话中生成的、现代新儒学是在与西方哲学的对话中生成的。对于生活儒学来说，儒学不是对话、思考的前提，而是对话、思考的结果。

但是，生活儒学仍然还是儒学。这是因为，通过对话与诠释所生成的思想，恰恰根本上与儒学一致。这种"根本一致"尤其体现在"仁"或者"仁爱"的观念上。一种彻底的哲学、彻底的思想系统，在于孔子所说的"吾道一以贯之"②，就是用唯一的观念来阐明一切，这个唯一的观念就是其本体或本源，它不仅为真善美买单，而且也为假恶丑买

---

① 《孟子·尽心下》。
② 《论语·里仁》。

单，这就犹如上帝在创造世界的同时也创造了原罪。儒学的根本特征，就是用仁爱观念来阐明一切。正如程颢所说："学者须先识仁。仁者浑然与物同体，义、礼、智、信皆仁也"；"此道与物无对，'大'不足以明之"。①所谓"与物无对"就是"绝对"，意思是说，一切都是相对的，唯有仁爱才是绝对的。我注意到，今天的"儒家原教旨主义"有一个特点：在他们的心目中，儒学的根本不是"仁"，而是"礼"，亦即儒家在历史上曾经建构过的某种社会规范、制度及其礼仪，有人甚至为"三纲"辩护，表现出一种"君臣"情结。这些年所谓"儒家礼仪"很时髦，不少人在倡导恢复"古礼"。但他们从来没有透彻地思考过：哪些礼仪应该恢复？为什么？取舍的标准是什么？例如，三跪九叩的礼仪是不是应该恢复？为什么？标准何在？他们完全忘记了孔子"礼有损益"的教导：任何具体的社会规范及其制度、任何特定的伦理道德体系，都只具有历史的相对的意义。他们不懂得孟子所讲的"仁义而已"②，唯有"仁"才是儒家坚持的大本大源。而生活儒学正是将仁爱情感视为所有一切的大本大源，将仁爱理解为生活或者存在的原初本真的情感显现。

5. 那么，生活儒学究竟属于狭义的"哲学"，还是广义的"哲学"？我的理解，您的生活儒学意在重建儒家哲学，为此寻找儒家哲学的基础。

答：如果把"哲学"理解为广义的，即胡适讲的"研究人生切要的问题从根本上着想，要寻一个根本的解决"，那么，整个生活儒学都可以被视为一套哲学思想。但如果狭义地理解"哲学"，即指那种以本体论为核心的形而上学，那么，生活儒学尽管包含了哲学的层级，但并不等于哲学。生活儒学的一个基本意图，恰恰是要突破传统哲学的形而上学思维方式。

两千年来，古今中外的所有哲学具有一个共同的思维模式，就是"形而上者—形而下者"的观念架构，这就是说，哲学就是用唯一绝对

---

① 程颢：《识仁篇》。
② 《孟子·梁惠王上》。

的存在者来说明众多相对的存在者何以可能。一个经典的表达就是《易传》的"形而上者谓之道，形而下者谓之器"。但在今天，这种思维模式受到了质疑：不论是形而上者，还是形而下者，毕竟都是存在者，那么，存在者是何以可能的？面对这样的发问，任何传统的回答方式都是不可能的，无论那是上帝、理念、物质，还是天理、心性、元气，因为这些东西仍然都是存在者。唯一可能的回答只有一个：存在。存在不是存在者，不是任何意义的"物"，不是任何"东西"。生活儒学就是秉持的这样的观念：生活即是存在，生活之外别无存在。仁爱情感也不是任何意义的存在者。"情为何物？"情不是物，不是一个"东西"。唯其如此，仁爱生成了一切"物"、一切"东西"、一切存在者。这也就是《中庸》所说的"不诚无物"，"诚者非自成己而已也，所以成物也"。在"不是存在者"这个意义上，存在即"无"。

这样一来，生活儒学不同于两千年来哲学的"形上—形下"架构，而形成了三个层级的观念架构：生活或者存在→形而上者→形而下者。在观念形态上，也可以表达为：生活感悟→形而上学→形而下学（伦理学、知识论）。《老子》也是这样的观念架构："天下万物生于有，有生于无。"[1]这个架构就是：无→有→万物。其实，孔孟的原典儒学都有这样的三级观念，只不过被两千年来的哲学形而上学的儒学遮蔽了，生活儒学意在对此重新加以揭示。

到目前为止，在三个观念层级中，我用力最多的是揭示和阐明最本源的观念层级，即"存在"或"生活"本源、"仁爱"或"爱"的情感、"无"等观念，这些都是前哲学、前形而上学、前存在者、前主体性的观念。我一开始提到的冠名"生活儒学"的五本书，都是在贯彻这样的本源观念。这也是人们在阅读生活儒学的时候感到最难懂的观念，因为人们已经习惯了汉代以后两千年来的哲学形而上学的思维方式。形而上学层级、形而下学层级的观念，人们可能容易理解一些。比如我近年来所建构的"中国正义论"，作为伦理学和政治哲学层级的理论，就不太难理解。

---

[1] 《老子》第四十章。

6. "生活儒学"这样的思路确实是很独特的,但是,这有什么意义?在您看来,这样一种重建儒家哲学基础的理论,到底能够解决儒学什么样的问题?换句话说,经过某种哲学重建,到底能够给儒家和中国文化带来什么样的前景?

答:学界确有这样的疑虑。比如干春松就表达过这样的质疑,他说:当今儒学确实正在发生实践化、生活化的转向,所以,生活儒学标举"生活",这是非常敏锐、很有意义的;但是,生活儒学本身却是"理论化""抽象化"甚至深奥难懂的东西,这是不是恰恰与上述转向背道而驰?①还有一种很典型的说法:"生活儒学不生活。"呵呵!现在我就来回应一下"生活儒学到底能够解决儒学什么样的问题"这个问题。

确实,当今儒学正在发生实践化、生活化的转向。这里所谓"实践化、生活化",是说的把既有的、现成的传统儒学运用到当今的现实生活实践中去;更直白地说,就是传播儒学,特别是向民间传播儒学,所以又有"民间儒学"的说法。这方面最典型的一种现象,就是"读经运动",尤其是"少儿读经运动",很多人都在从事这样的活动,倡导诵习儒家经典,乃至于《三字经》《弟子规》,种种《家训》等。我对此是深感忧虑的。这样的"实践化、生活化",实在堪忧!这里存在着很大的问题。我并不是一概反对读经,我自己就读经;但问题是:应该怎样读经?

举个例子,这几年出现了"《孝经》热"。但是,众所周知,《孝经》及其注疏的主题,乃是"移孝作忠"。什么叫"移孝作忠"?通俗地说就是:每一个人都应该对政治领导人怀有对自己的父母那样的情感态度。我的天哪!对政治领导人孝顺、忠诚,这是怎样的一种观念?这种观念在前现代的生活方式下是有其道理的,在宗族王权时代、家族皇权时代是可以理解的,但在现代生活方式下就没道理了:难道公民应该对自己的公仆怀有对父母那样的孝顺情感、忠诚态度?盲目地诵习《孝经》及其注疏,会有怎样的社会效应?这样把既有的、现成的传统儒学运用到现实生活实践中去,会有怎样的后果?这样的读经运动,会

---

① 干春松:《儒学复兴声浪里的"生活儒学"——评黄玉顺重建儒学的构想》,《文汇读书周报》2007年11月9日。

将中国带向何处？

类似的问题非常之多，"是吾忧也"。这涉及"怎样读经"的问题，涉及"传播什么样的儒学"的问题。我刚才说，儒家没有新的，然而儒学是常新的。一部儒学史已经表明，每一时代有每一时代的儒学，儒学总是在回应当下的问题，为此而建构起新的儒学理论。换句话说，儒学一直都在不断地重建。重建儒学意味着：不仅重建儒学的形而下学——伦理学、知识论，而且重建儒学的形而上学、哲学。而重建哲学形而上学则意味着：必须找到比哲学形而上学更本源的观念，找到哲学形而上学的"大本大源""源头活水"。这在逻辑上是显而易见的。我的一个比喻是：如果说形而下学是建筑，形而上学是基础（基石础石），那么，它们都需要牢靠的地基，不能建立在沙滩上。对于生活儒学来说，地基就是生活存在及其仁爱情感显现。所以我才打破传统的"形上—形下"思维模式，提出三个层级的观念架构，由此重建儒学的形而上学、形而下学。如果不能重建形而上学、形而下学，儒学就不能适应和回应当下的生活方式，也就不可能有导向正确的读经运动。

生活儒学当然是"抽象"的"理论"。但如果因此以为生活儒学没有意义，那我只好"无语"了。我自己倒是觉得，借用一种套话，生活儒学不仅具有"重要的理论价值"，而且具有"重大的现实意义"，再者说，你不能质问一个哲学家的抽象理论有什么实际用处，正如你不能质问一个基础数学家的研究成果有什么实际用处。哥德巴赫猜想有什么用？对于一个哲学家、思想家来说，思想就是他最基本的实践方式、生活方式、存在方式。在我看来，哲学家的任务，就是为其时代找到一种观念平台。这就是冯友兰先生所说的"无用之大用"。

7. 您刚才提到"中国正义论"。据我的了解，您的学术主要是两块，一块是生活儒学，另一块是中国正义论。那么，这两者之间是什么关系？我的理解，中国正义论其实是生活儒学的某个方面的展开。很多人认识不到生活儒学对于政治社会秩序建构的意义，认为它是哲学家的纯学问、空谈，而您的中国正义论充分显示了对于秩序重建的巨大现实意义。

答：您说得没错！生活儒学涵盖了生活感悟、形而上学、形而下学三个层级，这是人类所可能有的全部观念的基本层级；而"中国正义论"是形而下学层级当中的伦理学维度的展开，所以，我又称之为"中国古典制度伦理学"。所以，"生活儒学"和"中国正义论"并不是并列的两块。我的意思是：中国正义论其实是一种独特角度的伦理学，这个角度就是制度问题，或者更确切地说，是社会规范建构及其制度安排问题；在儒学、中华文化的话语中，这就是"礼"的问题，包含了您所说的"政治社会秩序"的问题。

所谓"礼"并不仅仅指"礼仪"。你看一部《周礼》，其内容就是一整套社会规范及其制度的设计，而统称为"礼"。① 我的基本看法是："礼"涉及三个层面，即礼义→礼制→礼仪。礼仪只是礼制的外在表现形式；而礼制也就是我所说的社会规范及其制度；礼义则是这套制度规范赖以成立的价值尺度，也就是"义"，正义论中叫作"正义原则"。这就是孔子讲的"义以为质，礼以行之"②，也就是"义→礼"的结构。所以，"礼"与"义"，制度规范与正义原则，并不在一个层面上。

中国正义论的现实意义在于：我们今天面临着社会转型，这是新一轮"礼坏乐崩"的局面，传统社会的伦理道德、社会规范及其制度瓦解坍塌，只可能有两种选择：假如我们不愿意"原教旨"地复古，不愿意再回到宗族王权社会、家族皇权社会，那就只有唯一的出路，即根据正义原则来建构一套新的社会规范及其制度、一套新的伦理道德。这首先就需要透彻地研究正义原则以及以正义原则为核心的整个正义论体系。

根据正义原则进行制度安排，这在中国和西方之间是一致的，只不过双方对正义原则的理解不同。我前不久发表了一篇文章，副标题是《罗尔斯正义论批判》③，指出：罗尔斯其实并没有提出任何正义原则，因为他的两条所谓"正义原则"其实是"初始契约"，而不论初始契约，还是更进一步地作为制度规范的契约，都是契约，亦即都已经是规

---

① 黄玉顺：《"周礼"现代价值究竟何在——〈周礼〉社会正义观念诠释》，《学术界》2011年第6期。
② 《论语·卫灵公》。
③ 参见黄玉顺《作为基础伦理学的正义论——罗尔斯正义论批判》，《社会科学战线》2013年第8期。

范，而非作为规范背后的价值尺度的正义原则。

8. 您针对罗尔斯的这篇文章我看过。这种抄底太精彩了！罗尔斯以及很多现代政治哲学家的一个通病就是"从半截腰"开始，一大堆复杂的推理，对于法学者、政治学者是很有迷惑力的，然而经不起哲学家的追问。我觉得您对罗尔斯的追问特别体现了生活儒学的底蕴。

答：我是从"义"的语义中归纳出中国正义论的两条正义原则：一条是作为动机论原则的"正当性原则"，义者正也，就是要求制度规范的建构体现仁爱的动机，亦即超越差等之爱、追求一体之仁；另一条则是作为效果论原则的"适宜性原则"，义者宜也，就是要求制度规范的建构具有切合实际情况的效果，亦即适应某共同体的当下的生活方式。按照这种"义"的原则，不同时代的生活方式要求不同的"礼"的建构，这也就是孔子"礼有损益"思想的体现。这两条原则归根到底都是生活儒学的生活存在及其仁爱情感显现的体现。这就有了"仁→义→礼"的结构，这是中国正义论的核心理论结构。

9. 我看您最近的进展，与您前几年的正义论研究有了很大区别的发展。您以前的正义论，我觉得是通过对经典的诠释抽绎出一套原则，这是史学的路子。如果仅作为学术史，经典的原义训诂无疑是重要的，但作为哲学基础的重建，经典不应该有那么大的优先权，生活本身才是可靠的和合法的出发点。

答：我的中国正义论研究，"史"与"论"两方面的进路都是存在的。实际上，我的研究计划是分三步走：

第一步是作为专题研究的系列论文，涉及古今中外，不仅有周公、孔子、孟子、荀子的社会正义思想，还广泛涉及《周易》《商君书》《周礼》和《白虎通义》，乃至当今《全球伦理宣言》，以及关于中国"大一统"观念、"民本"观念、"五四"运动、当今国际金融危机等问题的正义论思考。这些研究成果都已经以学术论文的形式发表出来，并结集为《中国正义论的重建——儒家制度伦理学的当代阐释》，中文版已由安徽人民出版社出版发行,①英文版即将由帕斯国际有限公司（Paths International Ltd.）出版发行。

第二步是纵向历时研究的专著，也就是"史"的维度，侧重于中国正义论传统的形成过程，历史地叙述周公、孔子、孟子、荀子的社会正义思想及其继承发展关系。这是我承担的教育部人文社会科学研究规划项目"中国正义论传统的现代性研究"课题，其最终成果是一部专著《中国正义论的形成——周孔孟荀的制度伦理学传统》，已经结项，即将出版。

第三步是横向共时研究的专著，也就是"论"的维度，不做历史的叙述，而是意在揭示中国正义论——中国古典制度伦理学的理论系统的若干基本方面及其相互之间的系统结构关系。这是我承担的国家社会科学基金项目"中国古典制度伦理学研究"课题，其最终成果是一部专著《中国正义论——中国古典制度伦理学》，正在进行。

10. 我感觉，您的正义论研究不是出于具体的现实目的，而是要"为万世开太平"，提出一种普适的、基础性的政治哲学。是这样吗？

答：呵呵！有朋友问我：你怎么不直接针对今天的社会现实呢？比如说，为什么不像蒋庆的"三院制"那样，设计一套针对现实的制度呢？

进行现实的具体的制度设计，这确实不是我的目的所在。我进行中国正义论的研究，意图是重建儒家的伦理学和政治哲学，这种伦理学和政治哲学不仅仅是针对当下的现实生活，而是一种"一般原理"；换句话说，中国正义论应当能够解释古今中外一切社会规范建构及其制度安排。我不敢说中国正义论的研究能够"为万世开太平"，只是"非曰能之，愿学焉"②。哲学家不是政治家，也不是社会活动家。他当然可以参与社会活动乃至干预政治，但这时候他并非作为一个哲学家在活动。哲学家的工作是观念性的、思想性的、理论性的、普遍性的。这就是我个人的自我定位。

---

① 黄玉顺：《中国正义论的重建——儒家制度伦理学的当代阐释》，安徽人民出版社2014年版。
② 《论语·先进》。

不过，这并不意味着哲学家的工作是没有现实意义的。真正的哲学，总是通过一系列观念性的中介转换而对现实发生作用。我举一个例子，从宋明理学家那种高度抽象化的"天理"讨论，到至今依然如此的老百姓口头动辄称引"天理良心"，这中间有一套复杂的观念转换机制。再者，从一般的哲学原理到具体的制度设计，这不过是一种演绎而已。例如，中国现实的社会制度是否正义，是否具有正当性、适宜性，我们是不难按照儒家的正义原则来判定的。我这里可以做一种简要的判定：对于中国社会来说，在夏商周的宗族社会的生活方式下，王权制度是正义的；在秦代至清代的家族社会的生活方式下，皇权制度是正义的；而在公民社会的生活方式下，民权制度才是正义的。关键在于生活、生活方式。不同的生活方式生成不同的社会主体、政治主体，从而建构不同的社会制度。近年来，居然有一些"儒家"重新论证"三纲"的合法性、反对民主制度，我感到很可悲！

11. 谢谢黄先生的解答！生活儒学博大精深，尽管您尽量通俗化地阐述了，可能还是有些朋友会感到难以完全理解。我想表达一下我的理解，您看是否适当。生活儒学用回归生活大本大源的方式，破斥了一切既有的政治教条的先验合法性，重估一切价值，也就是从生活的最原初状态出发来重建秩序。这样看起来，它更接近后现代主义，而非汉儒、宋儒和一切现有的形而上学笼罩下的观念；但它恰恰由此返回到了前形而上学时代的孔子。这种由仁爱之根源重建起来的政治哲学，与以往的儒家政治哲学大异其趣，然而，它才是今天这个时代应有的新儒学形态。

答：非常感谢您的理解！

我的思路和后现代主义之间确实有相通之处，但也不同。我一向认为，后现代主义具有两面：其积极一面是，它"解构"旧的形而上学、伦理、政治，这就为建构新的形而上学、伦理、政治扫清了道路；其消极一面是，它对正面的建构没有兴趣，有解构、无建构。后现代主义接近于道家的态度，道家通常拒斥"仁""义""礼""智"这样的积极价值，因而负面解构有余，正面建构不足。我的思路是一种"中道"：先解构，再建构。

您提到汉儒和宋儒。我的判断是，从总体上来看，他们的哲学都是家族社会、皇权社会的理论建构。但两者又有所不同。汉儒的思想是伴随着中国社会第一次大转型的那种观念大转型的完成，承前启后，顺应了历史的潮流，开启了从汉代到清代的帝国时代，在这两千年里，以汉族为主体的中华民族是世界上最先进、最繁荣富强的族群。所以，我对具有类似"宪法"地位的汉代《白虎通义》的评价很高。①中华帝国在唐代达到鼎盛状态，从宋代开始发生历史转折；后来大清帝国康乾之治的繁盛，可以说是回光返照。古有"文必秦汉，诗必盛唐"的说法，不是没有缘由的。在这个意义上，宋儒是无法与汉儒相比的。在我看来，宋儒、宋明理学尽管博大精深，但其工作大致上可以概括为：用一种更为精致的哲学形而上学来维护既有的帝国制度及其社会规范。所以，对于宋明理学，我的评价并不高。

我们看到，到明清之际，出现了黄宗羲、戴震那样的极具现代启蒙精神的儒学，那绝不是偶然的。这其实还可以上溯，而不仅是明清之际。我今年打算举办一个会议，主题是"重写儒学史"与"儒学现代化版本"问题，我的基本思考是：到宋元时，中国的城市已经非常发达，都市的生活方式必定产生市民社会，这一切必定会在观念形态上反映出来；然而在既有的宋明理学之类的研究中，却看不到市民社会观念形态的影子，岂非咄咄怪事！

12. 您提到的黄宗羲，是属于心学的，那么，您对儒家的心学是怎么看的？我个人对心学的"良知"范畴非常重视，我的理解，良知与天理、上帝不同：天理、上帝是先验性的，可以是形而上学的起点，但不能为形而上学奠基；而良知更像是存在本身，而不是存在者，它不是先验性的东西，而是可以为形而上学奠基的。您对此有何看法？

答：我同意您的看法。我对心学、"良知"范畴也非常重视。

所谓"心学"，其实需要加以分别，历史上有不同的心学。心学传统是由思孟学派、特别是孟子建立起来的。但孟子的心学与后世的心学是颇为不同的，他还没有"茅塞其心"②，按我的说法，他还没有遮蔽

---

① 黄玉顺：《大汉帝国的正义观念及其现代启示——〈白虎通义〉之"义"的诠释》，《齐鲁学刊》2008年第6期；人大复印资料《中国哲学》2009年第1期全文转载。
② 《孟子·尽心下》。

生活本源。孟子所说的"心",其实有不同的用法:有时是说的本真的生活情感,例如"恻隐之心"①;有时是指的形而上者,例如"良心"②;有时甚至是指的作为形而下者的伦理道德,例如"权然后知轻重,度然后知长短,物皆然,心为甚"③。中国古代文本的词语是不能简单化地给予一个固定僵化的定义的,这是中国训诂"字不离句""随文赋义"的原则,体现出中国思想的灵动性。到了宋明时期,区分"理学"和"心学",那其实是相对而言的。我的看法,理学和心学的区分是"功夫"上的,而不是"本体"上的;在本体上,两派都是继承的孟子的心学传统。蒙培元先生早就指出,朱熹的哲学其实也是一种心学。④但宋明心学与孟子的心学又有根本的不同,就是形成了形而上学的"性本情末""性体情用"的观念架构,这里的"情"已经不再是本真的原初的生活情感了。王阳明讲的"无善无恶心之体"⑤,显然是一个先验的形而上者。到了戴震的《孟子字义疏证》,才又重新揭示了孟子心学之"心"的生活情感性质及其原初意义,然而比起孟子来又增添了现代性观念的色彩。至于黄宗羲,其心学的现代性创新主要是在形而下的伦理政治层级上。所以,所谓"心学"不能一概而论。

至于"良知"范畴,也是需要加以分别的。"良知"范畴也是孟子提出的,他说:"人之所不学而能者,其良能也;所不虑而知者,其良知也。孩提之童,无不知爱其亲者;及其长也,无不知敬其兄也。"⑥这里的"良知"包含两层意思:首先是"爱""敬"之情,然后是对于此情之"知"。两层意思合起来,在我看来,这就是生活儒学所说的原初本真的生活感悟——生活情感、生活领悟。而到了王阳明"致良知",良知就成了一个形而上的存在者——本体。这显然是先验的。这与孟子之"良知"是大不相同的。当然,如您所说,它也是与"天理""上帝"大不相同的,尽管都是形而上者。

---

① 《孟子·公孙丑上》。
② 《孟子·告子上》。
③ 《孟子·梁惠王上》。
④ 蒙培元:《朱熹心说再辨析》,《杭州师范大学学报》2008年第6期。
⑤ 王守仁:《传习录》下。
⑥ 《孟子·尽心上》。

13. 您下一步打算如何展开你的研究?

答:我刚才谈到,生活儒学涵盖了人类观念的三个基本层级,即生活或者存在的观念、形而上存在者的观念、形而下存在者的观念。到目前为止,我阐述得最多的,是生活或者存在这个层级的观念;眼下正在做的中国正义论的研究,则是属于形而下学层级的伦理学维度。所以,接下来,我有一种考虑,就是重建形而上学的问题。

当今世界的思想界有一种思潮,就是拒斥形而上学,宣称"后形而上学"时代的到来,似乎人类从今以后不再需要形而上学了。我对此是深表怀疑的。我已经多次讨论过这个问题。所谓形而上学,就是关于"形而上者"的观念,亚里士多德所谓"存在者之为存在者",海德格尔所谓"存在者整体",《老子》称之为作为"万物"同一性的"道之为物"①,通俗地说,就是关于宇宙、世界、社会、人生的一种总体性的、根本性的观念。我们不可能没有这样的观念,否则,关于"形而下者"领域的自然界的知识论和科学就是不可能的,关于社会界的伦理学和道德也是不可能的。反过来说,只要人还要过一种有知识、有道德的生活,形而上学就是不可逃逸的。

所以,问题在于我们今天需要一种什么样的形而上学。传统哲学的形而上学已经被"解构"了,它们确实不能适应于当下生活方式及其观念。我们需要一种新的形而上学。所以,我想写一本书《形而上学的黎明》。举例来说,在我看来,传统关于"性善""性恶"的争论,今天已经没有什么意义。我更喜欢王船山的人性论观念"性日生而日成"②,这更加切近于孔子的思想"性相近,习相远"③。所谓"性"是说人类确实具有某种"生之谓性"的东西;而所谓"习"则是说实际的人性乃是在当下的生活方式中生成的。

14. 好的,谢谢您的回答。

答:谢谢您!谢谢《新诸子论坛》的同仁!祝《新诸子论坛》越办越好!

---

① 《老子》第二十一章。
② 王夫之:《尚书引义·太甲二》。
③ 《论语·阳货》。

倡导一种君子人格[*]

大众网/于岸青

一 弘扬传统文化不是原样照搬

记　者：是不是可以说，中国传统文化好在什么地方研究成果已经很多了，现在应该多些精力放在研究社会主义核心价值体系如何从中国传统文化中汲取营养上来？

黄玉顺：说到君子人格和传统文化的关系，我想，我们首先要弄清楚一个问题，即弘扬中国传统文化，是不是一切原样照搬？不是。要复兴的是"中华优秀传统文化"，是"优秀"的，而不是所有的传统文化。那么，哪些是优秀的，哪些已经不合时宜了？我们讲清楚了没有？我看还没有。

就拿儒学来说，现在学界对于什么才是儒学的精髓、"原理"，意见还不是很一致。一种倾向认为，凡是儒家在历史上建构的"礼"——社会规范都是好的，应该原样继承。这有"原教旨主义"的味道，不是努力建构一种现代性的儒学形态，以回应现代性的生活方式，而是试图回到前现代的儒学形态，回到前现代的生活方式。这是不对的、危险的。

---

[*] 原载大众网2014-08-09。原题为《儒学研究专家王学典、黄玉顺：倡导一种君子人格》，包括王学典教授的答问，这里未收入。

二　弘扬传统文化应从官员队伍开始

记　者：怎样让传统文化在最基本的层面引领风尚，引导社会向善？

黄玉顺：现在有些官员已意识到这个问题，他们对儒学和传统文化很感兴趣。不过，有些人，包括一些儒者，一提复兴传统文化，就固执于古代的"礼"，即墨守古代的社会规范建构及其制度安排，殊不知这恰恰根本违背了孔子的"礼有损益""以义行礼"的教诲，违背了儒家的正义原则。

这也就是礼有损益的原则。"损"是去掉一些旧"礼"，"益"是增加一些新"礼"。哪些该损，哪些该益呢？这就需要"义"，即正义原则的尺度。我特别欣赏大儒荀子的命题："从道不从君，从义不从父。"这个"道"就是"义"，也就是正义原则。

三　弘扬传统文化汲取其他文明的优长

记　者：要走好民族复兴这个"爬坡过坎"的关键阶段，中国传统文化能做些什么？

黄玉顺：确实如此。儒家强调君子"日新其德"。儒学两千年来的发展、"日新"，正是吸收了百家之学的优秀内容，特别是中国的道家之学和外国的佛家之学。今天，吸收人类文明的优秀成果，与复兴中华优秀传统文化并不矛盾。你看"社会主义核心价值观"那 24 个字，其中就有"自由""平等""民主""法制"，这就符合儒家所讲的"日新其德"。今天儒学界、学术界的一个重大使命，就是研究怎样从儒学原理中推导出这些价值观念。